東華社會科學叢書

主編： 張春興　楊國樞　文崇一

文化人類學	李亦園	中央研究院院士兼民族學研究所研究員； 清華大學人文社會學院院長； 臺灣大學考古人類學系教授
心　理　學 （已出版）	張春興	師範大學教育心理學系教授
社會心理學	楊國樞	臺灣大學心理學系教授兼系主任； 中央研究院民族學研究所研究員
	黃光國	臺灣大學心理學系教授
教育心理學 （已出版）	張春興	師範大學教育心理學系教授
	林清山	師範大學教育心理學系教授兼系主任
政　治　學	胡　佛	臺灣大學政治學系教授
	袁頌西	臺灣大學政治學系教授兼法學院院長
行　政　法	張劍寒	臺灣大學政治學系教授
經　濟　學 （已出版）	徐育珠	政治大學經濟學系教授
管　理　學 （已出版）	許士軍	臺灣大學管理學院教授兼院長並兼商學研究所所長 政治大學企業管理研究所教授
教育概論 （已出版）	林玉體	師範大學教育學系教授

教育行政學 （已出版）	黃昆輝	師範大學教育研究所教授
教育財政學 （已出版）	蓋浙生	師範大學教育學系教授
社會及行為科學 研究法 （已出版）	楊國樞	臺灣大學心理學系教授兼系主任； 中央研究院民族學研究所研究員
	文崇一	臺灣大學政治學系教授； 中央研究院民族學研究所研究員
	吳聰賢	臺灣大學農業推廣學系教授
	李亦園	中央研究院院士兼民族學研究所研究員； 清華大學人文社會學院院長； 臺灣大學考古人類學系教授
心理與教育測驗	簡茂發	臺中師範學院院長； 師範大學教育研究所教授
	黃國彥	嘉義師範學院院長； 政治大學心理學系教授兼系主任
心理與教育 統計學 （已出版）	林清山	師範大學教育心理學系教授兼系主任
多變項分析 統計法 （已出版）	林清山	師範大學教育心理學系教授兼系主任
邏輯 （已出版）	何秀煌	任教於香港中文大學哲學系
社會科學 研究設計與分析	鍾蔚文	政治大學新聞研究所副教授
課程設計 （已出版）	黃政傑	師範大學教育研究所教授

【下冊】
社會及行為科學研究法

楊國樞 ◎ 文崇一
吳聰賢 ◎ 李亦園

東華書局

國家圖書館出版品預行編目資料

社會及行為科學研究法／楊國樞等著. ‒ ‒ 十三版. ‒ ‒ 臺
北市：臺灣東華, 民 78
　　　冊；　　公分 -- （東華社會科學叢書）
含索引
　　　ISBN 957-636-066-8（一套：平裝）. ISBN 957-636-067-6
（上冊：平裝）. ISBN 957-636-068-4（下冊：平裝）.

1.社會科學 ‒ 研究方法　2. 行為科學 ‒ 研究方法

501.2　　　　　　　　　　　　　　　　　80001245

版權所有・翻印必究

中華民國七十八年十月十三版
中華民國九十八年九月十三版(十二刷)

大專用書　**社會及行為科學研究法**

下冊定價　新臺幣肆佰伍拾元整
（外埠酌加運費匯費）

編　者　楊國樞・文崇一・吳聰賢・李亦園
發 行 人　卓　　劉　慶　弟
出版者　臺灣東華書局股份有限公司
　　　　臺北市重慶南路一段一四七號三樓
　　　　電話：(02) 2311-4027
　　　　傳真：(02) 2311-6615
　　　　郵撥：0 0 0 6 4 8 1 3
　　　　網址：http://www.tunghua.com.tw
印刷者　東陞美術印刷有限公司

行政院新聞局登記證　局版臺業字第零柒貳伍號

東華社會科學叢書序

　　假如單從人類物質生活一個層面看，戰後三十年來自然科學與技術科學的貢獻是偉大的。但如從人類生活的整體看，科學技術提高了人類物質生活之後，卻因而產生了更多難以解決的社會問題，以致形成物質生活富裕而精神生活貧乏的文化失調現象。我們雖不能認定物質文明為人類帶來了災害，但卻可斷言單憑科學技術的進步，並不能保證獲得真正美好的生活；甚至科學技術愈進步，反而愈增加了人們對未來的失望與恐懼。文化發展失調是人類自己製造出的問題，這問題只有靠人類對自身行為的研究始有獲得解決的可能。此類研究，狹義言之，是為行為科學，廣義言之，是為社會科學。

　　一個國家科學的發展，不但不能偏廢，而且必須生根。此一原則，用於社會科學較之用於自然科學更為適切。在文化差異與地域限制兩個基礎上，社會科學實不易做到像自然科學那樣可以局部的或枝節的「借用」或「移植」。近十多年來，由於政府的提倡與社會的重視，國內大學在自然科學方面的教學與研究水準已大為提高；大學本科階段學生的程度，較之當世科學先進國家並無遜色。但無可違言的，社會科學方面的發展則較為落後。從

國內大學社會科學的教學方式及出版的中文書籍看，多年積留下來的幾種缺點一直未能革除：其一是內容陳舊，跟不上世界學術的創新與進步；其二是忽視方法論方面的知識，以致學難致用；其三是僅限於國外資料的介紹，而缺乏與國情需要配合的研究成果。雖然目前影印技術進步，翻印外文書籍甚為方便，但因一般學生的外文能力不足，兼之外文書籍內容又未必與國內需要符合，故以外文書為大學社會科學各科教本的嘗試多未奏效。因此，以往國內社會科學的發展，縱止尾隨求齊已感不暇，遑論學術獨立生根及提高水準？

基於此等認識，在國內各大學擔任社會科學教學的朋友們，根據各自教學與研究的經驗，咸認有義務也有責任，經由科際合作的方式，共同從事社會科學叢書的撰寫，以期使社會科學在國內生根，為國內的社會建設略綿薄。誠然，撰寫大學教科書或參考書不足以代表社會科學在國內的高水準發展，但也不能否認，在期望達到我國社會科學學術獨立與高水準發展之前，普遍提高大學社會科學的教學水準是一項必要的教育工作。唯其如此，在本叢書撰寫之前，同仁等幾經研討，咸認各書之內容應力求與國內需要相配合，非但不宜囿於一家之言的傳述，尤須避免只根據某一外國名著的翻譯。因此，經議決，本叢書內容之取材將共同遵守以下兩個原則：

一、在內容上應概括該學科發展到目前為止的重要知識（如基本理論重要發現等）與基本研究方法，並須指出重要問題之研究方向及進修途徑，藉此對讀者產生啟發性的教育作用。

二、對重要問題之討論，務須顧到國內情況及實際的需要；並儘量採用國內學者與有關機構新近完成之研究成果，以期增加讀者的適切感與知識的實用性，並藉以引起社會對國內學術發展之重視。

因鑑於國內社會科學方法論方面書籍之闕如，本叢書諸作者除分擔撰寫各科專書外，特配合大學部及研究所課程之需要，就各人專長，復採合作方式，撰寫社會及行為科學中各種重要的研究方法，集為另一專書，期能由此引起國內學者的研究興趣，從而提高社會科學的水準。

此外，本叢書內各書的撰寫體例也力求統一，舉凡章節編排、註解方式、參考資料引註、中英文索引編製等，均於事前確定統一格式，甚至排版字體、繪圖、製表、紙張、裝訂等，亦採用統一標準，務期做到形式與內容並重的地步。

本叢書之能順利出版，首應感謝各科著者的支持與合作。目前所列叢書範圍只是暫時的決定，以後將視情形逐漸擴大，增加各科專書。我們始終相信科學的發展是全面的，必須經由科際間的合作，始能達成既普及又提高的效果。因此，我們除了感謝已參與本叢書撰寫的學者之外，也竭誠希望海內外的學者先進給予鼓勵、支持與指正。

本叢書從最初的構想、設計以至出版，深得東華書局董事長卓鑫淼先生與總經理馬之驌先生全力支持，併此致謝。

張春興　楊國樞　文崇一　謹識
中華民國六十四年九月於臺北

序　言

　　國內的社會及行為科學界，有關研究方法的書籍不多，僅有的幾本，也是從單一學科的觀點撰寫，未能顧及社會及行為科學的全體。但實際上，社會及行為科學的各個學科間，在研究方法上大有彼此相通之處，實難截然劃分界限。基於此一認識，我們多年來一直想編撰一本適用於社會及行為科學全域的方法書籍，以打破國內有關各學科在方法上劃地自限的習慣。因此，本書的完成，可說實現了我們長久以來的一項心願。

　　由於本書的內容範圍潤廣，涵蓋了社會及行為科學研究中最常用的各類方法，所以無法由一位作者獨力完成，必須結合多人的專長，從事集體創作。為了本書各章的寫作，我們一共邀請了二十一位有關學者，其中包括心理學者十二位，社會學者六位，人類學者一位，政治學者一位，及大眾傳播學者一位。各章作者所負責撰寫的研究方法，都是他們在實際研究中曾經一再使用過的；也就是說，他們對自己所撰寫的研究方法，都有豐富的第一手實際經驗。所以，各章作者在討論所寫的方法時，不但反映了他們自己的學科背景，也顯示了他們自己的經驗與訓練。

　　基本上，這是一本有關研究方法的教科書。因此，這本書的寫作，也是為了應付當前國內有關學科在方法上的教學需要。最

近十幾年來，由於社會各方面的快速進步，團體的結構與功能日益錯綜，個人的生活與行為愈發複雜，從而產生了種種前所未有的社會及個人問題，而這些問題的解決與處理，在在需要社會及行為科學的運用。在需求日殷的情形下，各大專院校所設立之社會及行為科學的科系逐漸增加，各科系所開授之有關研究方法的科目也為數眾多。由於缺乏適當的中文課本可資採用，授課者大都要求學生閱讀英文教科書，或是完全不用教科書。在前一種情形下，限於對英文的理解能力，學習者多是生吞活剝，難有深入的學習效果；在後一種情形下，限於授課者的特殊專長與經驗，所講解的研究方法往往各有所偏，學生所學到的內容自不免掛一漏萬。從這些有待改善的實際情形來看，一本以中文撰寫的「社會及行為科學研究法」是極其需要的。

一本良好的方法教科書，既不能只描述做法而不討論原理，也不能只討論原理而不描述方法，應是原理與做法兼籌並顧，儘量先闡述原理，再說明做法，期使學生既把握原理，又瞭解做法，以便將來可以靈活運用與變通。本書的寫作，即是根據此一原則。對於每一種研究方法，我們總是要求作者先討論其原理，次說明其程序，再列舉其實例。透過這種寫作的方式，讀者當可對所探討的各種研究方法，獲得相當程度的瞭解，以及實際運用的起碼知識。

本書共有五編，總計二十八章，內文幾近千頁。全書內容足夠整學年課程的講授之用。如果所開的科目只有一學期，則講授的範圍便難能擴及全書，只有根據上課時數的限制，從二十八章中選擇適當章節，自行配成一套合用的教材。在選配教材時，當然也要顧及科系的需要；同樣是一學年或一學期的課程，為社會學系所選用的章節自應不同於政治學系，為人類學系所選用的章節也應不同於企管學系。再者，書中各章深淺並不相同，其中「研究設計」(第四章)、「量度化方法」(第十三章)、「儀器記錄法」(第十七章)、「投射技術」(第二十章)、「因素分析法」

(第二十六章)、及「因徑分析法」(第二十七章) 等章較爲深入，必要時可改在研究所有的有關科目中講授。

本書不僅可以用作大學部及研究所有關科目的教科書，也可供作社會及行爲科學研究人員的參考書。本書若干章節的內容頗爲詳盡而有系統，即使對實際從事研究工作的人士，也具有備忘與查考的價值，而且書中腳註與書後「推薦讀物」，皆包含有關各種方法的主要參考文獻，研究人員可以查閱，以便從事進一步的探索。至於書後的附錄「如何撰寫研究計畫」，對於研究工作者則尤其有用。

本書的寫作與編校工作，前後費時將近三年。其間作者與編者雖已盡力而爲，但書中內容必有若干錯誤不當之處，務請讀者諸君 (尤其是採用本書當作課本的教師) 能隨時指教，以便將來加以修正。

本書之能順利完成，首先應當感謝各章的作者。若無他們的通力合作，本書的出版不知將延至何年何月。本書的作者都是長久在國內從事教學與研究工作的學者，因而書中內容所代表的可說是國內社會及行爲科學界的一點集體性的成果。

最後，我們要特別感謝東華書局的董事長卓鑫淼與總經理馬之驌兩位先生，他們「不計成本、但求品質」的作風，給了我們最大的鼓勵。同時，我們也要感謝東華編輯部參與本書校對工作的小姐先生們，他們明察秋毫的校對本事，大大地提高了本書的文字素質。

楊國樞　文崇一
吳聰賢　李亦園　謹序

中華民國六十七年一月於台北市

本書各章作者簡介

(依姓氏筆劃順序)

				撰寫章次
文	崇	一	中央研究院民族學研究所研究員兼所長 國立臺灣大學政治學系教授	十四，十八
李	亦	園	中央研究院民族學研究所研究員 國立臺灣大學考古人類學系教授	五，十
林	清	山	國立師範大學教育心理學系教授	四，十七
吳	英	璋	國立臺灣大學心理學研究所博士班研究生	十九
吳	武	典	國立臺灣師範大學教育心理學系副教授	二十一
吳	聰	賢	國立臺灣大學農業推廣學系教授 兼中央研究院民族學研究所研究員	二，十六
孫	得	雄	臺灣省家庭計畫研究所所長	七
陳	義	彥	國立政治大學政治學系副教授	二十四
黃	光	國	國立臺灣大學心理學系副教授	九，二十六
黃	國	彥	國立政治大學心理學系教授兼系主任	十一
黃	堅	厚	國立師範大學教育心理學系教授	二十，二十二
黃	榮	村	國立臺灣大學心理學系副教授	十三
張	春	興	國立師範大學教育心理學系教授	六，二十八
張	曉	春	國立臺灣大學社會學系副教授	八
郭	生	玉	國立師範大學教育心理學系副教授	十五
楊	孝	濚	私立東吳大學社會學系教授	二十五
楊	國	樞	國立臺灣大學心理學系教授 中央研究院民族學研究所研究員	一，二十四
葉	啟	政	國立臺灣大學社會學系副教授	二十七
劉	清	榕	國立臺灣大學農業推廣學系教授	三
盧	欽	銘	國立師範大學教育心理學系副教授	二十三
簡	茂	發	國立師範大學教育心理學系副教授	十二，十五

下 冊 目 次

第四編　蒐集資料的方法

第十七章　儀器記錄法

第一節　儀器記錄法的性質與目的 ……………………………… 552
第二節　儀器記錄法的優點與缺點 ……………………………… 557
第三節　儀器的來源 …………………………………………… 564
第四節　產生或測量刺激的儀器 ……………………………… 569
第五節　偵察或記錄反應的儀器 ……………………………… 584

第十八章　調查訪問法

第一節　訪問法的性質 ………………………………………… 616
第二節　訪問法的類型 ………………………………………… 619
第三節　訪問的策略 …………………………………………… 629
第四節　訪問的技巧 …………………………………………… 635
第五節　訪員的選舉與訓練 …………………………………… 645

第六節　訪問法的限制與資料處理 ………………………… 652

第十九章　測驗量表法

  第一節　何謂測驗量表 ………………………………………… 660
  第二節　測驗的客觀性 ………………………………………… 662
  第三節　測驗的對象行為 ……………………………………… 672
  第四節　影響測驗對象行為的其他因素 ……………………… 682
  第五節　測驗的使用與解釋 …………………………………… 686
  第六節　結語 …………………………………………………… 693

第二十章　投射技術

  第一節　投射法的意義及其理論基礎 ………………………… 697
  第二節　羅夏克墨漬測驗 ……………………………………… 701
  第三節　主題統覺測驗 ………………………………………… 720
  第四節　其他重要的投射測驗法 ……………………………… 730

第二十一章　社會計量法

  第一節　人際吸引的理論 ……………………………………… 758
  第二節　主要社會計量技術──Moreno 式社會計量性測驗
  ………………………………………………………………… 766
  第三節　社會計量技術的推廣與應用 ………………………… 791

第二十二章　語義分析法

  第一節　語義分析法的基本概念 ……………………………… 806
  第二節　語義分析法的實施程序 ……………………………… 810
  第三節　語義分析法中的資料分析 …………………………… 812
  第四節　語義分析法的應用 …………………………………… 816

第五節　語義分析法的檢討與前途 ································ 822

第二十三章　Q 技術

第一節　Q 技術的意義與性質 ···································· 828
第二節　Q 分類資料與 Q 分類的安排 ······················ 831
第三節　非結構性的 Q 分類 ······································ 834
第四節　結構性的 Q 分類 ··· 840
第五節　Q 技術的優點與限制 ·································· 844

第五編　資料分析與報告

第二十四章　資料的分析與解釋

第一節　研究資料的編碼 ·· 850
第二節　電算機的運用 ·· 863
第三節　統計分析的原則 ·· 873
第四節　研究結果的解釋 ·· 887

第二十五章　內容分析

第一節　內容分析的定義 ·· 904
第二節　內容分析的設計 ·· 909
第三節　內容分析的方法 ·· 916

第二十六章　因素分析

第一節　因素分析的數學模式 ·································· 931
第二節　因素分析的幾何圖解 ·································· 934
第三節　因素分析結果的意義 ·································· 940
第四節　因素數目的決定 ·· 944

第五節　共同性的估計 …………………………………… 947
　　第六節　因素模式的比較 …………………………………… 950
　　第七節　轉軸與因素的解釋 ………………………………… 954

第二十七章　因徑分析

　　第一節　兩個數學模型 ……………………………………… 963
　　第二節　因徑分析的基本概念 ……………………………… 965
　　第三節　因徑分析的運作內容 ……………………………… 973
　　第四節　一些可能遭遇到的問題 …………………………… 985
　　第五節　一個假想的例子 …………………………………… 1003
　　第六節　因徑分析的運作步驟 ……………………………… 1009

第二十八章　撰寫研究報告

　　第一節　論文撰寫的基本認識 ……………………………… 1012
　　第二節　論文主體部分的寫法 ……………………………… 1016
　　第三節　論文撰寫體例 ……………………………………… 1026

附錄一　如何撰寫研究計畫 …………………………………… 1041

推薦讀物 ………………………………………………………… 1059

索　引

　　中文索引 ……………………………………………………… 1067
　　英漢索引 ……………………………………………………… 1086

上冊目次

本書各章作者簡介
東華社會科學叢序 ……………………………………………… iii
序言 ……………………………………………………………… vii

第一編　緒　論

第一章　科學研究的基本概念

　　第一節　科學與科學方法 ……………………………… 5
　　第二節　概念、變項及定義 …………………………… 15
　　第三節　假設與定律 …………………………………… 25
　　第四節　理論及其功能 ………………………………… 31

第二章　研究的性質與類別

　　第一節　研究的目的 …………………………………… 40
　　第二節　研究的歷程 …………………………………… 43

第三節　問題與假設⋯⋯⋯⋯⋯⋯⋯⋯⋯⋯⋯⋯⋯⋯⋯⋯ 48

第四節　研究的類別⋯⋯⋯⋯⋯⋯⋯⋯⋯⋯⋯⋯⋯⋯⋯⋯ 55

第三章　機率與取樣

第一節　機率的意義與性質⋯⋯⋯⋯⋯⋯⋯⋯⋯⋯⋯⋯⋯ 76

第二節　互斥與獨立事象⋯⋯⋯⋯⋯⋯⋯⋯⋯⋯⋯⋯⋯⋯ 78

第三節　群體與樣本⋯⋯⋯⋯⋯⋯⋯⋯⋯⋯⋯⋯⋯⋯⋯⋯ 81

第四節　取樣的意義與功用⋯⋯⋯⋯⋯⋯⋯⋯⋯⋯⋯⋯⋯ 82

第五節　隨機取樣法⋯⋯⋯⋯⋯⋯⋯⋯⋯⋯⋯⋯⋯⋯⋯⋯ 84

第六節　非隨機取樣法⋯⋯⋯⋯⋯⋯⋯⋯⋯⋯⋯⋯⋯⋯⋯ 92

第七節　樣本大小⋯⋯⋯⋯⋯⋯⋯⋯⋯⋯⋯⋯⋯⋯⋯⋯⋯ 94

第四章　實驗設計的基本原則

第一節　實驗設計的意義、功能及符號⋯⋯⋯⋯⋯⋯⋯⋯ 98

第二節　實驗設計的評鑑準則及不適當的實驗設計⋯⋯⋯ 108

第三節　基本實驗設計⋯⋯⋯⋯⋯⋯⋯⋯⋯⋯⋯⋯⋯⋯⋯ 121

第四節　多因子實驗設計及準實驗設計⋯⋯⋯⋯⋯⋯⋯⋯ 134

第二編　研究的基本類型

第五章　自然觀察研究

第一節　無結構非參與的觀察⋯⋯⋯⋯⋯⋯⋯⋯⋯⋯⋯⋯ 156

第二節　無結構參與的觀察⋯⋯⋯⋯⋯⋯⋯⋯⋯⋯⋯⋯⋯ 161

第三節　有結構的觀察⋯⋯⋯⋯⋯⋯⋯⋯⋯⋯⋯⋯⋯⋯⋯ 170

第六章　實驗觀察研究

第一節　實驗研究的基本概念⋯⋯⋯⋯⋯⋯⋯⋯⋯⋯⋯⋯ 184

第二節　實驗控制與實驗效度 ………………………… 187
　　第三節　實驗設計 ……………………………………… 197
　　第四節　實驗室研究法的評價 ………………………… 215

第七章　實地實驗研究

　　第一節　有關的概念 …………………………………… 219
　　第二節　實驗方法 ……………………………………… 226
　　第三節　研究計畫的設計與執行 ……………………… 245
　　第四節　實例——臺中市家庭計畫推行實驗 ………… 251
　　第五節　結語 …………………………………………… 256

第八章　樣本調查研究

　　第一節　調查研究的意義 ……………………………… 261
　　第二節　調查的類型 …………………………………… 268
　　第三節　調查研究的方法問題 ………………………… 274
　　第四節　調查研究的實例 ……………………………… 282
　　第五節　調查研究的利弊 ……………………………… 289

第九章　事後回溯研究

　　第一節　既有資料與社會科學研究 …………………… 294
　　第二節　利用既有資料從事研究的優點與缺點 ……… 297
　　第三節　事後歸因的謬誤 ……………………………… 301
　　第四節　結語 …………………………………………… 310

第十章　文化比較研究

　　第一節　文化比較研究的特點 ………………………… 314
　　第二節　文化比較研究的方式 ………………………… 316

第三節　文化比較研究的方法問題 ………………………… 324
　　第四節　文化比較研究的若干成果 ………………………… 337

第三編　測量程序與工具

第十一章　測量的基礎

　　第一節　測量的定義 ………………………………………… 347
　　第二節　四種類型的尺度 …………………………………… 353
　　第三節　各種尺度的比較 …………………………………… 362

第十二章　信度與效度

　　第一節　信度 ………………………………………………… 366
　　第二節　效度 ………………………………………………… 377
　　第三節　信度與效度的關係 ………………………………… 385
　　第四節　信度與效度的應用 ………………………………… 387

第十三章　量度化方法

　　第一節　測量理論與量度化方法 …………………………… 398
　　第二節　資料的分類與量度化方法 ………………………… 405
　　第三節　量度化方法的分類與發展 ………………………… 409
　　第四節　心理量度化方法的分類 …………………………… 416

第十四章　問卷設計

　　第一節　問卷的類型 ………………………………………… 456
　　第二節　問題的內容 ………………………………………… 460
　　第三節　問題的用字造句 …………………………………… 468
　　第四節　問卷的結構與形式 ………………………………… 474

第五節　問卷的誤差與限制 ……………………………… 481

　　第六節　郵寄問卷 ………………………………………… 487

第十五章　測驗的編製

　　第一節　測驗編製的計畫 ………………………………… 492

　　第二節　測驗題的編製技術 ……………………………… 495

　　第三節　預試與試題分析 ………………………………… 503

　　第四節　試題的選擇與編排 ……………………………… 510

　　第五節　測驗特徵的鑑定 ………………………………… 514

第十六章　態度量表的建立

　　第一節　態度的本質 ……………………………………… 518

　　第二節　態度量表 ………………………………………… 522

　　第三節　總加量表法 ……………………………………… 526

　　第四節　累積量表法 ……………………………………… 533

　　第五節　等距量表法 ……………………………………… 536

　　第六節　態度量表的信度與效度 ………………………… 542

蒐集資料的方法

第四編

第十七章

儀器記錄法

林清山

第一節　儀器記錄法的性質與目的

第二節　儀器記錄法的優點與缺點

第三節　儀器的來源

第四節　產生或測量刺激的儀器

第五節　偵察或記錄反應的儀器

就方法學的立場言，儀器記錄法並不是一種可以自己獨立的研究法，但在行為科學研究的某些最常用的研究法（例如實驗法和觀察法）裏面，或多或少都要使用到儀器。在這一章裏，筆者只想就使用儀器的目的、優缺點以及儀器的來源，分類和用途等幾個問題作入門的介紹，以供在行為科學（尤其是心理學）的研究中使用儀器的研究者之參考。

第一節　儀器記錄法的性質與目的

一、儀器的界說和性質

在行為科學的研究裏，正如同在自然科學一樣，決定一個研究之成敗的因素甚多，但是否使用儀器或所使用的儀器是否適當，無疑是其中一個重要決定因素。雖然如此，在一般科學研究中，「儀器」(instrument) 一詞的意義即非常不易界定。所謂儀器可自最簡單的機械滑輪到較複雜的真空管，可自純電器控制的簡單儀器到使用固態電晶體 (solid-state transistor) 和二極體 (diode)，甚至極微小化 (microminiaturiation) 的積體電路 (IC) 等更複雜的儀器，其種類之多，用途之廣，幾乎不勝枚舉。儀器是觀察和實驗時的物理工具，以幫助研究者獲得和利用資料訊息之用。儀器乃是幫助觀察者擴大其感官的工具（註 1）。不管定義如何，在科學研究裏面，儀器顯然是不可或缺的工具。近十幾年來，由於電子工業及其有關技術的迅速發展，即使是研

註 1：參閱 J. B. Sidowski and S. Ross (1969). Instrumentation in psychology. *American Psychologist*, 24, 187～198.

究者所專精部門的儀器，也不可能全部熟悉，例如，使用高速電算機 (computer)、陰極射線管 (cathode-ray tube)、雷射 (laser) 和生理遙感勘測器 (biotelemetry) 等的較複雜儀器。從事行為科學研究的人必須隨時吸收有關儀器使用方面的知識和有關的研究，方能有效地與別人交換研究成果，溝通彼此的心得。

二、使用儀器的主要目的

因為在行為科學的領域裏，以使用實驗法來探討問題時，最常使用到儀器，所以這裏要利用實驗法的術語來說明使用儀器之目的。歸納起來，使用儀器的主要目的有四：

呈現實驗處理 在典型的實驗法裏面，研究者通常要探討自變項與依變項之間的關係；他要操弄或改變自變項的值，以觀察此項改變，對依變項所發生的影響，亦即是否隨自變項之改變，依變項的值也隨之改變。換言之，要討論自變項與依變項之間此項函數關係或因果關係之前，研究者必須有儀器可以呈現刺激或訊息，否則便難以看出此項實驗變項與行為變項之間的關係。

控制環境 在進行實驗觀察時，除了我們所感到興趣的實驗變項 (自變項) 之外，還可能有其他因素能夠使行為變項 (依變項) 發生改變。研究者通常對這些其他的無關變項 (extraneous variable) 所引起的改變並不感到興趣。因此他必須設法把它們的影響力消除或恆定，以免干擾實驗結果，使實驗結果因為它們的混淆 (confound) 而無法解釋，或降低實驗的內在效度 (internal validity)。在這種情形下，通常我們必須藉著儀器的幫助方能達成此一任務。

測量或記錄行為　研究者對受試者加以某種實驗處理之後，或者將受試者置於某種情境中加以觀察時，必須就受試者某一行為的表現或反應（依變項）加以測量記錄，以瞭解受試者的行為是否隨著實驗處理（自變項）之不同而有所變化，或以便留意所預期的行為是否真正發生。進行此種觀察時，研究者可以利用儀器幫助觀察、測量或記錄。

處理觀察資料　觀察或實驗所得的資料通常是一群零散的數據，不容易從其中看出這些數據所代表的意義。因之，實驗者必須利用儀器（例如電算機）將這些資料加以整理、分析或做必要的處理，方能看出所含的意義，並利用所得數據以決定是否支持研究者的假設或論點。由於行為科學的研究問題愈來愈複雜，研究的主要變項愈來愈多，由過去單一變項（univariate）之研究變為多變項（multivariate）的研究，所以愈來愈需要有如電算機這種高效能的儀器來協助處理所得的多變項資料。

三、使用儀器記錄法的一個實例

下面要以 Hess（註 2）的實驗為例，來說明儀器在完成上述幾個目的方面所扮演的角色。Hess 曾以一連串的實驗探討受試者對環境中的事物之興趣、價值、態度或心理活動等與瞳孔大小（pupil size）之間的關係。他將各種不同的刺激（例如，嬰兒、母親與嬰兒、漂亮女人、風景、沙魚、名人相片、數學題等）呈現給受試者，並測量受試者在觀看這些刺激時瞳孔大小的變化

註 2：請參看 E. H. Hess (1971). Attitude and pupil size. In *Scientific American: Contemporary Psychology*. San Francisco: Freeman. pp.400～408.

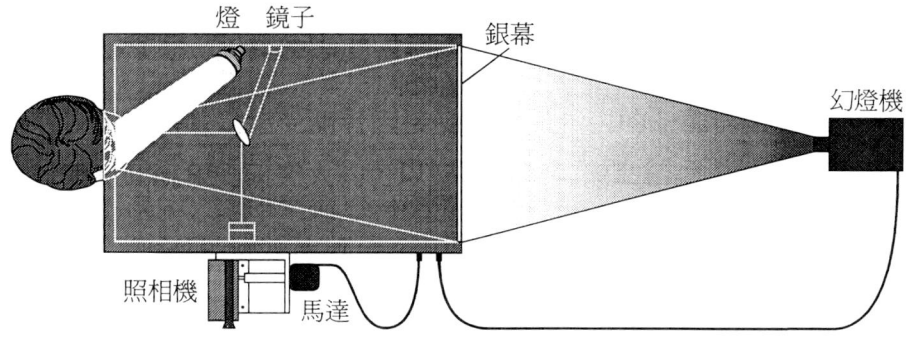

圖 17-1　瞳孔反應儀簡圖

情形。實驗進行時，受試者窺視投射在如圖 17-1 所示的「瞳孔反應儀」(pupil-response apparatus) 內之銀幕上的幻燈圖片。這儀器內部有一反射鏡可以把受試者的眼睛影像反射到附設的電影照相機的鏡頭內，加以記錄起來。

　　為要證明受試者的瞳孔大小之變化確係為刺激物之興趣價值不同所造成，而不是由光亮度不同所造成，實驗者注意到如何來控制幻燈片的亮度的問題。在讓受試者觀看刺激用幻燈片 (stimulus slide) 之前，實驗者都先呈現一片控制用幻燈片 (control slide)。控制用幻燈片之亮度與刺激用幻燈片的亮度幾乎完全一樣，使受試者在看完控制用幻燈片之後，能立刻適應隨後出現的刺激用幻燈片之亮度。如此，如果受試者在觀看刺激用圖片後，瞳孔發生變化，便是純由刺激幻燈片之內容所引起，而不是亮度變化所致。在實驗過程裏，控制用幻燈片呈現 10 秒鐘之後，刺激用幻燈片也呈現 10 秒鐘，如此交互出現共 10 次或 12 次。此時，照相機則同時以每秒拍兩張的速度連續拍下瞳孔大小的相片。

為了要把受試者對刺激幻燈片之反應 (依變項) 加以評分或量化，研究者或把底片上瞳孔的影像 (呈白色光點)，投射在銀幕上，用尺測量瞳孔的大小，或利用光電管 (photocell tube) 測量瞳孔的面積，以瞭解瞳孔變化的情形。這樣便可求得看控制用幻燈片時瞳孔的平均大小 (基準點) 和看刺激用幻燈片時瞳孔的平均大小，同時可知道看什麼樣的刺激時瞳孔的平均大小比看控制用幻燈片時瞳孔的平均大小為大或較小。

實驗結果顯示：有趣而愉快的相片，使瞳孔擴大，不愉快或無趣的相片，使瞳孔縮小。

在上例的實驗裏，研究者顯然需要利用儀器來達成前述四個目的。第一、他利用幻燈機 (projector) 來呈現不同的刺激，用幻燈片當作實驗處理；呈現的時距可由實驗者調節操弄。還有自動計時儀和傳動馬達，使刺激用幻燈片和控制用幻燈片能各呈現 10 秒，而且自動交換出現。第二、他利用窺視箱來進行控制情境。密閉的小箱，可以防止外來的光線進來影響幻燈亮片明亮度；幻燈銀幕與受試者眼睛之間的距離固定，可以避免同一大小瞳孔照起來忽大忽小。此外，在呈現 10 秒刺激用幻燈片之前，先呈現 10 秒具同一明亮度之控制用幻燈片，可以除去因明亮度所造成的變異。第三、他們用電影攝影機來記錄反應。電影機以每秒兩個鏡頭的速度攝影，使能有代表性的攝取瞳孔大小的相片。第四、他利用尺或光電管來測量記錄在影片上瞳孔的大小，這樣使依變項的量化成為可能。根據量化的結果，研究者可以處理資料，獲得支持或拒絕其假設的證據。

第二節　儀器記錄法的優點與缺點

上面說過，儀器記錄法有不少優點，是未使用儀器時所不能獲致的。但也有些缺點。利用儀器記錄法時，不能不瞭解這些優點和缺點。

一、儀器記錄法的優點和價值

利用儀器協助觀察實驗，至少有下列幾個優點：

可減少偏差，使實驗結果更為可靠　使用儀器的第一個好處是可以減少因個別差異所造成的誤差。在天文學或實驗心理學上，所謂「個人方程式」(personal equation) 是大家所熟悉的事。不同的觀察者或實驗者對同一星球通過子午線，或同一光線出現的時間的記錄，多少會有所不同。這主要是每人對同一刺激之反應時間 (reaction time) 不同所致。假使我們要向受試者呈現一個國字，測量他在看到這個國字之後，到想出並說出另一個國字所經過的時間。如果研究者沒有儀器的幫助，必須用手操作馬錶來測量受試者的反應時間，即當刺激字出現時，實驗者開動馬錶，受試者說出反應字時，實驗者按停馬錶，便會造成很大的誤差。因為實驗者本人開動或按停馬錶的反應時間也併入在受試者的反應時間內，使我們無法確知受試者的反應時間究竟多少。尤其當實驗者的反應時間隨時在變動不定 (亦即成為變誤而非常誤)，無法將這項誤差視為常數值予以校正或減去時，所造成的混淆更為嚴重。在這類的研究裏，如果有儀器可呈現刺激字，有將聲能轉換為電能的儀器 (例如 *voice key*，即聲鑰)，可以將受試者開始

說出反應字的時刻記下來，且有計時儀可以量出這二事件的時距，則誤差便可減少到最小程度。

在有些情形下，研究者必須將某種刺激（例如三角形）向受試者呈現一段很短的時間。此時，要正確的用手操作來控制這一段時間（例如 0.1 秒），而且還要在所期望的某一剎那正確的呈現出來，將是一件極為困難的事。如果利用儀器（例如速示器 tachistoscope)，便不會有這種困難。

可分擔研究者的部分工作　在實驗進行中，實驗者一方面要操弄自變項（呈現刺激），一方面又要記錄依變項（測量反應），工作可謂十分繁重，如果沒有儀器協助，常非單獨個人可以完全勝任。在筆者的一項研究裏，實驗者一方面要按動發聲裝置和呈現強光，以引發受試者的情緒反應，一方面要記錄受試者的膚電反應 (GSR)，一方面又要用閉路電視機將 GSR 記錄紙上的波紋實況轉播給受試者自己看，還要觀察受試者得到這項回饋線索後，情緒反應是否又發生改變（註 3）。在這項研究裏，大部分工作係由儀器來自動呈現，自動記錄，因之，實驗者不但不會有應接不暇之感，而且可避免分心，把注意力集中觀察這項實驗工作的最重要部分。

可同時蒐集大量的資料　有了儀器的協助，往往可以在同一時間內蒐集很多不同方面的資料，這是沒有儀器協助時所無法做到的。譬如說，我們可以同時利用幾種儀器來偵察並記錄同一個受試者的幾種不同反應，不必等到一種觀察完了之後，再觀察另一

註 3：林清山（民 63)，感覺訊息的回饋對皮膚電流反應的抑制之影響。中華心理學刊，第 16 期，95～110。

種。在心理實驗室中常見的多筆記錄器 (polygraph)，便是一個好例子。假使要向受試者呈現一項具有情緒色彩的影片鏡頭，以觀察其反應，我們便可以利用多筆記錄器，以記錄他的脈搏、心跳、呼吸、膚電反應，甚或腦波 (EEG) 等各種行為指標，以找出其間的關係。必要時，還可以加另一部儀器，例如眼睛攝影機 (eye camera)，以記錄受試者的眼球運動，及瞳孔改變的情形。如此，所得的資料便愈為豐富。

可長期自動蒐集資料　在一部分的研究裏，研究者觀察受試者的行為反應必須持續一段很長的時間。在這種情形下，要研究者毫無休息的觀察，簡直是件不可能的事。此時如果利用完全自動化的儀器設備，即使研究者離開現場，也可繼續自動的記錄這些行為。在利用鴿子為受試者進行行為塑造 (shaping) 的操作制約 (operant conditioning) 實驗裏，儀器可以自動記錄鴿子碰啄斯肯納箱 (Skinner box) 內圓板以取得食物的次數。研究者甚至可以利用某些編序的 (programmed) 儀器設備，按著預先安排妥當的計畫自動呈現刺激。儀器便可自動記錄這段相當長的時間內鴿子所作反應的累積記錄。

　　自從人類第一次踏入月亮表面、完成太空實驗室任務 (skylab mission)，及最近開始的太空梭車計畫 (space shuttle program) 之後，人類在生物醫學遙感勘察術 (biomedical telemetry) 方面已有驚人的進步。藉著遙感勘察技術，地面的科學家已可以記錄在太空中進行活動的太空人的生理反應資料。這些技術和儀器，已漸漸應用於人們的日常生活之中。圖 17-2 表示遙遠地方病人的心電圖 (EKG) 資料，由心電圖發射機發射出去，傳到床邊心電圖收發機，再由收發機利用微波傳送到太空

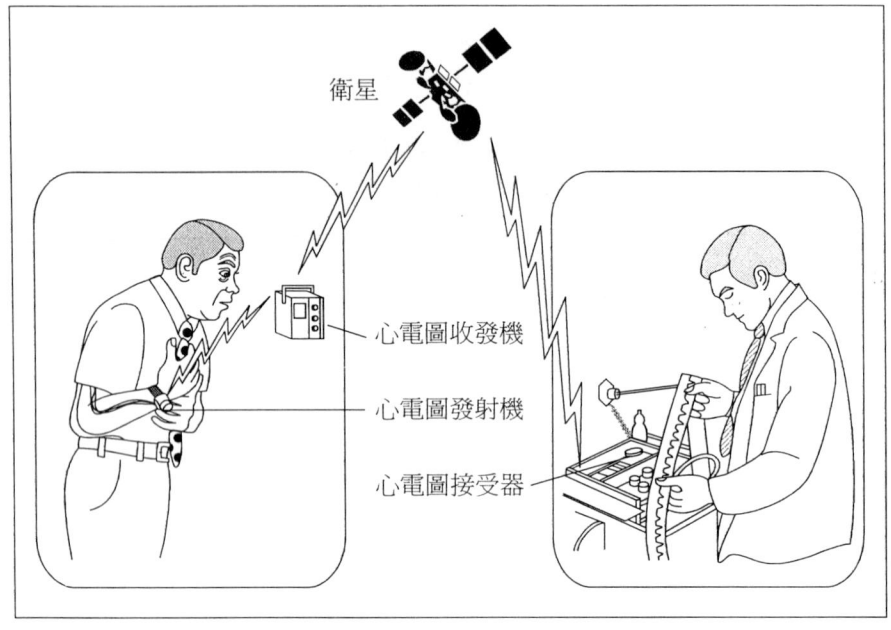

圖 17-2　心電資料的遙感勘察

中的科學衛星，最後由衛星轉送到醫生的心電圖接收機。諸如此類的儀器設備，第一、病人與心電圖裝置之間可以不用接線連起來；第二、可以長期蒐集有關的資料 (註 4)。如果沒有儀器協助，這些都是做不到的。

可記錄複雜而快速的反應　研究者所觀察的反應，有時是極複雜而快速，根本無法在進行實驗時，用手正確記錄，必須靠儀器先把這些行為反應記錄起來，俟實際觀察實驗之後，再把記錄在儀器中的反應重新拿出來分析或統計。例如要記錄兒童在遊戲情境

註 4：參閱 H. Sander et al. (1975). Recent NASA contributions of biomedical telemetry. *American Psychologist, 30* (3), 257～264.

下，單位時間內所說語言的反應時，要借助於錄音機，方能將這些語言反應正確記錄下來，以分析每句平均字數、字彙總數、發音性質、對話內容、或講話的情境等重要語言反應指標。又如要研究兒童在受挫折的情境下，攻擊別人或破壞物品的行為表現時，要利用閉路電視將這些挫折情境以及攻擊行為先記錄起來，否則往往有某些反應因發生得太快，而忽略了觀察。用錄音機或閉路電視所得的記錄，不僅事後可以重複觀察或分析，而且不致遺漏太多。

可記錄感官無法直接觀察到的內在反應 在有些實驗觀察裏，非使用儀器不可，最明顯的例子是測量受試者之心理生理性反應，沒有儀器幫助便無法研究。例如，研究受試者的快速眼動 (REM) 與腦波變化之間的關係，就必須靠腦波儀方能記錄；觀察情緒緊張時受試者的脈搏速度之變化，須用脈搏記錄計；觀察受試者說謊時皮膚電流反應的變化情形，也要用心理電流計 (psychological vanometer)。這些心理生理性的內部反應，如果沒有儀器，便觀察不到，或根本無法研究。

二、儀器記錄法的缺點與注意事項

雖然使用儀器幫助研究有上述的優點，但也有些可能的缺點，必須加以留意：

儀器校準不正確，失靈或磨損等情形發生時，如未發覺，則可能導致錯誤的結論 儀器本身發生故障，是干擾實驗結果而使實驗的內在效度 (internal validity) 降低的原因之一。假使研究者要探討手指靈巧度 (finger dexterity) 的訓練是否有助於反應

時間加快。在訓練之前，先用反應時間儀測量每位受試者對紅光的平均反應時間；然後開始讓受試者接受手指靈巧度訓練。例如讓受試者夾釘子插入小洞，把螺絲帽套入螺絲釘上，或敲擊電報鍵等。訓練一年後，利用同一反應時間儀再測受試者的平均反應時間。又假定一年之後，由於反應時間儀保養不善，記錄時間的時鐘生銹了，走起來較一年前為慢，又未被發現，則訓練後的反應時間可能比訓練前為慢，雖然手指靈巧度的訓練事實上為有效。此時所得結論便與事實相反。因此，平時注意保養儀器，實驗前反覆檢驗是否運作正常，是件極為重要的事。

儀器本身有時干擾了正在研究中的行為 有些利用機械原理設計的儀器，由於本身條件之限制，有時反而造成干擾性的刺激，使受試者正常反應受到影響。假使利用記憶鼓 (memory drum) 呈現 20 個無意義的音節 (如 YOF，GAX 等)，以測量受試者須嘗試多少次才能完全按照一定序列背誦出來。如果此鼓有電線連接拍節器的水銀槽，用來控制傳動馬達的速度，使無意義音節能以一秒一字的速度呈現，則此時受試者常聽到單調而令人厭煩的拍節聲由拍節器不斷發出來。此種拍節聲常使受試者感到困擾，無法集中注意力背誦由記憶鼓窗口所呈現的字。在這種情形下，實驗所得之結果，與無此種干擾聲音的情況下所得結果有很大不同。遇到這種情形時，實驗者必須能妥為控制，選用結構和效能較好的儀器，或使受試者戴上有隔音功用的耳機或耳塞。

研究者容易因儀器而選用研究題目，而非因解決問題而選用儀器
F. J. McGuigan (註 5) 把這個現象稱為「鐵錘定律」(law of

註 5：F. J. McGuigan (1968). *Experimental Psychology*. New York: Prentice-Hall. pp.64～77.

the hammer)。他以一個隱喻來說明：如果給小孩一根鐵錘，小孩會發現許多東西都需要錘打。就某種程度言，科學家有時也會這樣。如果實驗室有某種儀器，無形中會有許多問題需要用這部儀器來研究。而事實上，有時使用別的方法和儀器反而更恰當些。在一般情形下，研究者應先有研究問題，然後依照問題的性質去考慮須用什麼儀器。否則，可能無謂地浪費精神在毫無收穫的研究領域。因之，研究者的研究應圍繞某一中心主題做一系列的研究，不可把某項儀器視為萬靈藥。

受試者在某種儀器與另一種儀器或沒有儀器的不同情境中，所表現的行為有所不同　這是有關實驗的外在效度 (external validity) 的問題。在某一情境下實驗所得結果，倘不能推論到其他情境，生態效度便不高。利用儀器進行研究，尤其在實驗室中進行實驗時，受試者的行為通常立刻失去自然；有些受試者看到那麼多儀器，感到害怕與緊張，行為與平常迥異；有的看到儀器，立刻就聚精會神的做實驗；有的(尤其是幼兒或兒童)看到儀器，感到好玩，忘掉了實驗者交代的工作。這都是大家所知的霍桑效應 (Hawthorne effect)。這些反作用效應，大部分是使用儀器所發生的。因此，在儀器情境下所表現的行為，通常不一定能代表平常的行為。

　　同樣的受試者，在不同形式的儀器情境中，所表現的行為也可能不同。假定實驗者訓練老鼠走迷津，測量老鼠自出發箱 (start box) 到目的箱 (goal box) 的時間。這個迷津的出發箱和目的箱都使用閘門：出發箱的閘門打開時，實驗者按動馬錶；老鼠到達目的箱時，實驗者按下目的箱的閘門，並按停馬錶。如果老鼠在這種設備中，因故被閘門夾破過尾巴，則牠的行為將與

第十七章　儀器記錄法

在另一種形式的迷津所表現的有所不同。有一種迷津，並不用閘門，也可測出老鼠由出發箱到達目的箱的時間。通常在這種迷津的出發箱門口和目的箱的門口，都裝有光電管、電鐘、和電路。當老鼠自出發箱出來，遮斷射入光電管的光線時，電鐘便開始發動；當走近目的箱，遮斷射入光電管的光線時，電鐘又自動停止。在這種迷津中，老鼠所表現的行為與在上一種所表現的可能完全不一樣。研究者將實驗結果推論到別的情境時，應留意外在效度的大小問題，不可輕易推論。

儀器的購置、維護和修改，所費很大，非一般研究者能夠單獨負擔 研究中所用的儀器，尤其是較複雜的電子儀器，通常價錢昂貴，必須靠公家的經費購置，一般人無法獨力購置這些設備。昂貴的儀器，較需重視維護工作，而維護也較不容易。儀器使用過度，固然容易損壞；放著不用，同樣也會變壞。研究者必須定期維護或使它工作，這往往得花費很多時間。有時，研究者為適應問題的性質，必須把現有儀器予以修改，方能使用。這時候，除非自己能夠動手，請專門人員或機構修改，所費往往不少。這是不使用儀器記錄法的研究者所不會面臨的問題。

第三節　儀器的來源

　　研究者所使用的儀器，不是購自儀器商，便是設法自製。在這一節裏，筆者將介紹如何得到所需用的儀器，亦即如何尋找儀器的來源。

一、現成儀器

如果研究者依題目的性質,決定選用某種儀器,並想購買使用,則下面兩種來源可能有助於達成目的:

查閱儀器廠商出版的儀器目錄 通常,儀器廠商每年都有儀器目錄出版,可以免費索取。例如美國芝加哥 Stoelting Co. 出版的 1975 年儀器目錄,名為 "*Psychological Tests and Instruments*"。目錄分門別類,對每種儀器的用途、特徵、規格,和價錢做簡明的介紹。研究者可瞭解儀器的大概情形和是否適於購買。假定研究者需要選擇反應時間儀 (selective reaction timer),便可先從索引找到有關它的描述。又如日本東京 Takei & Co. Ltd.,在 1975 年出版的儀器目錄為 "*Psychological and Physiological Apparatus*",也可根據索引找到所需儀器之簡介。假定研究者需要多筆記錄器,則可以在 "General Experiments" 這一類裏面找到有關它的資料。根據這些描述,通常還不一定能對所須儀器完全瞭解,除非研究者已看過或用過該項儀器。此時,應寫信向廠商索取詳細資料或詢問有關細節。購置儀器須注意到,的確可以使用或適合研究目的,否則買來不能用或花許多錢修改,就可能耽誤整個計畫了。此外,須注意儀器必須附有線路圖,以備萬一須修理時之用。平時,線路圖一定要跟儀器一起保管。

參考介紹儀器的專輯或雜誌 行為科學研究,尤其是心理學所用的儀器,還可從各種介紹儀器的專輯或雜誌中去尋找。到目前為止,已有不少極優秀的介紹儀器的專輯和特刊問世,如 Scherago 與 Sheffer (註6) 的「科學儀器指南」(*Guide to Scientific Instruments*)。我們可以根據需要，找出出產該儀器廠商的地址。惟該文所介紹者大部分係爲物理科學和生物科學中所常用的儀器。又如「行爲研究方法與儀器使用」(*Behavior Research Methods and Instrumentation*) 雜誌，也是一個很好的來源，它專門討論心理學中的實驗方法、儀器、和電算機技術。美國心理學會出版的「美國心理學者」(*American Psychologist*) 也在 1969 和 1975 年先後兩次出版了心理學儀器特刊 (註 7)。除了由客座編輯 J. B. Sidowski 寫 *Instrumentation in Psychology* 一文介紹儀器使用的趨向外，還有各研究領域的專家介紹其最新最專精的心理學儀器使用的心得。讀者可由這篇專文瞭解最近在心理學中使用儀器幫助研究的新趨向。在該兩次特刊的第三部分裏，Sidowski 列出行爲科學家所適用的儀器、動物、供應物品及廠商的名稱和地址。Sidowski 在 Product Directory 的分類爲：(1) 動物及動物養護設備，(2) 生理心理學，(3) 臨床用具及裝置，(4) 電算機，(5) 學習與刺激，(6) 知覺動作技能/動作反應/工作，(7) 感覺和知覺 (資料處理)，(8) 其他，共八大類。讀者可依所屬類別尋找所需的儀器。

註 6：E. J. Scherago and B. J. Sheffer (eds.) (1968). Guide to Scientific Instruments. *Science*, 162A, #3856A, 1～212.

註 7：美國心理學會出版的兩期心理學儀器特刊如下：

(1) (1969) Special Issue: Instrumentation in Psychology. *American Psychologist. 24*, No.3, 185～384.

(2) (1975) Special Issue: Instrumentation in Psychology. *American Psychologist, 30*, No.3, 191～468.

二、自製儀器

在很多情形下研究者可能要自製儀器。他必須依照自己的構想來自行設計儀器，方能適用於自己的研究問題；有時，因爲急著須用某項儀器，自己設計製作反而比購買快；有時，直接購買太過昂貴，自己花較少的錢，也可達到同樣的目的。不管研究者自己動手製作或把構想告訴專門技術人員，代爲製作，自己最好要具備一些基本的電子學常識，雖然這對一般心理學研究者而言，並不是絕對必要的事。介紹一般基本電學或電子學知識技能的中文書，可以在坊間找到，但是針對行爲研究而寫的卻很難得到。行爲科學研究上常用的儀器電路方面的英文參考書還不少，讀者可視需要參考 (註 8)。其中特別値得推介的是 Sidowski 所

註 8：讀者如欲自製儀器，可參閱下列各書：

(1) C. C. Brown and R. T. Saucer (1958). *Electronic Instrumentation for the Behavioral Sciences*. Springfield, Ill.: Charles C. Thomas.

(2) T. N. Cornsweet (1963). *The Design of Electric Circuits in the Behavioral Sciences*. New York: Wiley.

(3) W. W. Grings (1954). *Laboratory Instrumentation in Psychology*. Palo Alto, Calif.: National Press.

(4) J. B. Sidowski (ed.) (1966). *Experimental Methods and Instrumentation in Psychology*. New York: McGraw-Hill.

(5) P. H. Venables and I. Martin (eds.) (1967). *A Manual of Psychophysiological Methods*. New York: Wiley.

(6) H. M. Yanof (1965). *Biomedical Electronics*. Philadelphia: F. A. Davis.

(7) M. H. Zucker (1969). *Electronic Circuits for the Behavioral and Biomedical Sciences: A Reference Book of Useful Solid State Circuits*. San Francisco: Freeman.

編的那一本，該書第二章最應詳細研讀。如能瞭解這些基本原理，則對自製儀器或平時使用儀器，將有不少幫助。

有興趣的讀者，如果願意的話，也可以參考 Zucker 的書，該書自半導體開始做入門介紹，幫助讀者瞭解一般線路圖，使獲得建造儀器的技術。同時對一般行為科學或生物醫學方面所常用儀器的基本原理，也可有初步的認識。

三、決定購買機器的原則和步驟

Sidowski (1975) 指出，決定購買儀器設備 (包括電算機) 時，應考慮五個原則和步驟 (註 9)：

- **功能** (function)　購買儀器應首先考慮的問題是它的功能，亦即這部儀器能否控制、發現、或測量研究者感到興趣的獨變項或依變項。如果市面上只有一種可達成這個功能，就只得買它；如果有二種或二種以上都可達成此項功能，則就得進一步考慮下一原則。

- **效率** (efficiency)　如果有二種或二種以上的儀器可達成同一功能，我們就應考慮那一種的效率較好，那一種的效能 (例如有幾種速度，頻率範圍多大等) 較好。如果幾種儀器都一樣，則必須再考慮下面一個原則。

- **實用性** (utility)　儀器要能符合研究機構大多數不同領域之研究者的需要，應用性和實用性要儘量的大。如果在功能、效率、和實用方面，這些儀器都一樣，就要再看看下

註 9：J. B. Sidowski (1975). Instrumentation and computer technology: Application and influences in modern psychology. *American Psychologist, 30,* 195～196.

面兩個原則。

- **助益** (advantage)　儀器對實驗室或研究機構要有某些好處。例如，能否使更多的學生或教授願意進到本單位來？能否增加本機構得到資助或獎勵的機會？是否有更多機構願意與我們協同研究？諸如此類的問題，也應加考慮。
- **經濟** (economics)　如果儀器符合上述四個原則，則自然值得購買；如果有兩部儀器符合上述四原則，則當然選購較便宜的一部。惟此時應連同維護、修理等費用一併考慮。

第四節　產生或測量刺激的儀器

行為科學 (尤其是心理學) 研究常用的儀器，有各種不同的分類法。在這兩節裏，大體上是根據 Matheson 等人 (註 10) 的方法將行為科學裏常用的儀器加以分類，將各種儀器的名稱、結構、用法、或有關研究做簡要的描述。讀者可自第三節所建議的儀器來源設法作深入的研究。這一節所討論的儀器雖然有其他許多用途，但主要的是用來操弄或呈現刺激和測量刺激大小之用。

一、速示器

速示器 (tachistoscope) 又稱瞬間露出器，是一種用來使視覺刺激呈現一段很短時間，然後使之消失的儀器。通常研究者

註 10：D. W. Matheson, R. Bruce, and K. Beauchamp (1970). *Introduction to Experimental Psychology.* New York: Holt.

要求受試者能在一短暫時距 (例如 0.1 秒) 內看出視覺刺激是什麼。速示器的種類很多，控制曝露時間的方式也各有不同。較簡單的一種是幻燈機式速示器。幻燈片上的刺激置於自動幻燈機的圓形片匣 (diamagazine) 內，依次被投射在銀幕上。曝露時間和刺激間時距 (interstimulus interval)，可用大型照相機的快門控制，也可用自動時距控制器控制。還有一種較為複雜的速示器，通常有一個讓受試者窺視內部的窺視箱 (viewing chamber) 和排定刺激呈現次序與方式的編序計時儀 (programing timer)。窺視箱內有三個小隔間，每一小隔間內可插入刺激圖片。隔間內各有一個訊號傳到時便會點亮的特製日光燈，作為照明之用。當某一小隔間內的日光燈明亮，受試者便可看到插在小隔間的刺激圖片；日光燈熄滅，便看不到刺激圖片。由刺激圖片反射而來的光線，係先射向箱內兩個透光玻璃鏡，再直射或折射到受試者的眼睛。至於甚麼時候日光燈要亮 (亦即讓受試者看到圖片)，以及曝露時間和刺激間時距各為多少，均由接連到刺激箱的編序計時儀來安排和控制。

速示器的用途很廣，主要係用在知覺、視覺心物學 (visual psychophysics) 和記憶方面。例如，研究具情緒色彩或無情緒色彩的字，那一種比較容易看出來 (知覺防衛)；三角形上所劃的缺口，要多大才會被受試者發現 (closure threshold)；以及負後像、視覺敏銳度、形象、背景現象等心物學或知覺方面的問題。記憶方面也可以利用速示器來研究。譬如，Sperling (註 11) 曾利用速示器研究短期記憶 (STM) 中記憶痕跡保持久暫的問題，

註 11：參看 L. R. Peterson (1971). Short-term memory. *In Scientific American: Contemporary Psychology*. San Francisco: Freeman. pp.213～218.

便是一個好的例子。

二、時距控制器

假定要向受試者呈現燈光，或呈現幻燈片 0.5 秒，然後立刻消失；或讓斯肯納箱內的食物在老鼠壓下短桿五秒之後才出現，便要用一種名叫時距控制器 (interval timer) 的儀器。時距控制器的主要目的不在於測量時間 (量時間是用計時鐘)，而在控制繼電器 (relay) 的開關，使呈現刺激的線路在某時距內變為斷路，或在某時距過後變為通路。現在以 Hunter 公司出品的時距控制器為例來說明。這種儀器的前機器板 (frontal panel) 有 ×10，×1，×0.1，×0.01 四個旋鈕，可以校準時距的長短。例如，要呈現刺激 28.35 秒，便把 ×10 旋鈕轉到 2，把 ×1 旋鈕轉到 8，把 ×0.1 旋鈕轉到 3，把 ×0.01 旋鈕轉到 5。開始呈現刺激時，就把 INTERVAL 開關撥到 ON，左上的 START 小霓虹燈即亮，表示繼電器已經激發。所需時距到了，右上的 FINISH 小霓虹燈就亮起來，表示繼電器又恢復原狀。再把 INTERVAL 開關撥回到 OFF 位置，經 1/2 秒就又可以撥動開關呈現下一次所需時距。

這一種時距控制器也可以經由外來的開關或另外的時距控制器的接點來加以激發。此時就要把外來的控制器接在這控制器後機器板 (real panel) 的端點 1 和 2。端點 1 和 2 和前機器板的 INTERVAL 開關相並聯，有 12 伏特的直流電壓通過。

本控制器的後機器板 (圖 17-3) 有許多繼電器的端點。端點 3-4-5，6-7-8，9-10-11，12-13-14 都是在 START 繼電器的端點，這四套的功用都一樣；端點 15-16-17，18-19-20，21-22-23，24-

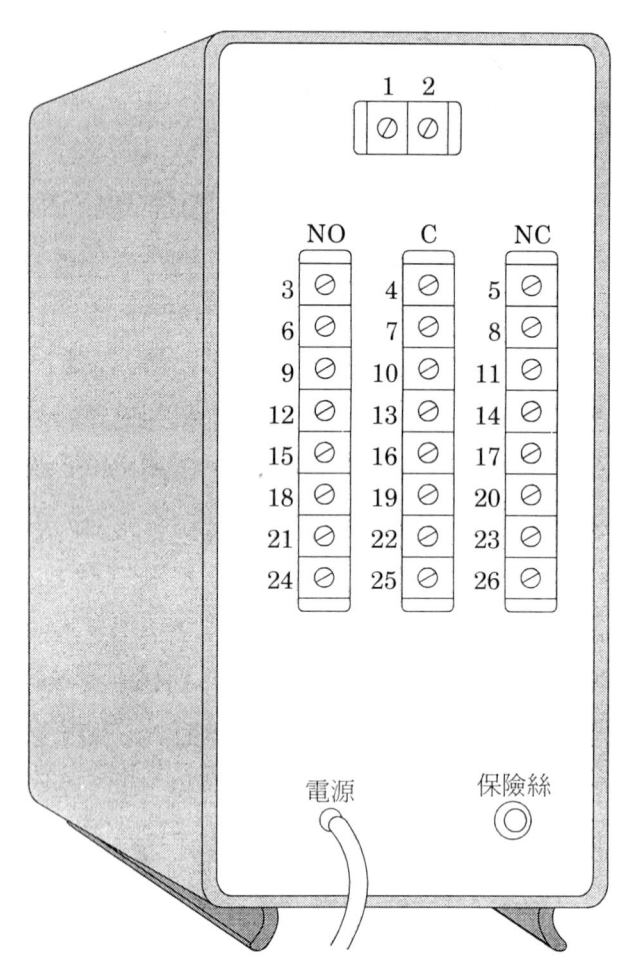

圖 17-3 Hunter 時距控制器後機器板

25-26 都是在 FINISH 繼電器的端點，這四套的功用也都相同。左邊縱行的接點均為「經常開路接點」(normally open contacts，簡寫 NO)，例如 3，6，9，12。右邊縱行的接點均為「經常閉路接點」(normally closed contacts，簡寫 NC)，例如 5，8，11，14。中央縱行的接點均為「共同接點」(common contacts，簡寫 C)。

時距控制器的負載 (load)，例如電燈、電擊、蜂鳴器等，只要不超過 500 伏特，便可由控制器來激發或終止運作。因為如上所述，START 繼電器接頭有四套，FINISH 繼電器接點也有四套，所以接負載電路的方法有許多種。必要時也可同時控制四種不同的負載。現在，舉幾個例子來說明。

1. 使燈光 88.88 秒後熄滅：用電線把電源的一端接到端點 3，把端點 4 接到端點 16，再把端點 17 接到電燈的一端，最後把電燈的另一端接到電源的另一端。(換言之，電燈本身要有一個電源，電燈的一條電線要剪斷，剪斷後的兩個接頭要分別連接到端點 3 和 17，而端點 4 和 16 則另用一條電線接通。) 然後把前機器板的四個旋鈕都調到 8，就可以撥動 START 開關到 ON 的位置，電燈就可以亮了，而且 88.88 秒之後就自動熄滅。

2. 使點亮的燈光熄滅 88.88 秒之後再亮：把端點 3 接到端點 15，把端點 5 接到端點 17，用電線把電源的一端接到端點 4，把端點 16 接到電燈的一端，電燈的另一端再接到電源的另一端。(換言之，電燈本身要有一個電源，電燈的一條電線要剪斷，剪斷後的兩個接頭要分別連到端點 4 和 16，此外還要把端點 3 連到端點 15，也把端點 5 連到端點 17。) 然後撥動 START 開關到 ON 的位置，本來亮著的電燈就會熄滅，88.88 秒後又會自動亮起來。

3. 使 N 盞電燈依次做循環式亮滅：有時，我們可以利用 N 部時距控制器，使其依重複而自動重新回轉的次序 (repetitive self-recycling sequence)，不斷來回動作。N 個電燈便可一個接一個亮滅，週而復始，不斷地循

環。此時，這 N 個控制器的連接方法如下表所示：

時距控制器	端點	接到	時距控制器	端點
1	1		N	16
1	2		N	17
1	15		2	1
1	16		2	2
2	15		3	1
2	16		3	2
3	15		4	1
3	16		4	2
N－1	15		N	1
N－1	16		N	2

　　N 個時距控制器全部 INTERVAL 開關被撥到 OFF 位置時，這一線路便開始動作。如果把其中任何一個 INTERVAL 開關撥到 ON，這一系列的動作便會停止。其次，每一個電燈都要接到一個時距控制器上面，接法和原理與上面第 1 點所描述的相同。例如把第一個時距控制器的端點 7 和 19 連接，把第一個電燈的一條電線剪斷，剪斷後的兩個接頭連到端點 6 和 20。第二個電燈也用同一方法接到第二個時距控制器上面。其餘的接法原則都一樣。

　　像這樣，假使利用四個時距控制器和四盞電燈，便可做 Phi 現象的實驗。

　　Stoelting 公司出品一種名叫編序時距控制器 (programmed event timer) 的類似儀器，原理與 Hunter 公司的出品相同，只是把繼電器的 NC，C，NO 端點接頭裝在前機器板而已。所以這種時距控制器也可以

幾個連接起來使幾個負荷動作。此時，要以接線把第一個控制器的觸發器 (trigger) 之 OUT 和第二個控制器的觸發器之 IN 相連接起來。

三、記憶鼓

有時我們要呈現數字、字母，或無意義音節 (nonsense syllables) 視覺刺激。這些視覺刺激通常有好幾個項目 (例如二十個項目)；有時須一個接一個依次呈現 (序列學習)；有時每兩個一對 (刺激項目與反應項目)，一對一對地呈現 (聯對學習)，就叫作列表 (list)。記憶鼓 (memory drum) 便是呈現這些列表讓受試者記憶的一種儀器 (圖 17-4)。列表須裹在一根或兩根圓筒 (cylinder) 上，並由一面鐵質遮板 (frontal panel) 遮住，只由遮板上的窗口 (aperture) 顯露出所要呈現的一個 (或一對) 項目。(窗口又用鐵製小葉片當作輔助開關，可遮住不呈現的部分。) 由於利用齒輪和階步式傳動馬達 (stepping motor)，圓筒可依非連續步伐轉動。圓筒軸上列表的項目呈現一定時間後，又迅速改換，呈現下一個項目。每一刺激的曝露時

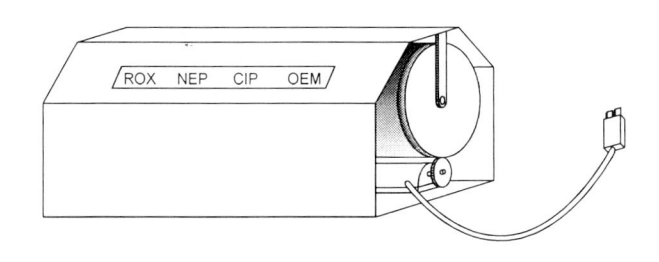

圖 17-4 記憶鼓

間，由機器本身的積體電路化計時儀來控制。通常為 1/4，1/2，1，2，4，8 秒幾種，由實驗者轉動旋鈕調節 (舊式的記憶鼓則利用拍節器控制曝露時間)。

利用記憶鼓可研究序列學習、聯對學習、或自由回憶 (free recall)，和字的意義度、類似性、熟悉度、出現頻率、系列位置 (serial position) 等因素對記憶效果的影響。

四、混色器

這是用以研究加色混合 (additive color mixture) 的一種簡單儀器，俗稱色輪 (color wheel)。混色器的構造很簡單，主要部分為一個由大約 250 Ω 的可變電阻來控制的變速馬達所構成。馬達的速度大約在 300 至 5,000 RPM 之間。馬達的中心軸裝一個畫 360° 刻度的圓盤，可利用螺栓把由不同兩種顏色所構成的色盤 (color disc) 夾緊在其上面。假定現在我們想把紅色光和綠色光混合而得黃色光，可準備紅色和綠色的圓形色紙各一，並用剪刀沿半徑方向剪開，然後把這兩個圓形色紙的剪開口相夾，使可成為一個色盤。色盤上兩顏色所佔的比例由各色所佔角度來決定，角度可從圓盤上的刻度看出。混色時，要調節可變電阻的旋鈕，使馬達轉動的速度增加到受試者看不出紅綠兩種顏色，只看出黃色時為止。有時混色器係利用幾部幻燈機構成。不同的幻燈機射出不同的光線 (例如把不同顏色的透明濾光紙套在幻燈鏡頭，就像舞臺上常用的顏色聚光燈那樣)，然後把這些光線照射到同一個銀幕上，便可看到混色後的光線。

五、Phi 現象儀

在暗室裏，如果甲燈光亮後又滅，接著乙燈光也亮後又滅，就會看到有一道光線似乎由甲燈光的位置跑到乙燈光，這就是大家所熟悉的 phi 現象 (phi phenomenon)。從聖誕燈或街上霓虹燈上，也可看到這種現象。通常，在實驗室中，可用 phi 現象儀來看這種似動現象 (apparent motion)。這種儀器前面頂端的橫條狀窗口裝有兩個小電燈盒。旋轉可變電阻的旋鈕，便可調節電燈的亮度。兩個電燈盒朝受試者這一面的開口處，都可插入不同圖形 (例如箭頭或圓點) 之標的 (target)。它們之間的距離可以隨意調節。這儀器後面有刻度和指針可以看出相隔的距離有多少毫米 (mm)。另外還有旋鈕和裝置可以調節兩燈光交換閃動之速度。速度範圍在 40 至 200 cpm 之間。在兩燈相距某種距離下，調整到某一閃動速率時，受試者會看到一條光線在兩燈之間往復跑動，不再看到兩個分開的和個別的燈光。在實驗室裏，還有一種較複雜的 phi 現象儀，用四個電燈裝設在正十字形木架四端的位置。電燈連接到由編序計時儀所控制的裝置上。四個電燈，如果依適當的序列先後亮滅，受試者會看到一個光環在轉動，這一光環似又較經過四個電燈之圓圈為小。

六、閃光融合器

假使在你面前有一個穩定的光源，你和光源之間有一架電扇。電扇的螺旋槳葉片，由慢而快，漸漸加速轉動。最初你會看到光源一亮一滅的閃動，但是隨著葉片的轉動加速，你會看到光源不再閃動了，而成為一穩定的光線。

在實驗室裏，也可用閃光融合器 (flicker-fusion apparatus) 產生這種現象。閃光融合器的外表看來是個暗箱，有一個窺視窗口，可讓受試者看到裏面的光源是否閃動。光源裝設在暗箱內。光源的閃動是用一個名叫 episcotister 的裝置來引發的。它相當於前述風扇的葉片，但只有兩個葉片而已。事實上是一個圓盤分成四個 90°的扇形後，剪掉其中相對的一組，留下另外相對的一組扇形 (圖 17-5)。轉動較慢時，看起來光源會一閃一閃；較快時，光源便是穩定不閃的。有可變電阻旋鈕可以調節光源閃動的頻率。受試者報告看到「不再閃動了」時，其閃動頻率即為閃光融合頻率，簡寫 CFF (critical fusion frequency)。由暗箱外的閃光頻率刻度表和指針可讀出 CFF 為多少。該刻度表的範圍在 30 至 50RPS 範圍。光源由一個視野為 0.5°的小圓洞透過來。這種視野稱為閃光視野 (flicker field, FF)。閃光視野亮度不同時，CFF 也不同。環繞閃光視野的周圍有一視野為 10°的白色圓板。這視野稱為眼視野 (eye field, EF)，旋轉

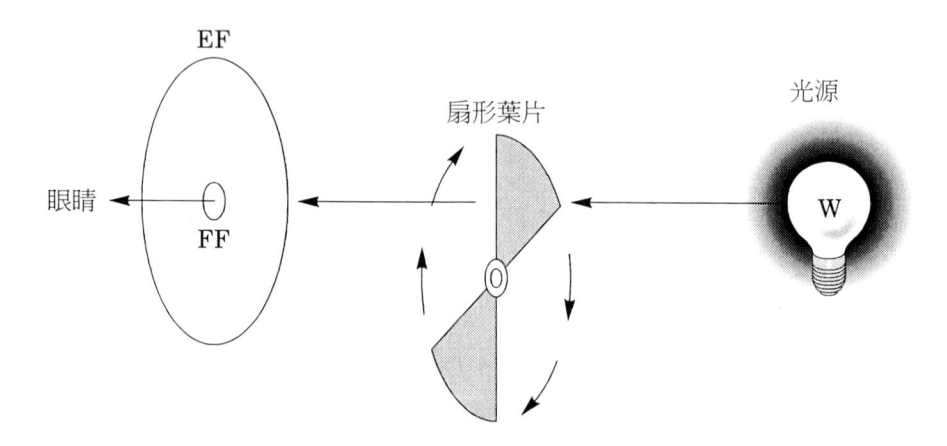

圖 17-5　閃光融合器內部的扇形葉片

EF 旋鈕便可改變亮度。這可用來研究眼視野的亮度不同時 (亦即光源受環境影響)，CFF 變化的情形。閃光融合器的用途頗廣。受試者在疲勞、饑餓、腦部受傷時，與在一般正常狀態時 CFF 不同。利用閃光融合器，便可研究這類問題。

七、桿框調整器

我們對外界事物的知覺，很容易受到周圍環境的影響。這一點可在暗室中利用桿框調整器 (rod-frame apparatus) 來實驗證明。最簡單的桿框調整器 (如圖 17-6 所示)，有一根在暗室中自動發光的長條桿和方形框。兩者的中心點有軸，裝設在一個黑色的圓板圓心上，故都可被獨自依順時鐘方向或逆時鐘方向調節。實驗時，暗室燈光熄滅。實驗者先調節方形框的角度，然後請受試者調節長條桿至他認為垂直於水平面的位置。由圓板後面的刻度，實驗者可讀出受試者調節結果誤差的大小，亦即可以看

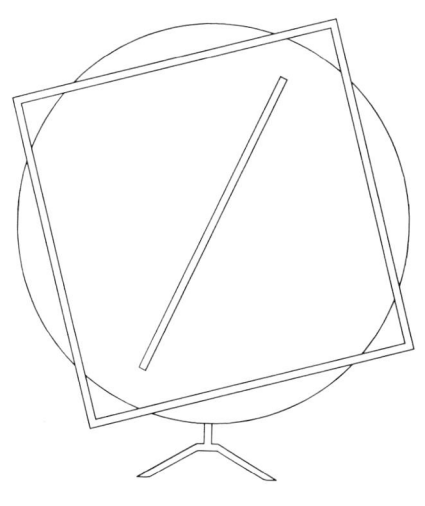

圖 17-6　桿框調整器

出由於受到方形框斜度的影響，受試者的**垂直知覺** (perception of verticality) 是否發生錯誤。

利用桿框調節器可研究垂直知覺與人格的關係。在桿框調節實驗裏，較容易受方形框影響的人，即較具**視野依賴性** (field dependence) 的人，較易因環境條件之改變而受到影響，較依賴別人，也較缺乏自信。較不易受方形框影響的人，即較具**視野獨立性** (field independence) 的人，其表現正相反。

八、鏡描器

這是研究感覺動作技能 (sensorimotor skill) 最常見的簡單儀器 (圖 17-7)。**鏡描器** (mirror drawing apparatus) 的主要

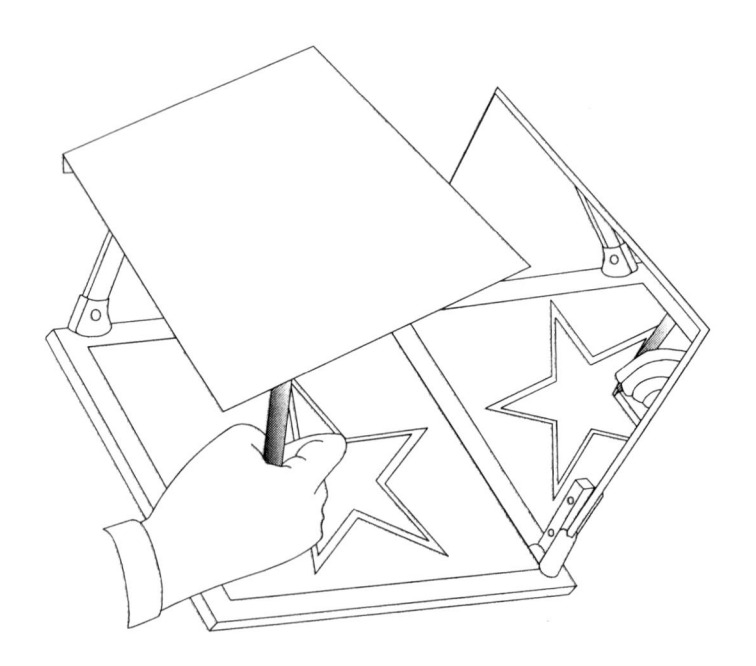

圖 17-7　鏡描器

部分為一墊板、一遮板和一鏡子。墊板上放一張星形紙。受試者把筆尖點在星形的起點，準備沿箭頭方向描畫。實驗者調節遮板，遮住受試者的視線，使其不能看到自己的手。受試者必須看著鏡子的映像作為線索，沿星形溝道描畫，並盡量設法畫在星形溝之內，不要畫到溝外。由於鏡中映像的上下關係正好顛倒，受試者必須重新學習手眼合作的習慣。如果畫到溝外，必須畫回原來跑出之處，再繼續向前描畫。如此直到畫完一圈，回到起點為止。實驗者以馬錶測量受試者每次嘗試 (即畫完一圈) 的時間。

利用鏡描還可研究其他感覺動作技能的學習問題，例如比較集中練習和分散練習的學習曲線有何不同，右手的練習結果是否可轉移到左手之類學習遷移的問題。

九、其　他

此外還有各種呈現刺激之儀器，不勝枚舉。例如，蜂鳴器 (buzzer) 或電鈴，可用來呈現聲音訊號，古典制約實驗中常利用到。聲音延宕回饋裝置 (delayed auditory feedback device) 是一種特殊設計的錄音機，可以錄受試者朗讀的聲音，並且將此聲音儲藏一段短暫的時間後再播放給受試者聽。(調整錄音頭的位置便可改變延宕出現時間的長短) 如果播放出來的聲音比唸進去的聲音慢，受試者因為唸和聽的不一致 (與我們用擴大器講話時不一樣)，常感到無法朗讀下去，而發生口吃、重複、不能發聲等困難。這是動作和回饋不一致所產生的困擾。用來調節刺激大小的儀器也不少。例如，圖17-8所示的兩點觸覺器 (aesthesiometer) 可以用來接觸受試者的皮膚，以測量觸覺的靈敏度。觸覺器的兩腳距離較大時，受試者報告有兩點被觸；距離變

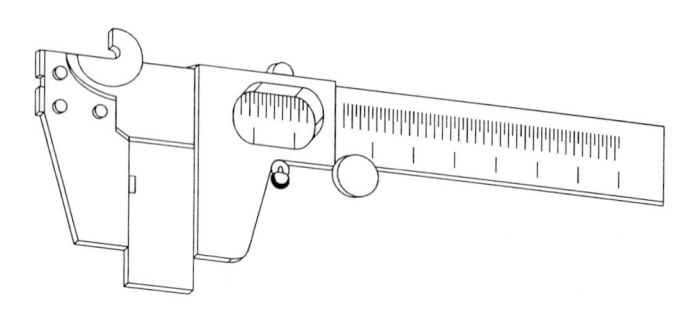

圖 17-8　兩點觸覺器

小到某一程度時，受試者便感到只有一點被接觸。目測計 (Galton bar)、繆氏錯覺機 (Müller-Lyer illusion board)、深度知覺儀 (depth-perception box) 都可讓受試者調節可變刺激 (variable stimulus) 使與標準刺激 (standard stimulus) 相配對。目測計是一根長尺似的木條，木條上有公分或公釐的刻度，和 ABC 三個楔形物。假定 AB 的距離為標準刺激，則要求受試者調整 C 楔形物，直到他覺得 BC 距離與 AB 距離相等為止。錯視板，如圖 17-9 所示，係由兩片金屬板接合而成。板上畫有不同角度、不同臂長的箭頭。固定金屬板上的橫線為標準刺激；可抽

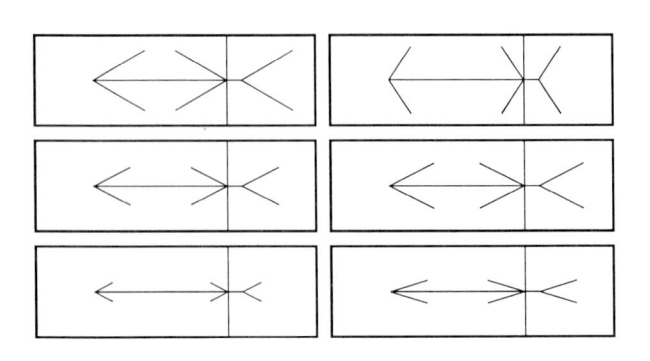

圖 17-9　錯視板

進抽出的金屬板上的橫線為可變刺激。受試者調整可變刺激，直到認為與標準刺激相等為止。此時錯視量的大小，可由金屬板背後的刻度上讀出。深度知覺儀，如圖 17-10 所示，有兩根直立的鐵棒。其中之一固定不動，另外一根則可拉動繩子調整位置，直到受試者覺得兩根一樣遠為止。此時判斷的誤差，可由底板上刻度讀出來，或由記錄器加以記錄。這些都是心物學 (pychophysics) 中常用的儀器。此外，還有各種測量刺激的儀器，如測量光線強度的光度表 (light meter)，測量光頻率的光譜錶 (spectrophotometer)，測量聲音大小的分貝錶 (decibel meter)，測量聲音頻率的頻率分析錶 (frequency analyzer)，都是實驗中常用的儀器。惟因其構造複雜，不是行為科學家所必須瞭解的。

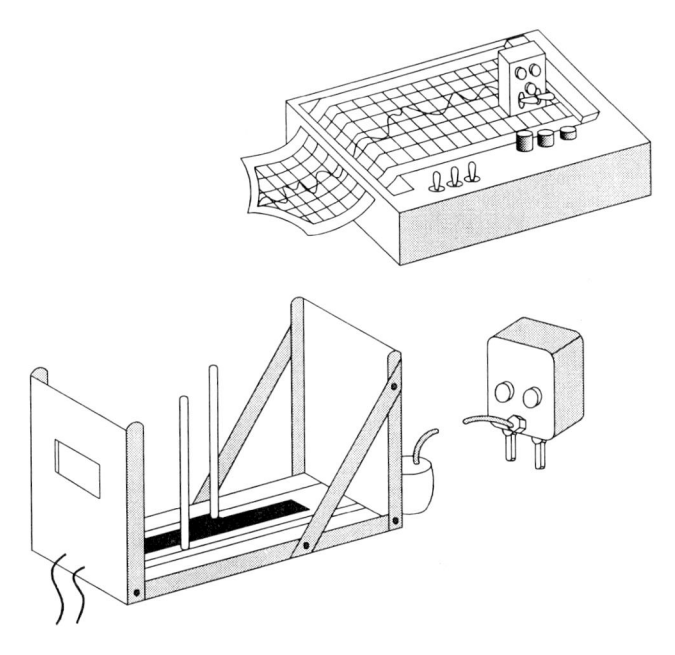

圖 17-10　深度知覺儀

第五節　偵察或記錄反應的儀器

這裏將扼要說明可以偵察或/和記錄反應頻率、時距、強度等的儀器裝置。

一、記錄及偵察反應頻率的儀器

1. **斯肯納箱**　這是利用老鼠進行操作制約 (operant conditioning) 實驗的裝置 (圖 17-11)。最常見的斯肯納箱，有訓練箱 (rat chamber)、壓桿裝置 (lever unit)、食物

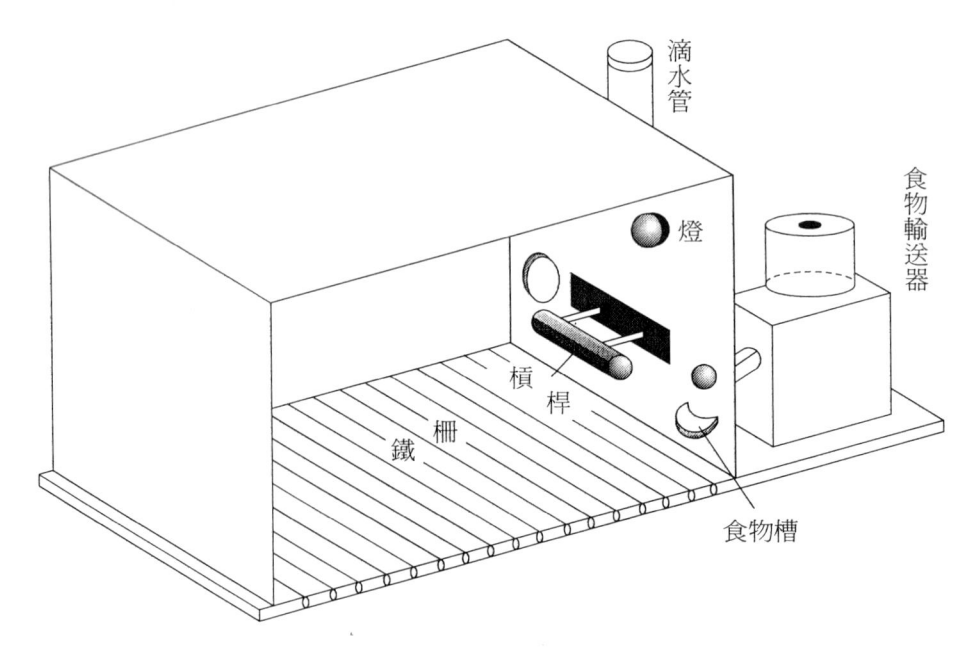

圖 17-11　斯肯納箱

丸輸送器 (pellet dispenser)、及記錄裝置 (recorder unit) 等部分。將饑餓的老鼠放入訓練箱後，如果老鼠壓到槓桿，就有食物從食物丸輸送器落入箱內的食物槽 (food tray)；老鼠的壓桿反應得到增強 (reinforcement)。老鼠壓桿的情形和食物的輸送數量，均由記錄器自動記錄。

訓練箱通常用透明安全玻璃 (或一部分為鋁板) 做成，以便實驗者觀察箱內老鼠的活動情形。訓練箱的下面部分，為不銹鋼棒做成的鐵柵 (grid bars)，必要時可以通電對老鼠加以電擊。訓練箱有槓桿設備的一面牆壁可視為本裝置的配電板 (panel board)。重要的機器組件都裝設在這一面，如電燈、食物槽、滴水管、槓桿等。在辨別學習的訓練實驗裏，實驗者有時按亮電燈，有時熄滅電燈。電燈亮時，如果老鼠壓桿，便輸送食物增強；電燈滅時，如果老鼠壓桿，便不給予食物增強。老鼠用的槓桿，通常是 T 形、U 形、或 L 形的鋼絲棒，使老鼠不喜歡咬它。由於槓桿的另一端掛著反作用重錘，槓桿被壓，便會自動彈回到原來位置。按下槓桿，就使壓桿裝置的線路成為通路，並將此一訊號傳到記錄裝置加以記錄。在利用鴿子或猴子為受試者的情境下，槓桿必須更改。例如，鴿子用的斯肯納箱，槓桿必須改為圓板 (disc)；當鴿子用嘴啄圓板時，食物便落下來。有些實驗裏，老鼠被剝奪的是水分而不是食物。老鼠有強烈的喝水慾望，水纔是真正的增強物，所以老鼠壓桿時，水便從滴水管滴出來。

2. **計數儀** (counter)　這是計算受試者反應次數的一種儀器。例如，記錄老鼠壓桿的次數，只要將計數儀連接到斯肯納箱的壓桿裝置的線路，便可達成目的。較簡單的一種是數字號碼計數儀 (圖 17-12)，每一個訊號來到，號碼便增加 1。由號碼可看出反應總次數。較複雜的一種是印字式計數儀 (printout counter)。這種計數儀不但有號碼表示反應的累積次數，而且可以把反應情形打在紙帶上。計數速率可高到每秒 10 個脈衝 (pulses)，印出時間 (printout time) 可調節計時儀 (timer) 來控制，有 0～6 秒，0～60 秒，0～6 分鐘，0～60 分鐘，0～6 小時等幾種全距。每次印出或累積計數之後，會自動重調 (reset) 歸 0。必要時，還可增加計數儀的頻道數 (channel)，可同時印出兩種以上 (例如六種) 反應的累積次數或反應經過。計數儀除了可以接到斯肯納箱外，也可以接到轉動輪 (running wheel)，以測量動物在輪箱內的轉動次數。

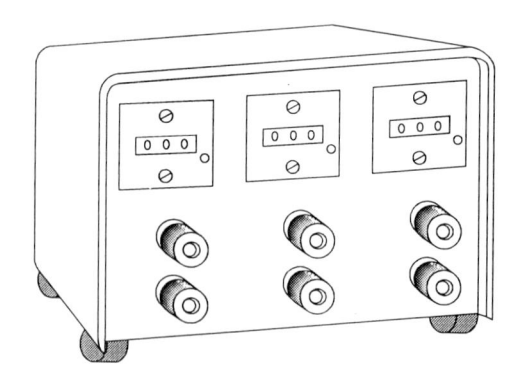

圖 17-12　計數儀

3. **累積記錄器** (cumulative recorder)　斯肯納箱常用的另一種記錄裝置，是如圖 17-13 所示的累積記錄器。記錄器的捲紙，由馬達和圓筒共同作用，自右至左移動。記錄針被固定在一處，但能一步一步 (step) 向上移動。動物每反應一次，記錄針便向上移一固定高度。反應較快時，記錄線的斜度便較陡。如果動物在一段時間內停止反應，記錄線便變爲水平。因之，記錄線的高度表示反應次數，水平表示時間的經過，斜度便表示反應的速率了。反應愈快，記錄線愈陡；反應愈慢，記錄線愈平。當記錄針升高到記錄紙的最高端時，會自動彈回到原來起點，繼續記錄下去。這樣，實驗者不必去動手調整，仍能記錄次數很多的反應。

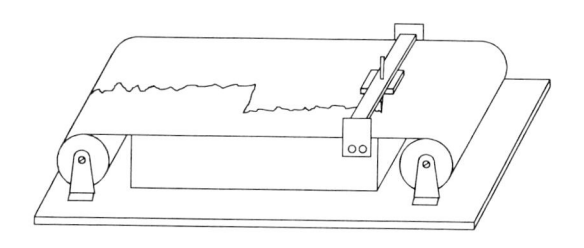

圖 17-13　累積記錄器

4. **事件記錄器** (event marker)　使用累積記錄器記錄動物的反應時，如果又要記錄出現刺激或增強物的時間，便須加一項名叫事件記錄器的裝置。假定我們有一種三頻道的事件記錄器，便可同時記錄三種事件發生的經過。例如一個頻道記錄燈光，一個頻道記錄食物，另一頻道記錄電擊出現的時間。當某一事件發生時 (如老鼠受到電

擊)，記錄針便在記錄紙上做一記號。由記號之長短和位置可以看出事件發生的時距和時刻。在古典制約 (classical conditioning) 實驗裏，事件記錄器可以用來記錄鈴聲和食物出現的時間，以及它們之間的關係。

5. **光電管裝置** (photoelectric device)　這是利用光電管 (photocell tube) 對光線甚爲敏感之轉換器 (transducer) 來引起某種電路動作的一種裝置。光電管裝置，如圖 17-14 所示，包括可以發出光源的裝置和可以感受光線的裝置。由發光裝置裏面的電燈，可發出一種動物所不能看到的微弱光線，直接射入感光裝置。感光裝置事實上是一個對光線的改變極爲敏感的光電管。當光電管的半圓筒形陰極 (通常由鈉鉀鋰等感光金屬所構成) 受到光線衝擊時，便發生光電效應；產生的光電子，便被

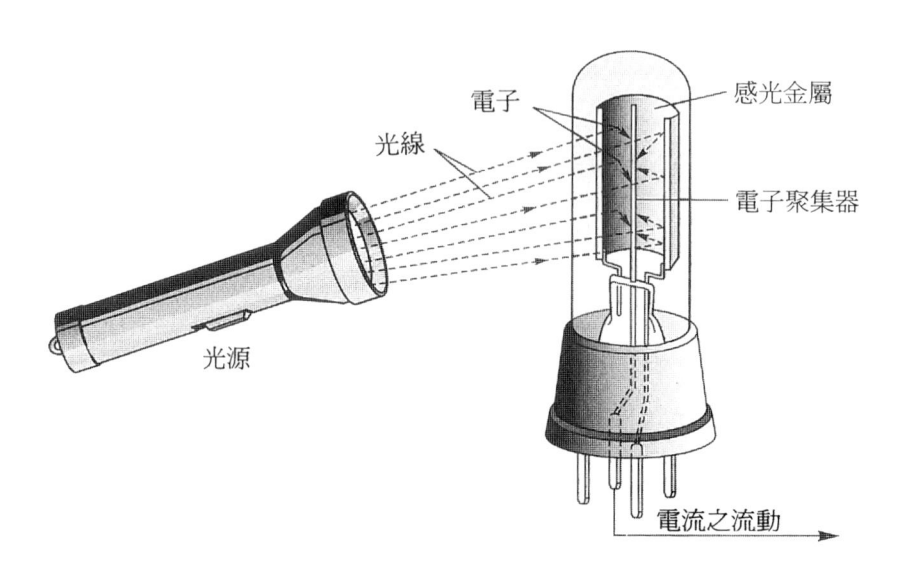

圖 17-14　光電管的原理

帶正電壓的屏極吸收，並匯爲感光電流。感光電流之大小與射入的光線強度成正比。所以，當動物或其他物體遮住由發光裝置射至感受裝置之光線時，光電管的內電阻 (internal impedance) 立刻產生改變。我們可以設計一種電路，當光電管內電阻發生變化時，電路就通，如電鈴響，或電鐘開動，或閘門關閉，故可用於斯肯納箱或迷津裏面。光電管有時可用硫化鎘 (CdS) 替代，用以做光控式繼電器。

二、偵察及記錄反應時間的儀器

1. **反應時間儀** (reaction timer) 假使要研究受試者看到紅燈出現後，經過多少時間才能按鍵使紅燈熄滅，亦即要看他的反應多快時，就要使用反應時間儀。反應時間儀有很多種，這裏以 Stoelting 公司出品的爲例來說明。該儀器分爲三部分：第一部分爲附有隨停鐘之控制箱；第二部分爲能出現紅綠橙三色燈光的電燈和蜂鳴器；第三部分爲具有四個電報鍵的鍵盤。控制箱中央的隨停鐘有兩根針；黑色長針每秒繞一圈，刻度以 1/100 秒爲單位；短針，每分鐘繞一圈，刻度以 1 秒爲單位。每次測量時間之後，壓下隨停鐘左上角的黑色槓桿，針就歸 0。控制箱左下部分有一短桿 (標 Master 字樣)，按下時，隨停鐘便發動，燈也亮。控制箱左上角有一旋鈕 (標爲 Stimulus)，可決定刺激爲紅光、綠光、橙光、或蜂鳴聲。箱左上角也有一旋鈕，標明 1，2，3，4。旋鈕指向 1，則受試者必須按下 1 號電報鍵，鐘和燈才會

停止。這是反應時間儀重要組件的大概情形。實驗時，實驗者將左上角旋鈕調整到 Red 位置。將右上角旋鈕調整到 1 位置。喊一聲「預備」，然後按下左下角操縱桿。受試者看到紅燈出現後儘快按下 1 號電報鍵。實驗者由隨停鐘可讀出反應時間的長短。

反應時間儀可以自製。圖 17-15 是簡單反應時間實驗用的反應時間儀電路圖。利用這種反應時間儀時，首

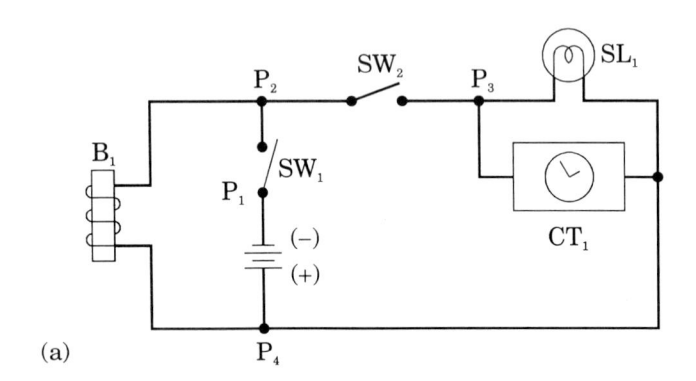

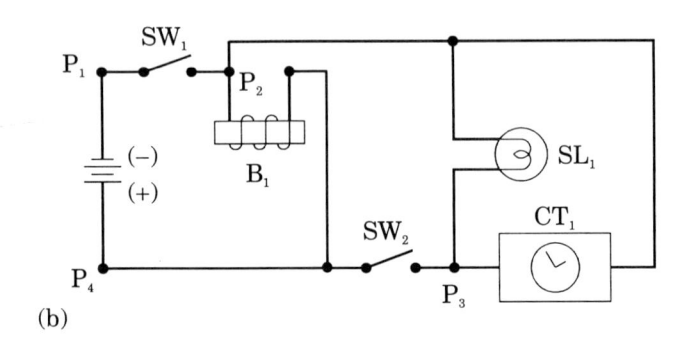

(a)

(b)

圖 17-15 簡單反應時間儀電路圖 (SW_1，受試者電鍵；SW_2，實驗者電鍵；SL_1，刺激燈；CT_1，隨停鐘；B_1，蜂鳴器)

先要求受試者把電鍵 SW₁ 按下，然後實驗者按下電鍵 SW₂，使電燈 SL₁ 和隨停鐘 CT₁ 發動。受試者看到燈亮，立刻放開按在 SW₁ 鍵的手，鐘便停止。

利用反應時間儀可以研究許多問題，如比較簡單反應時間與選擇反應時間那種快；對紅、綠、橙三種燈光之反應那種快；男生與女生那一方反應較快等。

2. **追轉輪** (pursuit rotor)　這也是感覺動作技能學習方面常用的儀器，其構造如圖 17-16 所示。儀器的中央部分有一個馬達傳動的圓盤，可水平旋轉，速度有 15，30，45，60RPM 五種。圓盤上有一圓形金屬質的標的。圓盤轉動時，受試者必須拿著接在電線上的彎曲鐵筆，並以筆尖接觸圓盤上的標的，要儘量使筆尖能持久接觸在標的上。筆尖與標的接觸時，隨停鐘便走動，離開時便停止。由隨停鐘的記錄可知受試者每次嘗試追轉成功的時

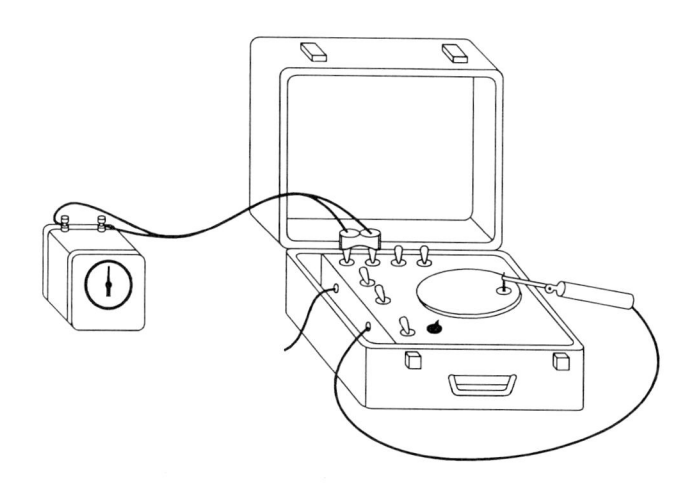

圖 17-16　追轉輪

間有多少。追轉輪內部裝有編序計時儀，可使每一嘗試的測量時間和休息時間各定為 20 秒，輪流出現。

與追轉輪相似的一種儀器稱為追轉儀 (pursuit tracker)。追蹤用的鐵筆尖端裝有光電管。三角形軌道內有一以固定速度移動的標的，即光源。鐵筆尖的光電管對準這一光標的 (light target) 時，隨停鐘便轉動，否則便停止。可見與追轉輪的功用仍然完全一樣。

三、偵察及記錄反應強度的儀器

1. **映管式示波器** (oscilloscope)　受試者受到刺激而發生強烈的情緒反應時，通常會產生許多生理變化，如心跳加速、肌肉緊張等。這些生理變化可使用前置放大器 (preamplifier) 先加以偵察放大，然後由記錄器將反應情形呈現出來。呈現的方式很多，可用映像管把表示變化的波紋放映出來，也可以用記錄筆描繪在紙上。前一方式的呈現法要用映管式示波器 (oscilloscope)，後一方式的呈現法要用筆描式示波器 (oscillograph)。

實驗室所常見的映管式示波器是陰極射線示波器 (cathode-ray oscilloscope，簡稱 CRO)，其外表如圖 17-17 所示。此種映管式示波器事實上是一個陰極射線管 (cathode-ray tube，CRT)。陰極射線管由電子鎗、偏向板、螢光幕、和玻璃管四部分構成。由電子鎗的陰極射出的電子，被聚焦成為窄狹的電子束之後，及迅速被推動向前，撞擊在螢光幕上。因為螢光幕上塗有磷光物質，受電子衝擊之處，便呈現出一個光點。由於

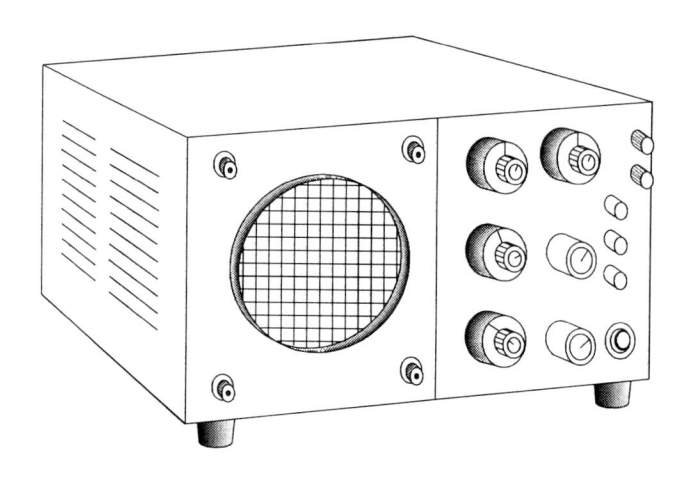

圖 17-17　映管式示波器

螢光幕上塗的是矽酸鋅，所以呈現綠色光。在電子鎗和螢光幕之間靠近電子鎗之處，有兩對偏向板。第一對是**垂直偏向板** (vertical deflection plate)，可以使電子束發生垂直方向的偏轉。如果輸入的訊號使這對偏向板的上板之電壓高於下板，電子束便被上板所吸引，我們便看到螢光幕的光點向上移；如果下板所加電壓高於上板，則可看到光點向下移。第二對是**水平偏向板** (horizontal deflection plate)，可以使電子束發生水平方向的偏轉。其原理與上述完全相同 (註 12)。由於這兩對偏向板之聯合作用，隨著輸入電壓變化的不同，光點也就跟著在螢光幕上掃描，繪出諸如正弦波、方形波或鋸形波，不同波形。示波器螢光幕上畫有許多橫軸和縱軸。受試者的生理變化 (如心跳、發音) 用放大記錄裝

註 12：秦守仁譯編 (民 53)，無線電學。臺北：大中國圖書公司。頁 156～162。

置 (amplifying-recording system) 偵察之後，便由示波器顯現出視覺波形。示波器的橫軸代表時間，縱軸代表振幅。由橫軸和縱軸可看出波形的頻率。研究者在必要時，也可以利用照相機將示波器上的波形攝影下來。

2. **多筆記錄器** (polygraph) 個體因心理活動所產生的生理變化，除了可用示波器使之轉換為視覺影像之外，還可用多筆記錄器使之描繪在記錄紙上。顧名思義，所謂多筆記錄器是具有多種記錄用筆，可同時描繪膚電反應 (GSR)、心電圖 (EKG)、肌電圖 (EMG)、腦波圖 (EEG) 或呼吸、指溫脈搏等活動的記錄裝置。實驗室常見的是三頻道多筆記錄器，可以記錄受試者的呼吸、膚電反應、和脈搏的變化情形。這種記錄器有三個利用毛細管現象來吸墨水的細長的筆，可以在記錄紙上描繪出波形 (圖 17-18)。要測量受試者的呼吸變化時，把一條波

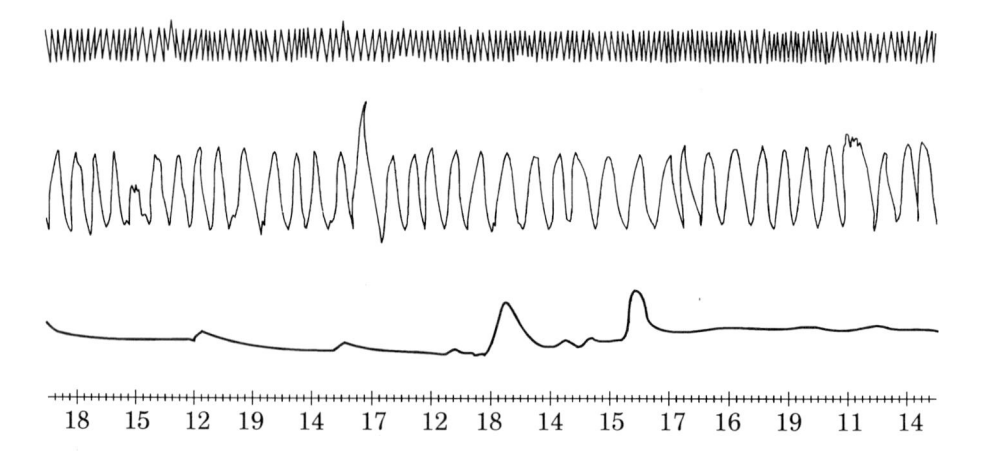

(上) 脈搏記錄，(中) 呼吸記錄，(下) 膚電反應 (GSR)

圖 17-18　多筆記錄器的記錄結果

狀橡皮管緊圍在受試者的胸前，受試者呼氣或吸氣時，密閉橡皮管內空氣的壓力也就跟著改變。壓力改變經由手風琴似的風箱 (bellow) 而推動傳桿裝置，並使記錄筆將此變化情形記錄在紙上。測量受試者脈搏的變化情形時，和量血壓一樣，將束臂布 (cloth cuff) 圍在手臂彎曲處，利用橡皮球唧筒使束臂布裝滿空氣之後，血壓的變化便經由另一個凹入式的風箱，而傳到記錄筆，依血壓變化而記錄下來。測量受試者的膚電反應時，就要把兩個手指電極 (finger electrode) 分別貼在兩個手指內面。

　　膚電反應 (GSR) 記錄器部分的簡單結構如圖 17-19 所示。主要部分為惠斯登電橋 (Wheatstone bridge)、放大器 (amplifier)、和電流計記錄器 (galvanometer recorder)。當受試者戴上手指電極之後，實驗者調節可變電阻，使電橋的旁路電阻與受試者手指的電阻相平衡，亦即通過受試者皮膚的電流與通過旁路電路的電流一樣。此時，記錄器的記錄針停在記錄紙中央基準線。當受試者發生激烈的情緒變化時 (如生氣、害怕)，由於汗腺極化作用，手指間的電阻通常會驟然降低，電橋兩個通路上的電流失去平衡。此一訊號經由惠斯登電橋另一端輸出，再輸入放大器放大，便有足夠的力量推動電流計記錄器的記錄針了。此時，記錄針往中央基準線上方偏轉，GSR 波紋成上升狀。俟受試者恢復平靜時，記錄針又漸漸回到中央基準線，GSR 波紋成下降狀。因此，通常都假定 GSR 波形之升降與受試者的情緒作用有密切關係，GSR 記錄也被視為受試者情緒反應的指標。

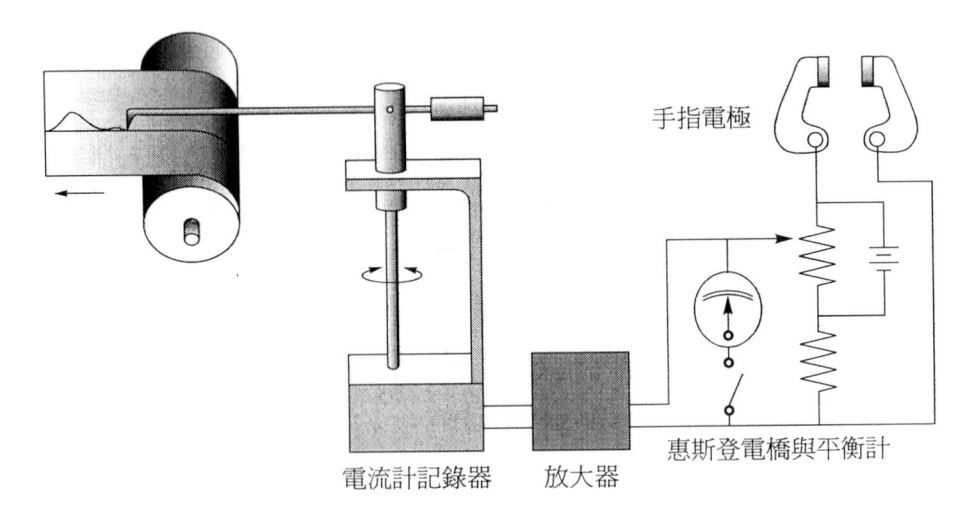

圖 17-19　膚電反應記錄器簡圖

3. **腦波儀** (EEG)　如果我們把電極貼好在受試者的頭皮上各部位，利用一種名叫腦波儀 (electroencephalograph) 的儀器來記錄，也可以發現記錄針會左右擺動，描繪出波紋，這便是腦波。這些腦波記錄代表頭皮底下大腦內的電流活動之組型。通常大腦在休息狀態 (亦即受試者閉眼、放鬆、而且沒有什麼心理活動) 時，所錄得的腦波為 8～13 cps 和 50 μV 左右具交流電形式之正弦波，是為 α 波。當大腦正在對輸入的感覺資料加以反應，或從事警覺性心理活動時 (如開眼注意新奇事物、計算算術問題)，α 波就被抑制 (blocking)，代而出現頻率較大 (18～30 cps)、振幅較小的 β 波。如果受試者進入睡眠狀態，則腦波也隨睡眠的深淺而有不同的變化，例如睡得最熟時 (階段 4) 便會出現一種頻率很小 (0.5～3

cps)，振幅很大的 δ 波。這說明了腦波的組型與受試者內心活動之間有甚密切的關係（圖 17-20）。

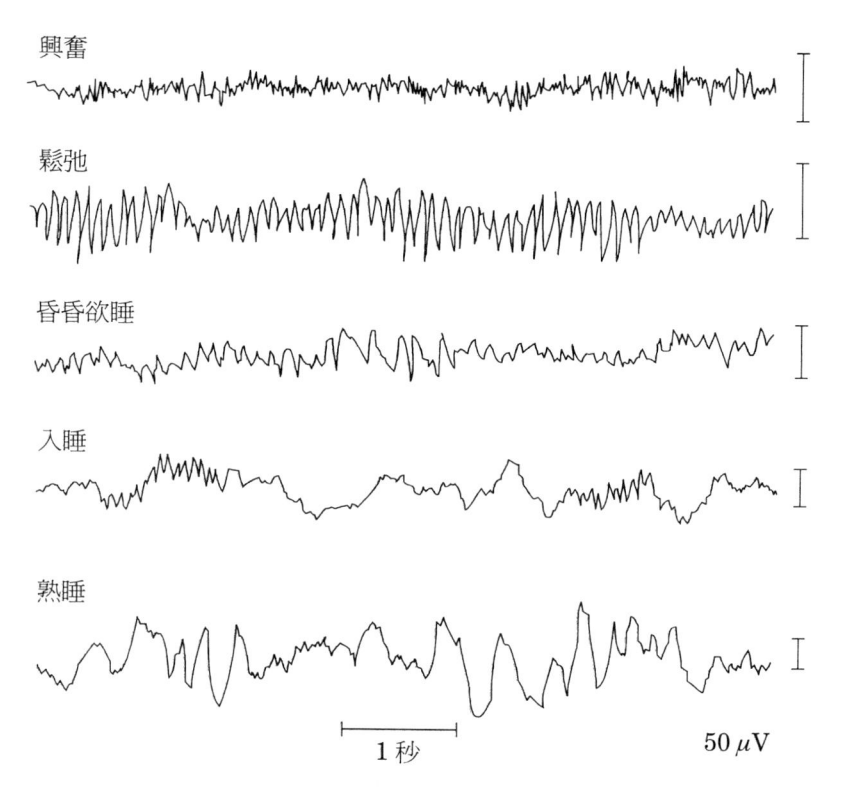

興奮

鬆弛

昏昏欲睡

入睡

熟睡

1 秒　　　　50 μV

圖 17-20　各種類型的腦波形態

　　記錄腦波的儀器稱腦波儀。腦波儀的構造相當複雜，但大體上可用電極→前置放大器→變週器→高頻率放大器→變週器→記錄器等幾個部分來代表它。這裏所提到的記錄器便是筆描式示波器 (ink writing oscillograph)。因為大腦神經細胞的電流脈動非常微弱，所以必須先利用前置放大器予以放大，然後利用變週器及高週放大器依次調制及檢波，才能推動記錄器的記錄針，

描繪出腦波來。實際記錄時，受試者安坐在腦波室的沙發椅上。為防止外來電流 (如 60 Hz 的日光燈電波) 的干擾，有的腦波室四壁及上下均用接地的鐵絲網隔離。實驗者要在受試者頭上各部位貼妥銀製小圓形電極 (silver disc)，另一電極接在受試者的身體上 (如耳朵)，並通地。電極的接法有單極誘導法和雙極誘導法兩種。圖 17-21 表示單極誘導法。電極接線挿在一個電纜板上；調節 Selector 旋鈕 (分線器)，便知那兩個位置 (前額葉、顱頂葉、後額葉或顱顬葉) 的電極係連到那一個記錄針。為比較腦波的振幅或電壓有多大起見，實驗者先按一下 Calibration 旋鈕，用直流電量出一個 50 μV 的校準振幅 (假定在記錄紙上畫出的高度為 1 厘米，則這高度便代表 50 μV)，再按動旋鈕，發動馬達，開始記錄腦波。此時，受試者腦部電流活動的訊號便經由電極，放大器，而推動記錄器，使記錄針在記錄紙上描繪出相對應的腦波波紋。假使帶動記錄紙的馬達係以 3 cm/sec 的速度工作，則記錄上每 3 cm 便代表一秒鐘。由記錄紙上的波紋可以看出腦波的頻率、振幅、和位相等重要指標。根據這些指標，研究者可以看出它們屬於那一種波，間接用以推論受試者的心理活動 (如放鬆或注意) 和生理情況 (如病竈的位置)。

　　腦波儀在醫學上和生理心理學上用途極廣。醫學上可用來幫助診斷病人的癲癇病、腦瘤、腦淤血、偏頭痛，甚至精神病。心理學上可用來研究睡眠、情緒、人格、朝向反應，甚或比較低能兒童、行為困擾兒童、遺覺兒童與一般兒童之差異。

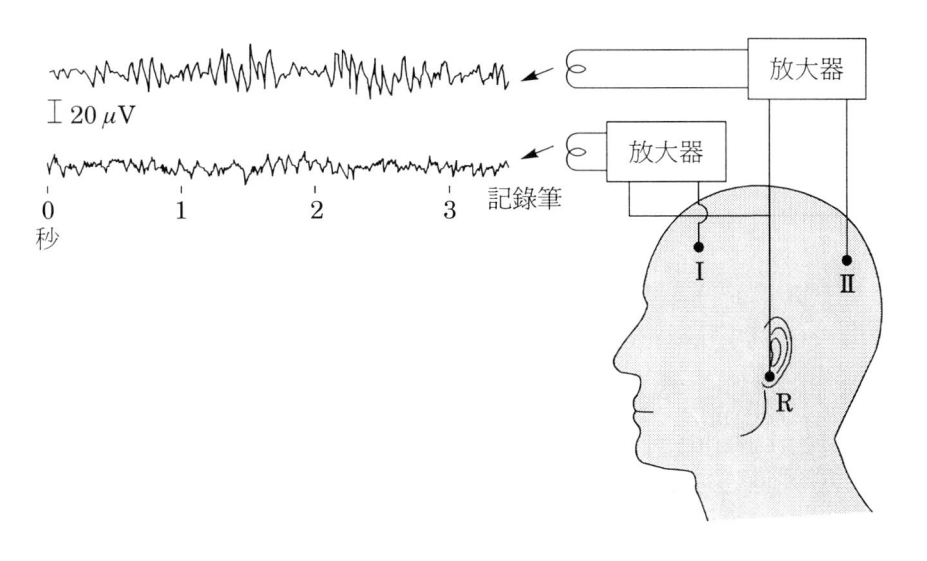

圖 17-21　單極誘導法

4. **心電圖記錄器 (EKG 或 ECG)**　心理生理學的研究，除 EEG，GSR 以外，也常用心電圖記錄器來記錄受試者的心臟活動情形，以瞭解心臟活動與某些心理活動的關係。此項儀器的主要部分仍然是電極、放大器、和記錄器 (跟 EEG 記錄器一樣，用筆描式示波器) 幾部分。記錄 EKG 時，可用單極誘導法，也可用雙極誘導法。電極接在兩個手臂、或右臂左腳、或左臂左腳、或胸部，但都應把右腳的一個電極接地，以防雜音干擾。受試者可以平臥，也可舒適的坐在沙發椅上接受測量。圖 17-22 是筆者利用兩名大學生為受試者所記錄下來的心電圖。由心電圖的 P，Q，R，S，T 複合波的組型，可以看出心跳速度的快慢、心臟是否阻塞或損傷。在心理學裏，心電圖可用來研究生理回饋 (biofeedback) 的問題。我

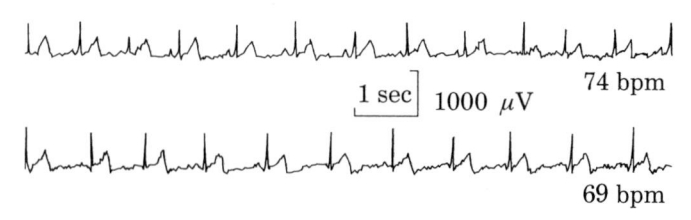

圖 17-22　心電圖

們可以把受試者的心電圖由映管式示波器呈現給受試者自己看。由示波器上面的心跳速度量尺(heart-rate scale)，受試者也可讀出每分鐘跳幾次。我們可要求受試者利用心電圖的視覺回饋，設法把自己的心跳減緩下來。

四、反應選擇的實驗裝置

在這類實驗儀器裝置裏面，受試者必須從不同的刺激情境中選擇一項加以反應。如果反應正確，通常便可獲得獎賞。

1. **老鼠梭箱** (shuttle box)　這是供逃脫學習和躲避學習實驗研究的儀器。Shuttle 的中文意思是「梭」，故 shuttle box 含有老鼠可在箱中的兩個房間之間穿梭似的來回之意。圖 17-23 是躲避學習實驗時的梭箱構造。這個箱子有兩個空間，地板爲可通電的鐵柵。如果老鼠遮斷了左室射入光電管的光線時，地板的鐵柵立刻通電，老鼠就受到電擊。進行躲避學習實驗時，電擊出現之前，室內的警告燈會先亮起來，也有吵雜聲從蜂鳴器的擴音器發出。老鼠如能在規定時間之前，越過界線，走入右室遮斷右室的光電管光線，電擊就不致出現，老鼠便可

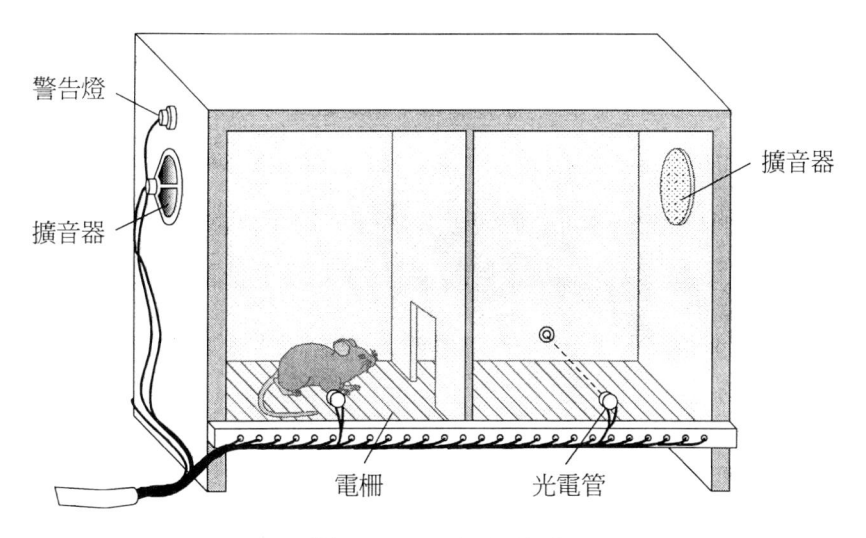

圖 17-23　老鼠梭箱

躲避這次電擊。

　　進行逃脫學習實驗時，梭箱內部構造應稍爲改變，左右兩室之間加一扇活動門扉，旁邊加一個按鈕或轉輪，右室底下改爲不通電的地板。實驗時，左室地板先通電，老鼠如果按下電鈕或轉輪，門扇自動開啟，便可跳進右室，逃脫電擊的情境。

2. **T 形迷津** (T-maze)　這是利用老鼠進行迷津學習常用的儀器設備。T 形迷津有很多種。圖 17-24 是較常見的一種單純 T 型迷津。實驗前，將老鼠關在**出發箱** (start box)。開始實驗時，實驗者將出發箱單向閘門打開並開始計時。老鼠走到 T 形路口時，必須選擇轉往左邊或右邊。至於轉向那一邊方算反應正確，視食物放置的目的箱而定。老鼠走入目的箱後，單向閘門就關閉，實驗者的計時就此停止。每嘗試一次的選擇反應時間，便是自

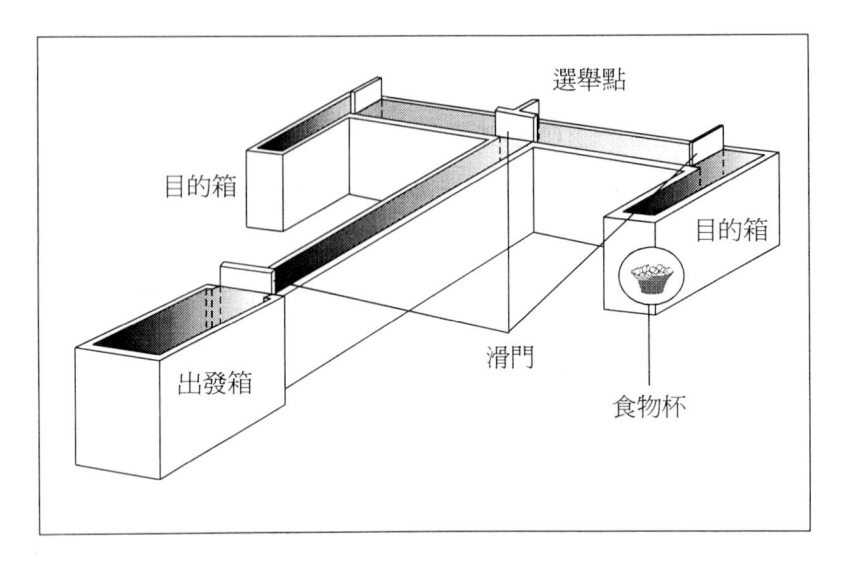

圖 17-24　單純 T 形迷津

離開出發箱到達目的箱之時間。T 形迷津的上面有時係用透明安全玻璃加蓋，以便實驗者觀察並防止老鼠跳出。出發箱和目的箱的安全玻璃須能掀開，以便放進或抓出老鼠。單向閘門有時係用滑車系統開啓；它們只能往一個方向開啓，以防止老鼠走出後再倒退進來。目的箱附近的兩個單向閘門都要用布幕遮住，使老鼠在 T 形路口看不到食物盤。這兩個單向閘門內附近有時可以加設光電裝置，這樣便可以自動計時，更為方便。

此外拉氏跳台 (Lashley jumping stand) 也是供老鼠作選擇反應的設備。老鼠放在一跳台上。前面有兩扇門，門上畫有不同的幾何圖形 (如三角形、正方形)。老鼠如果往正確的一扇門跳躍，門就打開，牠就可走到餵食台 (feeding platform)，得到食物的獎賞；如果往錯誤的一扇門跳躍，因為該門鎖著，牠就撞落

在底下的網裏，等於得到一次懲罰。如此，可以訓練老鼠辨別各種不同的刺激。

五、增强裝置

這是指在正增强和懲罰的實驗情境中所用的儀器。除了在斯肯納箱內常用的食物丸輸送管和滴水管之外，較常見的還有下面兩種。

1. **電擊裝置** (electric shock source) 電擊是實驗室最常用的厭惡刺激 (aversive stimulus)。發出這種電擊脈衝 (pulse) 的裝置稱為電擊產生器 (shock generator)。圖 17-25 是以人為受試者時的繼電器電擊產生器 (relay pulse former) 的簡單線路圖。這種電擊產生器係用兩個繼電器和電阻-電容放電電路所構成。當實驗者按下電擊開關時，便可產生短於 1 秒鐘長度的電擊脈衝。電擊時間的長短，視電容器和繼電器線圈電阻的數值而定。實驗者如要改變電擊時間的長短，可改變電容器的法拉值。電擊用電極 (electrodes) 通常貼在受試者右手的兩個手指上，或手臂內面，相距大約 3 cm 的兩個點上。在電擊產生器上，實驗者還可以調節電流的頻率大小以及電壓的高低。通常，電擊之前應與受試者共同試出他願意接受之最高電擊強度。實驗者自小而大，一步一步增加電擊強度，直到受試者說「不太舒服但不太痛」為止。

用於老鼠的電擊產生器，其主要的組件為繼電器、電晶體、可變電阻和具有柵棒 (grid bar) 底的動物箱。

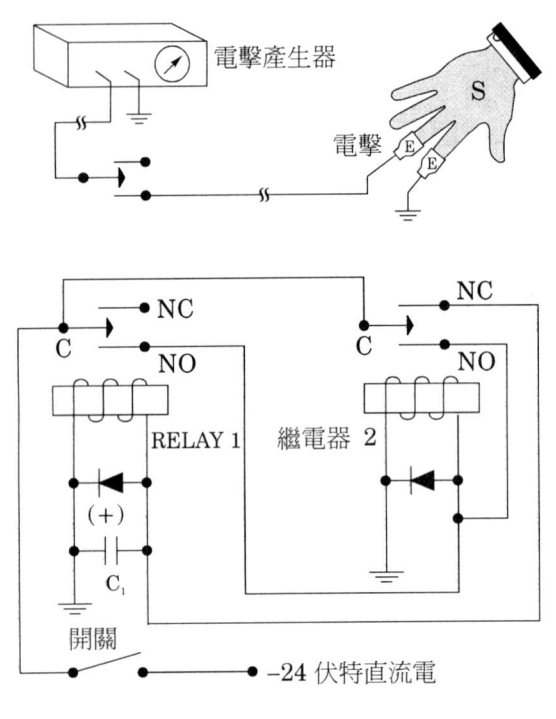

圖 17-25　繼電器電擊產生器

實驗者按下電擊按鈕，繼電器便發生作用。此時因為動物箱底下的鐵柵有一半鐵條通正電，一半鐵條通負電，正負相間排列，老鼠只要踏到一正一負的鐵條，便會受到電擊。有些老鼠很快就學會挑兩根都是正電的或都是負電的鐵棒抓住不放，電擊就會失效，而且所欲建立的行為就無機會形成。為了防止這點，電擊時間必須非常短暫，使老鼠沒機會學到採取安全姿勢之機會。必要時也可以把鐵柵的極性予以顛倒 (參看圖 17-11)。

2. **自我刺激裝置** (self-stimulation device)　將一根微小的電極針 (micro-electrode) 插在老鼠大腦下視丘 (hypo-

thalamus) 附近 (即所謂 pleasure center)，並通以微弱的電流。老鼠常常喜歡在被電擊時的位置附近逗留。有的老鼠還學會在斯肯納箱內壓桿以通電流刺激自己，而且竟達到每小時 2000 次，連續 15 至 20 小時之久。圖 17-26 便是這種自我刺激裝置。由圖 17-26 可以看

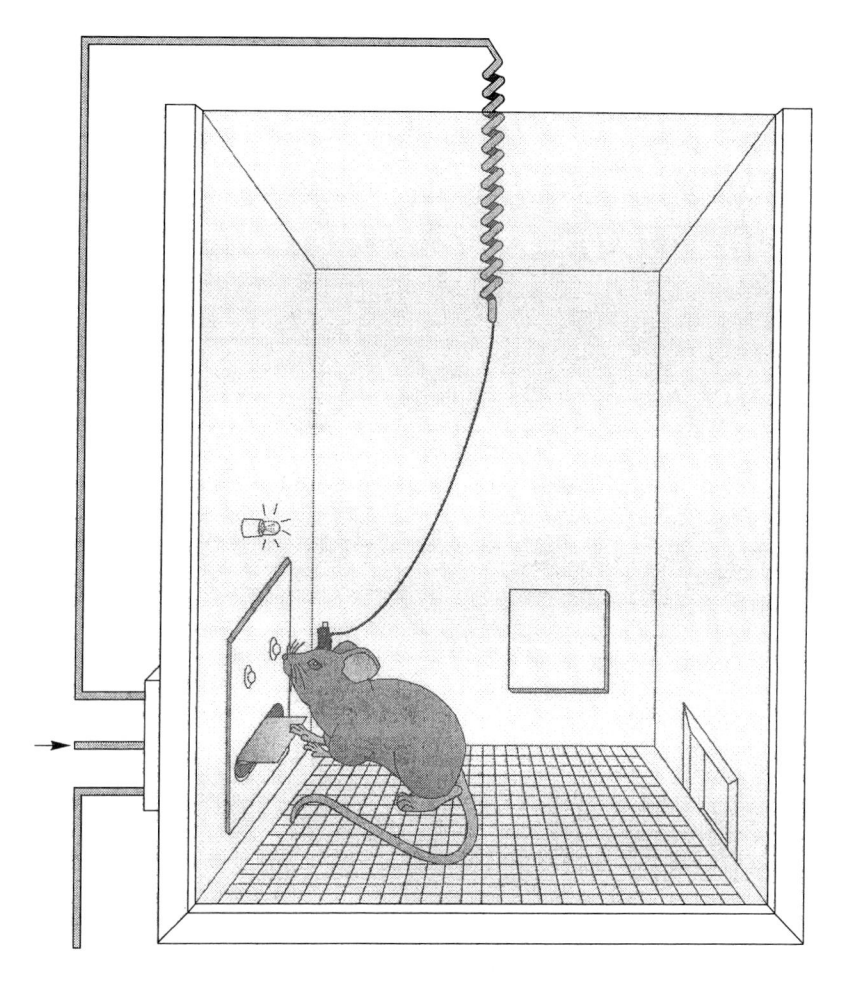

圖 17-26　自我刺激裝置

出，老鼠要壓下腳踏板 (treadle)，以發動 60cps 的電流。牠的大腦揷電極處便可以受到 0.5 秒長的微弱電擊。如果還要被電擊，牠得繼續壓腳踏板。老鼠的反應速率可由箱外的累積記錄器加以記錄。實驗者還可利用映管式示波器以調節電流的強弱。

六、環境控制裝置

使用環境控制裝置的目的，在於將受試者孤立，使免於受到與實驗無關變項之干擾，或用以限定在某範圍內做反應。

常見的環境控制裝置很多，不勝枚舉；本文只列舉幾種。

1. **暗室或眼罩**　可以用來隔離光線，使光線不致影響實驗結果。例如在腦波實驗中要觀察 α 波的活動，或在知覺實驗中要觀察負後像等，均要用到暗室。又如在迷津學習中，為避免受試者看到迷津溝道，便要使用眼罩。

2. **隔音室、耳機、或雜聲產生器** (white noise generator)　可以用來隔離聲音，使聲音不致影響實驗結果。例如，要實驗受試者對聲音的反應時間時，可利用隔音室，使外來的雜聲不致與反應時間儀的蜂鳴器相混。又如擔心記憶鼓馬達聲音或拍節器聲音干擾記憶效率時，要請受試者戴上耳機，耳機上可聽到發自雜聲產生器的雜聲，便聽不到記憶鼓的馬達聲。

3. **韁繩 (harness) 固定裝置 (restrainer)**　用來固定受試者的身體於一定的地方，使身體的一部分或全部不能亂動。例如，在古典制約學習時，要使用韁繩將狗的四肢頸部加以固定。又如，加電擊於猴子，使其獲得十二指

腸潰瘍等身心性疾病時,要利用固定裝置將猴子的頭、身體和手腳加以固定。

4. **單面透光玻璃裝置** (one-way glass)、**閉路電視** (close-circuit TV)　在兒童觀察室所常用的單面透光玻璃,也可算是環境控制裝置。一般家庭用的鏡子是用玻璃鍍銀之後再漆一層紅丹而製成,所以光線只能反射,不能透過。實驗室所用的單面透光玻璃,則只鍍銀而不漆紅丹。假定 AB 兩室相鄰,中間裝置這種單面透光玻璃。又假定 A 室的電燈打亮,裏面有兒童在玩,B 室電燈熄滅,裏面有實驗者在觀察,則 A 室的光線照到兒童之後,可以透過單面透光玻璃 (因沒塗紅丹之故),而射入實驗者眼睛,故實驗者可以看到兒童。A 室的光線照到兒童之後,受到單面透光玻璃的水銀反射之故,又返回頭射入兒童自己的眼睛,所以在 A 室裏,兒童又自己看到自己。單面透光玻璃對兒童而言,就像一面家庭用的鏡子一樣。一般天眞的兒童並不會發現 B 室那邊有人在窺視。(相反的,如果把 A 室電燈熄滅,B 室的電燈打開,則兒童反而可以看到實驗者)。就這一功能而言,單面透光玻璃設備和閉路電視可以防止兒童的行為因受觀察而失去自然,故有控制環境之功能。

　　實驗者也可以在觀察室裏裝置閉路電視。在兒童遊戲室的四個角落的適當位置,暗藏電視攝影機,鏡頭對準兒童活動的地方。兒童的活動情形可以現場轉播到觀察室的電視接收機,必要時也可錄影。

七、電算機

電算機 (computer) 或稱電腦，在行為科學的研究裏面，是一個極重要的工具或儀器。不管使用數量式 (digital) 或類比式 (anolog) 電算機，行為科學研究者較關心的是電算機的軟體 (software) 部分，而較不注意硬體 (hardware) 部分。所謂硬體主要是涉及電算機機器的設計，軟體則涉及電算機的使用問題。但是，硬體的設計方面，如現在最流行的電傳處理 (tele-processing)，分時系統 (time-sharing system)，即時系統 (real-time system)，及大型的積體電路的發明與使用，無疑會直接影響到軟體的使用。

凡對訊息 (information) 採取一連串有計畫的行為和運作，以獲得期望的結果，就叫資料處理 (data processing)；所用步驟和裝置就構成所謂的資料處理系統。就功能來分，資料處理系統包括中央處理單位 (central processing unit)、儲存單位 (storage)、輸入裝置 (input devices)、和輸出裝置 (output devices) 四大部分 (註13)，可用圖 17-27 來表示。

中央處理單位　這是整個資料處理系統的控制中心，可分為算術邏輯單位 (arithmetic/logical unit) 和控制區 (control section) 兩部分。算術邏輯單位可以做加、減、乘、除，及其他各種數學或統計方面的運算；也有邏輯能力考驗在處理資料過程中，所遇到的各種不同條件，以採取必要的行動。控制區指揮和協調所有的電腦系統，它可以控制輸入/輸出單位和算術/邏輯單

註13：(1967) *Introduction to IBM Data Processing Systems.* New York: IBM.

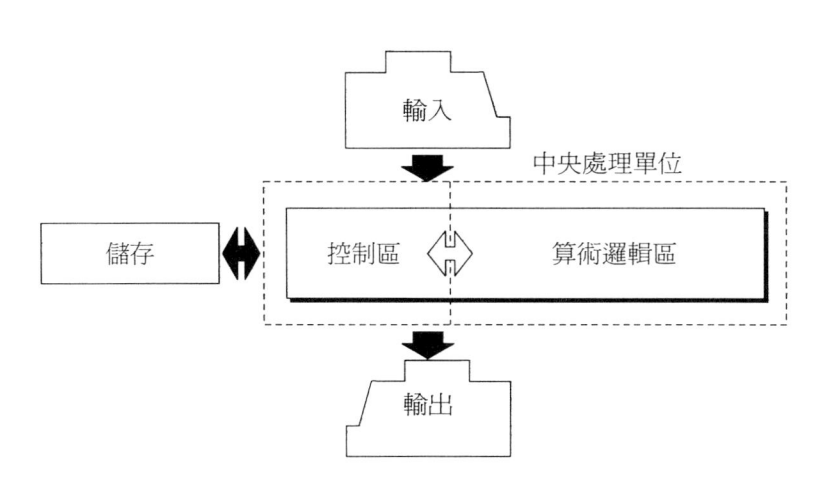

```
                    ┌──────┐
                    │ 輸入 │
                    └──┬───┘
                       ▼        中央處理單位
       ┌ ─ ─ ─ ─ ─ ─ ─ ─ ─ ─ ─ ─ ─ ─ ─ ─ ─ ┐
┌────┐ │ ┌─────────────────────────────┐ │
│儲存│◄┼►│  控制區    ⇕    算術邏輯區  │ │
└────┘ │ └─────────────────────────────┘ │
       └ ─ ─ ─ ─ ─ ─ ─ ─ ─ ┬ ─ ─ ─ ─ ─ ─ ┘
                           ▼
                       ┌──────┐
                       │ 輸出 │
                       └──────┘
```

圖 17-27 電算機重要部分簡圖

位的運作,可以將資料轉送儲存部分或自儲存部分提出。控制區係依操作人員和程式設計師所想出的步驟來指揮整個資料處理系統。

儲存單位 這裏有磁芯、磁鼓、磁盤、磁帶作為儲存的媒介。所有資料在電腦處理之前,必須先完全儲存於此。有的電腦的儲存容量達到幾個百萬位元 (bytes),有充分的空間可以存儲所有要存檔的訊息。儲存單位好像是電子存檔一樣,完全索引化和位址化。電腦可以很短的取材時間 (access time) 加以檢覆。大體上說,儲存單位分主要儲存和輔助儲存部分。裏面可以儲存由輸入單位輸進的資料,以備隨時送到中央處理系統去處理;可以儲存各種電腦指令 (instruction) 或內貯程式,或幫助電腦本身之運作;還有高速動作的存錄器 (registers),可以作浮點 (floating-point) 和定點 (fixed-point) 的數學運算。

輸入裝置 這部分可以閱讀和感受編碼資料 (coded data)。這

些資料係用電腦可以閱讀的方式輸入。例如在打孔卡或紙帶上打洞，在磁帶上錄上磁點，或在紙質文件上用光筆等有關設備畫上文字圖形。其他如顯微膠片上的影像，遙遠端末機的接線等，都可成為輸入。轉換為電子形式的電腦符碼後，訊息便可送到主要儲存去存起來。

輸出裝置 可把來自電腦的訊息寫在或記錄在卡片、紙帶、磁帶上，用印出器印在紙上，產生訊號，經由電傳處理網路轉送，由陰極射線管的螢幕顯出圖畫，在顯微膠片顯出影像等。

這是電腦硬體部分的大概情形。一般的行為科學研究者較重視的是電腦的軟體部分。必要時，他首先要寫電腦程式，把一系列使用約定的電腦語言 (例如 FORTRAN) 寫成指令加以適當的排列，並打成卡片，送到電腦的輸入部分。這些資料會被暫時存在儲存部分。電腦有時間處理它們時，便可以將這些資料提取到算術邏輯中心去處理。有時研究者可以直接利用電腦現成的內貯程式或副程式 (subroutine)，不必重寫這些程式。電腦在處理完了之後，便用電腦電動印出器，將結果輸出。通常是把這些結果印在紙上，研究者可以知道處理的結果為何。

在行為科學研究中，電算機常被應用到下列幾方面 (註 14)。

註 14：關於電腦在行為科學方面的應用和研究，可參閱下列兩篇報告：

(1) L. W. Gregg (1975). Computers, large scale usage in the balance. *American Psychologist, 30* (3), 199~204 和 S. Fliege, Digital computers.

(2) In J. B. Sidowski (ed.) (1966). *Experimental Methods and Instrumentation in Psychology*. New York: McGraw-Hill. pp.699~734.

1. **統計分析**　對大部分行為科學研究者而言，電腦只限於統計分析部分。他們常將所得資料拿來由電腦統計分析。用電腦進行統計分析，不但節省時間，減少錯誤，而且可以做人工所無法進行的繁重計算工作，例如利用矩陣來計算因素分析、典型相關分析 (canonical correlation analysis)、迴歸分析 (regression analysis)、區別分析 (discriminant analysis)、和複變項變異量分析 (multivariate analysis-of-variance) 等。在可以採用分時系統的大型電腦情形下，電腦可以在同一時間裏，為許多研究者進行統計分析工作。現在更有不少由使用者或專家設計出來的現成程式。利用這些現成程式 (如 SPSS)，研究者便不必自己編寫全部電腦程式，也可得到所期望的統計分析答案。

2. **小型理論的考驗**　有時研究者先就某一行為 (如學習、思考、決策行為) 提出一種小型理論或模式 (model)，然後利用電腦和這一模式來預測人的行為。這些預測的行為再用來與在控制的實驗情況下，人的實際行為相互比較，以發現二者的差異情形。研究者再根據如此考驗之結果，不斷地修改他的理論或模式，使所提理論或模式更能正確解釋人的實際行為。研究者利用電腦和模式所研究的這些行為，並非真實情境的行為，只是替代性行為 (vicarious behavior)，但由於電腦的幫助，他的理論和模式可以得到考驗和改進。

3. **電腦模擬** (computer simulation)　研究替代性行為，是利用電腦來改進理論或模式。電腦模擬的目的，正好與此相反；其主要目的在利用理論和實驗結果來改進電腦

的能力，希望能發展出一種電腦程式，可以像有智慧的有機體那樣作業。這是一般人所謂的人工智慧。例如，要發展電腦程式，看看電腦是否可以學習，是否可以證明數理邏輯公式，是否可以像人做圖型認知 (pattern recognition) 的工作，是否可以像人一樣利用啟發性技巧 (heuristics)，來迅速解決問題，以及代替人翻譯語言，診斷心理疾病。

4. **呈現刺激**　行為科學，尤其是心理學實驗方面的研究，已漸漸走向自動化 (automation) 的路途。複雜刺激的呈現，要由儀器來擔任。電腦在這方面是最好的助手，它可以像記錄鼓、速示器一樣，用來呈現刺激。此時電腦必須具有如陰極射線管 (CRT)、線上印出器 (on-line printer)、電傳打字機等輸出裝置。例如電腦可以接到聽覺的輸出裝置，發出不同的聲音組型 (如電腦音樂)；可以接到幻燈機，以隨機取材 (random access) 方式，放出幻燈片。過去已有學者，利用電腦來印出一片圖型，以研究深度知覺。這些圖形用單眼看是一些隨機出現的點，但如果用雙眼看，便有深度的感覺。電腦有能力以無限多的步驟呈現這些點，直到這些圖型顯示出深度知覺為止。利用電腦做這類研究，可以看出影響深度知覺的變因和原則是什麼。

5. **過程的控制** (process control)　自從有即時系統 (real-time system) 的大型電腦之後，電腦不但可以呈現刺激，而且可以把受試者的反應直接記錄在電腦之中。電腦在內部進行資料處理時，還必須繼續不斷的把外部所發生的事件加以記錄，並視事件性質的不同，採取不同

的反應。在學校中所謂的電腦協助教學 (computer assisted instruction, CAI) 系統便是這樣。學生坐在電腦終端站 (terminal) 之前，對電腦所呈現的刺激加以反應。電腦的刺激，可能是呈現在陰極射線管上的文字或影像，或電視機螢幕上的圖畫，或耳機中傳來的聲音。學生的反應方式，可能是利用打字機或裝有光電管在尖端的光筆。例如陰極射線管上出現一選擇題，學生必須利用光筆在陰極射線管的螢幕光點上加以輕壓，使光電管感光，其反應便傳入電腦。電腦必須把學生反應過程一一記錄下來；必須隨時依學生反應之不同，呈現不同的刺激，使學生學習適當的教材；在學生反應錯誤時，引導學生做一些對改正錯誤有幫助的反應。在這些學習過程中，電腦有計畫的控制學生的學習。心理學專家、教育學專家、電腦工程專家在這方面的合作，已使學校的教學更能合乎個別化和效率化的要求。

6. **訊息檢覆** (information retrieval)　電腦用來查尋研究文獻，把有關題目所有可能找到的資料，以最快的方式找出。在行為科學的研究方面，這是極其重要的貢獻。這種工作的第一步是界定題目的範圍，再根據公認的分類法 (taxonomy) 把所有資料詳細製碼 (encode)，電腦便可自動摘要和編索引。最後把這些資料，依性質和編碼存檔。這樣，對此一題目有興趣的研究者，只要把有關的重要字眼或形容詞 (descriptor) 指出，電腦便能把有關題目的全部資料找出來。

7. **系統分析** (system analysis)　如果把電腦、偵察器 (sensor)、動作器 (effector) 等機器系統，與受過專門訓

練的人員配合在一起，都納入資料處理和決策系統，構成一個人機合作的系統，研究者便可分析出人與機器之間，甚至人與人之間如何交互作用；也可研究人類在某種控制的社會環境中，能發揮什麼功能；甚至可以看出人與機器二者相較，那一方的優點或缺點較多，那一方的潛在能力較大。這種研究趨向，無疑是電腦帶來的一種新的研究方向。行為科學家經常對此類問題感到興趣。

第十八章

調查訪問法

文崇一

第一節　訪問法的性質

第二節　訪問法的類型

第三節　訪問的策略

第四節　訪問的技巧

第五節　訪員的選擇與訓練

第六節　訪問法的限制與資料處理

我國學者使用調查訪問法來研究問題，應該不會感到陌生。二千多年前，司馬遷就曾把訪問與調查曲阜 (孔子故鄉)，淮陰 (韓信故鄉) 一類的故事寫到「史記」那本輝煌的史書裏去。這是一個光榮的傳統。不過，今天我們討論的「訪問法」，卻是西方人類學家的傳統。

人類學家在做民族與文化研究時，通常都是把參與 (participation)、觀察 (observation)、和深度訪問 (depth interview) 三種方法交互或同時使用，以蒐集資料。本章只談訪問法 (interviewing)。訪問法雖是以訪問為主，即從交談中獲得資料，但也不是完全忽略觀察和參與所可能得到的印象，如攤開雙手表示無可奈何，點點頭表示肯定。這類無聲的語言，或者說符號，在訪問的過程中均應特別留心。有時候，它們所代表的意義，比一般語言還要深沈。

訪問不見得很困難，卻也不是想像的那麼容易。當我們進行訪問時，一般都有個主題，沿着主題談下去，資料就慢慢累積起來了。可是，如何才能把握主題，不致被報導人領著走，或將重點分散？如何才能使獲得的資料眞實可信？如何控制策略，才不致浪費時間，金錢，和精力？這一連串的問題，都值得我們事先考慮，並作週密的安排。

今就以下幾方面來說明調查訪問法：(1) 訪問法的性質，(2) 訪問法的類型，(3) 訪問的策略，(4) 訪問的技巧，(5) 訪員的選擇與訓練，(6) 訪問法的誤差與極限，及 (7) 記錄與整理資料。

第一節　訪問法的性質

假如你的孩子在校功課太壞，或打架鬧事，老師便會跑來問

長問短，看看什麼地方出了問題；你如果去公司應徵尋求職業，經理便會問許多有關的事，如你的能力、學力、誠實、反應；精神醫生對病人，記者對當事人，警察對犯人，都要使用差不多同樣的方法來瞭解事實的眞相。這就是訪問。訪問法差不多全是單向的，由訪員提出問題，由被訪人回答。

我們做研究所用的訪問法也是這種性質，希望經由談話的途徑來瞭解某些人、某些事、某些行動、或某些態度。這種方法，人類學家用得最多，也最徹底。人類學家在做某一民族的文化重建工作時，所有的資料幾乎都是「問」出來的。比如訪問員到了排灣族，問他們：「早先的頭目是怎樣產生的？有些什麼條件，權利，或義務？」被訪人於是一一回答。回答的內容就成爲研究者的寶貴資料。這種方法也有缺點，就是受訪者如果記錯了或記漏了，會需要許多的重複訪問去查證；如果許多人都「記」錯了，就可能得不到正確的答案。不過，這也是沒有辦法的事，對於沒有文字的民族或沒有記錄下來的事蹟，還是祇能靠回憶。所以精神醫學家利用這種方法使病人回溯他的早期生活或生活上的挫折；社會學家利用它作爲瞭解社區發展或群體行動的工具。

把訪問當作蒐集資料的工具，至少具有下列幾種特性：

1. 訪問法用作主要研究工具，即主要資料係靠訪問獲得。在這種情況下，對於所要研究的變項必須做較嚴格的控制，需要訪問那些人物，那些事件，均應預爲計畫，並把各項問題考慮週詳。如有疏忽或遺漏，將影響整個或部分結果。

2. 訪問法作爲補充研究工具，即在研究過程中幫助澄清某些變項、關係、假設、步驟，或幫助解釋由觀察與統計

得來的資料。訪問只是用來補助別的方法之不足，而非獨立使用。如做問卷前的訪問或問卷後的追查。這種設計可以較為鬆懈，不必嚴格控制變項。

3. 訪問法具有較大的彈性。訪談是面對面的交談，有更多的機會發現新問題，特別是那些複雜而抽象的問題。一些因觀察或統計所得爭論較大的結果，祇有用訪談的辦法才能評價資料的效度。

近些年來，訪問法被社會及行為科學家廣泛採用，就由於它具有這些可資信賴的特質。即，使用訪問法同樣可以看出答案的效度和正確性，可以分辨真偽，可以重複 (甚至立刻重複)，可以讓報導人自由表現情感 (喜歡、恐懼、或厭惡)，可以讓訪員自由發問 (或改變發問的方向)。不過，訪問法也有些令人不盡滿意的地方，如報導人可能把自己的主觀意見普遍化，把事實記錯或接錯；訪員的主觀解釋或猜測；訪員與報導人的不同生活經驗和價值取向。

可見訪問法用於研究上，有它好的一面，也有它的極限。研究者必須設法儘量避免錯誤，而利用它的長處。

訪問法是面對面的交談，訪員就主觀的興趣，提出問題；受訪人就主觀的判斷，答覆問題。即使兩方面想儘量維持客觀的標準，其間差距也可能不小。訪問者通常會從較大範圍或超社區觀點討論問題，受訪人則多半以本社區的利益為出發點。以社區發展訪問社區理事為例，理事會的人大致會強調公共建設的重要性，如修馬路、挖水溝、造公共廁所；訪員則認為這些都是小事，社區的健全發展，完全要看「社區意識」的程度，所以加強居民的此一觀念，才是當務之急。

受訪人在回答訪員這類問題時，出入就可能相當大。不過，沒有關係，祇要訪員能注意問題的差異點在什麼地方，整理資料時設法調整，再主觀的討論還是可以用來分析。

第二節　訪問法的類型

訪問因研究的性質、目的或對象不同，而有許多種不同的方式。比如，我們要瞭解某村落排灣族過去的文化，所有的文化特質資料都可以蒐集，便可以採用比較放任的訪問法，把資料蒐集後再去分類；可是，如果要瞭解的是關於他們的態度，或集體行為，就必須做某種程度控制式的訪問。這種控制和不控制的訪問方式，也即是訪問法中的二大類型。通常，我們叫前者為「結構型」訪問法，後者為「無結構型」訪問法，茲分別討論如後。

一、結構型訪問法

結構型訪問又叫標準化訪問，或導向式訪問，或控制式訪問。這種方法的特點是把問題標準化，然後由受訪人回答或選擇回答。所有的受訪人都是回答同一結構的問題。結構型訪問又有兩種方式，第一種是訪員把問題大綱控制，對每個受訪人問差不多同樣的問題；第二種是把問題與可能答案印在問卷上，由受訪人自由選擇。

第一種方法以人類學家用得比較多。比如在某村蒐集有關分家的資料，需訪問十個個案，每個個案的方向大約相同，而分家問題在農村比較敏感，不適合用問卷施測，由訪員控制變項，面對面訪問較為妥當，但對每個人的訪問要點大體相同。這樣所得

資料不致失去比較的標準，而又不會引起被訪人的懷疑或反感。

這種訪問最重要的就是控制「話題」，即它的中心點與一定的範圍，不要做「跑野馬」的討論。比如訪問分家的資料，話題就應該設法集中於下列之類的問題：權利、義務的劃分，男、女差別程度，舅父的發言權，早期與晚期的差異，等等。這種訪問法也可以說只是有限度的控制。

第二種方法以社會學家及社會心理學家用得較多。主要的形式是把問題印出來，讓受訪人去自由作答，或做有限度的選擇。這種方法也可以叫作高度控制的訪問。

使用結構訪問的方式，通常都是驗證一種假設或理論，而不考慮與這個理論無關的因素。依據事實或假設的需要，我們可以安排一種問卷，讓被訪者逐條填寫或圈選。這種問卷，可以是行為方面的，也可以是態度或價值方面的。比如我們要瞭解社區居民有關宗教的行為和價值觀念，可以用下列方式提出問題：

1. 宗教行為

(1) 你經常拜的神有那些？

　　媽祖＿＿＿，觀音＿＿＿，土地公＿＿＿，其他 (說明) ＿＿＿。

(2) 你多久去廟裏燒香一次？

　　一天一次＿＿＿，每月初一＿＿＿，每月十五＿＿＿，有大事才去＿＿＿，根本不去＿＿＿。

(3) 你捐過錢給廟裏嗎？

　　沒有＿＿＿，有＿＿＿。

(4) 你有沒有吃過敬茶？

　　沒有＿＿＿，有＿＿＿。

(5) 你家裏供的神有那些？

　　　　觀音＿＿＿，媽祖＿＿＿，關帝＿＿＿，其他 (說明) ＿＿＿。

(6) 你家裏有沒有供公媽 (祖先) 牌？

　　　　沒有＿＿＿，有＿＿＿。

2. 宗教價值觀念

	同意	不同意	不一定
(1) 一個人應該儘量按時拜拜	□	□	□
(2) 在生做好事可以上天堂，做壞事多就會下地獄	□	□	□
(3) 遇到重要事情的時候應該去問神	□	□	□
(4) 只要誠心誠意去拜神，一定會有好報應	□	□	□
(5) 應該把自己的宗教信仰傳給下一代	□	□	□

　　上面兩個例子，一為測量行為的頻率和內容，一為測量態度的方向。這些態度方面的例子比較偏向於從正面發問，但最好正反各一半，如把第 (2) 題改為「遇到重要事情也不必問神」，第 (4) 題改為「不誠心拜神也有好報」。

　　這種問卷 (第十四章已詳論) 均由受訪人自由勾選，但是也受到一些限制，只能在已提出的問題中選擇，無法遍舉。不過，也不必遍舉，研究者的目的本來就只是從某些角度去驗證自己的假說或理論而已。

　　如果是探索性的研究，也可以使用完全開放式的問題，不加任何限制。從不同的訪問中獲得各式各樣的答案，然後把重要的答案找出來，作進一步研究。比如，把上述標準化的問題改成開

放式的：

(1) 你經常拜那些神？(請列舉)
(2) 你多久去廟裏燒香一次？
(3) 你認為做好事一定可以上天堂嗎？為什麼？
(4) 拜神必須誠心誠意嗎？為什麼？

這種方式可以得到許多不曾預料的結果，但分散的程度也很大，有時候讓研究者不容易找出問題的焦點。真是各有利弊。

由於結構訪問多用文字表達，所擬訂的問卷就必須使受訪者完全瞭解，以免因誤解或不解而增加誤差。因此，在出問題時，下面幾點值得特別注意：

1. 瞭解受訪者的知識程度。如果是農人或工人，就不要用知識份子的語言；如果是知識份子，也不要用非知識份子的語言。
2. 瞭解受訪者的興趣和禁忌。興趣相近，可以增加溝通；觸犯禁忌，會引起衝突，甚至使研究無法進行。
3. 用字、措詞、及形式越簡單越好。也就是語句簡短，用字清晰，每句的內容不能太複雜。被訪者能懂就可以。
4. 避免用表現情感的字眼或句子。每個人的情感不同，也不穩定，定義有時也不一致，諸如保守，自由，激進一類的名詞應儘量不用，以免產生不必要的誤解。
5. 如果非探索性研究，最好不問「為什麼」。「為什麼」不僅容易使問題混亂，而且難於統計。
6. 儘量把問題具體化。抽象的觀念往往令受訪者難於回答，特別是知識程度較底的人。

可見結構型訪問在問題的用字遣詞上，還必須有相當大的駕馭能力。一般人最容易犯的毛病是：問話句型的結構太長，或語意不夠明白，或觀念模糊，或超過了受訪人的知識範圍。這些都是訪員應該特別留心的問題。

二、無結構型訪問法

無結構型訪問即指事先不預定表格、問卷、或定向的標準程序，由訪員和受訪人就某些問題自由交談，受訪人可以隨便提出自己的意見，不管訪員要的是什麼。比如，我們有一次去山地訪問，許多老年人都在抱怨年輕女孩往外流。我們把這個問題向一位卸任鄉長討教，問他有什麼看法。於是他講了半個小時，最後建議用法律禁止她們的自由行動。他談的許多理由和事實，都是我們原來沒有料到的，但對於瞭解這類問題的癥結還是很有用處。

這種方法用於重建某些制度或社會文化特質很有效，許多你沒有想到的事物，他都給你報導出來了，所以人類學家用得很普遍。但如果用這種方法來驗證一種理論，就不太合適，那將不容易控制研究方向。

這種訪問法雖然是無結構，可是由於方式的不同，在無結構中還是有些差別。通常可分為下列幾種。

(一) 重點集中法

重點集中法有幾個特徵：(1) 把受訪人安排到一種特殊情境，如看一場電影，聽一段廣播。(2) 這種情境的重要因素，模式，過程，與整個結構已經為研究者分析過，並獲得一些結果。

(3) 經過這種步驟，研究者可以建立有關蒐集資料的訪問標準。
(4) 訪問重點最後落在被訪人主觀經驗上，即個人對情境的解釋。(註 1)

譬如受訪人看了一段電影，就讓他自由說明這段電影對他所產生的意義或反應，不管他說些什麼，研究者都可以提出適當的解釋，因為研究者早已控制那些情境。所以，嚴格的說，這不是無結構訪問，而是半結構訪問。所謂自由說明，是在控制的情境下，用主觀經驗做解釋，並非說明某一事件。

重點集中法的基本假設，認為透過某種刺激，可以使受訪人作情緒上的特殊反應，研究者從這些反應獲得情報，再加以解釋。當研究者把受訪人投入一種情境後，自然會提出一些事先預備好的問題，讓被訪人回答，但這些問題通常是結構不嚴謹，或完全無結構的。這也就是說，研究者會把問題集中在某些重點上，但受訪人可以自由答覆。討論有重點或焦點，過程卻相當散漫。

這種訪問法有點像精神醫學家所常用的「自由聯想法」，醫生起個頭，讓病人自由說下去，再從他的談話中找病根。不過，那是由病人自己去找情境；重點集中法卻是由研究者給予被訪人一種情境。最大的差別在這一點。

重點集中法目前在社會科學與行為科學界用得並不很普遍，原因是它需要高度的技巧和豐富的想像力。

註 1：這個方法是 Merton 等人所創造的，已為多數社會學家所採用。參閱 Robert Merton et al. (1956) *The Focused Interview*. New York: Free Press.

㈡ 客觀陳述法

客觀陳述法的最大特色，是讓被訪人對他自己和他的社會先作一番觀察，或先下一番自我批判功夫，再客觀的說出來。也即是，研究者鼓勵受訪人把他自己的信仰，價值觀念，行為，以及他所生活的社會，作客觀的討論。這等於強迫受訪人站在第三者的立場來批評自己。這樣不但可以獲得資料，而且可以獲得對資料的某些解釋。這些解釋也許會受到受訪人自己觀念的影響，而非完全客觀。事實上，這是可以理解的，任何所謂客觀的判斷，都是相對的，絕對的真理，誰也沒有把握。受訪人對行動或事物的解釋，自然是透過他個人對集體行為和社會價值的認知而作的判斷。

我們曾經訪問西河村的中年和老年婦女，試探她們何以對「黃帝神」那樣的虔誠？她們說：「黃帝是一個孝子，也是中國的聖人。現今村子裏的年輕人，你去看看，個個目無尊長，沒把老年人看在眼裏。這樣下去，還得了？黃帝是一個孝子，對不孝順的年輕人是會懲罰的。前些時，有一位太太的兒子實在不孝。他母親就拜黃帝，請他老人家幫忙。結果，這個年輕人吃盡了苦頭。」在我們看來，這段話顯然是迷信的成份居多；可是，她們是在努力作客觀的分析。我們要求被訪人的客觀分析，不能也不應超出他們的知識範圍。

客觀陳述法的好處是使受訪人有機會陳說他的看法和做法，壞處是容易流入主觀，以偏概全。所以使用此種方法的研究者，必須對受訪人及其背景、價值、態度等有一較為深刻的瞭解，否則，對資料的真偽程度便難以遽下斷語，影響研究結果必甚大。

另外一個需注意的問題是受訪人的處境與地位，如果他根本

沒有機會去觀察你的對象，或沒有能力去批判他的社會，那就必須謹慎考慮資料的可用性。比如在一個工廠裏，經理、領班、工人的處境和地位各有不同，也許都可以作客觀的陳述，結果卻不會完全相同。這是受了主觀立場，或分析能力的影響。

客觀陳述法儘管有些不理想的地方，但如研究者或訪員的訪問技術很好，又對受訪人及其社會背景資料有較多瞭解，則這種方法還是唯一能讓受訪人發表意見的方式，唯一能使研究者直接接觸被訪人的信仰，價值觀念，或動機一類的抽象概念。

㈢ 深度訪問法

深度訪問就是希望透過訪談發現一些重要的因素，這些因素不是用表面的觀察和普通的訪問可以獲得的。什麼是重要的因素呢？比如說，人類學家追尋原始社會的文化結構，要求受訪人必須把一項文化特質作詳細描述，並且說明它的意義以及與其他文化特質的關聯等等；精神醫生檢討病人的人格結構時，通常要求病人強烈地表現他的情感、焦慮、喜好或曾經有過的挫折，等等。一步一步的往深處追尋。

使用這種訪問法，除人類學家外，以精神醫生和社會心理學家較多。深度訪問牽涉到某些基本的知識和技術，除非你受過這樣的特殊訓練，否則還是不要輕易嘗試。

多年前，曾經有一次科際合作的研究計畫，我個人擔任社區的深度訪問資料的蒐集與分析。可是，我只能在一個社區工作，另外的社區就委託他人，事先也作了些結構式的訪問綱要，並經過討論。後來，訪問結束，當我把資料拿來分析時，發現完全不能用。這是由於訪員沒有受過深度訪問的特殊訓練。所謂特殊訓練，就是必須熟悉被訪人的專業知識，表達方式，以及有關的訪

問技巧。

以人類學為例。人類學家對深度訪問不僅有濃厚的興趣，而且有長久的訓練。對於一些極複雜而牽涉甚廣的社會組織，在他們耐心的訪問下，不難找出某種程度的普遍性原則。假如我們要瞭解村廟與村民宗教行為間的關聯性，在進行深度訪問之前，就必須對下列諸問題提出討論。

1. **有關村廟的**：廟有些什麼神，在什麼時候建立，最初的組織與功能是什麼？何時登記為財團法人，董事會透過什麼方式控制廟產？董事會的權力分配如何，經過些什麼演變？廟除了宗教外，還有些什麼非宗教功能？廟及其領導人對社區事務有些什麼影響？

2. **有關村民宗教行為的**：那類人熱衷於拜廟，男的或女的，老年的或中年的，讀書多的或讀書少的，種田的或經商的？一年有多少次大拜拜，熱鬧的程度如何？宗教行為調節了人際關係，還是增加了緊張與衝突？個人的，群體的，社區的宗教行為有什麼差別，超社區的宗教區域如何劃分？個人或集體間的宗教行為影響非宗教行為到什麼程度，反過來呢？

這只是一個例子，還可以連續提出許多問題問下去。每個問題幾乎都是進一步探索它深層的含意，以便獲得更多的資料與理解。人類學家對許多研究，差不多都採用了這種深度訪問法，特別是在使用統計技術以前。社會心理學家和精神分析學家也常用這種方法去瞭解行為失常的人，或探測社會規範和社會價值對行為影響的程度。

㈣ 團體訪問法

顧名思義，團體訪問是把許多受訪人放在一起，同時訪問。這個團體可能包含有男女老幼，各色人等，只是為了談論某個或某幾個問題，臨時組成的；也可能是一個結拜兄弟會或神明會一類的小團體；也可能是一個家長會，或什麼廟的董事會。

這個方法，在心理治療上常用；對人類學家和社會學家也很有用，但以社會學家用得較多。社會學家在驗證或調查某些集體行為時，特別喜歡利用這種訪問法來察看行動的傾向。

由於團體訪問是許多人坐在一起，面對面討論自己的問題，在訪問的過程中，很容易引起爭論，甚至衝突。這種爭論或衝突，正表現了不同個人對事件的不同看法。就是說，即使在同一的社會體系或行為模式中，規範與價值還是有某種程度的差異。這種差異，只有在團體的爭論中才看得出來。也即是，團體訪問可以迫使團體成員在特殊的環境下，勇於表示自己的意見。

不過，團體訪問也可能產生一種團體壓力，使個人順從多數人的意見，而不敢表示異見。這就是團體的影響力。心理學上有關這種順從的測驗很多，說明個人在團體討論過程中，往往不敢貿然違反公意。

我們在做西河研究時，曾經有過幾次團體訪問的經驗，有的成功，有的失敗。失敗的訪問多半由於對團體瞭解不夠，無法有效控制訪問的方向。成功的則因為我們早已清楚這個團體的行為方式以及它的目標，只是尚有許多小節不太明瞭而已，這樣，控制訪問的方向就比較容易。比如當時對西河一群大學生的討論，雖是廣泛的討論社區事務，將來的領導人物等，他們都提出許多新的看法，並且在訪問中有不少爭論。對西河一個重要兄弟會的

徹底瞭解，也是因酒後的團體訪問才弄清楚，並且是由他們自己的爭論才弄清楚的。

可見團體訪問前的準備工作非常重要，甚至應該使用半結構式的訪問去進行，才能把握重點；否則，不但容易流於空疏，而且一旦爭吵起來，訪員就不知如何控制場面。

第三節　訪問的策略

訪問工作通常都很麻煩，因為訪員必須從生疏地及生疏人那裏取得資料，這些資料又往往不是他們主動樂意提供。訪員如何突破這類困難，得到合作，以順利完成訪問工作，就得事先決定一些策略。策略的目的在於以最簡單和最有利的方法，從受訪人那裏，獲得最多而又最可靠的資料。基於對這點的認識，策略必須包括以下幾項：目的與方法，社區特性，受訪人種類，主要步驟。具體點說，即是在進行訪問之前，應該做好這些準備工作。

一、目的與方法

訪問的方式常常因目的而異，不是一種訪問法可以適用於任何場合。比如研究的是「家庭關係」，就應以家庭為主要對象，親子關係、夫妻關係、祖孫關係、兄弟姊妹關係、以及因這些關係而產生的權利義務，都應加以考慮；因家庭而發生的社區及超社區關係，也應考慮，不過，這是次要問題。如果研究的是「宗教問題」，訪問的方式就不一樣。宗教行為牽涉到神和廟的層面較大，家庭成員間的變異也較大。這類訪問，除了注意宗教組織、宗教行為、宗教信仰，還必須注意宗教與非宗教功能，以及

在社區人際關係扮演什麼角色。可見，目的會影響訪問方式。其實，即使同為宗教研究，也可能有很大差別。假定不研究上述宗教項目，而是研究「祖先崇拜與家庭和諧」，訪問的目標應當轉移到，清明、冬至、忌日，以及生男育女這些問題上，來瞭解兩者的相關性。訪問其他的宗教行為或組織，對這個題目就顯得無能為力了。

不祇是這樣，同是深度訪問，同是宗教問題，也許前者用客觀陳述法就可以獲得足夠的資料，用以解釋宗教行為；後者卻必須採用重點集中法，才能得到較好的資料。如果是研究家庭，還可能使用團體訪問法，一方面觀察成員間的溝通方式，有沒有衝突；另方面也瞭解成員間如何解決爭端。

這種訪問，如果是由研究者自己進行，則比較容易控制，祇要在訪問之前，特別留意這些可能發生的情況就可以了；如果由別的訪員代行，就必須設法把這些情況告訴他，目的是什麼，方法又是什麼。否則，訪員不但浪費許多精力和時間，而且獲得的資料不一定可用。如果同時有許多訪員，則可以採用集體講解的方式，使他們達到明瞭目的，及為什麼要用某種方法為止。

所以，訪問策略的第一步是瞭解研究目的和訪問方法。

二、社區特性

這裏所說的社區特性實際包括環境與社會文化特徵。也可以說是集體行為上所表現的模式。任何一次訪問，均必須對受訪人的居住環境及社會文化傳統或次級傳統，有較深入的瞭解。否則，個人所表現的行為特質，將成為無法解釋。其間的關係是，社區特性會影響個人和集體行為；反過來，個人和集體行為也顯

示了這個社區的行為規範和價值取向。

例如我們要去訪西河社區，對這個社區的事先瞭解是必須的。這個社區具有三百多年的歷史傳統，雖是農村移民，中國文化的若干大傳統，如宗族、祖先崇拜、地方性，仍有相當程度的影響力；有三個超社區活動的大廟，人際關係的複雜性定然增加；漁業的衰落，市公車的通行，附近工廠的陸續興建，對選擇職業的機會提高。如果對這些基本的事實都不曾瞭解，訪問將受到極大的阻礙，或打折扣。

可是，換了個社區，如萬華，雖然也具有三百多年的歷史傳統，當初也是農村移民，也有許多超社區關係的廟，社區特質卻不太一樣。萬華是一個從十九世紀極盛時代的城市，轉變為今天的邊際市場，衰落到底了；寶斗里的風化區給萬華人帶來許多苦惱；今天的萬華，既不是高等住宅區，也不是國際貿易場所，只是一些零售商店。

再換個地方，如果到烏來山地去訪問，你會發現，烏來村和福山村又有很大的差別。烏來人的職業有高度選擇性、有多樣性、和漢人交往極多；已相當重視教育。福山人對外交通困難；水田耕作不易，多以伐木為業；一般生活較貧苦。

可見，每個社區都有它的特質，若不事先多加瞭解，把握這些特質可能給予行為上的影響，訪問將不但極端難行，而且容易引起不必要的誤解。比如烏來人告訴你：「我們不喜歡與漢人住在一起。」你可能認為他是種族主義者？其實不然，祇不過幾個月或幾年前，有一個漢人騙了他；他們喜歡類比，以為所有的漢人都是一個樣子。

三、受訪人類型

既然對研究目的和社區特性有了較多的認識，就可以進一步來分析受訪人的類型。受訪人是訪問的主要對象，前二者只是為了幫助瞭解和選擇被訪人的工具而已。一般而言，無論以訪問為主要研究方法，或補助工具，受訪人之選擇是否得當，關係到蒐集資料之成敗甚大。

究竟應以那些人為訪問對象，與研究目的和社區特質有密切關係。例如，研究目的是在某村或某族「重建山地文化」，則重點在它的原有古文化。作為這種研究的被訪人，當然不是青年人，甚至也不是中年人，他們對古代事物知道得太少；而是老年男人，特別是曾經做過酋長的老年人。所以，受訪人的選擇限定在「老年」這一年齡組內，至於多少歲才算老年，那要視各族各村的情況而定，上下幾歲都沒有關係。以這一研究而論，下面幾個原則就可以確定：

1. 訪問對象為老年男人。以瞭解該族古文化的老年人為限，非老年人不在訪問之列。
2. 老年人又可分為兩組，一組以酋長或頭目為中心，包括他的手下如巫婦、執事等人；一組為普通人，所知可能有限。
3. 如涉及兒童教養或家內事務，老年婦女也應在受訪問之列。

上面所談的是一般原則，如有特殊訪問事件，自然應該加進去。但就是這樣簡單的原則，也必須對社區特質有所瞭解以後，

才訂得出來。

如果訪問漢人社會，有關「社區發展」的情形，受訪人的選擇原則就有很大的改變：

1. 受訪人可以事先假定為幾類，如村（里）鄰長、社區理事、知識青年、群體領導人，這類人對社區事務可能參與較多，也較瞭解。
2. 把一般居民分成青、中、老三個年齡組，酌量各抽數人予以重點訪問，以為與領導階層之資料做比較。
3. 有關鄉鎮公所官員亦應做抽樣訪問，因為這些人當初均是決策者。

從上述二例，可見受訪人之選擇標準，因研究而有不同。不過，不論什麼研究，當地的決策者或領導階層總是在被訪問之列，只有這類人對社區事務和文化傳統的瞭解較深。

以我們曾經做過的研究為例，在牡丹鄉從事山地文化研究時，對一位過去的頭目，約 80 餘歲，前後訪談幾近兩個月。那時試過許多人，最後還是只有他知道得比較多，比較清楚。在臺北附近做漢人社會變遷時，每一社區都訪問過數十人，因為不但要問過去的，也要問現在的；不僅問男人、領導人，也要問女人、非領導人。這就是受了研究的性質和目的的影響。這些事都得事先預為安排。

四、訪問步驟

當你寫好了研究計畫，選定了研究地區，並不就能進行訪問，你還有許多準備工作要做。最重要的就是擬定一個步驟，或

說是訪問程序表,把要做的事與時間都做某種程度的控制。因為訪問,尤其是無結構訪問,漫無標準,如不加以控制,一方面可能遺漏重要項目,另方面可能浪費時間。

這種程序表有些像工廠管理上用的流程圖,但不那麼嚴格和仔細,比如,在訪問之前,應該閱讀那些文獻資料?瞭解社區到那種程度?有些什麼特殊事件和特殊人物應該做事先的準備?受訪人如何安排,透過什麼關係?訪問時間如何控制?甚至訪員住什麼地方,第一個應該訪問什麼人較妥當,均需預為考慮,然後一步步依計做下去。

以研究「社區發展」為例,如果我們要瞭解的是地方人士對於社區發展的意見,一方面希望知道當地人贊成什麼或反對什麼,另方面也希望知道應該如何去做才是最經濟而又最可能成功。依照這個方向,擬定一個 30 天訪問計畫,可如圖 18-1。

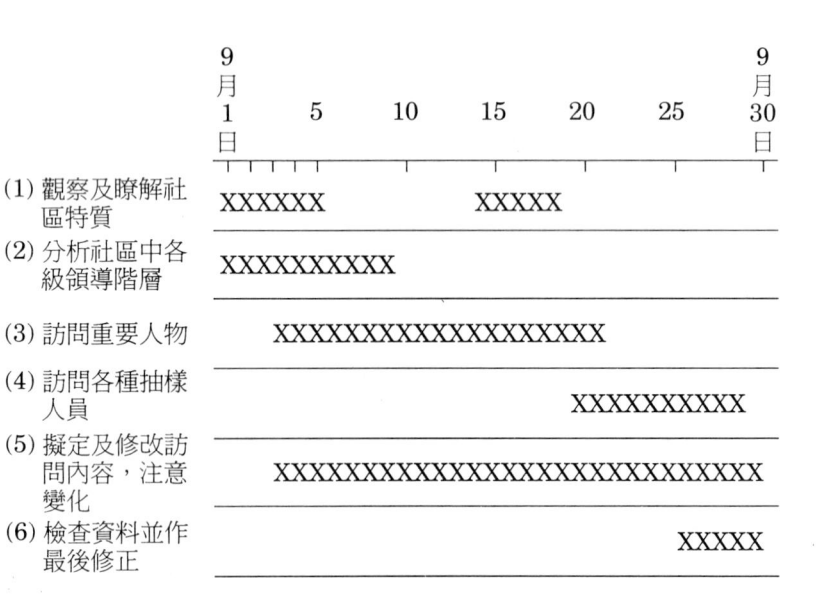

	9月1日	5	10	15	20	25	9月30日
(1) 觀察及瞭解社區特質	XXXXXX			XXXXX			
(2) 分析社區中各級領導階層	XXXXXXXXXX						
(3) 訪問重要人物		XXXXXXXXXXXXXXXXXXXX					
(4) 訪問各種抽樣人員						XXXXXXXXXX	
(5) 擬定及修改訪問內容,注意變化			XXXXXXXXXXXXXXXXXXXXXXXXXXXXX				
(6) 檢查資料並作最後修正							XXXXX

圖 18-1　訪問程序

圖 18-1 只是一個簡單的例子，就在這個簡例中也可以發現，許多工作是經常重疊的，許多工作可以預定，另有許多卻必須隨時修正。在訪問過程中，發生任何困難或挫折，均應即刻加以調整；有的時候，實際情況與原設計有出入時，也應調整。

如果是集體計畫，訪問表就更為複雜，它必須包含每個人的研究重點，並在圖上表明，然後按圖執行。

根據我們的經驗，有了流程圖也未必能完全控制作業時間，因為尚有許多因素不是作業前所能控制，例如有些重要人物臨時離開了社區，或是忙得找不出適當時間，都會使訪問延擱。不過終究比沒有流程圖好些，這種延擱還可以查得出來，可以及時設法補救。否則，就不知延到什麼時候了。

第四節　訪問的技巧

訪問的目的是為了獲得確實的資料，訪問時強調方法與策略，也是為了這個目標。可是，如果什麼都控制得很好，訪問技巧卻不甚理想，豈不真是功虧一簣？可見技巧很重要。比如我們正在談話，受訪人實在說得太小聲了，聽不見，就說：「請你大聲點，好嗎？」這話也沒錯，但有的人可能不喜歡這種語氣，聽了會生氣，不願再討論了。假如改為「雜音實在太大了，能不能請你再大聲點？」這種口氣是把聽不見歸之於外在環境太吵，而不是他講得太小聲，容易討好對方，取得合作。所以，訪問技巧是指在進行訪問時，以最合適、最有效的方式，取得受訪人的信任與合作，以獲取真實可信的資料。

訪問時應注意的問題甚多，大至價值、規範，小至寒喧兩三

句,都可能影響訪談工作。幾年前,我們在屏東山地做研究,一個受訪人硬說我在街上見了面不打招呼,擺架子,拒絕合作。其實,我們當時只是沒有看到他而已。但誤會既已造成,解釋起來就相當麻煩。這件事後來雖未影響工作進度,卻帶來不少的困擾。

我們所以強調訪問技巧的重要性,基於兩個原因: (1) 訪問是面對面的交談,不僅可以問出資料,解釋資料,還可以觀察受訪人的行為,特有表情,甚至從旁瞭解更多的問題。如果因技巧不當,引起反感,則這些優點都沒有了。 (2) 訪問的目的是為了取得系統性的真實資料,如果技術不佳,不但所得資料欠缺系統性與整體性,可能根本就毫無用處,或支離破碎派不上用場。這種結果,均非導因於訪問設計不良,而是訪問技巧出了毛病。我們現在要討論的就是如何才能把訪問工作做好。

一、訪問前的準備工作

準備工作可分成兩部分。

工具 最常用的工具如照相機、錄影機、錄音機、紙張文具等。受訪人有的喜歡攝影,有的不喜歡,看情形而定。訪員隨身攜帶照相機,作為應酬而拍照,只是用途之一;主要還是獵取研究所需要的題材,比如一個重要領導人或受訪人,一種社區現象。這些鏡頭,可能稍縱即逝,沒有第二次捕捉的機會。錄影可以強調主題的連續性,對於研究結果的輔助說明甚為有用,比幻燈片好得多;但設計相當費時,也相當費錢,目前使用在研究上尚不十分普遍。

錄音機對訪員的幫助當然更大,可是多數受訪人都不願錄

音，故在使用前必須徵得同意；否則，容易引起誤會，使訪問工作受到阻礙。一些並不敏感的問題，如神話、傳說、故事、民歌，遭到拒絕的可能性比較少；只有政治或家庭糾紛之類的談話，常爲受訪人所不樂意錄音。

記事簿及各種顏色的鉛筆或原子筆也是必須的。一個鐘頭或幾個鐘頭的訪問，如果延擱的時間太長，事後回溯，往往無法回憶與記錄，有也多半是一鱗半爪。把許多有用的資料遺忘，或由於疏忽而遺忘，是件很可惜的事，甚至是難以彌補的損失。在訪問過程中，有的受訪人反對記錄他的談話內容。即使不反對，因記錄而迫使談話常常中斷或擾亂主題，也不是好辦法。依我們的經驗，最好是帶一張紙亂畫，偶爾把一兩個重要的字記下來，對回家整理資料的聯想非常有幫助。這種方法，對反對記錄的受訪人得特別小心，不能讓他察覺；讓他注意到的話，就會前功盡棄。

如果你預備在社區裏住上兩三個月，作實地的研究與訪問，要注意的事就更多，比如，你如何與當地人打交道？如何參與他們的社交活動？如何迴避一些不必要的爭執？等等，均須事先有準備，或有心理上的準備。

同時，採用那種訪問法，也得預先設計。先抽樣，再一個一個的問下去，那是最簡單的辦法。有些訪問卻必須考慮到它的效果，也許團體訪問比客觀訪問更有效，也許重點集中法比團體訪問更有效，這要看研究目的的需要。比如我們要瞭解知識青年在社區事務上扮演什麼角色，不妨開幾次座談會，讓他們爭論、指責、辯護、建議，訪員只要能控制會場，偶爾做些調整方向的工作，收穫就會不少。這比任何個別訪問都更爲有利，因爲年輕人涉世未深，單獨討論，不容易提出什麼主張。

態度　一個訪問工作的成功或失敗，受訪人合不合作是重要關鍵。每個受訪人，對訪員來說，都是陌生人。對付陌生人，壞處是不易取得信任，不知道對方的興趣所在，談話很難得投機；好處是彼此沒有成見，不必擔心受訪人故意排斥。這種情況，可以視為中性。因此，訪問的成功或失敗，可說與受訪人無關，完全由訪員的態度來決定。一個稱職的訪員，可以打開僵局，化敵為友；一個不稱職的，不祇無法扭轉劣勢，甚至把好的局勢變壞。結果上的差異相當不小。

訪員在態度上應該留意的可歸納為兩點：一是基於地緣的原因，二是基於出身的原因。

1. **地緣**：我們把現在的社會粗略分類，大概可分為鄉村社區和城市社區。這也是社會學和人類學常用的分類標準。經過長久工業化的結果，兩類社區各有其特色，住在兩類社區中的人也各有其特色，這些人的特色多半會從行為模式上表現出來。如果訪員與受訪人屬於同一類，問題比較小，甚至沒有問題；問題多出在城市訪員訪問鄉村。

    城裏人到了鄉下，在態度和行為上最容易犯的毛病是城市驕傲感，把鄉下的缺點，如環境不清潔、臭氣，表現不滿或厭惡。這很容易引起受訪人的反感，以至無法進行訪問。幾年前，我們在烏來研究，有些學生要求參觀，我們當即提出警告，不准批評環境，不准掩口而過。事實上，訪員到受訪人家裏，常會碰到茶杯或茶不甚理想的情形（以訪員標準而言），為了禮貌，仍應表示樂意的喝下去。

　　　　無論在社交，還是私下的場合，訪員應該有雅量拋開自己的成見，接納並尊重當地人的風俗習慣，或社會規範與價值。只有用這種誠懇的態度，才能贏得受訪人的信任與樂意合作，否則，就要接受失敗。
2. **出身**：除了一些特殊情形，如受訪人也受過高等教育，家庭環境良好，或具有高度教養的人外，訪員與受訪人間，因身分不同，常常有一段距離。例如一位大學教授或大學生去訪問農人，那怕這個農人是社區的決策人，身分上的距離還是會造成隔閡，除非這個訪員經過訓練，懂得訪問技巧。

　　一般的研究，多半僱用許多大學生作為訪員，在短時間內完成訪問工作。像人類學家那樣，長時間親自住在社區內參與觀察者，少之又少。這些訪員（包括研究者自己及僱來的大學生），有的可能出身於農、工之家，有的則屬於工商業及士紳階層家庭。不管來自那一類家庭，他們在城市裏生活久了，接觸的儘是知識階層人士，對鄉下人多少有些感到陌生，對鄉下人的行為規範也有些生疏，或根本不瞭解。態度上難免不帶幾分傲慢，這當然會引起受訪人的不滿。一個好的和成功的訪員，應該故意忽略自己的教育和身分，把每個受訪人都當作你的朋友。

二、如何進行訪問

　　開始訪問之前，訪員應該已經掌握一份受訪人名單。我們在前面已約略談過，如果是研究「文化重建」，訪問的對象比較少，容易掌握；如果是訪談大量人員，以立意抽樣較為可靠，因為有些社區成員沒有報導的能力，如不太參與社區活動的人。比

如用立意分層抽樣的辦法，選出社區各階層領導人共 50 人，這 50 人可以其領導權或影響力的大小分爲四級：

最高決策人 (2) ⟶ 重要領導人 (8) ⟶ 次要領導人 (15) ⟶ 一般領導人 (25)

有了這張分類名單，訪員就不難瞭解，誰該多問些時間，誰可以少些。

一般而言，訪員對於這些訪問的對象都很生疏，而國人對陌生人是不太信任的，這時可採用幾個辦法：一個是先找村里長或幹事，說明來意，再由他們介紹進去；一個是找國小老師，介紹到家長那裏開始；一個是找社區的知識青年或知識份子，再由這裏擴大訪問範圍。無論那一種，對訪員都有幫助。還有一種辦法是把與社區有直接關聯的人士，如公職人員、士紳找在一起，吃頓便飯，在飯桌上不但容易把自己介紹出去，說明研究的目的，而且容易談交情，爲以後解決問題鋪路。這些辦法，我們都曾試過，以第四種 (吃飯) 較簡單而又有實效。也許是中國人比較講究吃的緣故吧？

現在按照名單，決定了第一個要訪問的人，也許就是社區最高決策人之一，因爲他知道的比較多，還可能比較合作。

- **第一步**：把自己介紹出去，並盡可能說明你的研究計畫。自我介紹是一種藝術，要做到所謂不亢不卑，使對方瞭解你，認爲你的訪問是善意的，最少沒有惡意。這樣，你就可以進一步說明訪問的目的，以及爲什麼要做這樣的研究等等。

  也許受訪人會問，你如何知道他又找到他？誰支持你

做這個研究？你不妨強調他在社區和這次研究中的重要性，比如說「在這裏，誰不知道你的大名？」或者說「是某某人介紹的。」不過，不能過火，太多的恭維，會顯得不夠誠實。

有時候，受訪人可能不等介紹完，就把你轟出去，幾乎毫無做好公共關係的機會。所以在發言之前，還必須察言觀色，觀察受訪人的行動。即使受訪人對你無禮，也得忍受。不要因別人的偏見和興趣干擾了自己的態度，也不要以自己的偏見和興趣去批判別人。

如果成功的把自己介紹出去了，就可以進行下一步工作。

- **第二步**：詳細說明這次訪問的目的，並設法造成一種友好的氣氛。說明主題的範圍，以及包括那些小題目；小題目如果有前後或時間順序，應特別交待，讓受訪人在報導時預作準備。如果有幾個主題，必須把每個主題解說清楚，並強調它的不同點。

說明時應設法造成一種愉快和友善的氣氛，使受訪人感到舒適和無拘束，才能暢所欲言，並且喜歡言。可是，要使別人愉快、輕鬆，自己的行動必須先能做到這點，否則仍然辦不到。最好的辦法是先觀察或瞭解受訪人的行動類型，再予以適當的禮貌和尊重，大約便有希望建立某種程度較友好的關係，再相機使談話變得生動些，慢慢地，輕鬆愉快的場面也就不難獲得。只有在這種情況下，受訪人才有可能提供更善意的意見。

當受訪人報導時，不免有些話是你不願意或不必要聽的，有些話是題外的。你千萬不要打斷，耐心的聽下去，

無論他說些什麼，你都要聽，作為一個極有耐心的好聽眾。即使你要把話題抓回來，也得選擇一個最有利的機會，使對方察覺不出來。這會讓受訪人覺得他的報導極有價值，而樂意繼續說下去。

　　有時，受訪人對你的詢問會不知如何回答。這可能是語言出了毛病。也許你用了太多的術語，也許你說得太抽象，也許你的形容太情緒化，這些都會造成被訪人的困擾，應極力避免。訪員事先最好能瞭解受訪人的教育程度、職業及家庭背景，在訪問時就比較容易說些對方易懂、易答的問題。

　　有一次，我們的訪員去訪問一位太太，一聽要花她許多時間，她就吼：「我太忙，我沒有時間。你們吃了飯沒事幹，在村子裏跑來跑去。」訪員只好說對不起，退出來了。過了幾天，他又去，說好說歹，還是把她訪問完了。又一次，我們的訪員去訪問一位男士，他正要出去。訪員說明來意。他認為無能為力，改天談吧。訪員就使出殺手鐧，說：「如果空著回去，老師一定責罵。」被訪人同情他的處境，就留下來討論。也許有人說，這樣不夠誠實。可是，訪員畢竟沒有騙他什麼，不過把預定的時間提早使用罷了。

● **第三步**：把握方向及主題的焦點，並注意時間上的順序。前面已經提到一點，訪員應注意主題及其時間之先後。僅注意還不夠，必須把握重點，讓受訪人報導的都是可用的資料。這有幾點必須特別留心：(1) 能避免的題外話，儘量減少，以便集中注意力討論重要問題；(2) 觀察受訪人的情緒變化，不要使訪問為他的情緒所左右，造成報導上

的偏差；(3) 不要用情感字眼，如自由、保守之類的名詞作爲詢問的指標，以免受訪人無從選擇；(4) 使用的語言，越簡單越好，以能達意爲原則；用字、遣詞則以受訪人能瞭解爲原則；(5) 瞭解受訪人的知識程度與一般興趣所在，對訪問有幫助；(6) 最好不要問「爲什麼」，這樣容易使問題混淆或簡化。

研究變遷問題時，事件發生的先後順序，非常重要。在訪談中，必須把握每個時期的重點，如發生的原因、過程、結果，以及參與的人物等。這樣，不同時期纔有做比較的可能。比如研究社區權力結構的演變，通常可以把時間劃分爲三個或四個階段。即：清政府時期，日據時期，民國時期 (或把此期分爲光復初期與工業發展時期，以利討論)。權力結構實際就是領導權的分配類型，領導權掌握在領導人手裏，領導人則分散在各種團體和社區中，所以訪問團體和社區領導人爲研究權力結構的必然過程。如果訪員在訪問時，能夠顧及每個時期的團體、社區、及其領導系統的發展，把相同和不同的特徵都找出來，把領導人的背景與影響力分別釐清。這就很容易看出變遷的軌跡，以及每個時期的特質。

三、可能遭遇的問題

我們在進行訪問時，什麼問題都可能發生。比如約定了一位受訪人，當你準時赴約，人卻不見了，連抱歉話也沒留下一句。在鄉下，這是常有的事，你不必爲此生氣；下次，不要約定，甚至不必敲門，就可以走進屋裏去。

一進門，正要開口，她卻先說話了：「你看，我忙成這個樣

子，那有時間閒聊天？」這時候，她可能在洗青菜，預備午飯。這是事實，你還能勉強？不過，不要緊，你如果也是女性，可以蹲在旁邊，幫她洗菜，隨便談些不相干的家務事，慢慢地，她瞭解你了。這次的時間並沒有白費，你可以預料下次順利到什麼程度。

有人說，「你問的這些問題，我從來都沒有想過，我什麼也不知道。」這是實在話，比如你問她拜了幾個神？誰去管拜了幾個，中國人有神就拜。你問他卡特是那一國的總統？管他是那一國的，反正與我們無關。你用不著為這種事氣餒，仍然會有人告訴你，「我拜了五個神」，或「卡特是美國總統」。

有人見你問他每月收入多少，或主要的收入為農業還是非農業，就懷疑你可能與稅捐處有關，甚至認為是稅捐處派來做調查的，並且馬上傳開去，很快就傳遍全村。你解釋也沒用，最好是在適當機會給予說明，或用些旁證去表明你的身分，比如與當地青年學生或士紳多接觸，他們會間接替你說明。

安全是另一個問題。有人認為你既問政治，又問經濟、社會、宗教，恐怕是什麼局來做調查吧？最好少開口，免得惹麻煩。你說不是。他們只笑笑，敬而遠之。碰到這類事，最傷腦筋，而又幾乎每次都碰到。最好的辦法也只有讓他們慢慢地相信你不是，可以說明，但不必爭論，爭論只有增加懷疑的程度。如果他們肯面對面提出質問，那是解釋的好機會；否則，你也可以設法製造一些機會，不要讓流言越積越多。

我國的村落，早期多有族姓間的派別存在；現在則變為地方政治上的派系。每個村落，因政治意識或選舉事件而產生的不同團體，少至兩個，多至四、五個。你如果只與其中一個來往親密，或不幸住進某一團體家中，後果是相當嚴重的。他們可能把

你也當作假想敵看待。當你訪問時，什麼也不肯說。所以，在行為上必須特別慎重，以免引起不必要的誤會。

最難解決的是「懷疑的態度」。一般人，不論城市或鄉村居民，對於陌生人總不願貿然相信。這對保密來說，是好事；但對訪問，卻造成重大障礙。這種所謂懷疑，不祇是稅捐與安全，幾乎是所有的問題。他們懷疑：為什麼要問這樣的問題？問了有什麼用？那來這些錢去問東問西？城裏的讀書人為什麼竟肯住到簡陋的鄉下？村裏人跟這些訪員一個也不熟，為什麼闖來闖去？

訪問時，什麼問題都可能發生。作為一個訪員，就得設法應付，而且必須立即處理。

第五節　訪員的選擇與訓練

從事一種比較複雜而大範圍的研究，尤其是科際合作研究，往往不是設計者一、二人所能為功，而必須假手於許多研究助理，以為訪問與分析資料。這些人雖不作最後的討論和結論，但資料的完整程度多半因他們而決定，比如一個稱職的訪員，所得資料較多而真實，其可信度相對提高；否則，資料一大堆，可用的卻極少。小規模的人類學研究，通常設計者與訪員同為一人，自然不會有什麼問題，要蒐集什麼資料，大致可以完全控制；大規模的研究，就困難得多，尤其在選擇訪員這一方面。

究竟具備那些條件的訪員才算合格？這是難以一概而論。大概訪問女性，以女訪員為佳；訪問老、中年男性，以年齡較大訪員為宜；訪問青年，無論男、女性，以青年訪員為佳。但也有些例外，必須視實際情形再作調整，比如有人喜歡跟女孩聊天，可

能的話，最好派女訪員去；也有人討厭和女孩嚕囌，那就以派男性去訪問，為上策。

一、選擇訪員

選擇訪員有些什麼標準呢？比如年齡、性別、學歷、能力等，那些是一般條件？那些又是特殊條件？這可從兩方面來說：一方面取決於研究主題的特質和社區類型，如有關家庭計畫的研究，以女性訪員為宜；城市社區，以知識程度較高為宜。像性別、教育程度這一類的標準，可以稱之為特殊條件。另方面是一般條件，如能力、誠實之類，任何研究的訪員都必須具備這些基本條件，才算是一個好訪員。以下就從兩方面來討論。

特殊條件 這類條件，因情況不同而對訪員作不同的選擇。重要的有以下幾種：

1. **性別**：男性訪員的活動力可能較強，說服力也可能較大，用他們去訪問領導人比較合適；對於身分較高的人，或影響力較大的領袖，則以研究者親自訪問為佳。這類人對剛自大學或研究所畢業的訪員，多不十分信任。反過來，訪問女性時，仍以女性訪員為宜，因為有些話，她們不願向男性表白。所以，性別之選擇，視研究性質而異。在一個大研究計畫中，大抵以男女訪員互用為最佳途徑。

2. **年齡**：除了訪問青年人以年輕訪員較佳外，在我國社會，以年齡較大訪員為方便。我國社會強調人際關係，年紀較大者，通常對於現有社會規範和禮貌比較熟悉，

容易取得受訪人的信任和好感。所以,訪員的年齡因素,有時還相當重要。

3. **學歷**:如果只是訪問一些粗淺或簡單的問題,教育程度似乎並不關緊要;可是,研究問題較複雜時,不但相對要把學歷提高,而且要求有經驗的訪員。比如作「深度訪問」,就不是每個系或研究所的學生可以勝任,而必須曾經受過這種訓練並具有實際經驗,才能獨立從事訪問工作。學歷對訪問的重要性,不完全在於訪問技巧的運用,也表現於對受訪人的反應程度,即較高度的瞭解對訪問較為有利。

我們還可以因受訪人的情況而增加某些特殊條件,如商人、公務員、農民之類,以相同背景的訪員去訪問,效果自然會提高。不過,一般的研究計畫,經費、人員與時間均有限,不能也不必刻意去追求過於瑣細的特殊條件,除非有特別必要。例如,我們在萬華做研究時,為了訪問某領導人——該領導人的脾氣不易對付,就曾動用非常特殊的關係人參與臨時訪問工作。方言也可能為一重要條件,因為有些受訪人只能以閩南語或客家話交談。

一般條件　這裏所說的一般條件是指每個訪員必須具備的。主要的有以下幾種 (註 2)。

1. **誠實與精確**:誠實本來是做人的基本條件之一,不只是

註 2:Moser 與 Kalton 曾經詳細地討論訪員的選擇與訓練諸問題。此處有些意見是參考 C. A. Moser and G. Kalton (1972). *Survey Methods in Social Investigation*. (2nd ed.) New York: Basic Books.

做為一個訪員。這裏所要強調的是表現於資料的處理上，如把自己揣測的意見加進去，把不確定的事實肯定下來，替受訪人圈選問卷，假造記錄，都是不誠實。要求訪員誠實，一方面是忠於訪問工作，另方面是忠於訪問的事實。對於工作和資料的誠實，也即是精確。訪員對每一種資料，都應做到非常精確的地步，不能有一點毛病。

2. **興趣與能力**：訪員如果對訪問工作沒有興趣，就不可能把工作做好，所以測驗或培養訪員的興趣，具有決定性影響力。能力不等於興趣，但興趣可以提高能力。使工作圓滿達成目的是一種能力，適應工作環境也是一種能力。能力的涵義和興趣一樣，是多方面的。比如訪員去訪問貧民窟，他必須有興趣才願意做這類訪問，然後才能把訪問做好，達成目的。如果他開始就不能適應貧民窟的環境，一切都將無能為力了。

3. **性格與氣質**：有人說，一個好的訪員應該像推銷員；也有人認為不能太勉強，或太交際應酬。這牽涉到訪員個人的性格和氣質，難以一概而論。有的訪員性格內向，有的訪員氣質不十分理想，就無法要求他們對問題以同樣的方式處理。大抵總以表現愉快的氣氛與受訪人討論問題，不宜太固執，爭論也應適可而止。過多的爭論會影響被訪人情緒，尤其是一些性格不甚開放的受訪人。性格或氣質不是短時間可以培養成功的，選擇訪員時，對這類特質應特別慎重。

4. **勤奮和負責**：一個訪員如果不肯努力工作，他將無所事事，而把時間耗盡。訪員到了工作地點進行訪問，只有

訪員自己才能安排時間表，別人無法指揮，因為實際情況依受訪人的活動可能隨時改變。勤奮而責任心重的訪員會隨時注意這種情況而作調整，反過來，就是找不到訪問對象，訪員也不會在意。許多年來，幾乎每年都請些研究助理，幫助訪問。我對於這些人當然要求不少，但勤奮和負責是相當主要的要求。沒有責任心的人幾乎不可能達成目標，這是我的看法之一。

此外，還可以說話的表達能力，團體內的合作程度，對人際關係的態度一類的指標作為選擇訪員的標準。不過，也不能把標準提得太高。這樣，可能會找不到真正適合的訪員，人總不是十項全能。

二、訓練訪員

新進的訪員，除非已經有過相似或相同的訓練，如人類學課程的田野調查實習，社會學的勞動力調查，市場調查之類，都必須施以相當時間的訪問訓練和實際作業經驗。如果研究方法變了，或訪問方法變了，即使曾經有過某些訓練，仍需重來。從蒐集資料來說，一個有經驗的訪員比一個無經驗的要好得太多。

訓練之前，訪員都已經選定了。這就是假定，這些即將接受訓練的訪員具備了某些基本條件，如性別、誠實、適應力之類。訓練的目的，一方面加強基本條件的要求，另方面強調訪問能力與觀察力。

訓練的方法可以概括為下述幾個步驟，但視研究的需要，不妨酌量增減。

安排幾天正式課程　正式課程可以是一天，也可以是七天，或

三、五天，均視實際情況而定。大抵學科性質相近的訪員，課程可以少些，否則，就該多些。即使多些，也不能太長，太長會流於形式。所以，兩、三天的緊迫課程最合適。比如訪員同屬行為科學中的人類學、社會學或社會心理學，很容易溝通；如果有屬於工程或理工的訪員，就得增加課程。課程內容可以包括講演、討論、實習諸方面，務期學了就能用，這是技術，不是理論。

討論問卷或/和訪問大綱　這種討論通常需要一天到二天時間，就所有問卷或/和大綱逐條提出討論。討論的重點為：(1) 每句問話是不是清楚，會不會讓訪員或受訪人誤解？(2) 字句如發生疑問，可以讓訪員解釋到什麼程度？(3) 統一訪員翻譯的方式，不要產生矛盾或衝突；(4) 注意大綱的整體結構，事物發生的時間順序。

舉辦模擬訪問　模擬訪問可以兩種方式實行：一種是在室內，由訪員間互相訪問，藉以磨練技巧及熟悉內容；另一種是找一個社區，使每個訪員從設計到訪問，實際操作一遍，訪問若干人。在模擬訪問的過程中，研究者應從旁觀察及協助。每種模擬訪問，均應嚴格檢查訪問結果，發現缺失或錯誤時，立即糾正。

撰寫心得報告　訓練結束時，訪員應參加考試或撰寫報告，以明瞭實際情況。如果程度太壞，或根本看不出改進之處，則可以不錄用，這種人大致不適合做訪員工作。

在訓練的過程中，也要強調訪員間的互助與合作。例如，有的訪問失敗了，可以換一個人去；有的女性訪員失敗了，也許換個男性或年齡較大的訪員，就會成功。任何訪問都在試探中獲取更有效的資料，沒有一成不變的形式。在訓練時，不但要求訪員

注意談話的方式，如不能隨便、輕率等，而且要求提高觀察能力，如某些足以反映態度或觀念的行動。這些事，無法每一項都舉出具體事實來討論，卻必須一再提醒注意。

訪員經過訓練以後，大體已可根據訪問大綱或/和問卷去訪問。不過，大綱不能窮舉一切問題，所以，最好還是把下面這些問題，在訪問前，和訪員說明清楚 (註 3)。

1. 讓訪員對研究計畫瞭解得越深，對訪問越有幫助。這樣，訪員可以隨時檢查他的資料是否符合研究需要，不致浪費時間。

2. 讓訪員瞭解為什麼要如此進行訪問，訪問得來的資料又如何使用？這樣不但可以提高訪員對訪問的興趣，也可以使訪員在工作中增加控制方法的能力。

3. 訪問備要及日記，越詳細越好。備要是記載一些與訪問技術有關的問題，如找那些受訪人？如何對付不同的問題與人物？日記是記載當天的活動，包括生活、思考、新問題、訪問心得等。有些挫折或特殊事件也應該記上去，對將來的分析會有用處。

4. 工作監督與士氣。每個訪員的能力、情緒都不一樣，負責人必須設計出一套監督的辦法，如每天的工作量達到某種程度，資料的可靠度有多少。經常檢查，可使訪員工作更為認真。但人不是機器，有時候難免情緒低落，工作懶散；這時，最好的辦法是鼓勵士氣。鼓勵的方法很多，如集體看場電影，或往淡水吃頓海鮮，以調節訪員的生活。否則，勉強維持工作，結果定然不如理想。

註 3：同註 2，pp.287～288。該段也引用了兩種訓練訪員的方法，可供參閱。

訪問工作，看起來很簡單，彼此交談，把些話記下來。可是，要做得恰到好處，還真不容易，即使訓練過，也未必就能達到目的。

第六節　訪問法的限制與資料處理

前面說過，訪問法的基本特色就是面對面討論問題。這種方法，有它好的一面，也有它的限制，並非一種無往而不利的研究技術。就好的一面來說，大概有下述幾種優點。

1. 訪問可以依照大綱提出問題，也可以依照大綱的原則，因受訪人的知識程度或瞭解程度，提出更深入的新問題，使研究可以作更進一層的討論。如原設計沒有預料到受訪人對投票行為的透徹瞭解，這時就可追問。這不是其他方法做得到的。

2. 任何訪問大綱都無法窮舉與研究有關的問題，面對面的交談，可以使受訪人回答更多的問題，特別是關於複雜和抽象的問題。如地方派系，或道德觀念一類的東西。

3. 訪問可以讓受訪人自由發表意見，又可以在某種程度內控制方向。例如，受訪人對農會提出批評，甚至攻擊總幹事。訪員就可以設法鼓勵批評，而適度抑制人身攻擊。

4. 訪問的彈性相當大，可以重複，一遍不足，再來一遍；可以解釋，對於某些特殊事件能用特殊方法說明；可以強調，訪員與受訪人均可用某種方式加強其意義或功用；可以表現或/和看出恐懼，歡快，或複雜情緒。比如

討論地方選舉的公平性，受訪人如曾參與競選或助選，就會出現許多新奇現象，可資訪員利用。

5. 訪問有較多機會評價所得資料或答案的效度和信度。訪員可以從受訪人的行動，表情，或語言上，觀察或覺察出他的動機與態度，以分辨報導的真偽。特別是一些爭論較多的問題，如工業區對水及空氣污染的看法，工廠廠主與當地居民必然形成尖銳的對立。

使用訪問法的這些優點，幾乎完全決定於訪員的靈活運用上，也即是有相當大的份量依賴訪員的能力。如果訪員能力不足，或對研究目的不十分瞭解，這些優點都將受到限制。不祇這樣，還有許多其他不易克服的困難。

- 第一，受訪人的數量多少要受些限制，不能像抽樣調查那樣，大量訪問。不祇是由於經費和時間，人力和精力也不允許作過多的訪問。尤其是大社區的研究，幾乎無法進行這類深入的訪問。例如，我們在萬華的訪問，大部分受訪人都只能回答牽涉較小的問題。不像部落社會，一個頭目就知道上下古今。因此，求全的訪問工作會顯得特別繁重，有時成為不可能。

- 第二，訪問對象既然是少數人，難免不以偏概全，把少數人，甚至一個人的意見和行為推論到全體。這種推論很可能導致研究者的誤解，而產生不當的結論。比如，一個乩童對訪員說，全村人都找他求神，都相信他的本領，並且非常靈驗。如果根據他的話推論下去，顯然會上當。

- 第三，受訪人在報導時，有些事或觀念，只是個人的主觀解釋或臆測，卻把它說成一般的傾向；有時可能記憶錯

誤；有時是缺乏深度認識；有時是訪員的誤解。這種情形也會造成資料的誤差或失真。比如社區領導人把地方派系的恩怨歸之於選舉或民主，顯然是誤解，認識不深，或主觀判斷，因為在非民主社會也有地方派系。

- 第四，訪問資料難以量化，不獨使解釋範圍受到限制，而且使推論無法普遍化。比如我們在岩村訪問了一些人，有的贊成設工業區，有的反對，都提出了許多理由。最後還是無法作滿意的邏輯推理。
- 第五，訪問法中的訪員與受訪人，多半生活在不同的兩個世界，具有不同的人生觀念、社會價值、社會經驗以及社會關係，對社會現象的看法自然不同。因而許多記錄下來的事件和觀點，就難免不發生差錯。

可見訪問法仍然有其一定的限度，即使是一個熟練的訪員或研究者，也要看他能「領悟」(insighting) 到什麼程度。否則，解釋起來仍然很困難。

最後，我們要討論一下處理資料的問題。訪問的目的就是要獲得資料，資料太少，論文不容易寫；太多，又不容易整理。訪問資料送電算機處理的可能性極少，而以人工分類比較妥當。

受訪人通常都不太願意把他的話記下來或錄音，訪員必須設法說服。記錄的方式有兩種，當場記錄與事後記錄。經過受訪人允許，當場記錄可以從容書寫，忘了還可以再問。不過也不能忽略：(1) 過長的記錄會使談話中斷，影響交談情緒，可能得不償失；(2) 不要為了詳細記錄而忘了要點，要點比細節更重要，記錄時應權衡輕重。最好的辦法是僅記要點，不必貪多，待回家後再行整理，這樣的資料將更完整，可用性更高。假如受訪人允許

錄音，則記錄要點的辦法就更為有用，整理時相互對照，可以減少錯誤。

事後記錄比較麻煩，但有幾個辦法可以克服這類困難：(1) 勉強或訓練自己把訪問要點記牢，必要時找機會重複一兩次，以免忘掉；(2) 自己預先列一訪問順序，依序訪問，訪問後的記錄有跡可尋，就容易得多了；(3) 拿一張紙，在桌子上亂畫，遇有要事，就記一兩個字，再精明的人，也不易發覺，整理時有這些字句作線索，會容易引起聯想。

用那種方式記錄都可以，只要合乎有用又有效的原則。也許你還可以想出許多辦法，例如人員許可的話，訪員與受訪人交談，第三人可在旁邊記錄，既不會中斷與擾亂情緒，也不會造成重大遺漏，整理時又有兩人互相幫助記憶；即使不能當場記錄，有第三者在旁，對整理資料仍然有幫助。記錄資料最要注意的是，條理分明和語意清晰。前者可以幫助分析與解釋，後者可以省除許多不必要的思考時間。

記錄不只是談話內容，觀察到的現象與行動，聽到有意義的諺語或俗語，一個無可奈何的姿勢，一種歡迎的表情，都該記下來。例如，社區裏赴結婚宴是一家一家去的，很少人會計較賀禮；拜拜時一邊埋怨花錢太多，一邊卻大請吃客。這些現象有時比訪問還重要，忽略不得。

用來記錄的工具，一般是筆記本或卡片。筆記本方便記錄，但使用時查來查去，很不方便，最好不用。資料少時，分類後用卡片記錄亦可，但用於分類的時間往往過多，而且當一種資料可以用於幾個部分時，必須重抄幾次，浪費時間。因此，目前多用麥克比卡記錄訪問資料。這種卡片的好處是，可以亂記資料，最後再分類打孔；使用時在相同孔中即可將資料找出，非常方便

(註 4)。不過，這種卡片的成本較高，有的人可能認為不合經濟原則。

註 4：蕭新煌在「麥克比 McBee 卡的用途和使用法」一文中 (食貨月刊，第一卷第四期，民 60 年) 曾有詳細討論，請參閱。

第十九章

測驗量表法

吳英璋

第一節　何謂測驗量表

第二節　測驗的客觀性

第三節　測驗的對象行為

第四節　影響測驗對象行為的其他因素

第五節　測驗的使用與解釋

第六節　結語

心理測驗 (psychological test) 開始於十九世紀，當時對待有行為異常的人的方式，已由宗教的及靈異的想法轉向較科學、較合理的觀念。為了區分智力發展遲滯者與無法替自己的行為負責的精神病患，俾使前者獲得更好的機會，有一些人嘗試編製一套套的方法，來測量他們。這些方法絕大多數是與知覺及動作反應有關的操作。後來由 A. Binet (1905 年) 倡始的智力測驗的編製，可能就受其影響，也採用操作測驗。

另一方面，為了研究人的一般行為，而發展出來的測量，則是心理測驗的主要源頭。其中 F. Galton 與 J. M. Cattell 兩位是這個源流的開山鼻祖。Galton 在 1882 年設立了一個實驗室，幫一般人測量他們的感覺、知覺及動作反應的情況，同時也讓他們知道與別人的情況相對比較的結果。Cattell 的興趣與當時的研究潮流正好相反，他要瞭解的是個別差異，而不是人的通性。不過他用來研究的，仍然是各種知覺與操作的反應。

這個時期的測驗，尚未特別考慮測量的客觀性，因此到了廿世紀初，即有一些學者提出批評，認定第一階段嘗試的失敗。

第一次世界大戰，D. G. Woodworth 所編製的「個人資料表」(Personal Data Sheet) 掀起第二波測驗發展的序幕，人格方面的測驗接連出現，投射測驗 (projective test) 也在這時候問世，然而它們的客觀性卻因統計學的進步，反而受到更多的懷疑。

接著電腦與統計學配合著心理測驗方面的研究，獲致目前比較完美的心理測驗工具，可是反對的聲音也越來越響。運用心理測驗已達泛濫程度的美國，最近有些州的立法已明令限制心理測驗，同時心理測驗人員的功能亦被懷疑。究其原因，可能有：(1)

心理測驗人員熱衷於廣泛地運用測驗,因而忽略了他們的測驗工具尚留在粗糙而不完全的狀態。(2) 心理測驗人員過分地重視測驗工具本身的完美,促成他們輕忽了施測時受測者的狀態與其平常眞實的狀態有很大的差距。(3) 心理輔導與心理治療的倡行,漸漸提高了心理學者的地位,因此專精於這些方面的人員,較受重視。結果全心全力研究心理測驗的人員漸漸減少,旣阻遏了心理測驗的繼續發展,又增加測驗被濫用的可能性。還有更糟糕的是心理輔導與心理治療中有幾個主流 (如:行爲學派、案主中心學派及晚近的生理心理學派) 均認爲心理測驗不是必要的,無形中再度抑制了心理測驗的運用。(4) 最後未能清楚劃分測驗運用在研究工作上與運用在個別衡鑑評量上的不同,也是一個重要因素。

　　心理測驗在它的發展中,再度遭逢挫折,但是錯誤的發現總是另一個新的起點,也已經有學者提出補救的辦法 (註 1)。基本的作法仍是回頭重新認識心理測驗,瞭解它的性質與使用過程,它的功能與限制,才不致於令心理測驗蒙上不白之冤。本文即分成測驗本身的瞭解與其運用兩部分來討論心理測驗。

註 1: 如 D. N. Bersoff (1973). Silk purses into sow's ears: The decline of psychological testing and a suggestion for its redemption. *American Psychologist, 28,* 892～899; Lewandowski and Saccuzzo (1976). The decline of psychological testing. *Professional Psychology, 7,* 177～184.

第一節　何謂測驗量表

F. N. Kerlinger (註 2) 認為「測驗」是一種系統化了的程序，在此程序裏，受測者對一組建構好的刺激作反應，而這些反應使得施測者能夠以一個數量或一組數量來描寫受測者，並由這個數量或一組數量推論受測者擁有這個測驗所想測量的行為的情況；「量表」(scale) 則是一組符號或一組數量，經由某種建構過程，使之能夠依一規則來描述該量表所想描述的個體 (或他們的行為)。受描述者所擁有的，與此量表所想測量的行為，決定了這種描述的運用。按照這種界定，量表只不過是依據某些個體 (或他們的行為) 的特性，定出的一些規則，而使得一組符號或數量能夠用來描寫這些特性的擁有程度。測驗裏一定有一個或一個以上的量表，用以描述受測者的反應，再經由這個描述，推論個體擁有該特性的情況。可見量表是測驗裏不可缺少的一部分，但它並不是測驗的全部，它也不是只可以被用在測驗裏的。

L. J. Cronbach (註 3) 也將「測驗」與「量表」作上述之區分，不過他不認為測驗裏面一定包含量表，而且「推論」的過程也不是每個測驗一定有的。他認為：測驗是一系統化了的程序，用以觀察一個人的行為，並藉由一種數的量表或一種分類系統來描述該行為。有些測驗的觀察結果只是歸類，有些則只有數量的描述。試看下述實際的施測與結果的運用例子：

註 2：F. N. Kerlinger (1973). *Foundations of Behavioral Research.* (2nd ed.) New York: Holt, Rinehart and Winston.

註 3：L. J. Cronbach (1970). *Essentials of Psychological Testing.* (3rd ed.) New York: Harper.

一個人或一群人在符合某些條件的房間裏，接受測驗。施測者依一定的原則作測驗的說明與測驗刺激的呈現。受測者如果有問題，施測者亦必須依某些原則回答。測驗刺激本身曾經過一番標準化的工作，得知它的信度 (reliability)、效度 (validity)與某些常模 (norm) (請參看第十五章測驗的編製)。施測完畢，受測者在此過程裏的反應，被某些既定的量表描述或被某些分類系統歸類。如果這項測驗原先即有某種可作推理的依據，那麼便能夠依該量表的描述或歸類的結果來推論，而進行各種不同的運用。

　　施測的過程，即為「系統化的程序」；測驗結果的描述與運用，就是量表及推論的功能。如果一項心理測驗的結果只能告訴我們：「你的智商為 140」，或「你屬於外向的」，除此之外，沒有任何其他的解釋，那麼它的可運用性自然降低許多。但依 Cronbach 的定義，仍舊必須將之列為測驗。

　　關於這一點，A. Anastasi (註 4) 界定得更鬆弛，她認為測驗是「對某一行為樣本的一種客觀且標準化了的量標 (measure)」。量表與測驗也不需要作任何區分了。或許由於不少人與她的看法相似，以致於測驗與量表變成同一回事。事實上在概念裏將測驗與量表分開，有很大的好處，其中最重要的一項是不會將行為的測量與心理測驗混為一談，而誤用了行為測量的結果。

　　回過頭來看，心理測驗的運用包含一個重要的假設：如果將某組經過標準化的刺激，按一定的程序呈現給適用的個體，那麼它將引起某些反應，而這些反應恰足以作為某類行為的樣本或指

註 4：Anne Anastasi (1976). *Psychological Testing.* (4th ed.) New York: Macmillan Publishing Co..

數。以一既定的量表或分類系統衡量這些反應後，就可以依某些原則推論它所代表的行為，甚至可以藉這種推論作其他的引伸。

在這個假設裏，「經過標準化的刺激」(註 5)，「依一定的程序呈現」，「依既定的量表或分類系統衡量」，與「依某些原則推論」形成了上述系統化的要求，也就是所謂客觀性的考慮。

另一方面「刺激引起反應」，「反應推論行為及其他引伸」，其中也有值得討論之處，例如：測驗刺激是否只引起所需要的反應，不多也不少？除了測驗刺激之外，還有那些因素會造成反應，而混淆了反應的觀察？目前的測驗都是測量那些行為？如何進行推論與其他的引伸？

下面將順序討論這些問題：(1) 測驗的客觀性；(2) 測驗的對象行為；(3) 測驗分數的其他影響因素；(4) 測驗的使用與闡釋。

第二節　測驗的客觀性

測驗的客觀性事實上也就是它的系統化過程的好壞程度，所以可從兩方面討論之，一是從受測者的角度來討論測驗刺激或作業本身以及刺激或作業呈現的方式，兩者是否規定了受測者的反應範圍；另一是從施測者的角度看受測者的反應的量化及推論引伸的可靠情形。

註 5：「刺激」包括 (1) 測驗用的題目或作業，這是最主要的一部分，其次為 (2) 施測的說明。其餘較不重要，但也會產生影響的有 (3) 施測者的態度等與 (4) 物理環境等。

一、測驗刺激的客觀性

測驗刺激或測驗作業的理想狀態是同一個刺激或作業在給予不同的受測者時，或在不同的時間裏給予同一受測者時，其意義都是相同的。例如：

例甲：三塊錢再加六塊錢，一共是多少錢？

這樣的題目，加上施測的指導語說明了「回答得正確最重要，同時也要答的越快越好」，那麼它給予瞭解這種語言的所有人們的意義是相同的；對同一個人而言，只要他能瞭解這句話的意思，不管在什麼時候回答這個問題，他也不會弄錯它的涵意。試看另一個例子：

例乙：我覺得我很容易相信別人告訴我的話。

這個題目的指導語重點在「句子內容符合你的情形，請答『是』；不符合你的情形，請答『否』」。可能多數人會對自己以往的經驗作個籠統的回憶，再將這些經驗約略的平均一下，如果十次裏面有七次自己聽了別人的話就相信他所說的，就回答「是」，否則答「否」。或許有些人的標準要達到十次裏面十次都如此，才回答「是」；有些人十次裏面有三、四次如此，他的回答就是「是」。對同一個人而言，也會因時境之不同，而有差別。很可能在個人因相信別人的話而吃了大虧時，回答會偏向「是」的可能性即升高許多。可見例乙比例甲容易形成不同的意義。

測驗題給予受測者的意義越是一致，越沒有歧異，它所導致

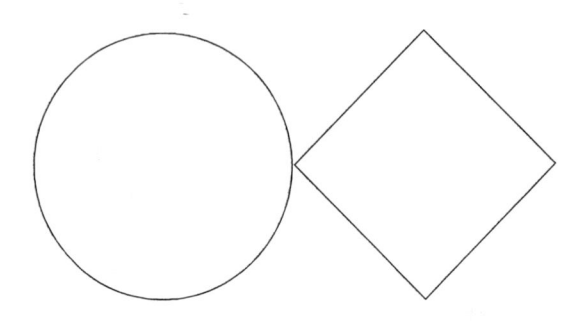

圖 19-1　班達完形測驗圖　A

的反應範圍越固定，也越容易被驗證是否就是所要測的反應範圍。不過這裏所謂的意義，還需要區分受測者知不知道該測驗題的目的。試將例甲與班達圖形測驗 (Bender-Gestalt Test) 的圖 A (例丙) 比較。例丙要求受測者只能用鉛筆與橡皮，不能用其他工具，將圖 19-1 與其他八個圖形連續地抄繪在一張一定大小的白紙上。以刺激本身比較，例丙與例甲一樣清楚，都很少發生歧異，但例甲使受測者較明確地預知他所作的反應將以那一客觀標準來衡量，例丙則較少有這種預知的可能。

預知測驗題的目的，多半能影響一項測驗題引起的反應方向。例如例甲，由於能夠預知其目的，受測者多數能因而集中注意力於計數方面的反應，不考慮其他反應，因此減低該題的反應範圍。不過，仍有時候，某些受測者卻反而因之產生緊張反應，致使這題能力測驗的題目測得的是情緒表現或性格變項。試看另一例子：

例丁：您是否時常手淫？

這本來是想測量一個人的適應情況的項目，可是往往因受測

者各自主觀地預測其衡量的可能標準，而使得該題目眞正測量到的可能是**社會期許性** (social desirability)，亦即每個人各自接受的社會規範或價値取向，被採作預測的基準，轉而影響了他的反應方向。

例丙是個令受測者不太能預知其衡量標準的測驗項目。受測者可能抓住施測指導語裏的「越像原來的圖越好」，小心翼翼的畫了再擦，擦了再畫；也可能對指導語裏面的「速度並不重要」解釋成施測者的煙幕彈，反過來特別注意馬錶的嘀嗒聲，很迅速地畫完所有的圖形。可見「預知測驗題的目的」的可能性較低，較易引起反應的變異性，而使得該測驗題的客觀性下降。

綜合起來談，測驗刺激本身，以及受測者對它的解釋，都會影響該刺激作爲一項測驗刺激的客觀程度，其中用來衡量客觀性的重要原則，就是可重複性——刺激給予受測者的意義的可重現性。如果刺激的意義是完全可重現的，那麼受測者的反應將在某一範圍裏，而且可以互相比較。

一般總以爲紙筆測驗的刺激 (如例乙) 要客觀些，然而班達圖形測驗使用**發展計分** (developmental scoring) 系統的 21 個各自獨立的**再測** (test-retest) 相關研究中，僅有一個研究的相關未達統計上的顯著程度，一個達到 .05 的水準，其餘均達 .01 的水準 (註 6)。有些修訂得較差的紙筆測驗的再測信度甚至不能達到 .05 的水準，其客觀程度自然比前者低 (註 7)。所以將紙筆

註 6：E. M. Koppitz (1975). *The Bender-Gestalt Test for Young Children: Vol.II, Research and Application 1963～1973.* New York: Grune and Straton.

註 7：此地假設發展計分系統與紙筆測驗的計分方式一樣地客觀 (參見下一節：量化的客觀性)，因此兩次分數的相關，即代表那兩次施測中受測者反應的相似程度，間接地代表測驗刺激給予受測者的意義的相近程度。

測驗稱為客觀測驗，以與投射測驗分開來，的確不是種很好的方法。一方面是因為客觀性終究只是程度的不同，而非截然可以二分的，另一方面也因為會有上述的情形存在，某些投射測驗在這方面的客觀性，可能比某些紙筆測驗的高。不過從量化的客觀性而言，則紙筆測驗多佔優勢。

二、量化的客觀性

「量化」指的是依某一尺度或分類系統對測驗刺激引起的反應所做的描述過程。它的客觀性即為一組相同的反應，由不同人員或同一人在不同時候計分或分類，所得的結果的一致程度。換個方式說，量化的客觀性是依該尺度或分類系統進行描述時，計分員需要摻入本身的主觀判斷的程度而定，需加入主觀判斷的程度增高，量化的客觀性即降低，反之則升高。

一般紙筆測驗允許的反應型式多為是非式或評量式，反應表現出來之後，計分的方法即為簡單的數字加減，任何會計數的人員來計分，得到一致的結果的可能性都非常高。這種計分，甚至可以由電算機的掃描器來代勞，極少摻入計分人員的主觀判斷，因此客觀性很高。

實作測驗 (performance test) 亦很客觀，但計分人員所需要的打分標準較複雜，因此常需經過一段訓練，來獲取計分的客觀性。

投射測驗 (projective test) 的計分，就容易摻入個人的主觀評斷，例如圖 19-2a 中是對班達完形測驗圖七的反應，它的

圖七	
1. 末端分離 (3)	___
2. 角多餘 (3)	___
3. 角漏失 (3)	3
4. 線多餘 (3)	___
5. 線重複 (各1)	1
6. 顫抖 (4)	___
7. 形歪曲 (各8)	___
8. 參考線 (2)	___
9. 第二嘗試 (各3)	___
10. 轉移 (8)	8
11. 形漏失 (8)	8
總　計：	20

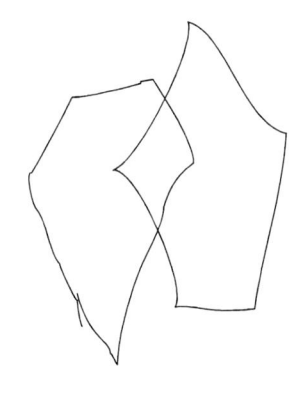

圖 19-2a　班達測驗圖七的反應　　圖 19-2b　依 Pascal 與 Suttell 二氏系統的計分

打分依 G. R. Pascal 與 B. J. Suttell（註8）的計分應如圖 19-2b。

　　雖然兩氏的計分原則已相當的繁複，但其中仍舊常附有例外：「如有所懷疑是否符合本原則，不予計分。」因此計分時，有些地方需加入個人的主觀評斷，而影響其客觀性。

　　再如句子完成測驗 (sentence-completion test) 的計分，則更容易摻入個人之主觀判斷：

　　例戊：我小的時候很頑皮。

註 8：G. R. Pascal and B. J. Suttell (1951). *The Bender-Gestalt Test: Quantification and Validity for Adults.* New York: Grune and Straton.

A. H. Rohde (註 9) 的分析方式包括 (1) 整體氣氛的把握 (screening)，(2) 形式分析 (formal analysis)，(3) 動力分析 (dynamic analysis)。這套計分方式是一般認為較完整的，但許多地方仍需要憑計分員的評判來決定，因此不同人員打分，想獲得一致的可能性即很低。

歸結起來，量化的客觀性，亦即為可重複性的要求——對同一組反應觀察，由不同的人，或同一人在不同時間描述時，其結果是否能重現。這仍舊是程度上的多少而非全有或全無。紙筆測驗在這方面遠優於投射測驗。

將測驗刺激的客觀性與量化的客觀性，合起來討論，可以產生一種印象，即測驗所允許受測者作反應的範圍越是有限，客觀性即越高。不過在下結論之前，須先瞭解測驗引起的反應的種類，以免產生誤解。J. O. Palmer (註 10) 以為最好將之分成三類：

1. 外顯行為 (manifest behavior)。
2. 主觀報告 (subjective report)。
3. 聯想行為 (associative behavior)。

外顯行為是指表現在外，可由觀察者直接觀察的行為。這種類型的行為，只要尺度或分類系統夠完整 (所有的不同反應均可被計分或歸類)，及夠清楚 (一個反應打一種分數或歸入某一類，

註 9：A. H. Rohde (1957). *The Sentence Completion Test Method: Its Diagnostic and Clinical Application to Mental Disorders.* New York: Ronald.

註 10：J. O. Palmer (1970). *The Psychological Assessment for Children.* New York: Wiley.

即不可能再有另一種打分或歸類),那麼計分或歸類結果的可重複性即較高。如例甲、例丙的反應,或例乙、例丁的外表反應(回答「是」或「否」,或決定評量點等反應),即屬此。主觀報告乃指被觀察者對其經驗、價值取向等的敘述,觀察者只能從他所敘述的,去計分或歸類。如前述例乙可能引起的不同內在過程,報告出來的只有「是」或「否」,觀察者也只能憑這個報告去計分或歸類。很明顯地,這一類的反應其可重複性即低於外顯行為。聯想行為是指由某一刺激引起的,甚至是沒有固定的刺激引起的受測者的聯想,如例戊即為一種聯想行為的例子。這類行為計分或歸類的可重複性自然更低。

在上述三類的任何一類中,當反應的範圍被限定得較狹窄,則計分與歸類的可重複性即較高。在真實的測驗情境裏,往往會包含兩類或三類的反應(如例乙,至少有主觀報告及外顯行為)。有時候,測驗的使用者會忽略了其中的一類或數類即遽下結論,而使得測驗的功能不但不能被發揮,反而引起污染。試看推論與解釋的客觀性,便能清楚。

三、推論的客觀性

接著量化之後的步驟,是決定該數量或分類的意義。譬如許生作完韋氏成人智力測驗 (WAIS) 的得分是 IQ＝119,這數字代表些什麼?根據該測驗的製作,所有年齡組的平均數是 100,標準差為 10,許生所佔的位置如圖 19-3 所示:許生在他的同年齡組裏,約有 97% 的人智力比他低。根據智力的分類,他屬於聰明成人組。

上述的推論方式,乃從統計分析之後的資料,機械式地獲取

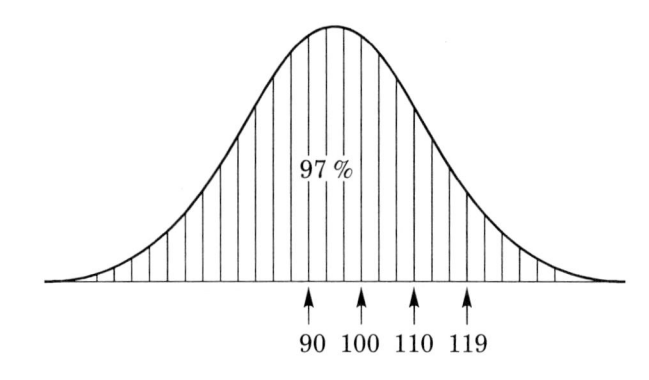

图 19-3　許生的 IQ (119) 圖示意義

結論，任何一位懂得這些統計概念的人，都能夠獲得相同的結果。

「任何懂得的人作推論時，都可以獲得相同的結果」或「同一人在不同時候作推論時，其結果仍一致」，這便是推論的客觀性的要求。

有些測驗的推論並不是這樣進行的，譬如李生對班達測驗所作的反應圖 19-4。他抄繪下來的圖形，發生了方向的迴轉。在臨床經驗上，一個人如果抄繪這種圖形發生迴轉，他可能 (1) 有腦部的損傷，(2) 患精神病，(3) 其他狀況。施測者憑當時的觀察，判斷李生可能患精神病。並沒有明顯的統計資料能說明這種推論的可靠性，施測者個人的臨床經驗告訴他該作這種推論。

比較起來，第二種推論方式，須加入個人的主觀看法，它的客觀性自然不如第一種機械式的推論方法。不過，這也不是絕對如此，試看下面的例子：

例己：許生作韋氏成人智力測驗的結果所得的總智商是119。施測者觀察到許生在回答時，表情顯得緊張，

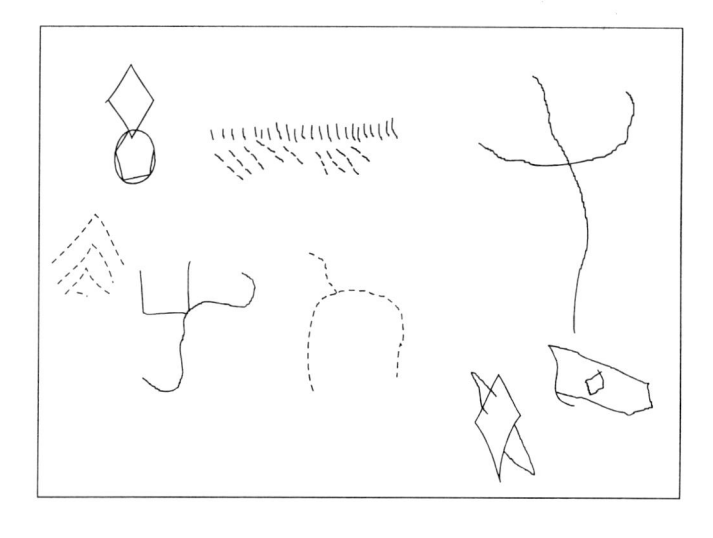

圖 19-4　李生的班達測驗反應圖

在需要手指操作的項目裏，他的動作略顯僵硬，且表現得比以語文回答的項目差很多 (轉換成標準分數，相差達 23)。但事後問他是否緊張，他很快地搖頭說不是。

如果固持著客觀的要求，如圖 19-3 般地解釋許生的測驗結果，那將是一種錯誤的客觀，許生如果換個時間受測，結果可能完全不同。以第二種方法作推論：「許生容易焦慮，尤其是在可能與別人競爭與比較的場合，或在可能被評價時，更容易產生焦慮。這種焦慮干擾他的智能發揮的程度亦相當明顯，但在這種情況下，他的智力仍在他的年齡組裏，佔有 97% 的優勢。」這可能更符合真實情況，也更可能與下次許生作此測驗時的表現顯示相同的結果。

所以瞭解測驗刺激可能引起的反應種類，是討論客觀程度的

一個重要條件。因為就整個測驗過程而言，客觀的要求等於是可重複性的要求，而每種類的反應，其可重複性均不同，僅依測驗的指導手冊機械式的解釋測驗，將產生如例己般的偏差。

在下一節裏，將進一步詳細地討論目前大多數心理測驗所想測量的行為——測驗的對象行為。

第三節　測驗的對象行為

測驗的目的既然在描寫某些行為，或推論某些行為存在的狀況，這些行為便是測驗的對象行為。決定了對象行為的類別或範圍，才能根據這個類別或範圍找尋一組刺激或作業，用以引起足以代表這個對象行為的行為樣本。譬如「智力」的衡量，便需要先瞭解「什麼是智力」與「那些活動是智力的活動」，然後才能訂定一組作業，藉個體在這組作業上的表現，推測他的智力。

但是，前節已述及，表現在外的任何一個活動，絕對不會只單純的表現出這個人的某種能力或某種性格，或某種動機，或某種情緒而已，或許有些活動可能代表某種能力的成分多些，同時它們也一定代表了某種動機、性格或情緒的成分。譬如依照標準的圖形排積木，這個活動可能主要表現的，是這個人的視覺與動作的協調，以及空間關係的分析；然而憂慮或沮喪的情緒，會減低他手指操作的效率，縮小注意力的範圍與分析的彈性；他的性格 (如：碰到新的作業場合容易緊張；一覺得工作難，就想放棄而不主動想辦法解決的個性) 也會在這些活動中表露無遺。

既然人的行為具備上述之統整性，因此嘗試界定所想衡量的對象行為與足以代表它的活動，便需要同時注意不同對象行為之

間的區分與它們在「測驗活動」上的可能的互相影響。目前大多數心理測驗的對象行為可以分成：㈠ 能力與成就，㈡ 人格、興趣及心理需要，等兩大方面。

一、能力與成就

對人類能力開始作客觀且系統的研究的，首推前已述及之 Francis Galton。他不但創造了心理測驗的雛型 (與目前的心理測驗有很大的差別)，也根據這種個別差異的瞭解，接續著達爾文的演化論，主張人類優生學。

法國的 A. Binet 則是目前衡鑑個人能力的測驗的直接創始者。法國政府交給他的題目是「為什麼某些孩子無法進行學校裏正常的學習活動」，為了解決這個實際的問題，他從人類能力元素的研究，轉向發掘如何運用籠統的智能 (亦即所謂的智力) 的量測。他與 T. H. Simon 在 1905 年完成的智力測量方式，後來演化成今天被運用得非常廣泛的比西量表。

英國的 C. Spearman 則比較重視人類能力本身的瞭解，提出雙因素說，以為有一個普遍因素 (general factor，簡作 G factor) 存在於所有的能力測驗，另外還有特殊因素 (specific factor，簡作 S factor) 存在於個別 (或某一些個別) 的能力測驗。智力測驗所測量的，應該是普遍因素。

C. Spearman 的研究方式，引起了相當熱烈的迴響，因他而形成關於能力的結構的說法，可以大分為三類：

多項因素說　L. L. Thurstone 運用龐大且繁複的研究計畫，來找尋「究竟需要多少個因素才能解釋所有能力測驗的相關性？」這個問題的答案，因素分析的結果得出七個因素：空間的、語言

的、流利的、數字的、記憶的、推理的與知覺的。一個好的智力測驗，需要同時包含這七個因素的測量。

階序因素說　某些能力因素各自包含數個次一級的因素。這些次一級的因素亦各自包含數個再次一級的因素。導衍下去，最後是個別的特殊能力活動。例如 P. E. Vernon 的模式，在最上面是普化智能因素 (general intellectual factor)，下面接著是語文教育的因素 (verbal-educational factor) 與空間操作機械的因素 (spatial-practical-mechanical factor)。前者包括如創造力、語文流利、數字等再次一級的因素；後者則包括如空間、心理運動 (psychomotor) 與機械消息等因素。因此選擇一項智能測驗的題目，需要從整個階序的相對位置去考慮。

結構因素說　J. B. Guilford 主張能力因素可以分成三個大的向度，即內容的、操作的與生產的。內容因素尚含有圖案的、象徵的、語意的與行為的四種因素。操作因素含有評價、聚合思考 (convengent thinking)、發散思考 (divergent thinking)、記憶與認知等六種因素。生產的因素則含有單位、類別關係、系統、轉換與蘊涵 (implication) 等五種因素。三個向度交乘起來，計有 120 種能力因素。

　　雖然 Guilford 將能力因素細分到 120 種，但這些因素又可以因不同的感覺形式 (sensory modality) 而有所區分。可見如果不是以能力因素作分析的單位，而以基本能力單位去分析，那麼能力的數目就難以計數了。譬如 L. Guttman 的層面理論 (facet theory)，以邏輯單位作為分析的基準，即是一例。如果依照 J. P. Guilford 的看法，則一項能力題目的製作，必須同時

考慮內容、操作與生產三向度。例如詞句重組的題目，是有關認知、語意、類別關係的題目。

能力測驗絕大多數是依上述能力因素的分析製定的。很明顯地，對能力的看法如果有差別，那麼測驗的編製即有不同。所以不同的能力測驗結果，很難直接比較。另一方面，還可以獲得一種瞭解：多項因素說、階序因素說與結構因素說都指出，所謂智力測驗測得的結果只能表示一個人部分的能力狀況（可能是個人重要的能力狀況，但不是所有的能力狀況），一個人智力不好，並不能就因此指稱他不可能有某種很好的特殊能力。因此有些學者寧可稱智力測驗為普通能力測驗或一般能力測驗，而特殊能力的測驗則稱作性向測驗。

運用因素分析法去瞭解能力，本身即有許多限制。用以分析的素材、施測的樣本及因素分析方式，都可能影響最後因素抽離的結果，而且只用統計方式研究能力，往往偏離了基本心理學的研究，因此有必要同時參考其他方面關於能力的研究，以增加解釋測驗結果的準確程度。

R. Gagné（註 11）從學習的觀點討論學習階序 (learning hierarchy)，引申出能力乃相對於某項工作而被界定的。某種能力之形成係以個人此刻之所有生理功能及以前已學得之與此能力有關的各種能力為基礎。也就是說，站在發展的立場，某些能力的習得，必須有一定的階序。就像學會「加法」才能會「乘法」，有了加、減、乘的基礎，才能會除法一樣，有著必然的秩序。如果生理功能除外不談，那麼所有的心理能力都必須依一定的秩序學習而得。依照這種階序的分析，便能夠像 L. Guttman

----

註 11：R. M. Gagné (1970). *The Conditions of Learning.* (2nd ed.) New York: Holt, Rinehart and Winston.

的邏輯單位的假設一樣,依一個個的基本能力編製測驗題,同時也可以因其「學習」與「階序」的特性製作學習診斷測驗,以便瞭解一個人的學習過程的錯誤。

Gagné 的說法雖然重點在於學習的階序,但基本上等於是將心理能力看成生理功能的延伸。J. Piaget 則更清楚地指出這點。他以為智力是個人於某瞬間所擁有的始基 (scheme) 的總合。而始基是一個有組織的行動或心理轉變 (mental transformation),當作用到外界時,經由同化 (assimilation) 與協調 (accommodation) 的過程,達到平衡,並導致「知道」(knowing) 的境地。

一個嬰孩所擁有的始基都是感覺運動 (sensory-motor) 的形式,而在生長的過程裏,逐漸發展出較複雜的始基。能力測驗所要測量的,便是這些始基。因此而創作出來的測量方式,尤其是對小孩子的測量,大多具備了模擬實驗的性質。

上面的這些假說,不管是能力因素或始基,都隱含地設定「能力」是種潛在的因子,不能直接觀察,必須藉由某些活動的表現情形,去推測某一能力因子的質或量。「某些活動的表現情形」相對而言,便是「某一能力因子」的成就。因此成就與能力在表面上並沒有什麼差別,它們在概念上的差異只不過是:成就是某一時刻一個人在某種工作上的表現狀況;能力則藉由這種成就推測與之有關的能力因子的潛在質或量,或預測將來在某一些相關工作上的可能表現情形。成就既然是衡量某一學習的結果,就不必考慮將動機、學習情境、能力等分開來,反而需要將這些因素放在一起研究;而能力的衡量則希望儘可能地消除能力以外諸因素的影響。所以測量的時候,兩者仍有很大的區別。

國內目前用得最廣且修訂得最好的能力測驗,是比西量表與

區分性向測驗。比西量表已經完成第四次修訂，區分性向測驗則在三年裏，累積了國民中學、高中與大學三個階段的運用研究，至於特殊的能力測驗，如洪恩美術性向測驗，與音樂能力測驗，卻都尚留在嘗試的階段 (註 12)。

二、人格、興趣與心理需要

人格的測量，遠比能力的測量複雜。因為一般分類的方式，總是將能力以外的所有的變項的測量，均歸諸於「人格的測量」裏；更麻煩的是大部分的人格變項，在嘗試去界定它們時，都不可能如能力的定義那般清楚。

楊國樞 (註 13) 曾經相當完整地討論各種人格的定義形式，最後歸納的結果，他認為較合適的人格的定義為：「人格是個體與其環境交互作用的過程中，所形成的一種獨特的身心組織，而此一變動緩慢的組織使個體於適應環境時，在需要、動機、興趣、態度、價值觀念、氣質、性向、外形及生理等諸方面，各有其不同於其他個體之處。」這個定義同時兼顧了個體與環境的關係、人格的組織性或統合性、人格的獨特性、人格的可變性與人格的多面性。這個定義儘管已經作了這麼廣泛的包含，但仍舊還有一些其他的看法未包含在內，例如強調動力性的精神分析論與強調行為習慣的學習論。可見其中之分歧程度非常大，想嘗試較真實地去測量它，也比較困難。

註 12：國內有關測驗的詳細資料，請查閱測驗年刊、中華心理年刊、測驗與輔導等期刊。

註 13：楊國樞 (民 60)，人格的定義。見陳雪屏主編「雲五社會科學大辭典」第九冊「心理學」，頁 202～204。

人格的測量方式，可以大分為三種模式：

實徵模式 (empirical model)　此模式依據的原則如下：

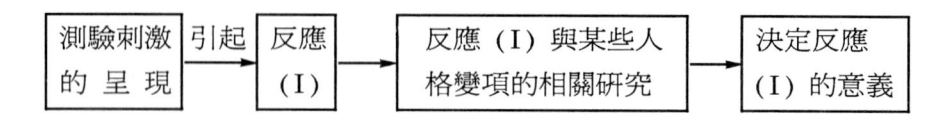

測驗刺激的呈現 → 引起 → 反應 (I) → 反應 (I) 與某些人格變項的相關研究 → 決定反應 (I) 的意義

測驗刺激本身的性質或可能產生的意義並不重要，重要的是它所引起的反應與某些人格變項的實際關連情形如何，這種關連反過來決定了該反應的意義。依這個模式完成的人格測驗，最著名的是明尼蘇達多相人格測驗 (MMPI)。該測驗總共有566個敘述題，原先並沒有預先設定這些敘述題將引起那一類的反應，只是匯集起來，給不同的群體 (精神分裂症者、憂鬱症者等十類型) 作反應，然後回過頭來決定某些反應的出現情形 A，表示精神分裂反應傾向；出現情形 B，表示憂鬱反應傾向等。

既然本模式的重點放在反應與某些人格變項的相關研究，研究的多寡與好壞就直接決定了該測驗應用的價值。國內亦曾經修訂過 MMPI，可惜相關的研究卻一直未能進行，因此可應用性亦較低。

因素分析模式 (factor-analysis model)　此模式的發展，與統計分析方法的發展息息相關。首先開始這麼作的，是 G. W. Allport，R. B. Cattell, J. P. Guilford 等諸人。Allport 的分析是從蒐集形容個人的形容詞開始，再加入心理學、精神醫學的用語；彙集之後，進行類聚分析 (cluster analysis)。Cattell 接著繼續作因素分析，最後得到 16 個人格因素，稱為人格結構中的潛源特質 (source trait)。人格測驗所需測量的，便是這 16

個特質。

該因素分析的結果,等於是說明人格可以放在 16 個互相不同的向量上來描寫,再增加一個向量會變成多餘,少掉一個則會有一部分的人格資料被忽略了。根據這項說明,不同的人採相同的方式進行分析,所得的人格因子應相同,但是事實上並非如此:Guilford 早期的分析抽離出 13 個因子,後來又歸納成 10 個;Thurstone 抽離出 7 個。可見分歧仍鉅。

因素分析模式的作法,原則上與實徵模式相近。整個過程中,測驗刺激的蒐集本來也不具備什麼清楚的規則,將之彙集施測,形成反應,再對這些反應進行統計分析,然後根據分析的結果決定某些反應的意義。兩種模式的主要不同就只存在於對反應的處理方式,因此有的學者常將兩模式合而為一。

以因素分析模式發展出來的測驗,較出色的有 Cattell 的十六種人格因素測驗 (16PF),Guilford 的基氏人格測驗 (國內由賴葆禎修定),Guilford 與 W. S. Zimmermann 的基、晉二氏氣質問卷 (國內由張肖松、路君約修定) 以及 L. L. Thurstone 的石爾斯頓性格測驗 (國內由程法泌、高蓮雲修訂)。

推理理論模式 (rational-theoretical model)　測驗刺激的選擇,需依據某些常識性的推理或依據某一理論的演繹來決定。未施測之前,即認為這些測驗刺激可以引發所欲觀察的行為,測驗的結果也依據這些推理或理論作解釋。

由於預先即依某一推理過程假設測驗刺激可以引發的反應,這些反應的觀察結果自然容易與該推理原則所指示的其他行為觀察結果作相關研究,所以依此模式編製的測驗,較容易評估其效度,因為測驗編製之前,對於應該如何評估效度,多已成竹在

胸。

艾德華個人興趣量表 (EPPS) 即為此模式的典型代表。編製者從 H. A. Murray 的心理需要研究結果中，取出 15 項心理需要，然後依此 15 項心理需要的定義，各選擇若干敘述作為測驗刺激，用來測量個人的 15 項心理需要。測量的結果，也依據 Murray 的理論作解釋 (國內係由黃堅厚譯訂)。

幾乎所有的投射測驗 (projective test) 也都循此模式編製。從這些測驗的運用情形來檢視，很容易瞭解到所依循的理論或推理原則的優缺點。

目前人格測驗所測量的，不外乎情緒、動機或心理需要、人際行為及態度等四大方面。動機 (motivation) 或心理需要多數是指某一激動狀態，此激動狀態將促使該個體作出某類行為或獲取某項目標，用以減輕或消除該激動狀態。例如成就需要較高的人，會一再要求自己計畫完成某件工作，要求勝過別人，要求成功等。情緒也是一種激動狀態，個人會主觀經驗到這種狀態，並賦予某種認知，而且通常都伴隨著生理方面的反應與顯現在外的某些特殊表情或行為。情緒也會促使個體作出某些反應，以減輕或消除該狀態，因此很難與動機分開來。只不過是有些激動狀態，如焦慮、憂鬱、害怕、氣憤等已習慣地被稱作情緒。

情緒、動機或心理需要的定義，還有另一方面的爭議。它究竟是種持續而很少變化的行為特徵，還是個體對情境所作的暫時性的反應？譬如，測驗的結果顯示某生焦慮程度高，這裏所謂「焦慮較高」可能是指他具備一項較長久的行為特徵，當與其他人比較時，顯得較強；也可能是指他面對測驗環境時，顯現了一種比別人強烈的情緒。

人際行為涉及：攻擊性、支配性、社會性、順從性、依賴性、友善性等等的測量，這些名詞經常被一般人使用著，然而一旦想對之作清晰的定義，就會發現實在是件吃力的事。譬如對攻擊一詞，心理學家所下的定義，即有十餘種之多。

態度的定義通常包括個體對某一社會物體或事件所持有的價值判斷、認知情形、情緒成分與行動趨勢，如果想進一步更清楚地界定態度，也會發生如界定攻擊一樣的歧見。

從上面的敘述裏，可以發現即使嘗試去界定較「人格」低一層次的人格變項，如情緒、動機等，也一樣地很容易產生分歧，所以人格變項的測量一直未能如能力方面的測量那般獲得比較理想的結果。

三、能力測驗與人格測驗的比較

關於能力測驗的定義，儘管亦有許多種不同的看法，但當成為測驗刺激時，都是一種作業，且屬於一種有客觀標準可以評判反應是否通過的作業，受測者被要求儘量去表現，而施測者所觀察的亦是這些表現在外的外顯行為。

相對的，人格的定義，不但本身即有許許多多的分歧，其測驗刺激的形成，也允許較多的反應變異性。受測者大多被要求作主觀的報告 (如一般的紙筆測驗) 或聯想的行為 (如投射測驗)，如果有外顯行為的話，也不是施測者主要想觀察的行為。

兩相比較起來，能力測驗佔有兩方面的優勢：(1) 測驗刺激的客觀性較高，(2) 測驗的對象行為主要是經由外顯行為的測量，客觀性亦較高。可見能力測驗較易獲得理想的結果。

第四節　影響測驗對象行為的其他因素

測驗情境裏發生的反應，除了含有前述之能力因素或人格因素的反應成分之外，還有如指導語、測驗情境、測試焦慮 (test anxiety)，練習與應付技巧、及反應方式 (response style) 與反應心向 (response set) 等因素所促成的反應混雜其中。這些反應有時候甚至喧賓奪主，變成測驗刺激的唯一結果，所以知道如何去分辨它、控制它，是實施與運用測驗的一件重要工作。

一、指導語與測驗情境

指導語屬於測驗刺激的一部分，它的內容通常包括測驗目的的說明與告訴受試者如何對測驗題作反應，因此指導語會直接影響受測者反應時的態度與方法。

例如 K. Yamamoto 和 H. F. Dizney 曾經以三種不同的指導語實施庫安測驗，結果將該測驗說明為「智力測驗」的一組，成績最高；將之說明成「日常測驗」的一組，成績最低。庫安測驗係一種能力測驗，它的測驗題目自然比一般的人格測驗客觀，指導語已會在其中發生作用，更不必談人格測驗會受到的影響了。

除了指導語之外，施測者於實施測驗時的行為、他對測驗的期望、他的年齡、性別、外表、施測的地方等，也都會影響施測的結果。這種情境因素的影響較易發生在測驗題目本身是模糊、不確定 (如投射測驗) 的形式，或為新的、難的題目。通常小孩子比成人易受此因素影響，有情緒困擾者比一般人易受影響。可見施測時，絕對的依循施測手册的指示，乃是必要的。

二、測試焦慮

測試焦慮是指受測者因接受測驗而產生的一種情緒反應。心理學對此現象的研究大約可以歸納成下列幾點結論：

1. 能力和測試焦慮成負相關，亦即能力愈高的人，他的測試焦慮愈低。
2. 抱負水準 (level of aspiration) 與焦慮成正相關，也就是抱負水準較高的人，測試焦慮亦較高。
3. 輕微的焦慮會增進測驗的表現，但焦慮太高，則會減低測驗的表現。
4. 經常接受測驗的人，測試焦慮較低。

一般以為適當地引起測試焦慮，可以增加受測者的動機，而提高能力測驗的成績，但測試焦慮太強往往會強烈地干擾預期的測驗對象行為。

三、練習與應付技巧

在能力測驗方面，練習效果的研究大體獲得下列結論：

1. 練習對於教育經驗較少的人，較有明顯的正效果。
2. 著重速度的測驗，練習效果較明顯。
3. 再作同一個測驗比作複本 (parallel form) 的練習效果顯著。第二次再測後，練習效果即幾為零。
4. 兩次測驗之間的時距愈大，練習效果愈小。相距三個月以上，幾無練習效果。

5. 智力較高者的練習效果亦較大。
6. 一般的平均練習效果，約在 1/5 個標準差以下。

為了使智力測驗能更精確地測量一個人的智力，最好先讓受測者有心理準備，並且在受測之前先教導作測驗的技巧，使得他能精明地應付測驗。

四、反應方式

反應方式 (response style) 及反應心向的影響，大多發生在人格變項的測量裏。反應方式是指一種反應傾向，這種反應傾向可以與測驗題目內容無關，因而混淆了測驗的對象行為的觀察。

反應方式有兩類主要的型態，一類稱作「默認反應方式」(acquiescent response style)，另一類稱作「偏差反應方式」(deviant response style)。

默認反應方式多數被發現在「是或否」形式的紙筆測驗裏，它代表的現象為：不管內容如何都有反應「是」的傾向。極端的情況下，擁有默認反應方式的人，將對「我婚後生活得很愉快」與「我婚後生活得很不愉快」兩個敘述都答「是」。

偏差反應方式則較容易發生在測驗題的意義屬於模稜兩可的情形 (例如簡單的幾何圖形)。I. A. Berg (註 14) 花了相當大的精力研究這個現象，他主張測驗題目的內容本身並不重要，重要的是一個人如何對它反應。譬如一項是非題，許多人對之反應，

註 14：I. A. Berg (1959). The unimportance of test item content. In B. M. Bass and I. A. Berg (eds.), *Objective Approaches to Personality Assessment*. New York: Van Nostrand.

可能的結果是有 80% 的人答是，有 20% 的人答否，在此項上回答否的人，即為「偏差的」。根據「偏差假設」，偏差反應具有普遍化的傾向，因此對一不重要的測驗題作出偏差反應，即可依此推論其他重要情境下的可能偏差反應。

Berg 的想法，毋寧是將偏差反應方式當作一種人格類型，具備此一類型程度較強者，將在各種情況下表現偏差反應，測驗刺激的內容本身並不會對他產生什麼意義，所以也不必特別重視測驗刺激的選擇。

反應方式的提出，引起測驗界一波又一波的爭論，目前的結論多偏向認為當初提出反應方式者過分強調它的影響力，實際上並不需要特別去重視它，但默認反應方式的提出，促使編製「是否」形式的測驗時，應注意使肯定題數與否定題數約略相等，則是不爭之事實。

五、反應心向

反應心向 (response set) 的現象為一個人有意或無意地對測驗題作出歪曲的反應，測驗題之內容具有決定影響力，不過反應者的反應並非他真實的反應。例如一個人在回答：「您是否常常作白日夢？」這樣的題目時，不管他真實情況如何，均回答否，因為他所接受到的教訓是「作白日夢」不是件好事情，他必須隱瞞不好的而表示好的。

首先在這方面提出較完整的研究的，是 A. L. Edwards (註15)，他稱之為社會期望 (social desirability) 因素，並且嘗試

註 15：A. L. Edwards (1933). The relationship between the judged desirability of a trait and the personality that the trait will be endorsed. *Journal of Applied Psychology, 37*, 90～93.

以迫選式題目 (forced-choice item) 消除這項因素在人格測驗上的作用。

社會期望因素一直受到重視，它經常出現於人格測驗裏，尤其是紙筆測驗，因此除了上述之迫選式方法外，尚有驗證量表 (verification scale)、測謊量表 (lie scale) 與減低題目的表面效度 (face validity) 等等方法嘗試去控制它。

第五節　測驗的使用與解釋

以上四節的討論，已經對測驗作了統整的瞭解，本節即敍述有關測驗實施的各種過程：(1) 如可實施測驗，(2) 團體測驗與個別測驗的比較，(3) 測驗的效度與解釋，(4) 如何評價測驗與選擇測驗。

一、如何實施測驗

實施測驗時，雖然主要的工作是依施測手冊提示測驗刺激給受測者，然後精確地作成記錄，但是測驗的過程，卻不只是這些活動而已，它應該從約定、安排測驗時間的活動開始。譬如到某國中實施一種紙筆形式的人格測驗，首先需要與學校的負責人與擬加施測的班級的負責老師連絡，俾便安排施測時間，同時令學生先有心理上的準備，而不至於發生太強烈的測試焦慮或社會期望等反應心向。如果學校負責人或負責老師不太瞭解測驗的目的，他可能向學生宣佈：「下星期一的第一節，有××單位來班上作測驗，你們是代表學校參加這項測驗，大家要好好的與×先生合作，爭取最高的榮譽，…」，學生的社會期望因素多半會因

而被激發得更強，而使施測的結果摻入難以解釋的成分。所以安排時間最好由施測者（或瞭解這分測驗的協助人員）親身前往，除了訂定時間，同時與有關人員溝通，瞭解他們的態度，並且讓他們也清楚如何進行測驗前的準備。

受測地點的選擇，也需要考慮。通常是以每位受測者均有充分的空間、都可以聽到施測者的說明、光線適當等為原則。不過房間以外的大環境也值得注意，我們可以很容易想像得到一個人在監獄裏與在自由的生活環境裏受測，結果一定不同。

測驗時間的長短，最好先加估計。平常成人比小孩子的耐性要長些，但連續太長的測試，仍會引起疲勞與厭煩。可是不充足的資料蒐集，比引起疲勞與厭煩還要糟，所以適當地安排測驗與休息的順序，是件費心思的工作。

根據施測手冊機械地實施，唸指導語、計算時間、作記錄是必要的，但這並不是件頂困難的事。會產生麻煩的，是受測者無法瞭解指導語時，該怎麼辦？受測者提出的問題並不包含在手冊裏，該怎麼回答？受測者有抗拒的態度出現時，該怎麼處理？

前兩個問題的困難，乃因施測者以施測手冊以外的語詞解釋或回答受測者的疑惑，很可能就造成受測者持有某一與原施測手冊所預期的不同的態度作反應。既然不合乎測驗系統化的要求，測驗結果的推論自然受到干擾。只有當施測者愈瞭解該測驗編製的過程與目的，他用自己的語詞作解釋所形成的偏差便愈少，這也就是為什麼一再強調心理測驗需要由合格的人員來使用的原因之一。

防止抗拒態度出現的有效辦法，是先與有關人員溝通，建立**良好關係** (rapport)，鼓起受測者的動機，使測驗能順利進行。對學齡前的兒童施測，尤其需要建立關係，因為需處理的，不只

是他的抗拒，還有他的遊戲。

二、個別測驗與團體測驗

個別測驗係受測者接受測驗時，一次只能一個人；團體測驗則同時可以有許多人參加，只要空間夠大，且有麥克風傳送施測者的說明至每一角落，人數的多寡常不受限制。很明顯的時間與人力的節省是團體測驗的第一個好處，同時也因為這項要求，一般團體測驗中，施測者的工作較簡化，計分方式亦較客觀。

團體測驗的另一種好處是容易建立較理想的常模 (norm)。因為施測上的經濟，選取的樣本可以千萬計，所以團體測驗的常模所根據的樣本數，常是個別測驗的十倍以上。

不過前面的討論裏，已經強調過，測驗刺激引起的反應，很少是單純的一個因子引起的，能力測驗的反應可能同時夾有人格因素的反應、測試焦慮反應、反應方式或反應心向的反應等等，這些附屬的混淆，在個別測驗的情境裏，較容易被觀察到，因而減輕其混淆的程度。

一對一的測驗情況，還提供給施測者較多與受測者溝通的機會，受測者的動機也較容易被適當地導引。另一方面，團體測驗必須簡化施測與反應的工作，因此往往限制了受測者能夠反應的範圍 (如紙筆測驗多數只允許答是或否，或寫下選擇題的代號)，同時也常常不能按受測者的成就水準進行測驗。

可見個別測驗與團體測驗各有其優缺點，在臨床、輔導方面使用的測驗多重視個人獨有的反應，以使用個別測驗為主；在教育系統、工商界或軍隊裏的人員評鑑或選擇，則多採用團體測驗。

三、測驗的解釋

在討論推論的客觀性時，已經提出推論的過程有兩種型式，此處則要討論它的有效性，然後再進一步的談談測驗的解釋。

推論的有效程度是指推論的結果（不是過程）與行為的真實狀態或行為的另一指標的相關程度。譬如許生的智力測驗結果為 IQ＝119，機械式推論的結果認為他屬於聰明成人組裏的一員，這項推論與許生真實的智力狀況，或智力的另一種表現如在學校裏顯示的學習能力，兩者間是否相契合？這便是有效性的問題。

換個方式看，有效性乃基於測驗的效度的探討（參看第十二章中的信度與效度），如果測驗編製完成後，在內容效度（content validity）、實徵效度（empirical validity）與建構效度（construct validity）上等均經過檢驗，那麼推論的有效性也較容易清晰起來。試看下面的例子：

> **例庚**：某測驗的對象行為是憂鬱，有關客觀性的研究，已達可被接受的程度。效度方面的檢驗，內容效度不錯（本測驗看起來像是測憂鬱的，其中包含的項目足以代表所有的憂鬱反應）；實徵效度亦不錯（有經驗的精神科醫師與臨床心理學家共同指認出來的憂鬱程度高的人，在本測驗亦得高分；共同指認出憂鬱程度低的人，在本測驗的得分亦低）；建構效度不算好（根據某理論推測，以某一方法找出的憂鬱指標，與此測驗之相關高；但是，依之推理出來的焦慮指標與此測驗之相關亦高）。

某生如果在這個測驗上得 x 分，這代表什麼意思？由於客

觀性沒有問題，x 可以機械地被轉成它在常模 (norm) 上所佔的位置。假設得到的結果是「x 比常人組的平均數高出 3.0 個標準差；比憂鬱組的平均數高出 1.0 個標準差」，接著的推論就是他極可能會被臨床心理學家或精神科醫師指認為「憂鬱反應者」，不過依某理論而言，無法遽下結論，認為他在本測驗的反應只表示含有憂鬱而已。

某生是否真的具備強烈的憂鬱情緒？根據臨床的判斷，認為這個推測是有效的，但是如果將憂鬱視為人格裏的一項假設建構 (或概念)，那我們就不敢說這項測驗結果的推論是有效的了。

除了上述之情況，推論結果的有效性，還必須考慮其他的因素，例如前述之某生，作測驗時的態度顯示出不合作或開玩笑的樣子，那麼 x 分數的各種推論，都無法據以瞭解它的有效性。另外一種常見的例子，是在智力測驗上得高分的，較易有效地推論他的智力很好；得分低的，則需要再經過其他交互驗證的步驟，才能有效地認為他的智力很差。蓋智力測驗上得高分，需要有那些能力去得高分；但得低分很可能是受緊張、焦慮或其他文化因素影響，所以必須再經過這些方面的驗證後，才能確定。

測驗的解釋也是順著推論的有效性來的。測驗的推論結果，可分為敘述性的 (見圖 19-3，許生的智力情形，即為敘述性的)；起源性的 (如一般的學業能力診斷測驗)；預測性的 (如某智力測驗上得分超過 135 者，95% 以上具備讀完一個碩士學位的能力；某生在該測驗上得 136，因此推測他如果繼續努力，將來獲得碩士學位的可能性高達 95% 以上)；與評斷性的 (如臨床上的診斷測驗，依測驗上的表現，評斷一個人屬於精神病、精神神經症或人格違常的可能性)。

綜合起來，兩種推理過程，三種效度檢驗及四種資料形式是

解釋測驗的基礎。在這整個範疇裏，演繹的型態均是擬似的三段論法：

- **大前提**：在測驗 A 上得高分，有 90% 的機會屬於反應傾向 W 強度高於 a 水準。
- **小前提**：某生在測驗 A 得高分。
- **結　論**：某生 (有 90% 的機會) 反應傾向 W 的強度高於 a 水準。

大前提本身即不是全稱形式，結論自然亦不可能以全稱形式存在。可是平常作測驗解釋時，往往將上面結論括號裏的字省略掉了，於是造成誤差。由此，亦可瞭解一個測驗的效度研究、它的對象行為的瞭解及相關的理論研究，都能夠使實行推論時的大前提豐富起來，而對測驗的結果有更完整的結論，其重要性可見。

四、測驗的評選

根據前面的討論，評價一個測驗是否合用，可以先從客觀性著手。

測驗刺激的客觀性方面的檢驗，分成兩個大項進行：(1) 同一受測者兩次測驗的符合程度如何，統計上以再測信度表示；(2) 整個測驗題目是否測同一類反應，統計上以折半相關或庫李氏信度 (Kuder-Richardson reliability) 表示。除了這兩項，施測手冊是否清楚 (指導語與施測方法的說明是否清楚) 而完整 (各種可能情況的處理方式均已列入考慮，並作說明)，也需要注意。

量化的客觀性的檢驗，首先要看所有測驗可能引起的反應，

是否均在測驗所用的量表或分類系統裏。其次考慮的是評分者間的一致性 (inter-rater consistency) 與評分者間的一致性 (intra-rater consistency)，這兩方面平常多用相關研究來表示。

推論與解釋的客觀性，則需要靠常模的趨於理想：選取的樣本數夠大，且具代表性；以及有關的效度研究和其他研究的累積，使其有效性繼續增加 (亦即令用來作擬似三段論證裏的大前題較多且正確)。

Anastasi (註 16) 曾列有一簡明的表列項目，用以評價測驗的用途。該表除了上述之各項，還強調測驗修訂出版的時間。一項測驗如果太久 (多數學者以五年爲限) 未曾有新的信度、效度及其他有關研究，則其可使用性即降低。

使用測驗的目的，也是選擇測驗的一項重要標準。大體上，測驗使用的目的可分成：(1) 人員選擇，(2) 輔導、臨床上的運用，(3) 科學研究上的運用。

1. 人員的選擇需要從誤失 (該選上的未被選上) 比率與錯誤 (不該選上的被選上) 比率兩方面考慮一個測驗的分截點定在何處，其效率方爲最好。這方面的資料大多爲預測性的，因此最好具備充分的實徵性研究資料。

2. 輔導或臨床上運用測驗，主要以一個個體爲重心，或者探討處方效果 (treatment effect) 或者作評斷分類或者作預測性之決定。這方面的運用，常是使用測驗的爭論之處：該信賴測驗多少？該如何使用測驗與解釋測驗結果？由於這是以一個體作爲重心，動輒關係到一個人的

註 16：同註 4，pp.705～706。

基本權利，因此任何一項錯誤均應儘量避免，否則牽一髮即動全局。目前的趨勢傾向於以個人的靜態資料（個人資料及社會背景資料）、行為觀察資料兩方面與測驗資料合起來，作系統的分析，以求更確切、更完整。

3. 科學研究上的運用，通常都是想用測驗的量化結果，以驗證某一假設。其使用的過程，類似於人格因素的測量裏的推理理論模式：以理論演繹出之假設推定測驗的結果將以某一形式表現，或者測驗的結果將與某些其他的行為變項有關，然後再以實際的測驗結果來檢驗這些推測。

這種運用方式，重點放在整個團體的眾趨性，與受測個人的利益決定較無關係。如果受測樣本夠大，則隨機誤差可能互相平衡，因此對測驗本身的要求較不如個別輔導時那麼嚴格。既然如此，則有些研究用的測驗，如果沒有前述各項測驗的評價標準資料，應該儘量避免用於有關個人利益的決定場合。

第六節　結　語

測驗的資料如果是有偏差的，或者被誤用，比不用測驗的後果更不利。已經有一些事實可以支持這種看法。因此使用測驗之前，最好先對測驗有充分的瞭解。

本章強調認識測驗須從測驗與量表的分別定義開始，繼而瞭解測驗的客觀性，以及測驗的對象行為。影響測量對象行為的其他因素，與測驗的使用與解釋，亦曾作過描述。

適當地使用測驗，可以很經濟地獲取行為資料，因此沒有理

由不繼續使這項活動更趨完美，但在另一方面，也必須注意到它的限制。

目前，較常實行測驗組 (test battery) 的施測方式，或在學校裏進行施測計畫時，令每一位受測者均同時接受智力測驗、性向測驗、性格測驗、興趣測驗等。這種作法的確很完整，但同時也要注意每個測驗不同的信度、效度研究，不同的常模建立，以及不同的行為特性。因此將各測驗資料合起來討論時，必須考慮個別推論的有效性，不能一視同仁。最理想的作法，自然是包含各測驗的多重相關研究的推展，以使整個過程更為客觀。

第二十章

投射技術

黃堅厚

第一節　投射法的意義及其理論基礎

第二節　羅夏克墨漬測驗

第三節　主題統覺測驗

第四節　其他重要的投射測驗法

投射法是心理學上用來衡量人格的一種方法。這個名詞是 Lawrence K. Frank 氏首先倡用的。照他的說法：應用投射法來研究人格，就是要用一些刺激情境陳示於受試者，令他表示反應。這些刺激情境之被選用，是因其不會令受試者獲得實驗者任意加上去的某些意義 (正如多數心理學實驗中都採用固定的刺激，以表示其「客觀性」)，而是要使受試者獲得由其本身獨特人格組織所加之於該刺激情境的意義 (註 1)。

　　以墨漬測驗為例，它是投射法中最被廣泛應用的一種。當主試將一張墨漬圖片陳現於受試者之前時，後者可以完全自由地給該墨漬加上某些意義或解釋。心理學者用此來研究人格，乃基於一項基本而重要的假設：個體不是被動地接受外界的各項刺激，而是主動地，有選擇地給外界的刺激加上某些意義，而後再對之表現適當的反應。事實上每個人各有其獨特的方式，來整理其所有的經驗，來組織其得自於各方面的資料，這也正是他的人格的功能。部分學者甚至進一步主張不必將「人格」看成一種實體，而將它看成一種組織的作用或歷程 (process)；每個人運用這種作用，在外界發生的事件上，加上他的意義，用他的組織方法使之成為某種型態，並賦予它某些情感色彩，然後再以其獨特的方式表現某種反應。

註 1：L. K. Frank (1938). Projective methods for the study of personality. *Journal of Psychology, 8,* 389〜413.

第一節　投射法的意義及其理論基礎

一、知覺反應中的投射作用

　　照上面的說法，人們的一般知覺反應中，實都或多或少含有投射作用，當我們在聽到一些聲音、或是看到一些事物、嚐到一些味道的時候，感覺神經原所引起的神經衝動傳至大腦皮質後，常將喚起一些內在的主觀經驗，這些主觀經驗的全部或一部分，乃會被投射到我們所認為的刺激來源之上，而會覺得該刺激來源具有某些性質。如是當事者就聽到了「慷慨激昂的聲音」，或是看到了「昇平的景象」。

　　平日人們最易見到的，是在觀察外界事物時情緒的投射現象。當事者常會將本身當時的情緒，投射到四周的事物上去。當他在高興的時候，他會覺得整個宇宙在歌唱、在舞蹈，充滿著歡欣的情調；而當其憂傷的時候，則會看到山河垂淚，鳥獸悲啼，到處都是淒慘的景象。杜工部「感時花濺淚，恨別鳥驚心」的詩句，正是投射作用最好的寫照。

　　另一個常見的現象，就是個人的期待對於知覺經驗的影響。人們往往容易看 (聽) 到他們所準備看 (聽) 到的東西。知覺心理學上曾有實驗證明了這一點。主試令兩組受試者觀察由速示器所呈現的刺激字，但他事先告訴甲組受試者：那些字都是和動物有關的。而卻告訴乙組受試者：那些字是和交通有關係的。如是當刺激字「CHA-CK」出現時，甲組多將其看為「CHICK」(小雞)，而乙組則將它看成「CHECK」(支票) 了。平日我們對別人的印象，也會受到心理準備的影響。如你認定對方是個好人，就常易於看到他的善行。「情人眼底出西施」，一部分也是這個緣

故。

　　在人格心理學的理論中，S. Freud 對於投射一詞的說法是最受人注意的。他認為投射是指一個人將其本身的動機、感覺和情緒歸到別人頭上或外界其他的事物上去，而使自己不覺得那些心理歷程原是屬於其本身的，這實含有防衛的作用。Freud 認為防衛作用正是投射的主要功能，它可以把一些不能見容於「自我」(ego) 或「超我」(superego) 的觀念和衝動，都扔到外面去。因為「自我」和「超我」若是意識到那些衝動的存在，將會引起極大的痛苦或罪惡感。

　　雖然研究投射測驗的學者都重視 Freud 的意見，但多認為並非所有的投射作用都像 Freud 所說的那樣。比如投射行為並不一定都是無意識的歷程，有些受試者在接受主題統覺測驗 (Thematic Apperception Test, TAT) 時，常明白地說：「照我的推測，他 (指圖片中人物) 是想做⋯」；表示受試者知道他當時是在「以己之心、度人之腹」。同時受試者對圖片中人物的描述，所加之於後者的品質或動機，也不一定都和其本身的情況有關。因此 H. A. Murray 氏就曾指出：如果我們要利用投射測驗的反應去研究受試者的人格時，就要能將反應中的「米粒」和「糠皮」區分出來；只有「米粒」才是可供分析的資料。當然這裏最大的問題就是如何去將「米」和「糠」區分出來。由此我們還可以進一步說：投射並不一定都具有防衛的作用。在一般情況下，人們祇是就其感受和認知的結果，將某些品質和意義加之於外界的刺激。那些品質或意義既不會和本身的情況有關聯，自就說不上有防衛的作用了。

　　前面提到我們所有的知覺經驗中，都含有投射作用。在日常生活中，我們會不時將由外界刺激所引起的「印象」和實物去相

驗證，同時也會和旁人交換經驗，這樣就逐漸學著去以大家共同的看法來解釋個人所有經驗中的一部分，而所餘下的則為各人所獨有的感受。一般人認為投射測驗就是提供一些機會，使那些平常只藏在個人經驗中而不表露的部分，也能投射到外方來。

二、投射測驗的基本假定

使用投射測驗者，常有下列三項假定：

1. 人們對於外界刺激的反應都是有其原因且可以預測的，而不是偶然發生的。
2. 在測驗情境下表現的行為，不僅是個人平日有規律性行為的樣本，而且可以直接反映他的人格及在其他情況下的行為。
3. 投射測驗的刺激都是不具確定結構、沒有固定意義的，因之受試者得以自由地反應，所表現的將為其本身自發性的創見，是具有代表性的。

上述第一項假定是行為科學者所共同承認的，即使是那些看來怪誕或異常的行為，祇要是能盡知一切有關因素，都是可以瞭解的。B. I. Murstein (註 2) 曾指出那些由投射測驗引起的反應實和三方面的刺激有關：(1) 當時在受試者注意中心的刺激——即指測驗資料所具有的刺激特質；(2) 當時整個情境中的刺激——即指在測驗實施時的物質環境與心理背景；(3) 受試者過去

註 2：B. I. Murstein (1959). A conceptual model of projective techniques applied to stimulus variations with thematic techniques. *Journal of Consulting Psychology, 23*, 3～14.

經驗的存積——即指他的人格品質 (包括身心需求)。換句話說，受試者的反應實由多方面的變項所決定，並不完全或直接反映他的需要或人格特質。某些學者在解釋墨漬測驗或主題統覺測驗記錄時，對所有資料皆一言以蔽之，視為受試者人格品質的投射，則似無足夠的依據，也嫌太過籠統一點。

測驗情況下的行為，自然可以說是個人行為的樣本，但並不一定是他全部人格的「代表」。若僅用在投射測驗上的反應去「類推式」地預測個人所有的行為 (如在測驗情境中表現拘謹的，在其他情況下也都必拘謹；在測驗上反應輕率的，在整個生活中也都輕率)，則頗有危險。因此 J. Zubin 諸氏 (註 3) 鄭重地指出：上述幾項假定，在臨床應用時或有幫助，但並不曾被所有研究者所接受，它們至多是假設而已，還需要可靠的證據支持其真實性。

三、投射測驗的分類

對於投射測驗的分類，各學者提供的意見頗多。G. Lindzey (註 4) 指出可有六種分類的方法，是即：(1) 依測驗材料性質而分；(2) 依測驗編製的方法分類；(3) 依測驗結果的解釋方法分類 (如反應形式分析或內容分析)；(4) 依測驗的目的分類；(5) 依實施方法分類；(6) 依測驗所引起的反應性質分類。Lindzey 認為最後一種分類法最為適宜，因其可以區別測驗情境中所涉及的實

註 3：J. Zubin, L. D. Eron, and F. Schumer (1965). *An Experimental Approach to Projective Techniques.* New York: John Wiley. p.13.

註 4：G. Lindzey (1959). On the classification of projective techniques. *Psychological Bulletin. 56*, 158～168.

際心理歷程。他並依此將投射法分為下列五類：

- **聯想法**：使受試者說出因某種刺激 (如單字、墨漬) 所引起的聯想 (通常是最先引起的聯想)。
- **構造法**：使受試者編造或創造一些東西 (如故事、圖畫等)。
- **完成法**：使受試者完成某種材料 (如語句完成法)。
- **選擇或排列法**：使受試者在一些刺激依某項原則進行選擇或予以排列。
- **表露法**：使受試者利用某種媒介自由地表露他的心理狀態 (如指畫)。

Lindzey 這種分類方法頗為實用。不過各類之間的界限並不是十分絕對的，有很多測驗可能兼具有幾種形態。

第二節　羅夏克墨漬測驗

一、羅夏克墨漬測驗的內容和實施程序

早在十五世紀時，達文西就已注意到墨漬可以刺激人們的想像；十九世紀末年時，心理學者 Alfred Binet 也曾想利用墨漬圖片作為智慧測驗的材料。但是將墨漬圖片編為一套測驗，用之為測量人格的工具的，乃是瑞士的精神醫學家羅夏克氏 (Hermann Rorschach, 1884～1922)。羅夏克氏曾經利用很多墨漬圖片作實驗研究，將它們用來測驗精神病患者，以觀察各類病人所表現之反應，來分析其間的特徵。羅氏最後選定的一套墨漬圖片，計有十張。其中包括五張黑白的圖片，各張墨漬深淺濃淡不

一；另兩張除黑色外，尚加有鮮明的紅色；餘三張則為彩色。每張均為對稱的圖形，印在厚紙版上，通稱為羅夏克墨漬測驗。

在所有臨床用的心理測驗中，羅夏克測驗是應用最多、最普遍的一種。惟由於其計分與解釋程序都十分複雜，依照一般習慣，它是應由曾受專業訓練的臨床心理學者擔任實施的。其步驟如下：

一般性規定　墨漬測驗實施時的情境諸如適宜的燈光、舒適的座位、不受干擾的空間環境等，均和一般心理測驗實驗時所需具備的情況相同，惟主試的位置，宜在受試者的旁邊或後方，使受試者在說明其反應時，主試易於察見其所指之部位。測驗室內的佈置以簡單為宜，特別是受試者前面牆上的裝飾，愈少愈好，以免影響其反應。

指導語方面，雖各專家所用的稍有出入，目的都是求使受試者明確地瞭解他該做些什麼。例如 S. J. Beck 氏所建議的指導語是：

「我要請你看一些圖片，共有十張，我每次給你一張。這些圖都是用墨水漬製成的，你在看這些圖片時，請你告訴我你看到了什麼，或是讓你想起了什麼。你看完了就請將圖片交還給我。」(註 5)

筆者本人在國內實施本測驗時，常告訴受試者「你看到了或想起了什麼，都請告訴我，這個測驗沒有『對』或『不對』的答案。」以鼓勵他的反應。這種鼓勵對於我國的受試者，是有幫助

註 5：S. J. Beck (1950). *Rorschach's Test, Vol.I*. New York: Grune and Stratton. p.2.

的。

自由聯想階段 (free association period)　這是墨漬測驗的第一步。主試在說完指導語之後，按照圖片的規定順序和「方位」，將第一張圖片交給受試者並說：「這是第一張」。隨即按動停錶。

主試此時應注意受試者轉動圖片的情形，並將它記錄下來 (通常係以「ㄥ」號表明圖片的位置，尖端所指方向代表圖片上端的方位)。由圖片陳示至受試者說出第一個反應之間的時距，通稱「反應時間」(reaction time)，也是需要記錄的。同時主試應照著受試者所說的，將其全部反應照錄下來。當受試者對第一張的反應完畢交還圖片時，主試應記錄他在此圖片上所用去的全部時間。然後再呈現第二圖，這樣直到全測驗作完為止。在這個階段中，均由受試者自作反應，主試不置可否，亦不提出任何問題，故稱為「自由聯想階段」。

有時受試者在說出第一個反應後就交還圖片。為了避免他有「每張只要有一個反應」的誤會，主試可告訴他：「大多數人在一張圖片上所看到的通常不止一樣，你要不要再試試。」但此種鼓勵的話，祇在看第一張圖片時才用，以後就不再說了。

有時受試者可能會提出一些問題，如「我該看這整個的圖片還是看它的一部分呢？」或者「我可以照我想像的說嗎？」主試都只要回答：「隨便你怎麼說都沒有關係。」

倘若受試者在看第一、二張圖片時，很快就表示「看不到什麼」或「什麼也沒有」，是為「拒絕反應」(rejection)。主試可給予他一些鼓勵：「不必忙，慢慢看試試。」如果受試者持該圖片已超過兩分鐘，仍無所獲，主試可以接回該圖片，給他次一

張；並可說：「沒有關係，你試試這一張。」另有一種情形，是受試者拿著一張圖片，久持不釋；為免測驗時間拖延過久，主試得在適當時間後 (Beck 訂為十分鐘)，技巧地將圖片取回，令受試者就次一張作答。

詢問階段 (inquiry)　在自由聯想階段之後，主試須再將各圖片逐一交與受試者，進行詢問。這是很繁複而又極為重要的步驟。主試要依順序就每一個反應向受試者詢明下列兩點：(1) 受試者是根據墨漬的那一部分表現該反應的？必要時可令受試者就圖片上指出他所選擇的部分，以資確定。(2) 引起該反應的因素是什麼？是墨漬的形狀？色彩？或是幾種因素共同的作用？…由於詢問所得的資料，乃是計分的基本依據，因之主試的問句和態度，都須極為審慎。受試者的答詞，均須詳為記錄。

　　受試者在被詢問時，可能又有新發現，而提出新的反應，主試應將其記錄，計分時列為「新增反應」，與原有反應分別處理。

極限試探階段 (testing the limits)　部分學者 (如 Bruno Klopfer) 主張在「詢問」完畢後，再就某些方面進行探究，以期對受試者有更明晰的瞭解。本階段的探詢，可視個別情形決定。通常包括下列幾項：

1. 探詢受試者是否有察見「整體反應」(whole response)、或「明顯局部反應」、或「細節反應」的能力。當受試者在「自由聯想階段」中未曾表現某類部位反應時，即以之為試探的對象。
2. 探詢受試者是否有運用所有各項決定因素 (determi-

nant) 去認識事物的能力？
3. 探詢受試者是否有察見「從眾反應」(popular response) 的能力？能否看到一般人都能看到的反應？

此外還有些學者主張令受試者在十張圖片中指出其「最喜歡」和「最不喜歡」的一張來，另有人主張讓受試者就某些反應作自由聯想；這一些措施之目的，在探究受試者未曾在自由聯想及詢問兩階段中表現的能力。然後才可望作一個通盤的評量。

二、羅夏克墨漬測驗各項分數的意義

關於羅夏克墨漬測驗的計分方法，若干學者曾提供意見 (如 Beck，Klopfer，Hertz 等)。不過通常都包括各個反應在部位 (location)、決定因素 (determinant) 和內容 (content) 等三方面的計分。茲簡分述於次：

反應的部位　計分時首先要依照受試者作各個反應時在墨漬圖片上所採用的部位，將各反應分類。主要的類別有五。茲照 Klopfer (1954) 所用符號列舉於下：

1. **W (整體反應)**：受試者的反應包括了整個的或接近整個的墨漬。
2. **D (明顯局部反應)**：每一墨漬常可因其形狀結構或墨漬之濃淡或彩色的不同而可明顯地分為若干部分，受試者的反應可能祇利用了某一明顯的部分。
3. **d (細微局部反應)**：受試者的反應只利用了墨漬中較小但仍可明顯劃分的一部分。
4. **Dd (特殊局部反應)**：受試者反應所利用的是墨漬極小或

不循一般方式分割的一部分。

5. S (空白部分反應)：受試者反應所利用的是墨漬中的白色背景部分。

根據已有資料，一般人在接受測驗時所表現的上述五種反應的分配情形約為：

W%	20%～30%	d%	5%～15%
D%	45%～55%	(Dd＋S)%	0%～10%

這雖然是僅可供參考的一般趨勢，但也暗示各類反應的平衡乃屬一重要條件。至於各類反應的意義，常因個別情形而有差異。例如受試者要能將墨漬的全部納入一個反應之內，就必須具有適當的智慧，能把墨漬的各部分綜合成為一個完整的概念。因之如果 W% 過低或是根本沒有，可能是受試者缺乏綜合統整的能力。但是在另一方面，W% 若是過高，並不一定是好現象，因為那將使其他各項的比例相對地減低，可是另三類反應也是有其意義的。一個人應該能窺見環境中明顯而重要的事物和現象 (D%)，也該能適當地細察四周的細微末節 (d%)，而且在某些情況下，也宜有些獨特的眼光 (Dd%)，甚或與習俗不同的態度 (S%)。若是這幾類全為整體性反應所取代，那也許是表示受試者只具有籠統的知覺，缺少精辨分析的能力了。所以在評鑑這幾類反應的出現率時，必須注意彼此間是否均衡；同時各個反應的素質高低，也是一個重要的因素。

反應的決定因素 這是指受試者作各反應時的主要依據，他是怎麼會有那個反應的？一般注意的有下列數項：

1. **F (外形)**：受試者係因墨漬的全體或局部的形狀像某種事

物，而引起某種反應的。評分時並依兩者相似的程度而有 F+，F 或 F− 之分。F+ 指外形和墨漬形狀甚爲接近的反應，通常係適應良好及智能運用效率較高的表現；F− 則適相反。不過 F+ 太高時也並不是好現象，因爲那時受試者可能過於重視外形，使其聯想的自發性和情緒作用都受了限制。很多時候，一個反應是由外形和色彩或陰影同時決定的，記分時就用 FC (或 CF)，FK (或 KF) 來表示，當 F 寫在前面時，就表明外形係爲主要的決定因素。

2. **M (人的動作)**：受試者由墨漬上看到人的動態行爲，通常被視爲是具有想像力及擬情作用 (empathy) 的徵象，也是智能優越的表現。這類反應也常被認爲是內傾性的符號，和它相對的是彩色反應 C，後者是代表外傾性的；因之兩者的比例及平衡的情形，在臨床上是診斷的依據之一。

　　另外 FM 是用以表示動物的動作，m 則表示非生物性的或抽象的動態反應。它們的意義和 M 不同，惟因篇幅所限，擬不贅述。

3. **C (彩色反應)**：受試者之所以有某種反應 (如玫瑰)，是因某部分墨漬的色彩 (如第八圖下半的紅色部分) 使之然。彩色反應常被視爲感情作用和內在衝動的表現，當其和外形同時決定某一反應時 (FC 表示以外形爲主，CF 則係以色彩爲主)，則表示情緒或衝動性受到了或多或少的控制，乃被認爲是較佳的反應。事實上純彩色反應 (C) 出現的機會是較低於 FC 的。

4. **K (陰影反應)**：在各張墨漬圖片上，墨漬的濃淡深淺，

也常是決定受試者反應的基本因素之一。由於各部分墨色的陰暗或明亮情況，有時可構成三度空間知覺，有時將引起不同質地 (如硬或軟) 的印象，也還可產生動態的聯想，或含有迴光及倒像的反應。再則「黑」「白」和「灰」也均可以看作色調，如「白雪」、「黑的毛皮」。這些反應在計分時分別用不同符號表示。通常這一類反應是被視為焦慮時指標；它也常和外形共同決定一個反應，而外形因素的出現，恆被看成有利的情況。

反應的內容　根據已有資料，在墨漬測驗上較常出現的反應，可歸入下列數類：

動物 [整個動物 (A) 或其某一部分 (Ad)]
人類 [人的整體 (H) 或某一部分 (Hd)]
解剖性反應 (At，指內部器官或 X 光片)
性器官反應 (sex)
器物 (obj，包括各種人造器物)
自然景物 (N)　　　　地理 (Geo.)
建築 (Arch)　　　　藝術 (Art.)
抽象觀念 (Abs)　　　植物 (Pl) 等

實則此項分類，並無嚴格限制；如有不在上列各項之內，隨時可予增列。一般言之，反應內容廣泛，顯示受試者經驗豐富，能因墨漬聯想及多方面事物，乃為有利的情況。

1. **從眾反應** (popular response, P)：這是指多數人共有的反應；P 值的多寡，可代表受試者知覺反應趨向於團體

反應範型的程度。Klopfer 諸氏 (註 6) 認為當反應總數在 20～45 之間時，P 宜為 5。Beck (註 7) 則指出 P 宜在 7～9 之間。兩者意見的出入，可能係因各學者對從眾反應所訂標準未能一致之故。Rorschach 本人主張在一般受試者中如有三分之一對同一墨漬 (整體或部分) 作某反應時，則該反應為 P；但 Hertz (註 8) Ames et al. (註 9) 諸氏則均認為該項標準宜降為六分之一。Beck (p.196) 認為從眾反應在一般人中出現之比率不能低於 14%，且須超過同一圖形所引起的反應次數多三倍。黃堅厚 (註 10) 曾依 Beck 氏之標準，找出我國人的從眾反應，計有十一項。楊國樞等 (註 11) 也曾作類似的研究。

2. **獨特反應** (original response, O)：在一般人一百次反應中，祇出現一次的，可視為獨特反應。通常祇有經驗豐富的主試，方能作適當的評判。獨特反應可能是基於創造性或超人脫俗的聯想，但也可能是病態思想的象徵。

註 6：B. Klopfer et al. (eds.) (1954) *Developments in Rorschach Technique, Vol. I.* London: G. G. Harrap. pp.202～205.

註 7：同註 5，p.196.

註 8：M. R. Hertz (1938). The "popular" responses factor in Rorschach scoring. *Journal of Psychology, 6*, 3～31.

註 9：L. B. Ames, R. W. Metraux, and R. N. Walker (1952). *Child Rorschach Responses. Developmental Trends From Two to Ten Years.* New York: Paul B. Hoeber.

註 10：黃堅厚 (民 44)，我國人在羅氏墨漬測驗上之「從眾反應」。測驗年刊，第 3 輯，頁 63～70。

註 11：Kuo-shu Yang, Huan-yuan Tzuo, and Ching-yi Wu (1963). Rorschach responses of normal Chinese adults:II. The popular responses. *Journal of Social Psychology, 60*, 175～186.

它和從眾反應在診斷上都是極具意義的指標。

三、羅夏克墨漬測驗的應用

在臨床診斷方面的應用 羅夏克墨漬測驗的主要應用，自然是在精神醫學臨床診斷方面。在各種診斷用的心理測驗中，它一直是應用最多，最普遍的一種。臨床心理學者視之為不可或缺的工具。造成這種形勢的原因頗多，主要是因為臨床精神醫學受精神分析學思想的影響甚大，而後者又是整個投射測驗理論基礎之所繫，在學理上既有相同的淵源，墨漬測驗之為精神醫學所接受是易於瞭解的事實。

由於具有比較完整的理論體系，更兼在 1940 年代，學者如 Beck，Klopfer，Piotrowski 等都先後發表對羅夏克測驗的專著，使應用該測驗的人有了基本的準繩；同時因為其應用較廣，先後發表的研究報告也隨之增加，參考資料豐富，更增使用的便利。再有不少學者根據其所累積的臨床記錄，進行分析，訂出各類疾症患者在墨漬測驗上所表現的「標準」反應型態，為臨床工作者診斷時的手冊，乃尤有實際效用。例如 Miale and Harrower-Erikson 所訂「精神神經症的反應型」(signs of neurosis)，Piotrowski 所訂「大腦疾症患者反應型」(signs of organic lesion)，Erchler 所訂「RCT 焦慮量表」等均是。而 Rapaport（註 12），Beck（註 13），Klopfer（註 14）諸氏的著作

註 12：D. Rapaport (1946). *Diagnostic Psychological Testing, Vol.II*. Chicago: The Yearbook Book Publishers.

註 13：同註 5。

註 14：B. Klopfer (ed.) (1954). *Developments in the Rorschach Techniques, Vol.II*. London: George G. Harrap.

中，又都列舉了很多病者反應範例，都常被視為是重要的參考資料。

另一重要因素，乃是墨漬測驗的理論與應用，被列為臨床心理學訓練中重要的課程。並有必須具備某種資歷方可使用墨漬測驗的不成文規定。心理學工作者乃相率以善用該測驗為傲。如是訓練與應用相互增強，乃形成風氣。

當然羅夏克測驗所用圖片不含語文因素，也是使之能廣泛應用的原因之一。它幾乎可適用於各種年齡的病者，不受教育程度及社經地位的限制；而所要求於受試者，祇是頗為簡單的答案，不致產生任何壓迫作用，因而易於取得受試者的合作，臨床工作者之樂於使用它，實非偶然。

我國精神醫學方面，在抗日戰爭期間，曾開始試用羅夏克墨漬測驗 (註 15)。臺灣光復後，國內醫院精神神經科即逐漸應用該項測驗為診斷工具之一，初期皆參照國外所建立之標準，隨後國內臨床心理學者各依據其累積之經驗，訂定多項有助於診斷我國病患的指標 (註 16)。其中如顏一秀對精神分裂症的診斷指標，柯永河、黃正仁對一般心理疾病的診斷指標，林淑貞對焦慮指標的

註 15：民國三十三年至三十四年間，本文作者在印緬軍區軍醫院服務，曾因美軍精神醫學專家之推介與指導，在我國軍中病患中，試行實施羅夏克測驗。

註 16：我國有關羅夏克墨漬測驗診斷指標之研究，多刊載於國立臺灣大學理學院心理學系研究報告。顏一秀氏之三篇英文報告，分別發表於該報告的民 57，第 5 期，頁 52～56；民 53，第 6 期，頁 63～70；民 59，第 12 期，頁 110～111。林淑貞氏有關其焦慮指標之研究，發表於民 50，第 3 期，頁 115～124；黃正仁氏有關臨床診斷新指標的研究，發表於民 55，第 8 期，頁 69～78；柯永河、于文淵二氏之報告，發表於民 55，第 8 期，頁 17～28。

研究，均已發表，頗具參考價值。

由 1940 到 1960 的二十年間，可以說是羅夏克墨漬測驗應用的全盛時期。接著由於行為學派思想的再度抬頭，整個投射測驗在臨床診斷上的重要性乃逐漸降低。雖然使用羅夏克測驗者仍佔較高的比例，但已不若以往那樣受重視。Weiner 在其「心理診斷術有前途嗎」一文中，曾將 Sundberg 和 Lubin 諸氏兩次調查的結果，表列比較（表 20-1），當可窺見測驗在臨床方面應用的趨向。這裏涉及的問題頗多，其有關投射測驗的部分，留待第四節中再作討論。除此以外，整個精神醫學對於疾病診斷的態度實也有了改變。過去因受 Kraepline 的影響，恆以為每一病症各有其特殊的原因，歷程和治療的方法與復原的機會，故十分重視診斷，因其為治療及預斷的基本依據。近來精神醫學者注意到各種疾病的過程並不很固定，症狀也常有變化，彼此間的分別也不一定很明顯；與其費很多精神去作診斷，而事實上又難把握其正確性，不如在大致有個印象後，就進行治療，更有實效。而

表 20-1　美國精神醫學機構使用臨床心理測驗情形

測　驗　名　稱	使用之機構 % Sundberg	使用之機構 % Lubin et al.	經常使用之機構 % Sundberg	經常使用之機構 % Lubin et al.
羅 夏 克 墨 漬 測 驗	93	91	80	60
主 題 統 覺 測 驗	88	91	60	43
魏 氏 成 人 智 慧 量 表	72	93	54	72
班 達 測 驗	86	91	68	73
畫 人 測 驗	88	79	67	56
魏 氏 兒 童 智 慧 量 表	62	75	43	54
斯 丹 福－比 納 量 表	80	71	42	32

另一方面，臨床心理學者也不再祇以能提供診斷資料為滿足，兼以治療的領域擴大，如家庭治療、行為治療等，他們乃相率參與治療工作，而不專以協助診斷為務了，自然這不祇是羅夏克測驗的問題。

在人格發展方面的應用　羅夏克測驗既被認為人格測驗，而人格是隨年齡發展的，因之不同年齡受試者對墨漬圖片的反應自將會有差異。很多學者就致力於分析兒童和青年的測驗記錄，以期能在其間察見發展的趨向，進而可應用那些資料作為研究以至於診斷人格發展的工具。

比如 Klopfer 曾指出由兩歲至七歲間兒童在墨漬圖片上的反應，可分為三個階級：

1. **固執反應階段** (magic-wand perseveration)：四歲以下兒童常會對所有各圖片表現某一個 (或兩、三個) 固定的反應，而不考慮圖片之間的差別。
2. **牽強附會的反應** (confabulation)：四歲以上的兒童已能頗為合理地把握圖片中的一方面或一部分，但尚不能綜合其整個的內容，於是他就以那一部分作依據，而指全圖為某種事物。例如他可能因某部分像「狗頭」(也許確有些像)，就指全圖為狗；或因某一塊墨漬是「紅色」，就指全圖為「玫瑰花」(雖該圖片並非全為紅色)。Ames 認為如果七歲兒童仍有這類反應，就可視為「不成熟」或病態的徵象了。
3. **牽強組合反應** (confabulatory)：這比上一種稍有進步，兒童認定某部分為某事物後，就將其他各部分頗為牽強地拉在一塊，拼成為一個比較完整的概念。例如他先認

定羅夏克測驗中圖 III 上端兩塊紅色部分是動物的耳朶，如果其他各部分就被指為頸和腳 (因為後者所在位置的緣故)。雖仍屬牽強，但已可察見兒童顧及全體並力求綜合的努力。Klopfer 這些意見，是根據很多研究者所得資料，事實上在這方面研究範圍較廣的，可能要推 Ames 諸氏，他們已有專著發表 (註 17)。

　　同樣地，在青年期方面，也有很多研究。Hertz (註 18) 曾綜合有關資料，為文報導青年們在墨漬測驗上反應的發展趨向。例如在智慧功能的運用上：有青年的總反應數隨年齡增加，整體反應 (W) 漸次減少，明顯局部反應 (D) 則漸次增加，從衆反應 (P) 增加等現象。事實上各研究者所提供的資料頗豐，但因其皆係取源於西方受試者，故不擬贅述。蓋利用已有研究結果時，首先應注意到文化背景及其他關係，特別是資料的來源，否則徒增誤會。Hertz 在陳述這些資料時，就曾愼重指出：某些測驗分數在各年齡間的變化，切忌單獨用為參考，很多是表面上某種反應增加了，而實際上可能祇是因整個總反應數 (R) 增加了的緣故。同時某些年齡間的差異，並不是生理變化的結果，而可能青年期的文化及社會環境所形成的。

註 17：同註 9。

註 18：M. R. Hertz (1960). The Rorschach in adolescence. In A. I. Rabin and M. R. Haworth (eds.), *Projective Techniques with Children*. New York: Grune and Stratton.

我國學者雖曾有人利用羅夏克測驗在青年中進行研究（註19），但尚沒有人從發展的觀點去探討不同年齡的受試者在墨漬上反應變化的情形。雖然那也是一個很有意義的研究題材。

在不同文化比較研究上的應用　對不同文化作比較研究，主要是人類學者的任務。他們時常要尋找適宜於此類研究的工具，那些工具應具備幾項條件：(1) 在理論及實用兩方面都不受文化因素的限制；(2) 能適用於各種教育程度以至於不識字的對象；(3) 實施便利，不必要在特定情境，必要時可透過翻譯人員實施，而無明顯的影響；(4) 可適用於各種年齡，以期能探討某些反應在一群人中發展的趨向；(5) 所得結果可作為某些特質存在的依據，並可用作團體間之比較。

根據這些條件，墨漬測驗自然是極適於用在文化比較研究的工具。因之羅夏克測驗就常被用在這一方面的研究上。Lindzey 曾對此類研究報告作了一個頗為周詳的檢討，他有下列幾點結論：

1. 從那些看來很整齊而未開化的社會中所獲得的羅夏克測驗資料上，可以察見人格品質的差異，甚為顯著。
2. 在互不相同文化的背景中生長，經歷過社會化歷程互殊的人們，對於投射測驗所表現的反應也有差異。
3. 由投射測驗資料所作對於某一文化環境中人格品質的推論，和人類學者由其他實地調查所獲得的推論，頗為一致。

註 19：倪亮、鄭發育、張幸華 (民 43)，中學生人格測驗研究報告。測驗年刊，第 2 輯，33～39；黃堅厚 (民 48)，臺灣省犯罪少年的心理研究。測驗年刊，第 7 輯，61～71。

4. 投射測驗似為從不同文化背景中獲取有關人格品質資料的工具 (註 20)。

西方學者在這方面的研究甚多,難於備舉。我國學者從事此項工作者,許烺光氏應是第一人。他和 T. M. Abel 利用羅夏克測驗研究在夏威夷的中國人,發現在中國出生的中國人,不論男女,「都在控制自己的衝動,在與人交往時,表現順從但『敬而遠之』的態度,和中國傳統文化的行為型態相符。」(註 21) 其後鄭發育、陳珠璋諸氏曾用本測驗研究臺灣原住民同胞,如排灣族、阿美族等,以其結果和平地居民相比較 (註 22) 是很有意義的研究。

隨後學者們更注意到我國正常人在羅夏克測驗上的常模問題,因為要應用這個測驗來研究中國人的人格,必須由我國人的反應去建立一些標準分數,以為參照點。如是黃堅厚 (註 23) 首先探討國人的從眾反應,楊國樞等在從眾反應及反應區位、反應時間上提供了頗有系統的報告 (註 24),這些報告都指出我國人在

註 20:G. Lindzey (1961). *Projective Techniques and Cross-cultural Research*. New York: Appleton-Century-Crofts.

註 21:T. M. Abel and F. L. K. Hsu (1949) Chinese personality revealed by the Rorschach. *Rorschach Exchange, 13*, 285～301.

註 22:Fa-Yu Cheng, Chu-chang Chen, and Hsien Rin (1958). A personality analysis of the Ami and its three subgroups by Rorschach Test. *Acta Psychologica Taiwanica, 1*, 131～143.

註 23:同註 10。

註 24:楊國樞、蘇娟、許懷惠、黃千惠 (民 51),我國正常人在羅夏克墨漬測驗上的反應:㈠ 墨漬區位的劃分。國立臺灣大學理學院心理學系研究報告,第 4 期,98～103;同註 11,Kuo-shu Yang *et al.* (1963); Kuo-shu Yang, Wen-yen Chen, and Ching-yuan Hsu (1965). Rorschach responses of normal Chinese Adults. IV. The speed of production. *Acta Psychologica Taiwanica, 7*, 34～51.

羅夏克測驗上的反應內容與速度和西方人顯有差別。

在作文化比較研究時，最易引起困擾的就是對於不同文化群體之間差異的看法。是將它視為種族間的差異呢？抑或視為文化間的差異？同一份資料，解釋時可能會被賦予截然不同的意義。今日人類學者對於世界上的人究竟該分為那些種族這個問題，尚沒有大家完全同意的答案。不過一般總是把「種族」這個觀念限於在某一部分人中的那些基於生理或形態因素而且比較固定的品質；因而在應用時常須極為小心。過去大家咸認為智慧測驗是可用以區別「種族性差異」的工具，現在多數人都認為在智慧測驗上所表現的差異多係由文化的和情境的因素所造成的。就羅夏克測驗說，雖然羅夏克本人似曾認為反應的「經驗型式」(experience type) 多少係由生物性因素所決定 (註 25)，但多數學者則不表贊同。後者以為人們對內在和外界刺激的感受作用是呈常態分配的，多數人對兩者具有相等的感受作用，僅有少數人偏於其中之一；而決定這種分配的，文化因素實有重大的影響。Hallowell 也認為我們有充分的理由相信羅夏克測驗是用來研究由文化因素及個人人格因素所形成的心理品質。

再有一點應予強調的，就是當用羅夏克作文化比較研究時，在某一群人中所取得的資料，必須從他們所在的文化觀點去求瞭解，才能察見它們的真實意義。

四、其他墨漬測驗

霍滋曼墨漬測驗 (the Holtzman Inkblot Test)　羅夏克墨漬測

註 25：「經驗型式」按即指動作反應 (M) 和彩色反應 (C) 之比例。一般認之為「內傾-外傾」超向的指標。見 H. Rorschach (1932). *Psychodiagnostik*. Borne, Switzerland: Hans Huber. pp.96～97.

驗的應用雖甚廣，但其實施、計分及解釋的客觀性，卻不如理想；因之有些學者力謀改善，霍滋曼墨漬測驗即係此項努力的結果。本測驗係由 W. H. Holtzman 氏及其同僚所編製 (註 26)，它和羅夏克墨漬測驗主要不同之處，有如下述：

1. 本測驗分 A，B 兩套，各 45 張。實施時受試者對每圖祇作一次反應。「詢問」(inquiry) 隨即進行，以確定反應之部位及決定因素。
2. 每一反應均循六方面計分，是即：反應之部位、外形之確定性、動作的能量、彩色之應用、陰影的應用及外形的適當性等。每項各訂標準，分三至五等級評分。

這樣編成的測驗，有幾項優點：(1) 受試者的反應數將彼此接近；(2) 刺激增加，各具有特質，可獲得較豐富的反應；(3) 各反應均係由一獨立刺激所引起，易於分析及比較；(4) 計分標準明確，分級評定，乃可臻量化，並較為客觀。據 Holtzman 報告：不同主試在各項計分間的相關達 .91—.99，確屬甚高 (註 27)。本測驗現已有由五歲至成人間的百分等級常模，以及少數病者的資料，可資參考。同時「團體實施測驗」也已編訂完成。因之很多學者都對它有好評，認為是很有前途的一個測

註 26：W. H. Holtzman, J. S. Thorpe, J. D. Swartz and E. W. Herron (1961). *Inkblot Perception and Personality—Holtzman Inkblot Technique.* Austin: University of Texas Press.

註 27：W. H. Holtzmam (1965). A brief description of the Holtzman Inkblot Test. In B. I. Mursten (ed.), *Handbook of Projective Techniques.* New York: Basic Books.

驗（註 28）。

不過一種工具的優點往往也正是其短處所繫的地方。霍滋曼墨漬測驗限制每圖只能有一個反應，可能將損失一些資料。有時有意義的反應不一定先出現；同時幾個反應先後相聯的次序可能是值得注意的資料。再者詢問的步驟緊跟著每一反應之後，或將使受試者產生壓迫感，而影響到反應的自發性；因其在說出反應時，就須考慮到如何答覆詢問了。

羅夏克墨漬測驗選擇法　羅夏克測驗向來係個別實施，因之其應用乃極受限制；在第二次世界大戰時，Harrower 及 Steiner（註 29）乃設計以團體方式實施墨漬測驗，將圖片製成幻燈片射於銀幕上，可使二三百人同時參加測驗，各自寫下本身的反應。此法固可在實施上獲得便利，卻未能減除計分與解釋方面的困難。Harrower 隨後乃將之改為選擇法：當將每一墨漬圖片映射銀幕時，令受試者在預先擬訂之十個反應中，選出他認為最適當的答案。Harrower 預為每一圖片所安排的十個反應，實係以墨漬測驗中各項主要決定因素（determinant）為依據，其中五項是常為健全的受試者所選用的，另五項係適應欠佳受試者所常有的反應。Harrower 氏認為一位受試者在自由作答會注意何項決定因素，在選擇時也會傾向於選取由該因素為主的答案。因此各受試者所選擇反應的性質，即可視為其適應情況的指標。

由於選擇法同時解決了墨漬測驗實施和計分的問題，乃先後

註 28：A. Anastasi (1974). *Psychological Testing*. (4th ed.) New York: Macmillan; I. G. Sarason (1974). *Personality: An Objective Approach*. (2nd ed.) New York: John Wiley.

註 29：M. R. Harrower and M. E. Steiner (1951). *Large Scale Rorschach Technique*. (2nd ed.) Springfield, Ill.: Charles C. Thomas.

為軍事及實業機構所採用。後來 Harrower 更進一步，為每一墨漬圖片提供三十個選擇的答案，並將其分為甲、乙、丙三組，受試者受測驗時間，須在每組中選一作答，如是他對每一圖片，將選三個答案，全測驗共選三十個答案，此數和一般個別測驗時的反應總數頗為接近，而其所能提供的資料自也大為增加了。

黃堅厚曾應用此選擇法研究本省犯罪少年，發現他們所選「不健全的反應」，顯著地較一般在學少年為多。因此他認為墨漬測驗選擇法可能是甄別犯罪少年的適當工具 (註 30)。

第三節　主題統覺測驗

主題統覺測驗 (以下簡稱 TAT) 是投射測驗中和羅夏克墨漬測驗齊名的一種工具。在實施時就是使受試者看圖畫講故事。由 Murray 與 Morgan 在 1935 年編訂而成。照 Tomkins 指出，在此以前已曾有 H. L. Brittain 與 W. Libby 在本世紀所作同樣的嘗試，其後 L. A. Schwartz 在 1932 年編有「社會情境測驗」在精神醫學方面使用，但都未獲普遍的注意 (註 31)。

現在西方心理學者使用的 TAT，實為 Murray 等所編的第三套圖片。全部共有三十張，另空白片一張。實施時分為男、女、男童、女童 (十四歲以下) 四組，每組各分配二十張 (包括空白片)。依照規定程序，應分為兩次實施。一般言之，後十張

註 30：Chien-hou Hwang (1959). *Multiple Choice Rorschach Test in the Screening of Delinquents.* Taipei: Soochow University Law College.

註 31：S. S. Thomkins (1974). *The Thematic Apperception Test.* New York: Grune and Stratton.

的內容比較奇特複雜，容易引起情緒反應。實施時的指導語頗為簡單，主試告訴受試者：「我要請你看一些圖片。並且要你根據每張圖片講一個故事，說明圖片中所表現的是怎麼回事，為什麼會造成那種情況，以後會有什麼結果。你可以隨意講，故事愈生動、愈戲劇化愈好。」在臨床測驗中，TAT 通常是採取個別實施，由主試記錄 (或應用錄音設備)，並可注意受試者在測驗時的行為反應。在其他情況下，可令受試者自己逐圖寫下他的故事，甚至可以用團體方式實施，在時間上較為經濟。

也就是由於時間的關係，很多人不使用整套 TAT 圖片，而是依照受試者所有問題的性質，選出十至十二張來實施。例如從圖片的內容來看：第一圖最適於探求對父母的態度，第二圖則適於對一般家庭關係的瞭解，第十四圖可用於測量對黑暗的反應、同類傾向，以及對性別的認定情況等。這些是根據使用 TAT 所得的經驗，多數人似有相同的看法。至若在一般研究上，各人更常依其需要選擇圖片及張數，而無硬性的規定。

一、主題統覺測驗的計分與解釋

依照 Murray 氏原意，由 TAT 所取得的故事，應依「需要-壓力原則」(need-press method) 進行分析這項需要及壓力的觀念，詳見 Murray 原著 (註 32)。主要的意思是要找出故事中主角表現的需要及其所遭受到的壓力。不過此項分析工作頗為繁複，好些時候不易確定某種行為究竟基於何項需要，評定一份記錄可能需四、五小時，因之各個學者紛紛提出了新的方案。如

註 32：H. A. Murray (1938). *Explorations in Personality*. New York: Oxford University Press.

Henry 就認為 TAT 故事應從兩方面來分析,是即 (1) 形式的特質:包括故事的長度和種類,故事的組織,內容描述的適切性,語文結構等;(2) 內容的特質:包括故事的一般格局,顯明的內容,省略或遺漏的情節,內容的心理背景等。這些方法,也都未見普遍應用。

比較客觀而具體的分析方法,應推 McClelland 諸氏 (註33) 所訂對於成就動機的計分法。他們所採用的圖片雖不是 TAT 原有圖片,但理論基礎和實施方法是一致的。他們認為成就動機在一個故事中,可能以多種姿態出現;如直接陳述成就需要 (他希望做一個工程師),為達成某一目標所表現的行為或思想活動 (為民盡力拉開那個活瓣…),預期的目標 (他在想自己是否能通過那個考試),人為或環境的障礙,外界的支持與援助,情感性的反應、成就主題 (指對某事的成就為故事的主旨) 等。因之故事中凡遇上列數種情節出現,都應予以計分。McClelland 諸氏在所編的手冊中,對每項情節都有詳細的說明,並列舉例題作補充解釋;同時還在全書附錄中制訂了很多練習題,以供新習者作嘗試,俾能徹底熟諳計分的程序。同樣地,他們也為親和動機 (affiliation motive) 和權力動機 (power motive) 的分析,編訂了類似的手冊,由於其對各項情節的界說頗為明確,計分的客觀性也因之得以提高。

事實上多數研究者應用 TAT 時,是將它看成為一種「方法」,而沒有將它看成一種測驗。換言之,他們只是應用一些圖片,向受試者取得了一些故事,而將之進行分析。所用圖片並不

註 33:D. C. McClellend (1954). Methods of measuring human motivation. In J. W. Atkinson (ed.), *Motives in Fantasy, Action and Society*. Princeton, N. J.: Van Nostrand. pp.7～42.

限於 TAT 原有資料，分析的方法更因各人研究目標而異，沒有統一的程序。例如 Lesser 要用統覺測驗法 (thematic method) 來分析某些人的攻擊傾向，就祇注意故事中的攻擊行為與意念，Lindzey and Newburg 要分析故事中的焦慮反應，就只注意一些和焦慮有關的跡象 (註 34)。

另有一些研究，則由另一角度著手，只衡量故事反應的某一方面。例如 Eron 制訂評定量表，以評估 TAT 故事的情緒色彩。他將故事分為五等，故事情節最悲、最令人失望的記零分，情節最令人滿意、充滿快樂的記 4 分，其間分別依內容悲喜的程度，分別記 1，2，3 分 (註 35)。黃堅厚曾根據此標準比較中國及蘇格蘭青年在 TAT 12BG 圖上敍述故事，發現中國青年的故事比較快樂些 (註 36)。

二、主題統覺測驗的應用

在臨床方面的應用　　TAT 在臨床方面的應用，是可與羅夏克墨漬測驗相提並論的。通常由 TAT 測驗歷程及其取得的故事，可有下列功用：(1) 幫助診斷：受試者所說的故事，就是他的思

註 34：G. Lindzey and A. S. Hewburg (1965). Thematic Apperception Test: A tentative appraisal of some "signs" of anxiety. *Journal of Consulting Psychology, 18*, 389～395.

註 35：L. D. Eron, D. Terry, and R. Callaham (1950). The use of rating scales for emotional tone of TAT stories. *Journal of Consulting Psychology, 14*, 473～478.

註 36：Chien-hou Hwang (1974). *A Comparative Study on Social Attitudes of Adolescents in Glasgow and in Taipei.* Taipei: The Oriental Cultural Service.

想，它可以幫助醫師瞭解受試者的心理歷程，包括願望、態度及衝突等，都是極有助於診斷的資料。同時故事的結構和組織情況，也是受試者心智狀態的指標。TAT 資料在這方面的作用，似較墨漬測驗結果更為直接些。(2) 幫助建立與受試者的交通：很多時候受試者不願意和別人談論自己的問題；或者是由於情緒方面的障礙，不能表達自己的意見，此間 TAT 可能成為一種媒介，使受試者可以藉看圖片上的人物，說出自己的心聲，也可藉之宣洩自己的情緒。(3) 幫助受試者瞭解自己的問題：TAT 故事的內容，可用作討論的資料，治療者可藉看故事中角色的遭遇和行為模式，促使受試者瞭解其與他本身行為的關係。由於故事常可依不同層次進行分析，治療者可隨著受試者接受的能力，先從表面的內容開始，然後逐漸進到比較深入的探究，這常能使受試者獲得一些領悟，慢慢地體會本身行為的心理動力作用。因為有故事中的人物做緩衝，具有一些保護的功能，比讓受試者直接討論本身的問題來得容易些。換句話說，TAT 可用為治療過程中的媒介。

在發展心理學方面的應用　「看圖——講故事」原是幼稚園中常用的一種教學方式。待主題統覺測驗正式被心理學者用作研究工具之後，很快地它就再用到兒童身上，以為研究兒童幻想內容及其發展的工具。例如 Amen（註 37）曾報告：由兩歲至五歲的兒童在說故事時有幾種傾向是隨年齡增加的；(1) 對圖中人物行動和思想的敘述增加，對靜物的描寫則否；(2) 對整個圖片的內容

註 37：W. Amen (1941). Individual differences in apperceptive reaction: A study of the responses of pre-school children to pictures. *Genetic Psychology Monographs, 23*, 319～385.

的注意增加，對細微末節的敍述減少；(3) 向圖中同性別的人物表同作用增加。Andrew 諸氏應用密西根圖片測驗 (Michigan Picture Test) 研究八至十四歲兒童，也發現相同的趨向。同時故事所呈現的幻想需要和對行爲的解釋作用也隨年齡增加，因之若對圖片中角色的行爲和動機缺少適當的描述，乃可視爲心理功能發展不成熟的現象 (註 38)。

有些研究報導了性別的差異，Kagan 綜合了很多學者的資料指出女童在幻想中所表現的親和需求及其求助需求，和所受到的關愛，在各年齡中都較男孩爲多；有人發現男孩故事中攻擊性內容較多，但也有人指出在攻擊傾向上似無性別差異，這可能是因各人所用研究工具不同的緣故 (註 39)，此外 Cummings (註 40) 和 Friedman (註 41) 都發現在五歲至十六歲間，女孩在幻想中把母親描述成「愛少罰多」者，較男孩爲多；而男孩將父親看成反面人物者則多於女孩。這和 Kagan 用訪問法所獲結果是一致的。

爲了要研究兒童的幻想，有些研究者且製訂了特別的圖片。其重要者有下列數種：

註 38：S. W. Andrew, M. L. Hutt, and R. E. Walton (1953). *The Michigan Picture Test.* Chicago: Science Research Association.

註 39：J. Kagan (1960). Thematic apperceptive techniques with children. In A. I. Rabin and Mary R. Haworth (eds.). *Projective Techniques with Children.* New York: Grune and Stratton.

註 40：J. D. Cummings (1952). Family pictures: A projective test for children. *British Journal of Psychology, 43*, 53〜60.

註 41：S. M. Friedman (1952). An experimental study of the castration and Oedipus complexes. *Genetic Psychology Monographs, 46*, 61〜130.

1. **兒童統覺測驗** (Children's Apperception Test, CAT) 由 L. Bellak 和 S. S. Bellak 共同編訂，計有十張，均以動物充圖中角色 (例如第一張為「三小雞圍坐桌旁，桌上有大碗食物，桌旁隱約有母雞身影」)。編者係將兒童發展期中各重要問題 (如進食、大小便訓練、同胞間衝突等)，分別納入圖片中，並認為兒童對動物較為熟悉，比較容易將本身的需要投射到動物上去；因為他們所聽到的動物故事較多，講起來也方便些。印度和日本學者曾將本測驗內容稍加修訂，以適合於各該國兒童 (註 42)。

2. **「小黑」圖片測驗** (The Blacky Pictures) 這是由 Blum 編訂，係以一小黑狗 (Blacky) 作各圖片主角。共十一張，完全以 Freud 氏的性心理發展理論為基礎，分別將各階段中的人際關係和問題。作為各圖主題 (註 43)。從已有文獻觀察，應用似不甚廣。

3. **圖畫故事測驗** (The Picture-Story Test) 這是 Symonds 專門為青年編訂的。計有二十張，都以男女青年為其中主角 (註 44)。Kagan (註 45) 指出此項圖片的畫面似乎不夠「模糊」，而且有一半以上是預期將引起憂傷、攻擊或悲劇故事。

在文化比較方面的應用 和羅夏克測驗一樣，TAT 之用在文化

註 42：L. Bellak and S. S. Bellak (1950). *Children's Apperception Test*. New York: C. P. S. Co.,

註 43：G. S. Blum (1950). *The Blacky Pictures*. New York: The Psychological Corporation.

註 44：P. M. Symonds (1949). *Adolescent Fantasy*. New York: Columbia University Press.

註 45：同註 39。

比較研究上，主要的也是人類學者的功勞。他們有的致力於某一民族或部落人格品質之研究，有的從事於涵化作用歷程的探討，也有的是側重在兩種或多種文化環境中人格特質的比較。其中規模較大之一例是 Caudill 對於美國日裔居民人格的研究，他利用 14 張 TAT 圖片，以第一代日裔居民 (在日本出生者)，第二代日裔居民 (移居於美的第二代，出生於美國者)，及白種人三組受試者的反應相互比較，以探討日裔居民對於美國文化的吸收和適應情形 (註 46)。

　　許烺光在將中國、美國和印度三種文化相比較時，也應用了兩張 TAT 圖片 (Card I 和 12BG) (註 47)，並由 Watrous 氏為之作分析。據後者指出：美國人在其幻想中的主要表現是對權威的反抗，對同輩接納的需要，和個人的獨立；其解決問題的方式是以行動為主。中國人在幻想中所表現的自發性、超群性及同輩接納的需求均較美國人為低；而在一些行為上均較慎重。印度人在其幻想中多數看重生命和非生命及主觀和客觀的界限，他們對宗教的影響頗大，解決問題時常以冥想代替行動。許氏並指出在香港的中國青年和在臺灣的大學生的幻想內容及情緒色彩雖有不同，但在涉及成就和人間關係的反應上，卻仍多相似之處，都是趨向於以「情境為中心」(situation centered) 的觀點 (註 48)。

註 46：W. Caudill (1952). Japanese American personality and acculturation. *Genetic Psychology Monograph*, 45, 3～102.

註 47：F. L. K. Hsu (1963). *Clan, Caste, and Club*. New York: Van Norstrand.

註 48：許氏在其另一著作「美國人與中國人」(*Americans and Chinese*) 中，曾指出美國人的行為係以「個人為中心」(individual centered)，而中國人則係以「環境為中心」，意即重視環境的要求。

黃堅厚在其中英青年社會態度比較研究中 (註49)，經過審慎選擇，採用了四張 TAT 圖片 (依呈現次序為 6BM，14，8BM，12BG)，以團體實施方法，分別向我國及蘇格蘭地區國民中學青年進行測驗，發現兩國青年的社會態度，明顯地受各該文化環境的影響。例如他們大多數雖同將 6BM 中的人物看成母子，但中國青年描述母子具有良好關係者，遠較蘇格蘭青年為少；又在對第 14 圖的反應中，兩組均有三分之一為「偷竊行為」，但在對竊賊的處理上卻明顯有差別，其任竊賊逍遙法外者，中國青年中約有 10%，而在蘇格蘭青年中則達 29.93%。

　　美國加州大學社會學家 Eberhard 及 Abbott 在進行中國家庭生活研究中 (註50)，曾採用 TAT 圖片為其研究工具之一，惟其所得結果則尚未發表。

三、我國主題統覺測驗的編訂

　　將 TAT 圖片應用到非西方文化環境中時，自然會使人想到圖片內容的文化是否適當的問題。關於這一點，似可從兩方面討論。如果祇就人際關係與基本行為態度的想像來說，圖片中人物的面貌、服飾雖與受試者文化環境中所有的不盡相同，也並無若何妨礙，特別在祇選用原有圖片的一部分時，更可免除文化差異的影響。如果要能有比較完整的資料，或能依某項人格理論來進行研究，則每一文化環境自宜有依照本身情況來編製主題統覺

註 49：同註 36；Chien-hou Hwang (1975). A follow-up study on social attitudes of Chinese and Scottish adolescents. *Bulletin of Educational Psychology. 8*, 96～116.

註 50：K. A. Abbott (1970). *Harmony and Individualism.* Taipei: The Oriental Cultural Service.

測驗圖片。所以 Henry 曾為研究印第安人而特製了一套十二張圖片 (註 51)；Hanks Phillips 曾將 TAT 圖片中人物的衣飾，面容及一切佈置根據泰國文化改繪，以期適用於泰國 (註 52)。

在我國方面，也有人作類似的努力，初正平編訂了「中國學齡兒童主題統覺測驗」，共十一張。分別以親子關係、同胞關係、師生關係、友伴關係、寵物、入學等情境為主題，並曾以小學一、三、五年級學生為受試實施，效果良好 (註 53)。汪美珍 (註 54) 以 TAT 原有圖片為藍本，大部分依照我國文化背景將其改繪，但人物關係及佈局仍保持原圖片的內涵，並有五張逕沿用了原圖片 (3BM，12BG，14，15，20)。汪氏曾以此套修訂圖片在大學生中實施，就他們的故事，對攻擊、權力、親和等需求進行分析。修訂圖表的信度亦頗令人滿意。初、汪二人的修訂工作，都極有價值；但他們所編訂的圖片，迄尚未公開發行，因此無法廣泛應用。

註 51：W. E. Henry (1947). The thematic apperception technique in the study of culture-personality relations. *Genetic Psychology Monographs. 3*, 3～315.

註 52：L. M. Hanks Jr. and H. Phillips (1961). A young THAI from the country-side. In B. Kaplan (ed.), *Studying Personality Cross-culturally*. New York: Harper and Row.

註 53：Cheng-ping Chu (1968). The remodification of TAT adapted to Chinese primary school children: I. Remodification of pictures and setting up the objective scoring methods. *Acta Psychologica Taiwanica, 10*, 59～73; Cheng-ping Chu (1968). The remodification of TAT adapted to Chinese primary school children: II. The application and evaluation of Pictures. *Acta Psychologica Taiwanica, 10*, 74～89.

註 54：May-Jane Wang (1969). Report on the revision of the Thematic Apperception Test. *Acta Psychologica Taiwanica, 11*, 24～41.

第四節　其他重要的投射測驗法

一、語句完成法

語句完成法可以說是一種極簡單的測驗方法。主試列出一些「句根」(stems)，讓受試者將其補充，寫為一個完整的句子。這是小學低年級語文教學時所常用的方法。心理學家最初是利用此法作為衡量智慧的工具，但在近年卻常將其用為人格評量的方法，開其端的是 Payne 和 Tendler。

語句完成法有一些優點。Mishler 指出有五端：(1) 實施簡易，不需要特殊訓練；(2) 實施需時不多，從所得資料觀點，應屬經濟；(3) 可依所需探討之變項編訂；(4) 對受試者無威脅感；(5) 可個別計分。因其有這些優點，故應用頗廣。Sundberg 曾調查，在臨床方面所用之各種測驗中，依應用之頻率言，語句完成測驗位數第十三，在團體人格測驗中則僅次於 MMPI (註 55)。而在 Goldberg (註 56) 較近之調查中，語句完成測驗的應用，在臨床方面次於羅夏克墨漬測驗、TAT、魏氏智慧量表、MMPI、投射性畫人測驗，而居於第六位。除臨床應用以外，語句完成法並常用以研究對於某些人或事物的態度，用以預測某些團體的成就，比較不同文化環境中的行為範型，評定適應情況等。

註 55：N. D. Sundberg (1961). The practice of psychological testing in clinical services in the United States. *American Psychologist, 16*, 79~83.

註 56：P. A. Goldberg (1968). The current status of sentence completion methods. *Journal of Projective Techniques and Personality Assessment, 29*, 12~45.

各個研究者固可按其需要自行編訂一種語句完成量表，但也有人致力於編成標準化測驗，以增加使用的便利。Sacks 和 Rotter 二氏曾在這方面有其貢獻，而兩人所採用的方法也稍有不同。Sacks 所編的 Sacks Sentence Completion Test (SSCT) 含有六十題，依照性質分為家庭、性、人際關係、自我觀念四類，再細分為十五個小組（如家庭又分為對父、母及整個家庭三小組），每組各含四題。受試者的反應也隨之歸入這十五個分數之下。在這種構想中的「句根」通常就會較長，意義也較確定，因之受試者必須順著一定的語調去完成那些句子。例如「我覺得我的父親很少⋯」，「我認為婚姻生活⋯」，在評定時，主試按照受試者在每小組所作四個語句中的「異常」或「困擾」程度計分：極端異常者 2 分，輕度異常者 1 分，無異常傾向者 0 分，以表示其在該方面的適應情況或關係。這種評分自須由很有經驗的臨床心理學者來擔任 (註 57)。

　　至於 Rotter 所編 Incomplete Sentence Blank，含四十題，不另分組。這些「句根」都十分簡單，因此填充時比較有多的自由，沒有什麼限制。如「我喜歡——」，「男孩子——」等，受試者在填答時心理上不會感到受威脅，反應中所表現的資料可能更有意義些。在計分方面分七等評定。積極性的反應（又分 P3，P2，P1 三等，P3 為最愉快、最積極的反應，計 0 分；P2 計 1 分，P1 計 2 分），中性反應（N，計 3 分）；衝突性的反應（又分 C1，C2，C3 三等，分別計 4，5，6 分，C3 指含衝突最嚴重的反應）。實施時各題分別評分，而以四十題之總分表示

註 57：J. W. Sacks and S. Levy (1950). The sentence completion test. In L. E. Abt and L. Bellak (eds.), *Projective Psychology*. New York: Knopf.

受試者的適應情況（註 58）。

黃堅厚曾經在我國國民中學實施語句完成測驗（註 59），此係根據 Rotter 氏測驗譯出，並增加了兩題（其一為「這個測驗——」）。結果發現一般學生對之頗感興趣，皆能以合作的態度填寫。當採用上述 Rotter 所訂等級評分時，兩評分員所給之分數的相關達 .82，顯示頗能符合客觀的標準。惟若以教師所評學生適應情況為效標時，則該項分數的效度係數只達 .28，似不甚高。不過教師平日所注意的，多偏重在遵守或違反規則那方面，不一定能代表整個適應的情況。

黃堅厚認為語句完成法頗適於在國民中學使用。除了前面已述及的優點之外，另一重要原因，是一般教師多能瞭解此項測驗的作用和學生反應的意義，多數具有嚴重衝突性的反應，即使不經過評分，也不難發現。因此教師們對使用此測驗的興趣將會高些。在目前提倡測驗工具的時候，這是值得注意的一個因素。

目前使用語句完成測驗，困難或仍在評閱測卷方面。一般學校缺少心理學專門人員，而學生人數眾多，評分將是一件繁重費時的工作。一個變通的方法，是重視反應「內容」，而不太注重它們的「分數」，也就是重在質的評定。Levy（註 60）與 Fover

---

註 58：J. B. Rotter and J. E. Refferty (1950). *Manual, the Rotter Incomplete Sentence Blank, College Form.* New York: The Psychological Corporation.

註 59：Chien-hou Hwang (1973). The application of the sentence completion methods in junior high schools in Taiwan. *Bulletin of Educational Psychology, 6*, 121～132.

註 60：S. Levy (1952). Sentence completion and word association test. In D. Brower and L. E. Abt (eds.), *Progress in Clinical Psychology, Vol. 1.* New York: Grune and Stratton.

(註61) 諸氏也都贊成此種措施，因為有時某受試者可能只有少數一、二具有衝突性的反應，總分或仍在常態範圍之內，但那少數反應卻可能極值得注意。如某國中三年級女生曾有兩個這樣的反應：「一個母親**死了**」，「我的父親**死了**」；無論她的分數是多少，導師或輔導人員應都體會她那孤單的心情，都應能知道她需要教師的關心與幫助。也許另一可行的方法是從一般人(或學生)的反應中，找出各題所有的嚴重衝突性反應，彙列在一塊，供一般導師參考。當可有實際的幫助。

　　語句完成法常被用來研究某些人的態度。黃堅厚就曾在其「中英青年的社會態度」比較研究中採用了此種測驗。發現效果甚佳。由於所含語文少而簡單，翻譯時困難較少，在語文測驗中，此應為最適於文化間比較研究的工具。

二、繪畫測驗法

　　任何一種作品，既是由人所製作的，都和作者的人格品質或多或少有些關係。因此利用繪畫作為人格測驗，是很自然的事，在繪畫測驗中，畫人測驗 (Draw-a-Person, DAP) 是最受注意的一種。

　　Levy 曾指出很多臨床工作者將人像繪畫視為當事人自我觀念和「身體印象」(body image) 的投射。但 Levy 自己卻以為繪畫者所投射的不一定祇為「自我觀念」，也可能是其對於環境中另一人的印象，或為其「理想自我」，或為其習慣型式的表

註 61：B. R. Fover (1960). Sentence completion. In A. C. Carr (ed.), *The Prediction of Outer Behavior through the Use of Projective Techniques.* Springfield, Ill.: Charles C. Thomas.

現，或為其情緒的流露，或為其當時對測驗情境或主試的態度，或者竟是其對於整個生活及社會的態度；而且多數情況下是數者兼而有之。因此臨床工作者不宜將畫人測驗看成一種一成不變的方法。

　　畫人測驗實施程序十分簡單，通常是給受試者一枝較軟的鉛筆和一張 8×11 吋的白紙。在有充分照明的情況下，使受試者舒適地坐著，然後對他說：「現在請你在這張紙上畫一個人」。當受試者詢問「該畫什麼樣的人」，「該怎樣畫」時，主試應以輕鬆的語氣回答：「隨便你怎樣畫都可以」。當其畫好一張後，主試再給他一張紙並說：「現在請你再畫一個女 (男) 人」(與第一張所畫者性別相反)。主試隨後即以此二張為評分及解釋的依據。也有人主張只需畫一張者。

　　對畫人測驗的評分都是在質的方面，要從受試者所畫人像的分析，來探討他的人格品質。分析時所注意的項目包括：人像的大小、人像在紙上的位置、線條的粗細輕重、正面或側面、身體各部分的情形 (如頭、手、腳⋯) 等。此外如各部分的比例、缺短或畸形，以及畫中陰影和擦抹情形，也都在分析之列。對於這些「項目」(signs) 的解釋，有些研究者各有其特殊的意義，相率編訂手冊，以為評分者的參考。如 Machover (註 62) 謂將人像畫在左方者處事多從自己的立場著眼 (self oriented)，人像畫在下方者，則屬於抑鬱性格。Urban 也謂「大頭」表示「旺盛的心智活力」，或象徵「自己對智能有不滿之感，因而強調心智活動，以求補償」。但是這些解釋，既沒有充足的證據，也不為一般研究者所支持。不過 Harris 根據其多年研究兒童繪畫的經

註 62：K. Machover (1949). *Personality Projection in the Drawing of the Human Figure.* Springfield, Ill.: Charles C. Thomas.

驗，仍然相信各人繪畫時皆有其獨特的筆調與作風，而從畫裏應能窺見作畫的思想、興趣、甚或無意識的動機。不過這得設法從另外的角度進行研究，而不能再採用「項目」解釋的途徑。

「屋、樹、人測驗」(House-Tree-Person, H-T-P) 是另一種繪畫測驗，可以適用於成人及兒童。該測驗的構想是認為房屋是人們住的地方，它可以引起受試者對於家庭及家人關係的聯想；樹的繪畫似能反映受試者對本身較深刻或無意識的態度，而人像則常代表接近有意識的自我形像和與人相處的情形。

三、班達完形測驗

本測驗的全名是 The Bender-Visual Moter Gestalt Test，但通常即稱為 Bender-Gestalt Test，中文有時逕稱為班達測驗，測驗包括九個簡單的圖形，是班達女士從 Wertheimer 氏(完形心理學的創導者)研究視覺知覺時所用圖畫中挑選出來的 (參見圖 20-1)，各印在 3×5 吋卡片上，實施時先後分別呈現，讓受試者在一張 8×11 吋的白紙，將它們描繪下來。

班達測驗的實施固甚簡單，但評分卻頗為繁複。Pascal 與 Suttell (註 63) 曾經為成年人的測驗結果，訂定了一個評分的標準，以每個圖形描繪時的「缺點」出現的情況及次數作計分的依據 (如過大或過小的圖形，省略或不完全的現象，圖形方位移轉，接觸未能密合…等)，缺點愈嚴重或愈高時，分數亦將愈高。照 Pascal 與 Suttell 所訂方法為正常人、精神神經病患者及精神病患者三組受試者的反應評分，發現他們三組的分數均數

註 63：G. R. Pascal and B. J. Suttell (1951). *The Bender-Gestalt Test.* New York: Grune and Stration.

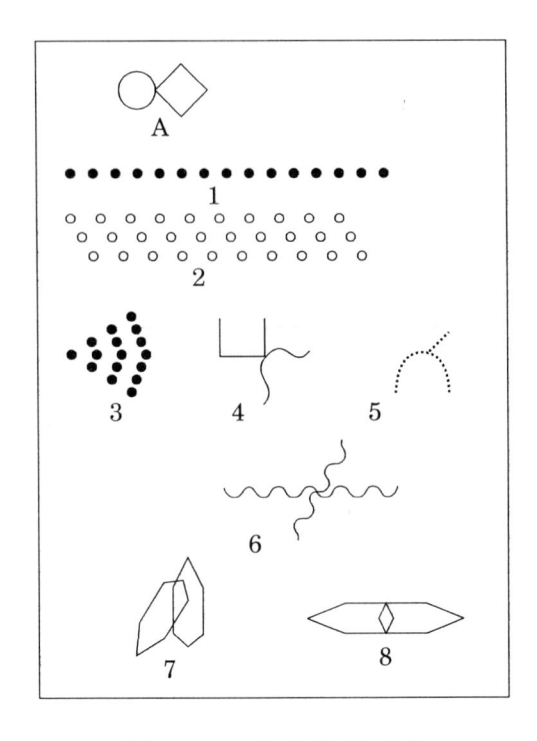

圖 20-1　班達完形測驗

分別為 50，68.2 及 81.8 (按為標準分數)，顯示班達測驗對心理疾病患者有鑑別的功能。此外也有資料證實此種計分可有助於大腦機體性疾病的診斷 (註 64)。

　　Koppitz (註 65) 曾應用班達測驗，在兒童方面做了一個規模頗大的研究，由幼稚園至小學四年級兒童共有 1,104 人受測。他根據這些資料詳訂了計分手冊，並制訂了由五歲至十歲間兒童在班達測驗上發展的常模。不同計分者間的信度相關達 .96，顯

註 64：A. Tolor and H. C. Schulberg (1963). *An Evaluation of the Bender-Gestalt Test.* Springfield: Charles C. Thomas.

註 65：E. M. Koppitz (1975). *The Bender-Gestalt Test for Children Research and Application, 1963～1973.* New York: Grune and Stratton.

示頗為客觀；惟兒童再測信度 (相隔四個月) 則只達 .60 左右，不甚理想。在這個階段中，兒童的分數隨年齡增加，和智慧測驗分數有中度相關 (.48～.79)。不過在十歲以後，班達測驗分數和智慧之間不再有一般性的關係，因為受試者均已能獲得滿分了。Koppitz 的資料為研究兒童發展提供了很有意義的資料。因在小學新年級時，班達分數和學業成就有正相關，所以有預測的功能。同時在智能不足兒童中，本測驗分數也有預測學業成就的作用。

由於實施時手續簡便，臨床工作者多樂於將班達測驗列為診斷測驗之一。

班達測驗在我國的應用，首係由本文作者之建議，於民國四十四年在國軍不適現役人員檢定程序中列為甄別測驗之一。惜該項資料未能作極詳盡之分析。其後致力於本測驗之研究者，乃為柯永河氏。他曾自訂計分方法，確定班達分數與智慧分數在低年級兒童的相關；並曾先後探討班達圖形旋轉問題，班達分數與注意廣度之關係等 (註 66)。近年劉鴻香曾研究班達測驗在兒童中應用情形，並曾對之進行修訂。

註 66：柯永河 (民 46)，班達知覺完形測驗計分法及其智慧的關係。測驗年刊，第 5 輯，55～60；柯永河 (民 51)，再論班達測驗計分法與智慧的關係。測驗年刊，第 9 輯，49～52；Yung-Ho Ko (1971), The frequency of eye-movement on the Bender-Gestalt Test as a measure of attention breadth. *Acta Psychologica Taiwanica, 13*, 65～74; Yung-Ho Ko (1972), The Bender-Gestalt Test as a test for visual-verbal coordination. *Acta Psychologica Taiwanica, 14*, 52～66; Yung-Ho Ko (1961), A study on figure rotation in the Bender-Gestalt Test. *Acta Psychologica Taiwanica, 3*, 94～105; Yung-Ho Ko (1962), The discrepancy between the B-G score and the sum of Object-assembly and the Block-design Test scores as an indicator of organicity. *Acta Psychologica Taiwanica, 4*, 72～77.

四、逆境對話測驗

本測驗係由 Rozenzweig 在 1941 年所編訂，原名為 Rozenzweig Picture-Frustration Study (P-F Study)。分有成人用 (14 歲以上) 及兒童用 (4～13 歲) 兩種，係根據挫折情境引起攻擊行為的理論編成的。測驗中包含有一些卡通式的圖片，通常畫中有兩位人物。其中一人說了幾句話，是足以引起另一人生氣或陷於受挫折的情境的，受試者就須照後者當時的感受，寫下他將回答的話。附圖 (圖 20-2) 是兒童用試冊的二例，也代表兩種挫折的情境。

圖 20-2　逆境對話測驗

本測驗的假定是認為受試者在反應時，是將自己的想法投射到卡通圖片中受挫人物身上，而替「他」回答；因此從那些答案的性質，將可預測受試者在遭遇到挫折時的反應傾向。計分時以

答案的「作用」和「攻擊方向」為基準。前者可分為三類：即「強調障礙」(反應的重點在強調障礙或困難的存在)，「保衛自我」(反應重點在為本身辯護或解脫責任)，「需求為主」(反應看重在提供解決問題的途徑，以克服障礙)。至於因受挫折而所引起的攻擊行為，也可能循三個方向進行：朝向他人或外界事物，是為「責人反應」(extrapunitive)；朝向受挫者本身，是為「責己反應」(intropunitive)；設法撇開或規避所面臨的局面，是為「免責反應」(impunitive)。這樣受試者的反應就共有九類 (3×3)，Rosenzweig 所編手冊上，曾就各卡通圖的每一類反應列舉範例，可供計分時參考。閱卷時只須將各類反應之百分比算出，同時並可與「團體常模」(即多數人在各情境中表現的反應) 相比較。

　　本測驗雖係依據投射原理編成，但所含變項較少，實施與計分均甚簡便，統計處理也頗為直接，因之某些研究者曾應用它 (或修訂後再用) 探討其他問題。如 Brown 對種族間敵視態度之研究，Fromme 對於預防戰爭意見之調查，及 Smith 研究消費者對產品之反應等。

　　黃堅厚 (註 67) 曾將 Rosenzweig 的 P-F study 作部分修訂，依我國情況改繪後，在大學生中實施，當將所得結果與 Rosenzweig 所提供之美國常模及日本學者所制訂之日本常模相比較時，發現我國大學生所表現的「責己反應」顯較為多，而「責人反應」則遠較美日受試者為低。此種差異，似係受文化因素的影響。因我國一向崇尚「不怨天、不尤人」的觀念，遇有挫折，

註 67：Chien-hou Hwang (1968). Reactions of Chinese university students to Rosenzweig's Picture Frustration Study. *Psychology and Education, 2,* 37～48.

恒主張以「反求諸己」的態度對之，對挫折情境乃有「逆來順受」的趨向。

　　黃氏在上述研究中，曾以逆境對話測驗施之於輔育院的少年及監所受刑人。發現他們的反應和男性大學生無顯著差異。因疑係犯罪者自我防衛作用較強之故。蓋本測驗雖為投射測驗，但反應的意義，卻並不似墨漬測驗那麼隱晦；受試者很可能受到社會認可性的影響，而保留其真正的反應。照這樣說，本測驗似並不宜直接用作衡量外表行為的工具。為補救此點，黃氏曾試將原有圖冊上各圖剪下，各分貼於卡片，以個別實施分式，逐一呈現於受試者，令其立刻說出他的反應，以代替書寫。希望能減消受試者防衛的傾向。許木柱 (註 68) 在臺灣南部山地進行調查時，因受試者多不識字，故採用此法，結果尚稱滿意。但當黃氏後來在監所中試用時，發現並不理想，在和主試面對面的情況下，受試者感受之壓力似更增加，因而防衛傾向反而加強，「免責反應」乃顯著增加。

五、其他投射測驗

　　團體人格投射測驗 (Group Personality Projective Test)　由 Cassel 與 Kahn 合編，含有九十張圖片。各圖中的人物和情境，都用極簡單的線條繪成 (如圖 20-3) 並各附有五個答案，由受試者選擇其中之一，作為該圖情況的解釋。其原理相當於主題統覺測驗的選擇法。由於這樣的設計，乃可以團體方式實施，並

註 68：M. Hsu (1924). An impunitive culture: Reactions of the Amis to Rosenzweig's Picture-frustration Test. *Bulletin of the Institute of Ethnology, Academia Sinica, 38*, 99～114.

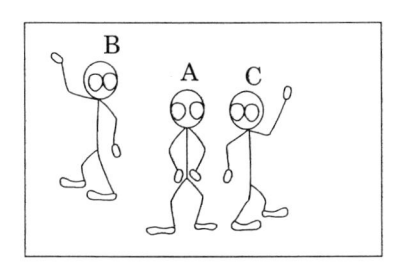

圖中究竟是怎麼回事？
a. 宴會上的三個朋友。
b. A 是 B 和 C 的上司，他正在對他們講話。
c. A 想調處 B 和 C 的爭吵。
d. 他們三個人都是一家人。
e. A 是 B 和 C 兩個孩子的母親。

圖 20-3　團體人格投射測驗

可有客觀的計分與解釋，因此對臨床及教育工作者，頗具有吸引作用。

本測驗原係依照十五種人類基本需要編訂的，但後來照因素分析的結果，合併為七項分數(快樂、沮喪、助人、親和、求援、退縮、精神神經症傾向)。並曾為美國一般人、心理疾病患者、行為適應不良及罪犯等，分別制訂常模。

本測驗的編訂程序，似有可批評之處。照手冊上所提示，編者在編訂各題的答案時，可能祇根據推論的方法，而不曾經過實證的手續；其中某些的計分，也似不甚妥當。程法泌、蔡義雄 (註 69) 曾指出有些性質相反的答案被列入同一量表之內，而完全相同的答案，卻有時又分列在兩個量表內。他們曾將本測驗在我國應用，發現結果不甚理想。

不過這個測驗的構想是可取的。若是將圖片內容審慎選擇，答案重加修訂，依照適當的統計分析程序來訂定常模，或可能成為一種有用的工具。

人物關係測驗 (The Object Relations Technique)　這是英國

註 69：程法泌、蔡義雄 (民 60)，卡康二氏團體人格測驗的研究。測驗年刊，第 18 輯，21～46。

資深臨床心理學家 Herbert Phillipson 所編訂的。在理論上他是想把知覺歷程和人際關係的評鑑融合在一起，希望能由測驗所得資料來瞭解一個人如何來安排他生活環境中的人物？他怎麼會將世界看成他所見得的樣子？這樣形成的知覺會使他表現什麼行為？Phillipson（註 70）認為每個人都是根據其幼年時期的經驗，來安排自己和外界環境中的人及物的關係，他是以精神分析學理論為依據的。

本測驗包含十二張 $9 \times 11\frac{1}{2}$ 吋的圖片及一張空白紙卡。那些圖片可分為 A、B、C 三組。A 組圖片人物都是以木炭用很輕淡的筆調和陰影繪成，背景模糊，沒有配置任何事物。B 組圖片中的線條都很深濃，人物和背景中的東西輪廓都很確切，室內和室外情境各有兩張。C 組圖影濃淡適中，背景中事物的細節較清晰，並略有彩色。三組中各有一人、兩人、三人及人群的安排(每種一張)，但所有圖中人物均極「模糊」，他們的年齡、性別、身分等都不確定，可由受試者任意指認。簡言之，本測驗實乃係墨漬測驗和 TAT 的綜合體，評定時係用內容分析方法，不作客觀計分。

由於本測驗圖片中人物和背景都相當「模糊」，不含明顯文化色彩，故雖係西方學者所編製，在東方或其他文化環境中，也似可使用。

六、投射法應問的問題

投射測驗的信度和效度問題　一般測驗信度的研究，多利用

註 70：H. Phillipson (1955). *The Object Relations Technique.* London: Tavistock Publications, Ltd.

折半相關法 (split-half correlation) 或再測法 (test-retest)，以相關係數表示信度之高低。但是這兩種方法在投射法上均有困難。折半法原是考驗測驗內部的一致性，而在若干投射測驗中，如羅夏克測驗、TAT 和 P-F Study 等各張圖片的內容性質皆互不相同，其所假定測量的品質亦互不一致，根本就無法分為相等的兩半 (試想羅夏克測驗的十張圖片，五張為有彩色的，就不能均分為兩組)。至於再測，在時間上也不易安排：若兩次測驗相距時間過長，則其間受試者的人格可能曾產生變化；如相距時間過短，則受試者反應可能受記憶的影響。有些主試指導受試者在 TAT 再測時，另寫「新的故事」，結果發現相關頗低 (註 71)，那應是意料中的事，因為兩次對受試者的要求就不同，反應自將有別了。

霍滋曼墨漬測驗採用了「複本」以為研究信度的途徑，自是可取的方法。不過為投射測驗編製複本，是頗為繁複的工作。以墨漬圖片為例，每張圖片究竟具有多少不同的刺激作用，是不易確定的；既然如此，編製複本就沒有可靠的依據了。何況在投射測驗中，我們不祇注意各個獨立的刺激，各個刺激之間的關係也具有意義，這將使複本製作問題，更趨複雜。

另外我們還當考慮不同計分者之間的一致性。一般說來，投射測驗的計分方法常較普通測驗為複雜，且多變化，因之各計分員之間評分的一致性常較低。更重要的是投射測驗的各項分數並不即為測驗的最後結果，而是要將那些分數再加解釋才有意義。各計分者所受的訓練及經驗如有差異，其對測驗分數所作解釋自

註 71：G. Lindzey and P. S. Herman (1955). Thematic Apperception Test: A note on reliability and situational validity. *Journal of Projective Techniques, 19*, 39～42.

亦將互不相同,而缺乏一致性。至於投射測驗的效度,研究者常用幾種方法進行探討。如以某些「職業」或「病症」作為效標,觀察從事某項職業或被診斷為某項病症者在測驗上是否表現「其應有的反應」;或以個案資料和行為記錄與測驗結果相互比較,以確定其同時效度;或利用測驗結果預測訓練或治療的成果,藉以評定測驗之預測效度;或則企圖驗證某些測驗分數的意義。但照 Anastasi 氏指出:多數有關投射測驗效度的研究,常因設計控制或統計分析的不盡完善,未能獲致可靠的結論 (註 72)。

最常為人所指責的,就是實施投射測驗者往往可由受試者的個案資料或晤談中獲得一些消息,而使其在測驗上所作「解釋」與之脗合,因此所得效度並不真實。雖有人主張用「盲目分析」(blind analysis) 來矯正此一缺點,但後者並不是一個使用測驗的正常途徑。

一種投射測驗 (如墨漬測驗) 所包含的內容和可能計分的項目頗多,因之兩個效標組的受試者常可能會碰巧在某幾項分數上表現出「顯著差異」。這些差異如果未經過反覆驗證,其效度常不一定可靠。當受試樣本更動時,原有的差異可能根本不復存在了。

事實上有時候效度低或全非測驗本身之過,問題可能在「效標組」上。通常測驗效度多以其在診斷方面的正確性為基準;但是在臨床上各種診斷 (如精神分裂症、妄想狂等),也不是絕對正確的。醫師們對機能性精神病所作診斷的一致性約為 .60 左右 (註 73)。因此僅以「病症」作為評估投射測驗效度的效標,也不

註 72:見註 28,Anastasi (1976).

註 73:E. Rosen and I. Gregory (1965). *Abnormal Psychology*. Philadelphia: W. B. Saunders.

是最完善的辦法。

有些學者指出：利用投射測驗作人格衡鑑工具時，應當注意的是受試者的整個反應類型，各方面反應相互的關係，而不宜專門去看那些個別的分數。研究效度時也宜採此種態度。例如受試者在主題統覺測驗 (TAT) 所顯露的「攻擊行為」和其在現實環境表現的攻擊行為相關並不顯著；但若受試者對懲罰的恐懼或焦慮甚高，則其在幻想中之攻擊行為將較高，而表現在實際環境中者將較少；若受試者對懲罰之恐懼或焦慮頗低時，則其在幻想中攻擊傾向強者，在實際生活中的攻擊行為亦將較高，即二者將有相關 (註 74)。

不過這也不是說投射測驗全無效度。在一些實驗設計標準頗高的研究裏，研究者曾指出，當富有經驗的臨床心理學家有機會應用他們自己的方法實施並進行解釋時，他們根據 Rorschach 墨漬測驗或 TAT 對受試者人格所作評量，和由個案資料所作評量的結果，是頗能相配合的，不過所得相關不算很高而已 (註 75)。

投射測驗實施的問題　投射測驗出現的初期，使用的人咸以人格品質的 X 光視之，認為所獲得的資料，皆係受試者心理狀態的外射，因而可用為診斷及瞭解其行為的依據。但隨著投射測驗的推廣，多方面的研究使人們瞭解，除了受試者的人格特質之

註 74：R. Harrison (1965). Thematic apperception methods. In B. B. Wolman (ed.), *Handbook of Clinical Psychology*. New York: McGraw-Hill. pp.562～620.

註 75：P. H. Mussen and H. K. Taylor (1954). The relationship between overt and fantasy aggression. *Journal of Abnormal and Social Psychology, 49*, 235～240；又見註 28，Anastasi (1976), pp.583～584.

外，還有其他因素是將影響其反應的。本節祇擬敍述和實施過程有關的一些問題：

1. 實施時指導語的關係　Carp 與 Shavzin 使部分受試者在接受羅夏克測驗時努力給人一些好的印象，而使另一部分受試者儘可能給人不良印象，結果並沒有發現若何差異 (註 76)。但 Weiskopf 與 Dieppa 在實施 TAT 時進行類似的實驗，他們讓受試者接受三張 TAT 圖片測驗，共作三次，第一次用標準指導語；第二、三次則使受試者努力給人好或壞的印象。結果發現在九個變項中，五個呈現了差異 (註 77)。

Abramson 在使一些大學生接受羅夏克測驗後，將他們依「反應部位」(W，D，Dd 等) 分爲相等的兩組。然後告訴第一組受試者：成功的專業人員多表現「整體反應」(W)。而卻告知第二組：成功者多表現「細節反應」(Dd)。待兩組重作羅夏克測驗時，他們的 W 和 Dd 出現的比率，顯然就有差異了 (註 78)。

Calden 與 Cohen (註 79) 在使受試者接受羅夏克

註 76：A. L. Carp and A. R. Shavzin (1950). The susceptibility to falsication of the Rorschach diagnostic technique. *Journal of Consulting Psychology. 3*, 230～233.

註 77：E. A. Weisskopf and J. J. Dieppa (1951). Experimentally induced falsing of TAT responses. *Journal of Consulting Psychology, 15*, 469～474.

註 78：L. S. Abramson (1951). The influence of set for area on the Rorschach test results. *Journal of Consulting Psychology, 14*, 337～342.

註 79：G. Calden and L. B. Cohen (1953). The relationship between ego-involvement and test definition to Rorschach test performance. *Journal of Projective Techniques, 17*, 300～311.

測驗時，對其中 1/3 說是智慧測驗，對另 1/3 則說是「神經質測驗」，對所餘的 1/3 則說是想像力測驗。發現三組的反應彼此有差別，認為那是智慧測驗者，反應均較慎重，反應數較少而形態品質較高，從衆反應及動物反應也較多。另有學者在 TAT 方面作了類似的研究，發現指導語對受試者所述故事的情緒色彩及結局頗有影響 (註 80)。

2. **實施時情境的關係** 測驗時的整個情境，對受試者是有其影響的。Lindzey 曾使受試者在 10～12 小時內不得進食，喝較多水而在三小時不得小便，並各抽血少許，同時迫使在團體面前遭受失敗。在這種情況之下，進行逆境對話 (P-F Study) 測驗，發現他們所表現的「責人反應」，有顯著增加；他們在 TAT 上反應的改變，也幾乎都在預期的方向上 (註 81)。

有些研究所利用的情境因素，是比較自然的情況。例如 Klatskin (註 82) 曾使婦產科病人接受羅夏克測

註 80：H. Summerwell, M. Campbell and I. Sarason (1958). The effect of differential motivating instructions on the emotional tone and outcome of the TAT stories. *Jouranl of Consulting Psychology, 22*, 385～388.

註 81：G. Lindzey (1950). An experimental examination of the scapegoat theory of prejudice. *Journal Abnormal and Social Psychology, 45*, 296～309; G. Lindzey (1950). An experimental test of the validity of the Rosenzweig picture frustration study. *Journal of Personality, 18*, 315～320.

註 82：E. Klatskin (1952). An analysis of the test situation upon the Rorschach record formal scoring characteristics. *Journal of Projective Techniques, 16*, 193～199.

驗，其中部分是在她們接受外科手術前一日實施的，而另一部分則是將由產科出院前一日實施。這兩組病人對於墨漬圖片的反應，在很多分數上，皆表現了顯著的差異。另 Meyer 諸氏 (註 83) 也曾利用住院病人作 H-T-P 繪畫測驗，發現將在接受手術前病人的繪畫和其已接受手術後的作品相較時，前者顯有較多「退化」的徵象，差別甚為明顯，幾難相信是為同一人所繪製。

Clark (註 84) 曾經使受試者在接受 TAT 之前，先看到幾張裸體女性幻燈片，以提高其性的動機，控制組則看幾張風景圖片。結果發現實驗組所表現的性反應與罪惡感均較控制組為少。但當受試者參加飲酒以後再重複測驗時，實驗組所表現的性反應與罪惡感就反超過控制組了。

以上這些研究都指出測驗時的情境對受試者在投射測驗上的反應，頗有影響。

3. **主試的關係** 在實施測驗時，主試也是當時情境的一部分，因此主試本身的情況，如性別、膚色等，可能會對受試者的反應發生一些影響。就主試的性別來說，各研究的結果未能一致。Alden 與 Benton (註 85) 曾在美國

註 83：B. C. Meyer, F. Brown and A. Levine (1955). Observations on the House-Tree-Person drawing before and after surgery. *Psychosomatic Medicine, 17,* 428～454.

註 84：R. A. Clark (1952). The projective measurement of experimentally induced levels of sexual motivation. *Journal of Experimental Psychology, 44,* 391～399.

註 85：P. Alden and A. L. Benton (1951). Relationship of sex of examiner to incidence of Rorschach responses with sexual content. *Journal of Projective Techniques, 15,* 230～234.

退伍軍人醫院中找出一些羅夏克測驗記錄，其中五十份是由女性主試實施的，五十份是由男性主試實施的，兩者在含性色彩的反應上並沒有區別。但是 Curtis 與 Wolf （註 86）研究所得結果卻正相反：他們也是利用退伍軍人的資料共 386 份，是由三位女性主試和七位男性主試實施的，發現受試者所作含有性色彩的反應確和主試的性別有關。Rabin 諸氏（註 87）則指出主試性別的影響有時存在，有時則否。當被試在掛有解剖圖畫的室內等候測驗時，他們隨後在羅夏克測驗所表現的「解剖反應」並未因主試性別而有差異；但若等候時所看到的是女性裸體圖畫，則他們在男性主試實施測驗所表現的含性色彩反應較由女性主試實施時所表現的為多。照這樣看，主試性別或非影響受試者反應的全部因素，但為可能有影響的因素之一，其作用須視各個因素交互的關係而定。主試膚色的影響應也具有相同的性質。

　　至於主試與受試者關係之溫暖或冷淡，則是確定具有影響作用的。Luft 分別在溫暖與冷淡關係下使受試者接受十張自製墨漬圖片，最後讓他們指定那幾張是其所喜歡的圖片，在溫暖關係中受測者所指圖片均數為 7.6，而在冷淡關係中受測者所指圖片均數為 3.1，相差甚大

註 86：H. S. Curtis and E. Wolf (1951). The influence of the sex of the examiner on the prediction of sex responses on the Rorschach. *American Psychologist, 6,* 345～346.

註 87：A. Rabin, W. Nelson and M. Clark (1954). Rorschach content as a function of perceptual experience and sex of the examiner. *Journal of Clinical Psychology, 10,* 188～190.

(註 88)。Lord 也發現在溫暖關係下接受羅夏克測驗者所表現之反應總數較高，具有智慧及創造性之反應也恆較多 (註 89)。

實際上在投射測驗中，主試的影響並不止上述。由於記分方法的不確定，對最後結果的解釋也無十分客觀的準則，因此主試所受的訓練和臨床經驗，就將有頗為顯著的影響。當一份墨漬測驗或 TAT 記錄放到主試面前，由他評鑑解釋時，就等於讓主試在接受一次「投射測驗」。換句話說，在主試所作解釋中，他本身所推崇的理論觀點、所習用的名詞、以及其人格特質，都將表露出來。說不定這些成分，且將超過受試者的人格特質。

事實上測驗實施情境的可能影響，在各項測驗中均有之。不過因為一般測驗的反應方式頗為固定，因情境變項所引起的差異將較為小；在投射法中受試者表現反應的範圍較大，自由度 (degree of freedom) 也較高，如是當時情境變項所形成的變化，也較容易表現出來。基於此項原因，凡是應用投射測驗作臨床或研究工具時，對實施的情境，應給予密切注意；而在解釋測驗結果時，必須明確也瞭解實施時情境因素的可能影響。

註 88：J. Luft (1953). Interaction and projection. *Journal of Projective Technique, 17*, 489～492.

註 89：Edith Lord (1950). Experimentally induced variation in Rorschach performance. *Psychological Monographs, 64*, No. 10 (Whole No. 316).

投射測驗應用的前途　投射測驗在曾經盛極一時之後，已逐漸走向下坡。Dana (註 90) 引述多位學者的報導，指出若干精神科醫師認為投射測驗的報告並沒有多大價值，同時在臨床心理學工作者的訓練方面，投射測驗的份量已有減低，而其內容亦不復如以往充實了。這個現象主要自是人們對於投射測驗的效度及信度發生懷疑的結果。

針對著這個問題，研究者對於投射測驗的應用和發展，提出了兩個努力的方向。

1. **測驗結果的量化**　第一個努力的目標，是儘可能將投射測驗所獲得的資料予以量化。很多學者認為此類工具之未能建立適當的效度，並不一定是工具本身的缺點，而是由於因為在傳統的情況下，測驗的結果未曾被充分地、適當地處理。使用測驗者僅就所獲資料的籠統印象，即進而就之加以解釋或作診斷，自然無從得到滿意的效度。因此，要補救此一缺失，應設法將投射測驗資料進行量化的處理。若干學者已從事這方面的努力；且已有了一些成就。例如：Zubin (註 91) 對於受試者在 Rorschach 墨漬測驗上所作反應，逐項為之制定了量尺，使之能夠以數量來表示它，試以「轉動圖片」一項為例，其計分標準如下：

註 90：R. H. Dana (1975). Rumination on teaching projective assessment: An ideology, specific usages, and teaching practices. *Journal of Personality Assessment, 39(6)*, 563～572.

註 91：同註 87。

X 缺乏評量資料。
0 受試者反應時讓圖片留置在桌上，不用手拿著它。
1 偶或拿一下放在桌上的圖片，但不轉動它。
2 將圖片拿在手上，但不轉動。
3 詢問主試是否可以轉動圖片。
4 自動地隨意轉動圖片。

事實上「圖片轉動」的行為，一向是受主試注意的，且咸被引用為解釋受試者人格的資料之一；但因未予量化，各人對此項反應處理的情況乃常互有出入。如能均按上述標準評量，自將趨於一致。Zubin 依照這樣的方式，共為 Rorschach 測驗制訂了六十九個評定量尺 (rating scale)，並將其存放於美國國會圖書館，供人參考。前述霍滋曼墨漬測驗，已經利用了該項資料中的一部分。

在主題統覺測驗方面，量化的問題也早已受注意。Murray 就曾建議用五點量尺來評定各種需求和壓力的強度以及各故事結局中的樂觀成分。其他學者後來也提供了一些意見。目前應用比較多而經過實證研究的，有 Eron (註 92) 所訂對 TAT 故事的「情緒色彩」和「結局」的評定量尺，也都是五點量尺。下面是對於「情緒色彩」的量尺：

註 92：L. D. Eron, D. Terry and R. Callaham (1950). The use of rating scales for emotional tone of TAT stories. *Journal of Consulting Psychology, 14,* 473～478.

? 受試者不能說出一個故事。

0 故事完全為一悲劇，主角受命運的控制、有死亡、強暴、攻擊、嚴重罪行等情節，為一完全無希望的場面。

1 故事具有適應的衝突、反抗、恐懼、憂慮、悔恨、分離、孤獨、疾病、衰弱、奄奄待斃等情節。

2 純粹描述而缺乏感情的故事。例行活動和無人情味的敘述；正反兩面的情節大致相等。

3 具有抱負、追求成功、補償缺失、朋友、重聚、對世事滿意、有安全感、內容愉快的情節。

4 崇尚的抱負、與親人重聚、具有完全快樂和滿足的情節。

嗣後研究者應用這類量尺進行評量 TAT 的故事，發現評分員之間的相關都相當高 (.77～.93)，顯示這些量尺的信度甚為確實，可以採用 (註 93)。

2. 加強投射測驗的訓練工作 另一些學者認為投射測驗本來就不是以計量見長的工具，勉強去使它們在表面去湊合「科學的」標準，反而會忽視其原本具有的功能。在臨床方面，投射測驗通常是以個別方式實施的，測驗實施的過程應可視為「標準化的會談」(standardized interview)。受試者所作反應，除了能反映其人格品質、某些價值觀念、動機活動的方向、對生活適應的滿足程度等以外，也和當時的整個測驗情境以及他和主試之間的

註 93：同註 87。

關係，均有牽聯。如果僅是重視記錄上反應時間或反應次數等可以量化的變項，則或將損失很多有用的資料。

　　Blatt（註94）曾為文詳論投射測驗的效度及其在臨床方面的貢獻。他認為在應用投射測驗時，要顧及五方面的資料：(1)測驗時受試者與主試間的交往關係，(2)反應的內容，(3)反應的結構型式，(4)反應過程的情緒作用，(5)主試對於受試者反應過程體認的程度。因此Blatt認為主試的訓練和技巧是很重要的因素。同時治療者的訓練和態度也有關係，如果他對投射測驗有足夠的瞭解，並且願意運用測驗的結果，那麼測驗報告將發生較多的效用。此外治療者和測驗主試應有密切聯繫，以期能採用互相配合的方式。例如治療者將採用支持的形態，則主試在測驗時也宜以「支持」為主；若是治療者將著重在發掘受試者的潛在態度，則主試在實施測驗時也宜採用解釋和說明的方式。換言之，測驗和治療不當視為兩個獨立的事件，而宜使二者聯為一氣，發生相輔相成的作用。測驗時的情境與關係，很能影響受試者對以後臨床方面其他歷程的態度。如果受試者發現主試對他的思想和感情表現濃厚的興趣，他將認為其他臨床工作者也都會如是，而將能更積極地參與其治療的過程。

　　Dana和Blatt的觀點頗相接近，因之他強調臨床工作者在投射測驗方面的訓練，宜予加強，俾能充分而

註94：S. J. Blatt (1975). The validity of projective techniques and their clinical and research contributions. *Journal of Personality Assessment. 39(4)*, 327～343.

適當運用測驗資料，以為診斷的參考，也同時為治療工作舖路。

　　事實上上述兩種意見並無牴觸之處。加強量化並不妨礙訓練工作的進行，且仍將對測驗使用者有若干幫助。在另一方面，接受充分訓練的主試，對量化的資料當更能體認其意義。因此二者實可並行不悖，都將有助於投射測驗的發展。

第二十一章

社會計量法

吳武典

第一節　人際吸引的理論

第二節　主要社會計量技術——
　　　　Moreno 式社會計量性測驗

第三節　社會計量技術的推廣與應用

社會計量法 (sociometry) 是社會心理學和社會學中頗為獨特的研究方法。就字面上看，它包括所有測量人際關係的技術；而實際應用上，通常指的是由美國精神病學家 J. L. Moreno 在 1930 年間發展出來的社會計量技術及其衍化者而言。用最簡單的話來說，它是「評量某一團體中的人際吸引或拒斥關係的工具。」(註1) 自從 Moreno 於 1934 年發表其歷史性的鉅著「誰將留存？」(Who Shall Survive?) 一書以來，有關社會計量的論述，不計其數，所牽涉的範圍也愈來愈廣。本章因為篇幅所限，僅就若干人際吸引理論加以討論，其次介紹主要社會計量技術——Moreno 式社會計量測驗，最後說明社會計量技術的推廣與應用。基於社會計量法本質上是一種「行動取向研究」(action-oriented research)，故本章重點放在第二部分實用技術的介紹。

第一節　人際吸引的理論

一切人際吸引均以二人關係 (dyadic relation) 為基礎，兩人的特性及其交往歷程或結果決定彼此的關係。基於個人特性的人際吸引理論有相似論 (similarity theory) 與互補論 (complementary theory)。基於交往歷程或結果的人際吸引理論則有互動論 (interaction theory) 與交換論 (exchange theory)。茲分別討論於下。

註 1：G. Lindzey and D. Byrne (1968). Measurement of social choice and interpersonal attractiveness. In G. Lindzey and E. Aronson (eds.). *The Handbook of Social Psychology*. (2nd ed.) Vol. 2. Reading, Mass.: Addison Wesley. p.455.

一、相似論

何以兩人在種族、信仰、社經地位、能力、興趣、需要、態度、價值等有相似之處或僅僅「感到」彼此相似,便可能互相吸引?關於這一點,有三種解釋:

第一種解釋是以「平衡論」(balance theory) 爲根據,可以 T. M. Newcomb (註 2) 爲代表,或稱之爲 ABX 吸引論。這種說法的要點是:在兩個人 (A 與 B) 面對共同目的物或人

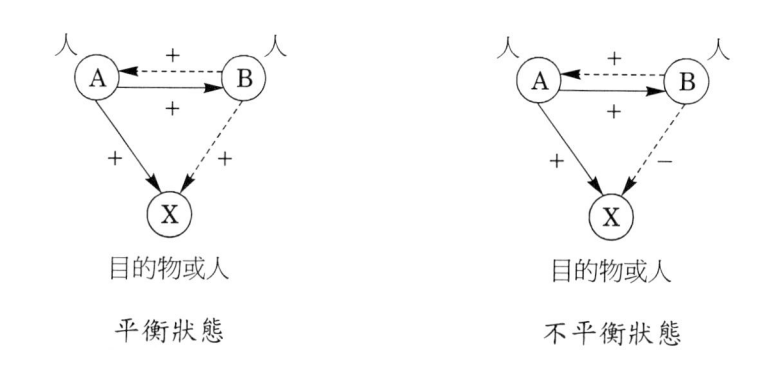

平衡狀態　　　　　　　不平衡狀態

從不平衡恢復到平衡的三種方式

(1) 曲解或說服　　(2) 改變態度　　(3) 降低吸引力

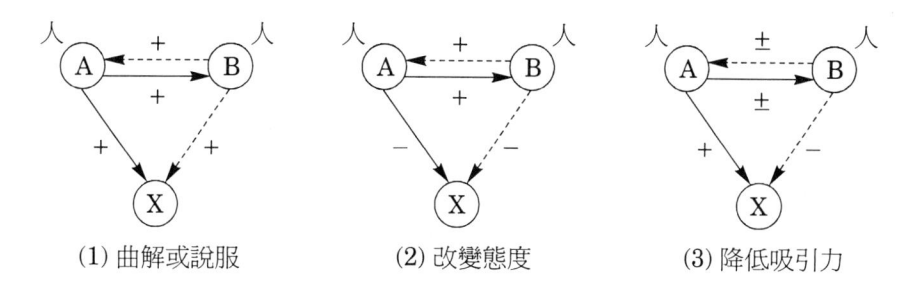

圖 21-1　A 個體的 ABX 體系

註 2:T. M. Newcomb (1961). *The Acquaintance Process*. New York: Holt.

(X) 且各對之持有某種正或負的態度之情況下,如果兩人彼此相悅且對目的物具有相似的態度,則出現平衡狀態。如果彼此相悅而態度相異,或彼此不悅而態度相同,便產生緊張或不平衡。不平衡狀況一旦發生,可能導致其中結構的變化,以圖恢復平衡。這種 ABX 理論,可以用圖 21-1 表示出來。

　　圖中的實線表示 A 對 B 或 A 對 X 的態度,虛線表示 A 所知覺的 B 對 A 或 B 對 X 的態度。圖的右上角顯示的則是一種不平衡狀態——A 喜歡 B 和 X,可是 B 不喜歡 X,雖然 B 也喜歡 A。在這種情況下,有三種恢復平衡的方式:(1) 曲解或說服～A 重新審定 B 對 X 的態度而賦予新的知覺,或說服 B 改變對 X 的態度;(2) 改變態度～A 改變自己對 X 的態度以求與 B 一致;(3) 降低吸引力～A 降低對 B 的喜歡並且認為 B 也並不怎麼喜歡他。

　　第二種解釋是基於「交感校準」(consensual validation) 的假設,可以 D. Byrne 等人(註 3)為代表。所謂「交感校準」乃是以他人為鏡,確認自己影像的歷程。Byrne 等人指出:他人所持的態度或其他人格變項愈被認為與我相似,便愈被我喜歡。換句話說「吾道不孤」,使「吾道」獲得增強,對於「同道者」的喜悅,事實上乃是一種滿足感的表現。

　　第三種解釋是以預期 (anticipation) 作為相似與吸引的中介變項。一個人覺得他人有與我相似的態度,很可能下這樣的結

註 3:參見以下二文:D. Byrne and D. A. Nelson (1965). Attraction as a linear function of proportion of positive reinforcements. *Journal of Personality and Social Psychology, 1*, 659～663; D. Byrne, W. Griffitt and D. Stefanlak (1967). Attraction and similarity of personality characteristics. *Journal of Personality and Social Psychology, 5*, 89～90.

論：他可能喜歡我。因此，為了投桃報李起見，我也喜歡他。換言之，相似 (實際上的或知覺上的) 產生被對方悅納的預期，轉而發出因應性的喜愛。這對於缺乏安全感及關懷的人來說，更是如此 (註4)。

二、互補論

與相似論相對的是強調相異性的互補論，認為互補的需要足以產生人際吸引。R. F. Winch (註5) 顯然是此說的代表。他研究二十五對配偶，發現個性專斷者的結合對象往往是個性婉順者，反之亦然。這使他相信促使兩人互相吸引的需欲結構是互補而非相似。

為何兩人需欲不同卻能發生相吸作用呢？Winch 的解釋是：(1) 需欲互相滿足——例如：一人渴望扮演保護、照顧的角色，另一人亟需有人依靠或協助，兩人相結合，便互相滿足了對方的需求，轉而也滿足了自己的要求。(2) 尋求自我理想——對於那些曾經朝夕想望而囿於環境無法實現的品質，人們總存有無限的懷念，既然自己得不到，對於具有此種特質的他人，不免生起萬般傾慕之情。

需欲的互補有兩種形式，第一種是在同一種欲求上，一人高一人低。例如甲有支配別人的強烈欲望，乙的此種欲望很低，兩人便互相吸引。一位滔滔不絕的健談者與一位沈默寡言的人結

註4：參見 P. F. Secord and C. W. Backman (1974). *Social Psychology*. (2nd ed.) New York: McGraw-Hill. p.212.

註5：R. F. Winch (1958). *Mate-selection: A Study of Complementary Needs*. New York: Harper and Brothers.

成好友,便可能屬於這種情形——一位需要忠實的聽眾,一位需要風趣的演員。第二種形式是在不同欲求上,互有高低,例如甲渴望愛人,乙渴望被愛,兩人自然一拍即合;我國傳統的「郎才女貌」、「才子佳人」的思想,也是一個典型的例子。

互補論在實驗證據上遠比相似論薄弱,這可能主要是研究方法上的問題,因為互補的功能往往是含蓄的甚至是潛意識的,很難用表面的問卷法加以探測;此外,有些需欲看來是互補,實則相似。在實際生活上,需欲互補而相吸的事例,卻屢見不鮮。

三、互動論

社會學家 G. C. Homans (註 6) 指出:人際互動愈頻繁,彼此喜愛愈增;反之,則彼此喜愛愈減。何以互動產生吸引?在社會心理學上有四種解釋:

㈠ 由於「交感校準」

「交感校準」產生吸引的作用除以相似感為基礎外,尚可以一致性 (congruency) 加以解釋。根據 P. F. Secord 與 C. W. Backman (註 7),在人際互動中,如果覺得他人的特性或行為肯定了個人的自我觀念,或因此而使個人得以採取行動以肯定自我,他人便變得非常可愛。前者如個人自覺夠成熟且有責任感,又覺得某人也重視他這些優點;後者如個人自覺富有同情心,正好碰上某人亟需幫助,遂使得他得償助人之樂:兩者都有助於肯

註 6:G. C. Homans (1950). *The Human Group*. New York: Harcourt.
註 7:P. F. Secord and C. W. Backman (1961). Personality theory and the problem of stability and change in individual behavior: An interpersonal approach. *Psychological Review, 68*, 21～32.

定自我。反之，如果他人的特性或行為否定了個人的自我觀念，便覺得其人可憎了。

㈡ 解決認知失調

在認知與行動失去協調的狀態中，喜惡之感扮演一個重要的角色。因此，減除失調的方法之一便是改變這種情感。例如某甲原與某乙非常要好，一日因細故發生爭吵 (失調發生)，某甲便以「我錯交了他」(改變對乙的情感)，以求心安 (恢復協調)。又如某生參加木章訓練，冀求成為合格童軍，那知老童軍對他百般折磨，使他痛苦不堪 (失調發生)，於是便以「他們皆是可敬之士」(加強對老童軍的敬愛)，以求「甘之如飴」(恢復協調)。

㈢ 由於制約作用

在人際交往中，如果他人的出現伴隨著個人的愉快經驗，而且屢驗不爽，久而久之，只要他一出現，便引起個人喜愛之情。這就好像鈴聲之於巴夫洛夫的狗一樣，它並不直接提供增強，但它卻巧妙地與肉粉相伴出現，以是變得非常可愛。根據這個觀點，母親要得到嬰兒的喜愛，是否親自餵乳並不重要，重要的是在嬰兒暢吮之際，她是否在他身邊。童伴之可愛，並不在於童伴有所施捨，而是一有童伴，便有嬉遊。事實上，隸屬與關注等內隱情感，便是強有力的報償，若干心理學家認為接近 (propinquity) 產生吸引，當是這個緣故。所謂「近水樓臺先得月」，又豈是偶然的呢。

㈣ 交換酬賞與代價

這是一種交換論，由於它應用較廣，故宜把它單獨列為人際

吸引的第四個理論，詳見以下說明。

四、交換論

相似、互補與互動雖然都可能是構成人際吸引的原因，但也有很多例外，例如：相似而相斥，互補而相輕，或相近而不睦。交換論正可以彌補上述理論之不足，它不但有其涵蓋性，亦足以解釋各種特殊事例，可說是各種人際吸引理論中最為圓滿者。持此論者有 J. W. Thibaut, H. H. Kelley, G. C. Homans，及 P. M. Blau 等人 (註 8)。

Thibaut 諸氏借用經濟學上投資與回償的理論強調決定人際吸引的因素是個人間的報酬與代價關係，而不是個人本身的條件；即強調歷程而非結構。根據交換論，在甲乙互動過程中，甲是否喜歡乙，端視：(1) 甲獲得的報酬 (reward) 是否大於付出的代價 (cost)；(2) 甲所獲的淨值 (outcome) 是否高於他預期的比較水準 (comparison level)。如果報酬減去代價為正值且高於他的預期水準，乙便對甲發生吸引作用。當然，這種歷程是內在的心理歷程，並非可以計算出來的。

所謂報酬，是指任何他人的活動足以使個人感到滿足者。所謂代價，包括在互動中個人蒙受的任何痛苦 (如疲勞、焦慮、尷尬等) 及原來報酬的喪失。所謂淨值，指的是報酬與代價的差值。如果差值為正，便是得；如果差值為負，便是失。所謂比較

註 8：參見以下三書：J. W. Thibaut and H. H. Kelley (1959). *The Social Psychology of Groups.* New York: John Wiley; G. C. Homans (1964). *Social Behavior: Its Elementary Forms.* New York: Harcourt; P. M. Blau (1964). *Exchange and Power in Social Life.* New York: John Wiley.

水準,是一種相對的預期水準,受過去經驗及當前判斷和知覺的影響。

根據交換論者,相似之所以相引,乃是因為兩人在社會背景、價值觀念乃至能力方面相似時,互動的報酬高而代價低。兩人特性相異或互補之所以互相吸引,也是因為互有所得之故;如果互有所失,相異便要相斥了。至於接近產生吸引,乃是因為互動的機會愈大,代價愈低。

交換論認為友誼的形成需經過三個階段:(1) 試探與估計得失,(2) 選擇最高報酬最低代價的關係加深涉入,(3) 友誼關係變成制度化 (如訂婚、同居、甚至結婚)。到了最後階段,試探與估計得失便銳減到最低限度了。

報酬與代價可因下列因素而變值:(1) 過去的交換經驗可以影響當前行為的報酬與代價之值。例如兩情相悅,原極愉快 (獲得最高報酬),久之由於疲倦與失去其他交友機會,彼此吸引力漸減 (付出的代價愈來愈高)。(2) 由於教育或其他經驗,個人特性或條件有了改變,報酬與代價之值相對發生變化。(3) 外界環境發生改變,引進了新的報酬與代價,而改變原有者的價值。(4) 兩人關係的循環效應。例如一人增強報酬,另一人亦以增強回報,於是報酬愈來愈高,或一人減低報酬,另一人亦以削弱回報,於是報酬愈來愈低。(5) 與其他具有不同報酬值與代價值的行為相連。例如某人參加牌戲的報酬值可因玩伴過去曾給他很多甜頭而提高,也可因玩伴過去給他很多苦頭而降低。

比較水準也不是一成不變的,它可因過去淨益的升降而起伏 (淨益升,則比較水準升;淨益降,則比較水準降)。另一種微妙的情況是:即使目前關係的淨益低於比較水準,但衡量其他可選的關係之淨值,無一超過此一水準時,便會安於此種關係。例如

一對怨偶，原已到了感情破裂邊緣，但想到改嫁或再娶，情況未必更佳，也就只好繼續將就下去了。

第二節　主要社會計量技術——Moreno 式社會計量性測驗

肇始於 Moreno 的社會計量性測驗 (sociometric test) 是公認的主要社會計量技術。根據 M. L. Northway (註 9)，社會計量測驗係用以決定個人在團體中受納的程度，發現個人間的現存關係，並揭露團體本身的結構的工具。G. Lindzey 與 D. Byrne (註 10) 認為在各種心理測量工具中，它可以說是評定量表 (rating scale) 的變形，然而它卻具有若干令人矚目的特性：(1) 涉及的變項是純「社會性的」；(2) 特別適合於填補科際研究時的空隙；(3) 能夠指出個人在小團體內互動中之地位；(4) 既易於實施，又無需太多時間與經費；(5) 符合行動研究精神，研究結果可作具體的應用；(6) 可喚起受試者的強烈興趣與動機；(7) 對於偏見、士氣、社會地位、吸引與拒斥等實徵性的概念，能以頗可接受的指數加以說明。在此處必須指出的是：社會計量性測驗自四十餘年前創始以來，在形式上儘管已發生許多改變，惟實質上，各種修正均為 Moreno 測驗之一脈相承，故統名為「Moreno 式社會計量性測驗」。茲就此類測驗之設計與實施、結果之整理、資料之分析及重要之研究發現等分別介紹如下。

註 9：M. L. Northway (1967). *A Primer of Sociometry*. (2nd ed.) Toronto, Canada: University of Toronto Press. p. 1.

註 10：同註 1，pp. 452～453.

一、設計與實施

㈠ 設　計

社會計量性測驗的設計，主要在確定「準據」(criterion)。所謂「準據」，指的是受試者作選擇的依據，通常是一個問題，如「你寧願誰坐在你旁邊？」確定準據時，需考慮三個問題：

1. 使用何種準據？
2. 使用多少準據？
3. 准許多少選擇？

準據的選擇通常視團體的性質或施測的目的而定，H. H. Jennings (註 11) 曾指出兩類型的準據：一是休閒準據，涉及心理團體 (psychogroup)，強調的是人際親暱的需要；另一種是工作準據，涉及社會團體 (sociogroup)，強調的是達成團體目標所扮演的角色。前一類的問題如：「你寧願誰坐在你旁邊？」「你寧願同誰一起去看戲？」後一類的問題如：「你寧願與誰一起做實驗？」「你寧願與誰一同掃地？」

無論是休閒準據或工作準據，提出時要把握兩個原則：(1) 為受試者所瞭解，(2) 具體而切實。就第二個原則而言，如果問：「你很喜歡的人是誰？」就失之於抽象；如果改為：「你喜歡與誰一起工作？」就落實了；如果改為：「你喜歡與誰一起討論數學問題？」那就更具體了。

準據也可以消極的方式提出，如：「你不希望誰坐在你旁邊？」此時所要探討的便不是吸引關係，而是拒斥關係了。由於

註 11：H. H. Jennings (1950). *Leadership and Isolation: A Study of Personality in Interpersonal Relations.* (2nd ed.) New York: Longmans.

負性問題容易引起受試者的疑懼、憎恨、焦慮和不安，故學者們多認為最好不用，如果必要提出，在修辭上必須小心，例如：與其問「你不喜歡誰？」不如問「誰得到你的喜歡比較少？」

至於使用多少準據與容許多少選擇為宜的問題，迄無定論，研究文獻中所顯示的，也至為紛歧。準據有自一至八或更多的；選擇有一至無限的。如果照 Moreno 當初的構想，應該讓受試者「愛選多少就選多少」，以便找出真正的孤立者。然而實際上，很少研究者這麼做，因為無限制的選擇缺點比優點多，何況在五個以內的選擇其信度並不遜於無限制的選擇 (註 12)。因此，多數學者認為限制選擇數有其必要。例如，M. L. Northway (註 13) 便建議使用三個準據，容許三個選擇。筆者綜覽有關文獻，發現使用一個以上準據的，似乎不多，大多仍只使用一個準據；至於選擇數，亦很少超過三個的，大多使用三個選擇。因此，如果不是有特殊的理由 (例如團體人數很多或很少)，似以一個準據三個選擇最為通俗，亦較為合宜。

(二) 實　施

實施社會計量性測驗的手續非常簡單，問題 (準據) 的提出通常伴以簡要說明，說明時要注意：(1) 限定團體的範圍，俾讓受試者在範圍內選擇適當對象；(2) 提示測驗的目的，指出測驗結果可能作為重新編組的依據 (如果無此意圖，則不必強調此點)，以使受試者認真填答；(3) 告訴受試者他們的選擇將不讓第

註 12：例如 H. H. Jennings 在其「領導與孤立」(*Leadership and Isolation*) 一書中與 N. E. Gronlund 在其「班級中的社會計量」(*Sociometry in the Classroom*) 一書中均持此看法。

註 13：同註 9，p.6.

三者知道，以使受試者安心選答。

茲舉 H. H. Jennings（註 14）在一所中學社會課所作的測驗說明為例：

「我們將要成立幾個委員會以討論××與××的問題。各位都知道與誰在一起工作最感愉快。他們可能是你的同班同學或別班同學。請注意，我指的是社會課程。現在，請把你的姓名寫在紙條上頭，並在下面的三條線上註明 1，2，3。在「1」的後面寫上你最喜愛與他工作的男生或女生姓名，在「2」的後面寫上你第二個喜歡的，在「3」的後面寫上你第三個喜歡的。我將根據你們的選擇安排委員會，以便每個人都能與所選的三個或其中一、二個在一起工作。請注意，今天缺席的同學，只要你願意，你也可以選他。填選時一定要把姓和名都寫出來，這樣我才看得懂。照往例，我們可能以委員會方式工作大約八個星期，或直到聖誕節為止。

記住，我已說過在你的委員會裏將有你所選的一位以上男生或女生在內。所以最好把你的選擇保密。因為你的委員會裏的同學不可能都是你所選的，所以你可能與一些選你而你沒選他的人在一起，你當然不願意他們以為你未曾考慮選擇他們，因為假如你可以有三個以上的選擇時，你也可能選他們的。」

消極性問題的提出，不可具有強制性或威脅性，以下是一個例子（註 15）：

註 14：H. H. Jennings (1959). *Sociometry in Group Relations: A Manual for Teachers. (2nd ed.)* Westport, Conn.: Greenwood. pp. 15～16.

註 15：J. Warters (1960). *Group Guidance.* New York: McGraw-Hill. p. 98.

「假如有人你覺得選他時特別感到不安或不快，或你覺得他與你相處時感到不安，就把他的姓名寫在『否』欄 (按，正選時是用『是』欄)。假如你覺得沒有這種人，就把『否』欄空下來。假如我能夠安排這些人不與你在同一個團體，我便會這麼做。如果還有疑問，請提出來。」

二、結果之整理

社會計量資料蒐集之後的整理有兩種基本方式，一是表列法，稱為「社會矩陣」(sociomatrix)，一是圖示法，稱為「社會圖」(sociogram)，二者併用，可互補短長。

(一) 社會矩陣

社會矩陣是一個 n×n 的方形表格 (n 表示團體人數)，如表 21-1 所示 (註 16)。左方一列字母 (或數字、姓名) 表示各個選擇者所作的第一、第二或第三選擇。例如學生 A 以 B 為其第三選擇，以 C 為其第二選擇，以 K 為其第一選擇 (其中他從 B 獲得回報)。通常對角線的斜列是空的，因為受試者不得選擇自己。這種矩陣表繪製容易，各人所獲選擇數也可以很容易加起來作初步比較或供進一步的分析，惟不易從表中尋求小團體與互選關係。須注意的是在計算各人的選擇地位時，通常不對不同選擇次第作加權處理 (如第一選擇得 3 分，第二選擇得 2 分，第三選擇得 1 分之類)，因為加權處理並無邏輯基礎，且不影響個人地位，故一般認為賦予每個選擇同等的 1 分是合宜的。

註 16：資料來自 H. Taba *et al.* (1951). *Diagnosing Human Relations Needs.* American Council on Education.

表 21-1 社會矩陣 (根據 H. Taba 等人之資料改編)

		被選者 男生 A B C D E F G H I J K L M	女生 a b c d e f g h i j k l
選者	男生 A	• ③ 2 … … … … … 1 … … … … …	
	B	① • … 3 … … … … … 2 … … … …	
	C	… • … … ③ … … 2 1 … … … …	
	D	… 3 • … 2 … … … 1 … … … …	
	E	… 2 … • 3 1 … … … … … … …	
	F	… … … • ③ … … ① ② … … …	
	G	… ② … ③ • … … ① … … … …	
	H	… … 3 … … • 1 … … 2 … …	
	I	1 2 3 … … • … … … … … …	
	J	… … ① 2 … • … ③ … … …	
	K	… … ② ① … ③ • … … … …	
	L	… 2 1 … … … • … 3 … …	
	M	… 3 1 … 2 … • … … … …	
	女生 a		• ③ 2 … ① … … …
	b		• ② ① … … … ③
	c		③ • … ② … … ①
	d		② • ③ … … … ①
	e		① 3 … 2 … … …
	f		① ② • … … … ③
	g		… • ② 3 ①
	h		① ③ 2 … • … 3 ②
	i		1 2 3 … • …
	j		② ① ③ … • …
	k		② ③ 1 • …
	l			
第一選擇		1 1 … … 1 2 2 … 1 1 5 … …	3 1 … 1 … 1 1 1 … … 2 1
第二選擇		… … 4 1 … 2 1 … 1 1 2 … 1	2 … 2 2 1 1 2 1 … … … 1
第三選擇		… 1 2 3 … 2 2 … … 1 1 … …	1 … 4 … 2 … 1 1 … 4 … …
總計		1 2 6 4 1 6 5 0 2 3 8 0 1	4 3 4 3 2 4 2 4 2 0 6 2
		A B C D E F G H I J K L M	a b c d e f g h i j k l

*：方格中之數字表示選擇次第，第一選擇為 1，第二選擇為 2，第三選擇為 3。畫圈者表示「互選」(不論選擇次第)。

表 21-2　根據表 21-1 整理的資料（改製自 H. Taba 等人之資料）

社會計量問題：座位安排
日期：1947 年 11 月 14 日　　　男生數 13　　　女生數 12　　　年級 8
教師：史密斯　　　　　　　　　學校：派克中學
　　　要求的選擇數是 3 個，可能的總選擇數（每人可選數乘以班級人數）是 75 個。
　　　實際總選擇數是 75 個，缺席學生男 0，女 0。

1. 選擇數之分配

受選數	男生合計	女生合計	男女合計	總選擇數
0	2	1	3	0
1	3		3	3
2	2	4	6	12
3	1	2	3	9
4	1	4	5	20
5		1	1	5
6	2	1	3	18
7				
8	1		1	8
合計	13	12	25	75

2. 互選數之分配

受選數	男生合計	女生合計	男女合計	總選擇數
0	6	1	7	0
1	3	1	4	4
2	1	5	6	12
3	3	5	8	24
合計	13	12	25	40

互選成對數量

男─女	男─男	女─女	合計對偶數
0	7	13	20

3. 男─女生關係

學生數	學生數	總選擇數
1 男生選擇	1 女生而未獲得回報	1
1 女生選擇	1 男生而未獲得回報	1

4. 小團體

第一組	第二組	第三組	第四組
男生 ___ 女生 4	男生 ___ 女生 4	男生 ___ 女生 3	男生 5 女生 ___
a	b	g	C
c	d	i	F
h	f	l	G
e	k		J
			K
本組中有 2 人 選擇他組 2 次	本組中有 0 人 選擇他組 0 次	本組中有 3 人 選擇他組 3 次	本組中有 0 人 選擇他組 0 次
他組有 4 人 選擇本組 4 次	他組有 2 人 選擇本組 4 次	他組有 0 人 選擇本組 0 次	他組有 4 人 選擇本組 12 次

為瞭解選擇的分配、互選數量、男女關係及小團體成分起見，可以將「社會矩陣」轉化成各種統計表，獲得更多有意義的資料。如表 21-2 所示 (註 17)。

㈡ 社會圖

社會圖係以圖形綜合在某特定情況下的人際選擇。自 Moreno 於 1934 年公開其第一幅社會圖以來，社會圖的繪製並無標準的程序，全視研究者的偏好而定。不過，常用的程序是這樣的：每一個人用一個幾何圖形代表，圖形中寫上姓名，通常以圓形代表女性受試，以三角形代表男性受試，以缺口圖形或顏色圖形表示缺席者。男性受試的圖形歸在一邊，女性受試置於另一邊，使兩個類群明顯易辨。各圖形中間留有相當空間，以便連線穿梭其間。

通常把男女兩組中受選數最多的放在各組鄰近中間的位置，次多的置於其周圍，受選數極少或無人選的置於最外圍，然後用線連接選者與被選者。如果是單選，用單箭頭指向被選者；如果是互選，便用雙箭頭，並在連線中間畫一黑點或短線。如果是「拒斥」，作線方式相同，惟可以虛線或有顏色的線表示之，以資區別。

社會計量資料的整理和記錄是相當耗時的工作，尤其作社會圖時，常要經過多次的嘗試才能定稿。如果使用預繪的表或圖，表中有相當數量的方格，圖中有相當數量的圖形，以資各種大小的團體應用，將可節省許多的時間和精力，例如圖 21-2 即是一種複印式社會圖 (mimeographed sociogram)，資料來源同表

註 17：同前註。

測驗日期 1947年12月14日　　年級　　8　　　圖例：　△ 男生　　→ 單選
問　題　安 排 座 位　　　　學校　派克學校　　　　　○ 女生　　↔ 互選
受　試　男 13　女 12　　　教師　史密斯

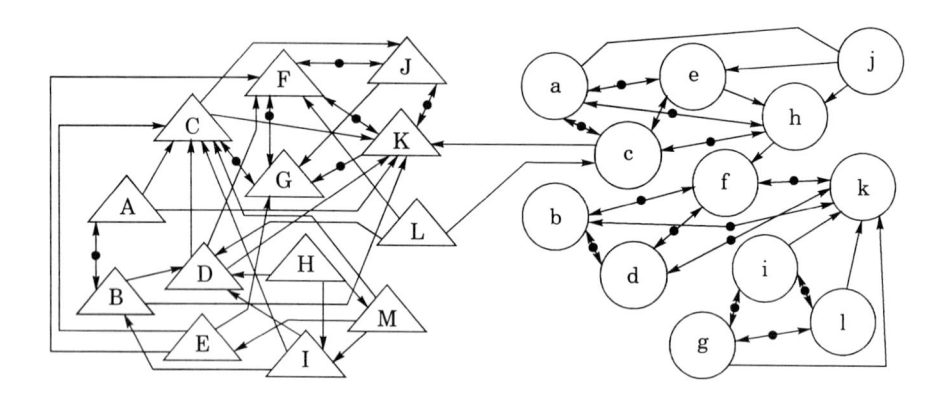

圖 21-2　社會圖 (改繪自 H. Taba 等人之資料)

21-1。

　　圖 21-3 (筆者根據圖 21-2 改繪而成)，是另一類型的社會圖——稱之為「標的社會圖」(target sociogram)，係由 Northway (註 18) 於 1940 年所創用。這種社會圖由四個同心圓構成 (後人應用時也有擴大為五個圓，六個圓的)，根據各人的獲選數將各人置於適當圓圈內。獲選數最多的四分之一置於中心，最少的四分之一置於最外圈，男女各置於左右兩邊，其餘繪製辦法與一般社會圖相同，茲不贅述。這種社會圖的最大好處是能夠清楚地顯示個人的選擇地位，並且可以根據性別或種族等類別加以切割成幾個扇形，以便分析各自然小團體間的溝通情形。例如圖 21-3 就可以看出男女間的壁壘相當分明。

註 18：M. L. Northway (1940). A method for depicting social relationships obtained by sociometric testing. *Sociometry, 3*, 144～150.

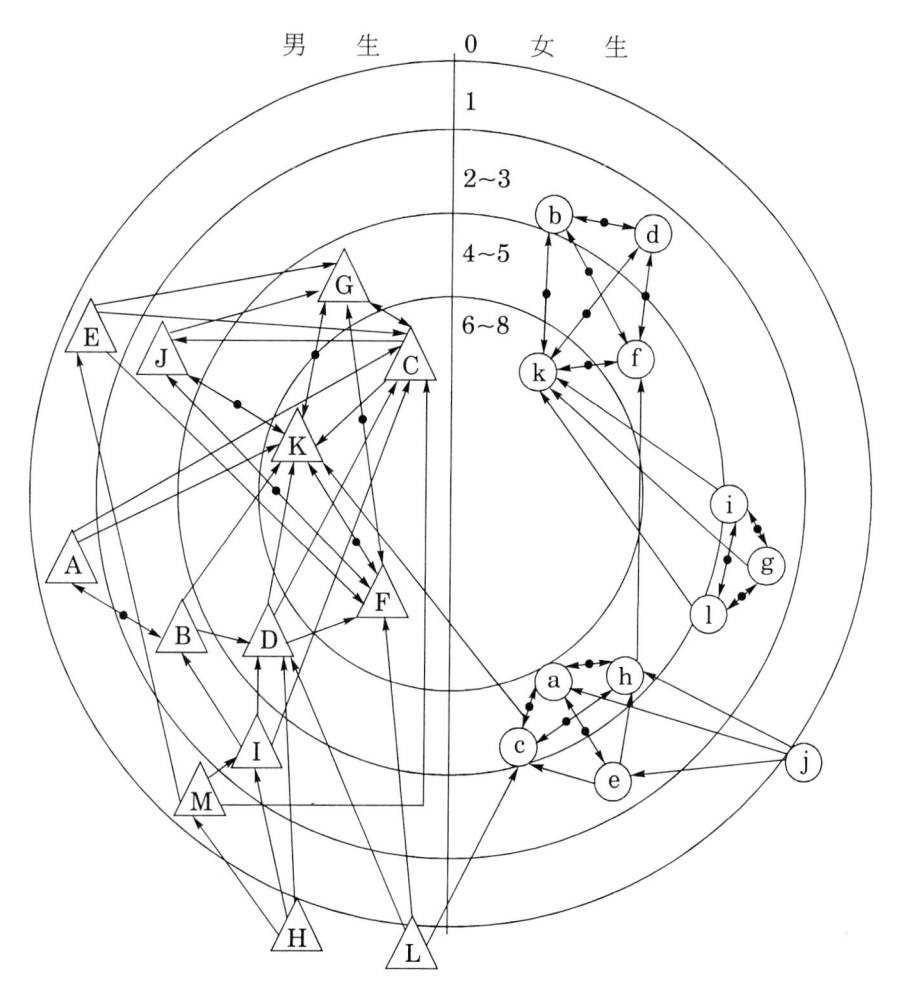

圖 21-3　標的社會圖（根據圖 21-2 改繪）

　　社會圖可以說是呈現社會計量資料的主要方法，但它也受到很多批評，因為有很多社會圖由於繪製技術不佳或太主觀（例如僅是為了證明某種觀點），而顯得「可讀性」很低或未能達到分析資料的目的。一個好的社會圖應該符合可讀性（清楚地顯示溝通的網絡）與客觀性兩大原則。為了使社會圖的繪製趨向標準化，若干研究者已提出一些新的建議或嘗試，其主要者有下列數

端：

1. 作社會圖時應儘量避免線條之交叉。這個原則已廣泛被接受。
2. 有人 (註 19) 建議使用六種社會距離指標來區分兩人間的親疏關係並作為類聚及鑑認小團體的依據。這六種指標是：

    A 型：i 選 j　，j 也選 i。
    B 型：i 選 j　，j 不理 i。
    C 型：i 選 j　，j 拒斥 i。
    D 型：i 不理 j，j 也不理 i。
    E 型：i 不理 j，j 拒斥 i。
    F 型：i 拒斥 j，j 也拒斥 i。

    這種社會距離的假設是：這六個類型可看作是一條連續線段上的六個點，點之間的距離相等。因此在繪製社會圖時，屬於 A 型的一對相距最近，屬於 F 型的一對相距最遠，依此類推，釐定各人在社會圖中的適當地位。當然，團體人數過多時，就難免紛亂而無法達成原來的假設了。
3. 有人建議使用標的社會圖，並使用半徑直線以切成數個扇形表示不同的受試類群 (已如上述)。不過，亦有人認為這種方法在本質上並無特別優越之處，因為一般的社

註 19：C. H. Proctor and C. P. Loomis (1951). Analysis of sociometric data. In R. D. Luce *et al.* (eds.), *Research Methods in Social Relations, Part 2.* New York: Dryden. pp. 561～585.

會圖亦能顯示受試者的性別或種族等類別差異。但它在顯示高被選者與低被選者方面,確有其獨到之處。
4. 直接利用社會矩陣作因素分析,根據所得的因素繪製社會圖。這可能是最客觀且最能顯示團體中社會結構的方法,惟實施手續比較繁複。

三、資料之分析

社會計量資料的分析,可從五方面進行:社會圖分析、指數 (index) 分析、統計分析、矩陣解析與因素分析。一般的分析以前兩者為主。茲分別說明於下:

㈠ 社會圖分析

綜合社會圖的基本結構,不外下列七種型態:孤立、被拒、互選 (對偶)、串連、小團體、明星與領袖 (見圖 21-4)。社會圖的分析,即根據這些型態來瞭解個人在團體中的地位、小團體的組成以及人際溝通的網絡。茲簡要說明於下:

孤立 (isolate)　指的是不被任何人選擇也不選擇任何人的成員 (我不理人人,人人也不理我)。在團體中,此種人幾乎絕無僅有,故此一名詞通常也適用於選擇數和被選數均極少的成員。如圖 21-3 中的 H 與 L,雖然都發出了三個選擇,但沒有得到任何回報,可以看作是相當的孤立者。

被拒 (reject)　指的是被拒數很多的成員。有時候也僅指受到任何拒絕的人。他何以被拒,如同何以被選與孤立一樣,在社會圖上並不能顯示其原因。

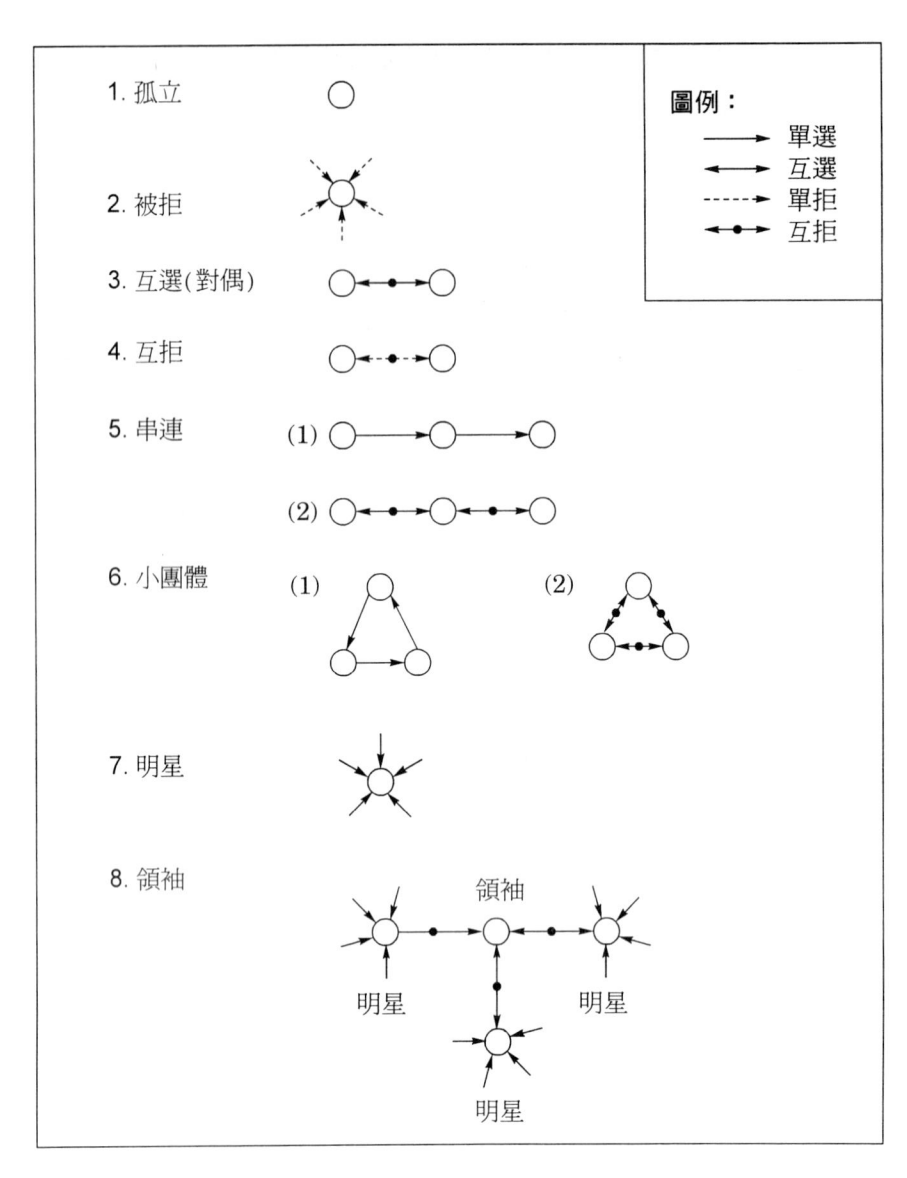

圖 21-4　社會圖結構的基本型態

對偶 (pair)　指互選的一對成員（兩廂情願），通常是一對好友。愈是統合的團體，對偶數可能愈多。在圖 21-3 中可以發現有 20

個互選的對偶，可見這是一個相當統合的團體，但是男女相較，女生有 13 對，男生只有 7 對，可見女生團體較為統合，男生團體較為散漫。

互拒 (mutual reject) 指互相拒斥的一對成員 (兩不情願)。兩人間可能存有敵意或歧視。一個團體中互拒數愈多，對立關係愈尖銳，分裂性也就愈大。

串連 (chain) 這是三人以上的連鎖關係，是團體凝結的要素，串連數愈多、愈長，愈是凝結。它有兩種類型：單選的串連與互選的串連。後者自比前者的關係緊密。

小團體 (clique) 這是一種封閉的連鎖關係，可視為上一類型的變形。所謂小團體即次團體 (subgroup)，由三個以上成員組成，每個人至少選擇一個次團體中的成員，並且至少獲得其中之一的選擇。所以，它可由單選關係而建立，亦可由互選關係而建立，後者自比前者緊密。如圖 21-2 與圖 21-3 中顯示的四個小團體，三個屬於女生，一個屬於男生 (另參見表 21-2)；第二組 (b, d, f, k) 與第三組 (g, i, l) 是完全互選的小團體，其餘兩組則是不完全互選的小團體。另從次團體中成員是否也選擇次團體外成員一事上，可將小團體分為兩種類型：開放的小團體與封閉的小團體。前者是小團體中的成員之選擇有外流情形；後者是完全「肥水不外流」(雖然並未禁止外流)。例如從圖 21-2 與圖 21-3 中顯示的四個小團體，有兩組是開放的，有兩組是封閉的 (參見表 21-2)。開放的是第一組 (a, c, h, e 等四位女生組成) 與第三組 (g, i, l 等三位女生組成)，封閉的是第二組 (b, d, f, k 等四位女生組成) 與第四組 (C, F, G, J, K 等五位男生組成)。

從社會圖上顯示：這一個團體 (八年級的一班學生) 的溝通網絡雖然一般而言是不錯的，但頗具排外性，加上男女界限分明，團體中的溝通，受到了相當的阻礙。

明星 (star)　被選數特別多的成員稱之為明星或高選擇者 (the overchosen)，是團體中最孚眾望的人物，例如圖 21-3 中的 K 與 k。

領袖 (leader)　是團體中最具影響力的人物，在多數的情況下，明星亦是領袖，如上述圖 21-3 的 K 與 k。但有時，領袖卻未必擁有特別多的支持，而僅僅是因為他所選的均是明星人物，而這些明星人物均有積極的回報 (成互選關係)。換言之，他所受的選擇均來自團體中最孚眾望的人物，因此，雖然得票數並不特別高，票票都是價值非凡，這使他成為團體中舉足輕重的人物。

從社會圖所展示的團體結構中，可以大概瞭解團體的性質。以下是幾點重要的推論：

1. 如果社會圖顯示有很明確的小團體和割裂現象 (小團體間很少溝通)，這個團體內可能難免發生磨擦或敵對行為，而難以同心協力進行一項活動。
2. 如果社會圖顯示單向串連短而多，互選對偶又很少，顯示團體中各成員缺乏時間或機會進行互動或認識。
3. 散亂而缺乏重心 (明星或領袖人物) 的社會圖，顯示團體結構至為鬆弛。
4. 有大量的互選對偶及長而重疊的串連，顯示團體有相當完整的結構，良好的溝通網絡，甚佳的人際瞭解與相互

賞識。

(二) 指數分析

這是一種社會計量分數的分析。根據 Northway（註20），社會計量分數可用於 (1) 發現在某種情境下個人在團體中的社會地位，(2) 比較在同一團體內不同情境下各人的社會地位，(3) 比較不同大小的團體使用不同準據下的社會計量分數。

Moreno 在「誰將留存」一書中，曾提出了若干社會計量指數，並指出可以發展出更多的指數。綜合有關資料，常見的指數及計算方式如下：

■ 有關個人地位的指數

(1) 情緒擴張性 (emotional expansiveness)：涉及個人是否用到所有他可用的選擇，在未限制選擇數時始適用之。

$$情緒擴張性＝實際個人所用到的總選擇數$$

(2) 社會地位指數 (social-status index)：表明個人在團體中受重視的程度，或稱之為社會強度 (social intensity)。

$$社會地位指數＝\frac{受選總數＋受拒總數}{團體人數－1}$$

(3) 選-拒地位指數 (choice-rejection status index)：指受選數與受拒數之差。

註20：同註9，pp. 15～17.

$$\text{選-拒地位指數} = \text{受選總數} - \text{受拒總數}$$

(4) 受選地位指數 (choice-status index)：表明個人在團體中所受支持的程度。

$$\text{受選地位指數} = \frac{\text{受選總數}}{\text{團體人數} - 1}$$

(5) 受拒地位指數 (rejection-status index)：表明個人在團體中所受拒斥的程度。

$$\text{受拒地位指數} = \frac{\text{受拒總數}}{\text{團體人數} - 1}$$

(6) 高選擇者 (the overchosen)：受選數在平均選擇數一個標準差以上者。

$$\text{高選擇} = (\text{平均數}) + (\text{一個標準差})$$

(7) 低選擇者 (the underchosen)：受選數在平均選擇數一個標準差以下者。

$$\text{低選擇} = (\text{平均數}) - (\text{一個標準差})$$

■ 有關團體性質的指數

(1) 吸引率 (ratio of attractions)：表明團體中吸引作用發生的程度。

$$\text{吸引率} = \frac{\text{總選擇數}}{\text{總選擇數} + \text{總拒斥數}}$$

(2) 拒斥率 (ratio of repulsions)：表明團體中拒斥作用發生的程度。

$$拒斥率 = \frac{總拒斥數}{總選擇數 + 總拒斥數}$$

(3) 凝結指數 (cohesion index)：表明團體凝結的程度 (以互選對偶數為準)。

$$凝結指數 = \frac{團體中對偶數}{團體中可能有的對偶數}$$

(4) 調和指數 (compatibility index)：表明團體中調和的程度 (仍以互選對偶數為準)。

$$調和指數 = \frac{團體中對偶數}{團體人數 - 1}$$

(5) 內群親近率 (ratio of interest for home groups)：用以顯示成員的向心程度。適用於不限制選擇外團體成員時。

$$內群親近率 = \frac{對本團體選擇數}{總選擇數}$$

(6) 外群親近率 (ratio of interest for outside groups)：用以顯示成員的離心程度。適用於不限制選擇外團體成員時。

$$外群親近率 = \frac{對外團體選擇數}{總選擇數}$$

(7) 相對名望指數 (relative popularity index)：表明一個團體受外團體成員支持的程度。

$$相對名望指數 = \frac{自外團體所獲選擇數}{可能有之得自外團體選擇數}$$

以上各種數量皆係用以對成員地位及團體性質作較精確的比較，但在解釋時要注意兩點（註 21）：

1. 社會計量分數在統計上相等，在心理上未必相等。因為其中涉及選擇的次第差異問題。
2. 社會計量地位相等，在團體中的影響力未必相等。因為其中涉及選擇者的權力差異問題。

㈢ 統計分析

使用統計方法於社會計量資料的分析，主要的目的有二：(1) 考驗觀察數的顯著性，(2) 獲得轉換分數或指標。常用的統計分析方法有下列三種：

等級相關法　比較兩次社會計量地位的相關，或探測社會計量的穩定性時用之。事先須將原始分數轉化為等級分數。

$$等級相關係數\ (\rho) = \frac{6\Sigma d^2}{n(n^2-1)}$$

式中，d 是兩次測量分數之差，Σd^2 是差之平方和，n 是人數。

註 21：同註 9，pp. 33～34.

機遇模式法 (chance model)　U. Bronfenbrenner (註 22) 把社會計量資料依右偏的二項式分配加以處理，釐定一套機遇模式，以 .05 及 .01 的顯著水準，分別計算出原始分數 (受選數) 在多少界限以上為顯著地多於機遇，在多少界限以下為顯著地低於機遇。凡人數在 20 至 50 的團體，應用一至三個準據，一至五個選擇者，皆可從他設計的分析表上，查出社會計量的原始分數在團體中的相對地位：顯著地超常、超常、低常、顯著地低常。

機遇比率法 (chance ratio)　J. H. Criswell (註 23) 曾先後建議使用三種基於機率原理的指數來分析團體的自我偏愛 (group self-preference) 和團體的凝結性 (group coherence)。

1. 團體的自我偏愛 $=\dfrac{so'}{os'}$

    s ＝實際的自選數
    o ＝實際的選擇外團體數
    s' ＝隨機的自選數
    o' ＝隨機的選擇外團體數

2. **卡方檢定** (chi-square test)：亦用以檢驗團體自我偏愛的程度。

$$\text{卡方} = \frac{(\text{實際自選數} - \text{理論自選數})^2}{\text{理論自選數}}$$

註 22：U. Bronfenbrenner (1943). A constant frame of reference for sociometric research. *Sociometry, 6*, 363～397.

註 23：J. H. Criswell (1947). The measurement of group integration. *Sociometry, 10*, 259～267.

$$(3) \ 團體的凝結性 = \frac{互選數}{非互選數} \times \frac{q}{p}$$

$$\left(\frac{q}{p} = \frac{非互選機率}{互選機率} \right)$$

(四) 矩陣解析

　　首先使用矩陣解析社會計量資料的是 E. Forsyth 與 L. Katz (註 24)。他們把 $n \times n$ 矩陣表作爲原始矩陣，然後移動成對的行與列 (行的順序永遠與列保持一致)。最後揭示了團體結構中的次團體、明星、孤立者等。矩陣解析最難的是排列次序，往往要經過多次的嘗試與錯誤，手續繁複而且費解，若非借助電腦，很難實施。但它確能提供客觀而正確的資料，且不受團體大小的限制，故可視爲社會圖分析法的重要輔助方法。

(五) 因素分析法

　　這是最近加速發展的一種方法，首先試用於社會計量資料分析的是 R. D. Bock 與 S. Z. Husain (註 25)，他們曾對某一社會計量團體實施因素分析，發現了「性別」與「科學能力的聲望」兩個因素。後來有人 (註 26) 建議直接使用**主軸因素分析法**

註 24：E. Forsyth and L. Katz (1946). A matrix approach to the analysis of sociometric data: preliminary report. *Sociometry, 9,* 340～347.

註 25：R. D. Bock and S. Z. Husain (1950). An adaptation of Holzinger's B-coefficients for the analysis of sociometric data. *Sociometry, 13,* 146～153.

註 26：B. Wright and M. S. Evitts (1961). Direct factor analysis in sociometry. *Sociometry, 24,* 82～98.

(principal-component factor analysis)，並據以繪成社會圖，效果非常良好。與其他分析方法相較，直接應用因素分析，費用雖然較多，卻似乎最能夠客觀而有意義地區分出次團體來。

四、重要之研究發現

㈠ 關於社會計量分數的意義

　　Northway (註 27) 根據她的經驗，提示下列幾點：

1. 個人的社會地位是會改變的，即使同樣的分數，如其成分不同，未必具有同樣的意義。
2. 個人絕少受到全體的喜愛，也很少完全孤立。
3. 個人當前的社會地位可以預測他以後在同一團體中的地位。
4. 一般團體中，社會地位與智商、心理年齡和實際年齡的相關不高，與技能稍有相關 (如果這種技能對團體是重要的)，與社會適應及社會參與亦頗有關係。
5. 社會地位顯示個人順從團體習慣與價值的程度，它並不與個人內在的心理安全感有密切關係。
6. 社會關係的類型，林林總總，不一而足。
7. 迄無證據顯示何種社會關係類型是最佳的。
8. 然而，頗有證據顯示：孤立者有深度的心理問題，有些領袖人物帶有內在焦慮，有朋友的人比沒有朋友的人較有安全感。

註 27：同註 9，pp. 38～40.

(二) 怎麼樣的個人較具有吸引力？

H. Taba (註 28) 在對八年級的學生實施社會計量後，與受試者進行晤談，發現學生選擇的主要考慮因素是：(1) 個人特性：溫和、體諒、不自私、擅運動等；(2) 助人；(3) 互助；(4) 共同嗜好、興趣、觀念和活動；(5) 熱情；(6) 長久相識；(7) 工作表現良好。

H. H. Jennings (註 29) 根據她的研究結果，指出學生的選擇與誰能滿足他情緒上的安全感有關，受選對象往往具有幸福感、瞭解、同情、共同的經驗或問題等。

P. F. Secord 與 C. W. Backman (註 30) 總結人際吸引理論與社會計量的證據，認為易受歡迎的人是：(1) 有很多機會與他人交往者；(2) 具有符合團體規範或價值的人格特性者；(3) 在態度、價值、社會背景等方面與選擇者類似者；(4) 對選擇者具有好感者；(5) 視選擇者猶選擇者之視己者；(6) 與之相處而能獲得需欲之滿足者。

(三) 信度問題

社會計量結果的信度研究，一般而言，結果相當令人滿意。

註 28：H. Taba (1955). *With Perspective on Human Relations: A Study of Peer Group Dynamics in an Eight Grade.* American Council on Education.

註 29：同註 14，pp.72～73。

註 30：同註 4，p.237。

R. R. Werthermer（註 31）研究二百個曾在同一班級相處兩年之久的高中學生的社會計量地位，發現相隔 20 個月的再測相關達到 .69（男生）與 .62（女生）。N. E. Gronlund（註 32）曾報告以小學生為對象，相隔四個月的再測信度之中數達到 .76。由之可見團體中個人所作的選擇在幾個月之內是相當穩定的。不僅如此，如果將一個團體隨機分成兩組，每一個人從兩組中各得到一個分數，這種「折半相關」也往往高到 .80 以上（註 33），可見**評判員間的一致性** (interjudge consistency) 也是相當高的。

毫無疑問的，再測法仍然是考驗社會計量信度的主要方法。於此，Lindzey 與 Byrne（註 34）曾作了六點結論：

1. 大多數研究指出，在不同時間所得的社會計量結果相當一致。時間相隔愈短，一致性愈高；時間相隔愈長，一致性愈低。
2. 有證據顯示：再測信度隨受測者年齡的增加而增加，直至成年為止。
3. 有證據顯示：愈是強勢的選擇（如第一選擇），愈是穩定。
4. 團體存在的時間增長，社會計量的穩定性也隨之增加
5. 選擇的穩定性有個別差異。例如情緒困擾兒童的選擇就

註 31：R. R. Wertheimer (1957). Consistency sociometric status position in male and female high school students. *Journal of Educational Psychology, 48*, 385～390.

註 32：N. E. Gronlund (1959). *Sociometry in the Classroom.* New York: Harper and Row.

註 33：同註 1，p.476.

註 34：同註 1，pp. 477～478.

比正常兒童多所變化。

6. 不同的測量方式，穩定性亦有差異。

㈣ 效度問題

社會計量法既是評量人際吸引及團體結構的設計，它究竟能測到它所要測的到什麼程度？首先要瞭解的是，人際吸引的衡鑑與一般用以評量人格素質的測驗之結構是不同的。基本上，無法用單一效標作檢驗，只要它是穩定的，就可視為具有表面效度，至於結構效度則必須從個人社會計量地位的探討得之。

雖然獨立效標的決定是從事社會計量之效度研究最感困擾的問題，多數的研究仍然集中在這方面。Moreno 的私淑女弟子 Jennings （註 35） 曾以紐約的少女感化學校中的問題少女為研究對象，進行長期研究。她發現：學生所選的 20 位宿舍代表中有 18 位屬於「高被選者」。其餘兩人也接近於「高被選者」的標準。M. R. Feinberg （註 36） 指出：在社會計量中廣被其青年同伴所接納的男生，有很輝煌的「選舉史」，如曾獲選為隊長、班長、委員會主席等；而被拒的人則從來沒有過這種記錄。軍隊中的研究 （註 37） 也指出：應召者階級愈高，獲同袍選擇的次數

註 35：同註 11。

註 36：M. R. Feinberg (1933). Relation of background experience to social acceptance. *Journal of Abnormal and Social Psychology, 48*, 206～214.

註 37：J. Masling, F. L. Greer and R. Gilmore (1955). Status, authoritarianism, and sociometric choice. *Journal of Social Psychology. 41*, 297～310.

也愈多。E. P. Hollander 與 W. B. Webb（註 38）觀察友誼評選與領袖評選間的相關，得到 .47 的相關係數。他們的結論是：「這個發現證實友伴評選並非只是名望的競賽，更代表對有別於友誼向度的個人作業能力之評鑑，至少在本研究中如此。」顯然地，社會計量在某種情況下，可作為領導性研究的重要資料。雖然亦有少數消極的證據，但多數研究傾向於支持社會計量的效度，認為它具有相當令人滿意的效標關連效度，自幼稚園兒童以至大學生的許多研究，皆頗能說明此種事實。

第三節　社會計量技術的推廣與應用

除了 Moreno 式社會計量性測驗，尚有若干類似的技術可用於評量人際親暱關係或團體結構，皆強調實用價值與行動精神，一如 Moreno 氏當初所揭櫫者。由於受到當初幾位開拓者的影響（如 Moreno，Jennings，Northway），社會計量法在教育情境的研究最多，應用也最廣。後來，這種方法也應用到教育以外的情境，如工業、軍事及社區服務等方面。茲分述如下：

一、其他的社會計量技術

㈠ 關係分析

關係分析 (relational analysis)，這種方法係由傳統社會

註 38：E. P. Hollander and W. B. Webb (1955). Leadership, fellowship, and friendship: An analysis of peer nominations. *Journal of Abnormal and Social Psychology, 50*, 163～167.

計量法衍生而來。它要求受試者作自我評估 (self-rating)，即預測他可能得到的選擇。例如問：「你以為誰會選擇你？」「你以為誰會拒絕你？」此一方法亦首由 Moreno 創用，後經 R. Tagiuri (註 39) 改良並正式定名為「關係分析」，用於社會知覺的研究，即探討個人對別人對他如何感覺的知覺。它的主要價值在於透過實際的 (客觀的) 與知覺的 (主觀的) 人際關係之分析，對於個人的社會地位作通盤的評量，因此極便於探測社會敏感性及人際關係知覺之正確性。

㈡ 「猜是誰」技術

「猜是誰」(guess-who technique)，這是一種友伴評選的簡易社會計量法，要求每位受試根據各種行為描述 (包括正反兩面)，找出團體中最切合這些敘述的人來，人數不限，但亦不強迫每題必答。此類描述有如：「他總像是抑鬱寡歡」、「他極為和藹可親」等。它的特點是以較為間接的方法探測個人的喜惡態度，而不直接暴露出調查者的意圖。E. P. Torrance (註 40) 把這種方法用於創造思考的評量，例如問：「誰最有新奇而獨特的想法？」「班上誰最常想出新觀念或發明小玩意？」J. R. Barclay (註 41) 則用以作為衡量班級中個別差異的一項重要來

註 39：R. Tagiuri (1952). Relational analysis: An extension of sociometric method with emphasis upon social perception. *Sociometry, 15*, 91～104.

註 40：E. P. Torrance (1962). *Guiding Creative Talent*. Englewood Cliffs, N. J.: Prentice-Hall.

註 41：J. R. Barclay (1974). *The Barclay Classroom Climate Inventory: A Users Manual*. Lexington, Ky.: Educational Skills Development.

源，例如問：「誰能領導大家？」「誰很想轉到別的班級去？」

㈢ 時間估計

時間估計 (estimate of time)，這個方法是以時間的估計作為測量人際選擇的強度之媒介。實施時要求受試者估計他願意花在與其他團體成員共同從事某項活動的時間之比例，受試者可以權衡自己的喜惡程度，自由地使用任何比例值。

㈣ 量表法

量表法 (scaling method)，這是把傳統心理計量中的評定量表法應用於社會性的計量。例如使用一系列強迫選擇題，要求受試者根據某些變項 (如親密性、援助性等) 評定每個成員的等第。又如使用等距的評定量表或順序的評定量表來測量個人是否有效地參與團體活動，或藉以評定人際吸引的程度。

㈤ 團體偏好記錄

團體偏好記錄 (group preference record)，這種方法要求每個受試者對團體中的每一個人表示「喜歡」、「不喜歡」或「不關心」。它與其他通用的社會計量法的主要不同是強迫每位受試對他人作直爽的評鑑。為便於統計，可以將受試的選擇予以量化，即賦予加權分數，如「喜歡」得 3 分，「不關心」得 2 分，「不喜歡」得 1 分。

㈥ 場地社會計量法

場地社會計量法 (field sociometry)，這是一種應用於自

然的社會情境的特殊技術。最有趣的例子是 S. Milgram（註 42）所用的「小世界法」(Small-World Technique)。這個方法是要一個人傳達某個訊息給遠方的一個完全陌生的人，其間所需的步驟（傳遞次數）即代表兩人間的社會距離。但在每次傳遞過程中，必須傳遞給所認識的人。結果他發現從最初送信者到最後收信人（兩人素不相識）之間平均僅需要經過六個步驟，可見個人的社交世界真是小啊！

二、社會計量法在教育上的應用

討論社會計量法在教育上的應用，當以下列三書為最重要：(1) Gronlund 的「教室中的社會計量」(*Sociometry in the Classroom*)，(2) Jennings 的「團體關係中的社會計量」(*Sociometry in Group Relations*)，(3) K. M. Evans 的「教育中的社會計量」(*Sociometry in Education*)。

在教育上，社會計量資料的應用不外分組、診斷、治療、評鑑四方面，分述如下：

㈠ 分　組

把社會計量資料付諸行動，讓彼此相悅納的學生相聚，一起工作或遊樂，以滿足他們親暱的需要並有機會作最大的交互作用，通常是教師的重要職務。在根據社會計量資料實行分組時，有幾個重要的原則：

1. 為儘量使成員的期望獲得滿足，最好從獲選數為零或極

註 42：S. Milgram (1970). The experience of living in cities. *Science, 167*, No. 3934, 1461～1468.

少的孩子開始，讓他跟他的第一選擇者在一起。
2. 儘量讓互選的對偶在同一組。
3. 如果某生的選擇均無回報，倒是他所沒選的，有些卻選了他，則最好讓他與他的第一選擇在同一組。
4. 如果有拒絕性的選擇，勿讓不願相處者同在一組。
5. 確實使每個人至少與他所選的一個人在一起。

此種社會計量性的安置固有實現各人隸屬感的功能，但還有擴展人際經驗的更積極意義，因此在分組時，還需注意下列幾點：

1. 如果根據各人選擇分組有造成小團體閉關自守或彼此割裂之虞時，最好在不破壞上述原則下，調整兩三個成員，以打破過分的封閉性。
2. 為提高團體的異質性，以增進不同經驗的交流，可依性別、年齡、能力及家庭背景等，將性質不同者加以混合。但小組中每種不同性質者應至少有兩個人，以免造成孤單或自憐。
3. 分配每個小組若干高選擇者與低選擇者，且兩者人數大約相等 (最好各勿超過兩人)。

㈡ 診　斷

由於社會計量性測驗能夠發現由於病態團體結構形成的問題，故可視為一種有用的診斷工具。這些問題涉及孤立的學生，由於籍貫、種族、宗教、家庭背景等所造成的割裂現象，以及影響團體功能的小派系等。雖然社會計量資料不能指出其原因或如何改進，但無疑地可作為研究的起點。

要分析社會計量結果，尚需利用有關學生的其他資料。例如一個孤立的孩子，可能因為忙於尋求自己的樂趣而無意於交朋友，可能因為被隔離而抑鬱不歡無法專心向學，也可能因為個性內向與羞怯，或因富有攻擊性行為使人畏而遠之，或只是因為他在某方面（宗教信仰、種族、家庭地位等）與他人不同而受到排擠。社會關係是許多因素錯綜複雜地交互作用的結果，單一的解釋往往是不夠的。

此外，社會計量資料可用來對班級中特殊類型的問題作更充分的瞭解。例如分析閱讀困難者、學習緩慢者、行為問題者、低成就者等的社會關係類型，分析其困難的社會性原因，提供補救的線索。

㈢ 治　療

增進人際關係的主要目的在幫助個人獲得安全感及在團體中扮演適當的角色。社會計量資料可以用來協助達到這個目的，其方式有二，茲各舉一例說明如下：

個別的協助　Jennings（註 43）曾指出一位在女子職業中學就讀的女生，既聰明又用功，時常獲得教師們的當眾誇獎。可是社會圖顯示同學們都不想同她一起工作。分析原因是教師們給她的注意太多了，引起其他同學的反感。教師們在瞭解原因之後，減少了對她的特別注意，八個星期後，情況整個改變，全班僅剩有一位表示不樂意與她在同一組工作。

註 43：同註 14，p. 52.

重組團體 Moreno 與 Jennings 曾在紐約州立哈德遜女子感化學校對於接受管訓的少女做了一連串的研究。這間感化學校的宿舍分配便是依社會計量而決定的。每六週實施一次社會計量，凡不滿意原有分配者，都有機會重獲分配。這種調整使學生獲得了安適感及發展滿意人際關係的機會，因此使得同宿學生間及學生與舍監間的磨擦大為減少，而利於感化教育之實施。

(四) 評　鑑

對於學生的社會關係之變化，可以用社會計量法加以評鑑，其方式有二：

對個人的評鑑　從個人所獲選擇數及其他社會地位的分析，可以作為評鑑學生人際關係良窳及其變化的重要參考。

對學校措施的評鑑　例如在美國常以社會計量法評鑑「種族融合教育」措施的效果。其他各種特殊措施諸如能力分組、跳級制度、同質編班或某種教學方法的實施等，欲探測其在學生人際關係上的影響，均可使用社會計量法以獲取必要的資料。

三、社會計量法在教育以外的應用

除了學校的情境，社會計量法也廣泛地應用於軍事上、工業上及社區服務上。這些應用主要包括領導才能的評鑑、工作的分配、士氣的考察及團體結構的分析等。茲各舉一例簡述如下：

(一) 領導才能的評鑑

S. B. Williams 和 H. J. Leavitt (註 44) 曾經以候補軍官學校的學員為研究對象，將社會計量地位與學員之學習成績及戰場實際領導能力相比較，研究前者與後二者之相關性。他們也同時將其他領導能力指標 (包括自我評定、長官評分、人格測驗、能力測驗等) 與後二者相比較。結果發現在各項領導能力指標中，以社會計量之結果與後二者之相關為最高。換言之，社會計量法比其他方法更能正確地評定領導能力。他們指出此法的優點是：「團體之成員比上級長官有更多時間相互觀察，他們在真實的社會情境中相互認識，而且直接地對他人的社會支配行為作反應。這些都是有利於非正式判斷的條件。」由此可見，以社會計量地位作為評鑑或選擇領導人才 (如工頭、監工、經理人員、會議主席等) 的重要根據是可行的。

(二) 工作的分配

B. Speroff 與 W. Kerr (註 45) 曾觀察一批鋼鐵工人，發現工人的社會計量地位與意外事件之發生數成負的相關；即社會計量地位低者較易發生意外事件。他們建議對於社會計量地位較低的工人，重新分派工作，並配合積極的輔導，以減少意外事件的發生。這似乎指出了個人的社會計量地位可作為調整工作的重要

註 44：S. B. Williams and H. J. Leavitt (1947). Group opinion as a predictor of military leadership. *Journal of Consulting Psychology, 11*, 283～291.

註 45：B. Speroff and W. Kerr (1952). Steel mill "hot strip" accidents and interpersonal desirability values. *Journal of Clinical Psychology, 8*, 89～91.

參考，蓋社會計量地位的低下往往表示人緣欠佳；人緣欠佳，難免影響工作情緒與工作效果。

㈢ 士氣的考察

J. G. Jenkins（註 46）在二次大戰期間曾應用社會計量法評鑑兩個海軍飛行中隊的士氣。事先已知兩個中隊在士氣與工作效率方面有很大的差異。經社會計量之後，果然顯示兩者的社會計量模式有驚人的不同。A 中隊（士氣高昂）沒有小團體存在，極少軍官對他人有負向情感，且指揮官是全中隊中最受歡迎的兩個人之一。B 中隊（士氣低落）則有兩個小團體，所有軍官都表現或多或少的負向情感，超過半數的軍官討厭他們的指揮官。由此可見，團體凝結度與成員相吸引性的高低很可以作為團體士氣的指標。

㈣ 團體結構的分析

小團體、孤立者、串連、凝結性等概念均可用來說明某一團體的結構。S. Wolman（註 47）曾經研究一個由三十五家來自都市貧戶構成的徙置區。他在徙置之初施以首次社會計量，六個月之後，又重新實施一次，藉以瞭解在半年共同生活之後各戶關係的變化。結果發現各戶的社會地位固然互有變動，而最值得注意的是原來孤立的六個家庭，有兩戶已經融合進整個社區，不再孤立了。

註 46：J. G. Jenkins (1948). Nominating technique as a way of evaluating air group moral. *Journal of Aviator Medicine. 19*, 12～19.

註 47：S. Wolman (1937). Sociometric planning of a new community. *Sociometry, 1*, 220～254.

四、未來研究的展望

從各種證據看來，社會計量法及其相關的技術，乃是當代社會心理學中評量人際吸引不可或缺的工具。四十餘年來，社會計量技術不斷在發展並且一直保持其效用，說明了它仍極具「將來性」。回顧過去，展望將來，茲試理出若干發展的趨勢並提出若干可供研究的問題。

㈠ 發展的趨勢

廣義化　由於其他各種評定量表的出現，評量社會性喜惡的方法已不止一端，而均納入社會計量的範疇。故今日所謂的社會計量，其含義遠較過去為廣。最明顯的例子是「社會計量期刊」(*Sociometry*) 已從單純的討論社會計量技術，擴展到報告各種實驗性的社會-心理研究，而不論使用的特殊測量方法為何。

數量化　在過去二十餘年來，社會計量資料的數量化工作已有很大的進展，而不再停滯於圖形的繪製與文字的敍述。今日，不用數量指標並配合統計分析來處理社會計量資料的研究已經非常少了。這是一種使社會計量法走上更客觀、更科學之路的努力，預料今後此種努力仍將繼續下去。

多元化　「友伴評選」是傳統社會計量法的主要根據，然而單方的社會知覺未必正確，最近的趨勢是使用多種來源來評定個人的社會地位或人際關係。最典型的是「巴克雷班級氣氛測驗」(Barclay Classroom Climate Inventory；簡稱 BCCI)。它的評選資料來自三方面：(1) 自我的覺察，(2) 友伴的知覺，(3) 教師的評定。透過電腦計分與統合，寫出個別報告與團體分析，並

繪出窗格式的社會圖來 (註 48)。由於電腦在測驗上的應用日趨普遍，此種多重資料的統合工作乃成為可能。

系統化　雖然今日的社會計量研究仍有少數停留在孤立的偶發問題之探討，但顯然地多數研究的重點已放在設法與某些理論架構相結合，作系統的研究。特別是社會心理學中的平衡論、交換論及社會增強論，更是社會計量研究者所熱切歸附的主題。

㈡ 可供研究的問題

■ 測驗的本身

(1) 使用的準據與准許的選擇之數量對於社會計量分數的影響。

(2) 使用不同類型準據 (工作或休閒；一般或特殊) 的效果。

(3) 個別實施與在團體中實施的效果之比較。

(4) 立即應用測驗結果的影響。

(5) 使用「負性選擇」(表示不喜歡) 的效果以及如何減少「負性選擇」所產生的敵意或疑懼。

(6) 加權計分與不加權計分的比較。

(7) 根據選擇者的社會權力實施加權計分的效果。

(8) 測驗項目交互相關之研究。

(9) 再測信度之研究及再測時間長短之影響。

(10) 測驗結果與實際情境表現之比較。

(11) 正負性選擇合併計分與單獨計分之比較。

註 48：參閱吳武典 (民 63)，巴克雷班級氣氛測驗簡介。測驗年刊，第 21 輯，58～61。

- **理論的研究**

    (1) 同樣總分下的不同人際關係類型之分析。
    (2) 社會計量分數與各種外在效標的關係：(a) 行為，(b) 師長的評判，(c) 客觀的因素，(d) 社會適應測量，(e) 心理安全感測量。
    (3) 個人在不同團體 (組成分子極少重複) 的社會計量地位之比較。
    (4) 個人在不同年齡階段的社會計量地位之比較。
    (5) 某一特殊人際關係類型的成員性格之研究。
    (6) 某一特殊人際關係類型的成員之交互作用之研究。
    (7) 互選關係的持久性之研究；不同年齡階段的互選關係之持久性之比較。
    (8) 在某一機構下的團體結構之恒常性。
    (9) 不同性質團體 (野營、學校、工廠) 及不同年齡階段的社會計量結構之比較。
    (10) 不同領導氣氛 (民主、獨裁、放任) 對於團體結構的影響。
    (11) 由於性別、種族、宗教、籍貫等所構成的次團體之分裂性之研究。
    (12) 某一關鍵人物的加入或離開對於團體結構的改變之影響。

- **應用的研究**

    (1) 根據社會計量結果編組團體的效果。
    (2) 協助「孤立者」與「領袖人物」的方式和方法。
    (3) 如何利用高選擇者以促進團員的社會化過程？

(4) 如何根據社會計量資料組成諮商團體或治療團體，並據以進行活動和評鑑效果？
(5) 如何利用社會計量資料以評鑑學校重要措施？
(6) 如何利用社會計量資料實施工作分配或分組？
(7) 如何利用社會計量法於青少年不良適應行為的輔導？

第二十二章

語義分析法

黃堅厚

第一節　語義分析法的基本概念

第二節　語義分析法的實施程序

第三節　語義分析法中的資料分析

第四節　語義分析法的應用

第五節　語義分析法的檢討與前途

語義分析法 (method of semantic differential) 是首由 Charles E. Osgood 及其同僚所倡用，以之為研究事物「意義」(meaning) 的方法。在實施時，受試者在一些意義對立的成對形容詞所構成的量尺上，來對一種事物或概念進行評量，以瞭解該項事物或概念在各方面所具有的意義及其「分量」。因之這種方法實係控制聯想和計量的組合。

第一節　語義分析法的基本概念

語義分析法是脫胎於「共通感覺」(synesthesia) 的研究。所謂「共通感覺」，就是指人們在感覺方面常有的一種現象：當我們某項感官接受刺激時，會獲得另一感官在接受刺激時所產生的感覺。比如我們在看到某種顏色，常可能有「溫暖」的感覺，而在看到另一些顏色時，卻有「寒冷」的感覺。由溫度變化所引起的刺激，原非視覺器官所能接受，但上述經驗卻是很多人所共有的。T. F. Karwoski 等人 (註 1) 在他們所執教的大學裏，就發現學生中有 13% 經常運用彩色與音樂二者的「共通感覺」，來提高他們對於音樂欣賞的情趣。節拍快而興奮的樂調，他們常用線條明晰的鮮紅色圖形來表示，或者用「火熱」、「輝煌」這一類字眼來形容；對那些節拍慢而沈鬱的曲調，則以黯淡的色彩和行動緩慢的動物來代表，或者稱它是「灰色」的節奏。我國文人在這方面的表現也很多，劉鶚在「老殘遊記」中描寫王小玉說

註 1：T. F. Karwoski, H. S. Odbert and C. E. Osgood (1942) studies in synesthetic thinking: II. The role of form in visual responses to music. *Journal of General psychology, 26,* 199～222.

書的一段，尤為膾炙人口：

> 「王小玉便啟朱唇……覺得入耳有說不出來的妙音：五臟六腑裏像熨斗熨過，無一處不服貼；三萬六千個毛孔，像吃了人參果，無一孔不痛快……那王小玉唱到極高的三四疊後，陡然一落……如一條飛蛇，在黃山三十六峰半中腰裏、盤旋穿插……忽又提起，像放那東洋煙火，一個彈子上天，隨化千百道五色火光，縱橫散亂……正如花鳴春曉，好鳥亂鳴。……」(註 2)

這似乎說明了人們在各方面的感受，常可能有一些共通的特質，如果要用語言來描述時，常能察見其間有頗為明顯的共同趨向。Osgood 曾安排了一些成對的形容詞，如 LARGE-small；SOFT-LOUD，令受試者在第二對形容詞中找出一個和前面大寫的形容詞意義是相關聯的。結果在一百名大學生中，96% 認為 loud 是和 large 相關聯，86% 認為 near 和 fast 相關聯，96% 認為 bright 和 happy 相關聯 (註 3)。

Osgood 諸氏進一步再探討上述傾向是否也存在於其他文化之中。當他在澳、非、美、亞各洲比較原始的民族中進行調查後，發現有一些共同之處。比如凡是被認為是「好」的神明、地點、社會位置等，總是被稱為「上」、「明」(白) 的；而被認為是「不好」的事物，則總是被稱為「下」、「暗」(黑) 的。各地區流傳的神話裏，常在說「神明」怎樣把人從「黑暗」、「寒冷」、「陰濕」的「地下」，救到「光明」、「溫暖」、「快樂」的「地上」來。這些資料顯示人的語文的內涵，似乎有一個

註 2：劉鶚「老殘遊記」。第二章。
註 3：同註 1。

頗為廣泛的共同的意義。

綜合上述這一些事實，Karwoski 諸氏就指出語言的形容作用和音樂與色彩間的「共通感覺」，可以視為平行的經驗，並能利用成對的形容詞來加以描述，同時界定其在某個連續變項中的位置。Stagner 與 Osgood 接著就應用這個方法來研究社會定型的態度。將兩個相對的形容詞放在一個量尺的兩端，而將其間分為七個等級；然後用若干這樣的量尺，去衡量某些概念的「意義」。他們在 1940 至 1942 年之間，幾度用這種方式研究美國人對「獨裁者」、「和平主義者」、「中立主義者」、「蘇聯」等概念所賦予的「意義」，結果發現在這幾年間美國人態度轉變的情形，一般社會由傾向和平的態度轉變到傾向戰爭的態度。此一研究顯示這種方法在辨析事物意義的功能。同時他們也發現很多量尺如「高－低」、「仁慈－殘忍」、「公平－不公平」等的分數之間，常有頗高的相關；好像它們是在評量「意義」共同的一方面，或同一因素。

Osgood 因之乃將語義分析所得資料進行因素分析，經過多次嘗試，發現有三個因素多次均以同一次第出現。第一因素為「性質」(evaluation)，它幾乎影響全部變異量的一半或四分之三；第二因素為「力量」(potency)，它對於變異量的影響約為第一因素之半，第三因素為「行動」(activity)，通常和第二因素相等或略小。雖然有時還可析出更多的因素，但它們對整個變異量的影響甚微。由於因素分析所得結果頗為穩定，Osgood 乃認定上述三個因素是一般「語義空間」(semantic space) 中最主要的因素，俟後有很多研究也大都支持 Osgood 的發現。

接著在 Osgood 的策導之下，H. C. Triandis 與 Osgood 應用語義分析法，比較希臘和美國大學生對 20 種事物在 30 個

量尺上的評量反應。他們發現兩國學生對各事物的看法雖有差異，但兩種語文的語義結構卻頗一致。Suci 氏以美國西南部的三族印第安人 (Zuni, Hopi 及 Navaho) 和說西班牙語的人民為被試，比較他們在語義分析測驗上的反應。發現除了 Navaho 人外，其餘三族的反應，也均可析出共同的因素，即「性質」和「動力」(dynamism)，與 Osgood 在其他研究中所得甚相脗合。

這些研究結果極具鼓勵性；不過研究中所用的「量尺」(scale) 大都是和美國原有研究中所用的相同，可能是造成互相類似的語義結構之原因，如是 Osgood 就設計一項大規模的研究。他們先找出一百個在多種語文中易於翻譯的名詞 (substantive)，再在十餘種語文中各別地找出每一個名詞的形容詞 (qualifier)，然後根據這些形容詞的出現率以及其對上述一百個名詞的共同適用性，求得各語文中最具有代表性的一些形容詞，作為建立語義分析的量尺之用。這樣各語文中所用的量尺是根據其本身應用情形所求得，依此再作文化間比較，乃更有意義。

Osgood 這個計畫將廣東話也包括在內，是 Anita Li 主持進行的 (註 4)。在用廣東話所建立的 50 個量尺評量事物時，也和其他語文一樣，可析出「性質」，「力量」和「行動」三個因素。支持了 Osgood 的語義結構共同性的概念。同時 Osgood 並利用由十一種語文中所得資料，制訂了一個泛文化語義分析工具 (pan-cultural scale)。準備應用十三個共同的量尺，就五百個名詞進行語義評量，其所得的結果，將用以編訂「世界語義對照典冊」(*World Atlas of Affective Meaning*)。從典冊上面可以查出一些名詞或概念在各種語言及文化環境中的意義。

註 4：Anita K. F. Li (1971). The Cantonese semantic differential scales. *Journal of Education* (Hong Kong), pp. 28～33.

第二節　語義分析法的實施程序

　　語義分析法的實施程序頗為簡單，通常這也被認為是它的優點之一。它總是包含了若干「量尺」(scale)，那些量尺是由兩個相對的形容詞構成的。這兩個形容詞分別放在量尺的兩端，其間分為七個等級。例如：

長 —————————————— 短
輕 —————————————— 重
活潑 ————————————— 呆板
重要 ————————————— 不重要

在「長～短」那個量尺上，最左端第一個位置代表「最長」，然後順序遞減，到最右端的那個位置乃代表「最短」，中間的位置則正代表居中的情況（「不長也不短」）。其他量尺的意義可依此類推。

　　在每一項研究中，所採用的評析對象，Osgood 稱之為 "concept"，直譯該是「概念」。事實上它可以是具體的事物(如金錢、學生、冰淇淋)，也可以是特定的人或物 (如賈寶玉、阿拉伯人、日月潭)，或者是抽象的事物或概念 (如勇敢、宗教、聯招制度)。對於「概念」的選擇，自將隨研究的問題而轉移。如果是研究教師對於教育環境的看法，那麼所選的評析對象應當是和教育有關的事物或概念；如果要研究社會態度，則所評析者應當是與一般人態度有關的事物。這些要求是無須解釋的。此外還有兩點該注意的：第一，所選用的「概念」，在一群人中應能引起彼此不同的意見或反應；第二，那些「概念」應能從語義空

間的各方面去評量,換句話說:受試者可以在「性質」、「力量」、「活動」等方面去加以評析。

在量尺方面,原也沒有硬性的選擇規則,祇要對所評析的對象有意義就行了。這雖是一項顯而易見的原則,但在同時採用多個「對象」時,就不一定能周全顧到;而且事物的語義是頗為複雜的,有時看上去似無關聯,而評析所得結果卻似有意義。其次在一個研究中所選用的量尺,應能包括多方面的因素;雖有部分研究者專採用「性質因素」方面的量尺,但一般仍多同時顧及「力量」和「行動」等兩方面的量尺。研究者自亦可以依其特殊的目的,而採用某些量尺。習慣上大家在每一因素上採用三個 (或三個以上) 量尺,不過那並非嚴格的限制;研究者可隨研究專題的性質,受試者的情況,以及測驗所安排的時間來決定。語義分析的作法固然十分簡單,但也不宜進行過久,以免受試者有疲勞或單調之感,影響反應的可靠性。

至於實施時的指導,以能使受試者瞭解作法為原則。本文作者在國民中學實施語義分析法時所用指導語,似尚簡明易於瞭解,因予錄出,以供參考:

在這個測驗裏,列舉了一些事物,請按照你自己的意見,將它們分別評定,作法是這樣的:

比如要請你在一個七等級的量尺上評定「**你的鄰居**」,量尺的一端是「**可愛的**」,另一端是「**可恨的**」,中間分為七等:

可愛的__:__:__:__:__:__:__:__可恨的

如果你覺得「**你的鄰居**」是「**十分可愛的**」或者是「**十分可恨的**」,就請在某一端的第一根短線上畫一個「×」。

如：可愛的× ： __ ： __ ： __ ： __ ： __ ：可恨的
或：可愛的__ ： __ ： __ ： __ ： __ ： ×可恨的

倘若你覺得你的鄰居是「**相當可恨**」或者「**相當可愛**」的，就請在適當的一端第二短線上畫個「×」。

如：可愛的__ ： × ： __ ： __ ： __ ： __可恨的
或：可愛的__ ： __ ： __ ： __ ： × ： __可恨的

若是你覺得你的鄰居「稍微有點可愛」或「稍微有點可恨」，那麼就在某一端的第三根短線上畫一個「×」。

如：可愛的__ ： __ ： × ： __ ： __ ： __可恨的
或：可愛的__ ： __ ： __ ： __ ： × ： __可恨的

評定時請完全依照你自己的意思。倘若你覺得你的鄰居既「不怎麼可愛」也「不怎樣可恨」，或者那個評定的量尺不適於評定他，那麼就請在最中央的短線上畫個「×」。

如：可愛的__ ： __ ： __ ： × ： __ ： __ ： __可恨的
或： 長__ ： __ ： __ ： × ： __ ： __ ： __短

明白了嗎？請你注意：
1. 每一個量尺上祇能畫一個「×」。
2. 每件事物都要依規定評量，不要空下來。
3. 評定時請按照你現在的想法，不必作太多的考慮。

第三節　語義分析法中的資料分析

語義分析的實施程序簡單，其所獲得的資料卻甚豐富，因此

可就之作多種分析。

　　計分的方法通常是將量尺「好」的一端計 7 分，順序每等級遞減 1 分，到「壞」的一端就是 1 分。有如下圖所示：

善良　7　6　5　4　3　2　1　**邪惡**

本此原則，在「力量」因素量尺上，「強」的一端計 7 分，「弱」的一端計 1 分；在「行動」因素量尺上，「活潑」的一端計 7 分。餘可類推 (註 5)。也曾有人以兩端分別計 +3 及 -3 分，如是則中間位置為 0 分。但在處理上並沒有增加便利，採用者不多。

　　照上述所計分數，是**某項概念或事物在某一量尺上的分數**。研究時就可以利用個人或團體 (以均數計算) 的此項分數互作比較或其他分析之用。例如某甲評量「一般人」時，在「善良－邪惡」量尺評分為 6，而某乙對「一般人」在同一量尺上之評分為 4，表示「一般人」在甲眼中比較善良些。團體之間則可以利用該項分數的均數或中數來作比較 (註 6)。

　　有時由於研究時所用「量尺」甚多，個別計算頗為繁複，如是乃可以同一因素內各量尺上分數之均數為處理的基礎，是即**某項概念或事物在某一因素量尺上的分數**。同樣地它可用來比較個

註 5：部分研究者如 J. E. Williams，J. K. Morland 等在處理他們的資料時，將「壞」的一端計 7 分，和一般人正相反。讀者在接觸語義分析資料時，宜注意及此。

註 6：由於從語義分析上所得分數多不呈常態分配，因之在計算其集中趨勢時，原以用中數較為適宜。不過 J. J. Jenkins 諸氏的研究 (J. J. Jenkins et al. An atlas of semantic profiles of 360 words. *American Journal of Psychology*, 1958, 71, 688～699) 發現，中數與平均數相關達 0.97，認為應用平均數亦不致有多大差別，因平均數在運用時較方便，故一般研究者多逕用平均數。

人或團體之間的差異，也可用以分析同一受試者對兩項概念在某一方面評量的出入情形。

　　Osgood 及其同僚在提出「語義空間」的概念後，他們認為當兩項事物在某人 (或團體) 眼中意義相近時，該兩事物在語義空間裏的距離也將較為接近。他們因此建議了計算此項距離 (D) 的方法：

$$D_{ij}=\sqrt{\Sigma d_{ij}^2}=\sqrt{\Sigma(x_i-x_j)^2}$$

式中 d_{ij} 即為兩事物在某一量尺上分數之差，將這些差數的平方相加後，再取其平方根，即得 D。

　　例如有某甲在 6 個量尺上評析五個事物或概念，所得分數如表 22-1 所示：

表 22-1　某甲對五種事物在 6 個量尺上評析的結果

量尺 (scale)	事物或概念 (concept)				
	A	B	C	D	E
1	6	2	6	5	3
2	5	2	5	5	2
3	6	1	4	6	2
4	7	1	5	6	3
5	5	3	5	7	1
6	6	2	7	7	2
平均數	5.83	1.83	5.33	6.00	2.17

　　若表中的 6 個量尺均為「性質」(evaluation) 方面的量尺，則

表下列之均數可視為各項事物在性質因素方面的分數。

此時如欲計算 A、B 兩事物在語義空間內的距離 D，就可依上述公式，將 A、B 二者在各量尺上分數代入即得：

$$D_{AB}=\sqrt{(6-2)^2+(5-2)^2+(6-1)^2+(7-1)^2+(5-3)^2+(6-2)^2}$$
$$=\sqrt{106}=10.30$$

依相同步驟可以計算 A、B、C、D、E 五者之間相互的語義距離。

表 22-2　依某甲評析結果，五種事物在語義空間中之距離

	A	B	C	D	E
A		10.30	3.00	2.65	9.06
B	10.30		8.89	10.44	3.16
C	3.00	8.89		3.16	8.19
D	2.65	10.44	3.16		9.95
E	9.06	3.16	8.19	9.95	

由表 22-2 的數值我們即可察見：A、C、D 三者之間語義上相互的距離都頗小，而和 B、E 二者的距離則頗大；同時 B、E 之間的距離又很小。似乎在語義空間裏，A、C、D 靠在一起，而 B、E 互相鄰近，形成兩個群聚，兩群聚之間，有明顯的距離。根據這些資料，我們就可以看出那些事物或概念，在語義上實很接近，可以看成是成群的事物。

如果兩位受試者 (或兩群受試者) 同時對 A、B、C、D、E

五項事物 (或概念) 進行評析，都得有 A、C、D 和 B、E 成群的傾向，假定該五項事物都是屬於經濟方面的，那麼這兩位 (或兩群) 受試者對經濟方面的看法頗為相似，或是說他們具有相類似的經濟語義空間。

第四節　語義分析法的應用

一、在社會心理學方面的應用

在社會心理學中，學者常注意人們對於環境中事物的態度或看法。語義分析法出現以後，很快就被用來作為研究的工具。

例如 J. E. Williams 氏就曾應用語義分析法研究一般人心目中各個彩色名詞的涵義 (註 7)。他開始在美國進行研究，並比

註 7：J. E. Williams 在這方面曾做過一連串的研究，其結果先後發表於各心理學期刊中，如：

- J. E. Williams (1964). Connotations of color names among Negroes and Caucasians. *Perceptual and Motor Skills*, 18, 721～731.
- J. E. Williams (1966). Connotations of racial concepts and color names. *Journal of Personality and Social Psychology, 3*, 531～540.
- J. E. Williams and D. J. Carter (1967). Connotations of racial concepts and color names in Germany. *Journal of Social Psychology*, 72, 19～26.
- J. E. Williams, J. K. Morland, and W. L. Underwood (1970). Connotations of color names in the United States, Europe and Asia. *Journal of Social Psychology, 82*, 3～14.
- J. E. Williams and J. K. Roberson (1967). A method for assessing racial attitudes in preschool children. *Educational and Psychological Measurement, 27*, 671～680.

較美國白種人和黑種人在評量色彩名詞的情形，後來他將範圍擴大，包括了歐洲的丹麥人和德國人，以及亞洲的印度人和中國人(香港)。各地所取受試者均為大學生。在其部分研究中，他除採用十個彩色名詞（白、黑、棕、黃、紅、綠、藍、紫、橙、灰）外，並且加上了白種人、黑種人等名詞，和與膚色有關聯的人種名詞如歐洲人、印第安人、中國人等，令受試者在十二個量尺上分別評量。Williams 氏所得結果有如下述：

1. 所得資料中可以析出性質、力量、行動三因素；由於三者之間相關頗低，因此可以視為相互獨立的因素。

2. 各國受試者對於彩色名詞的評析等第相關頗高。在性質因素有關量尺上，相關係數中數為 .83，在力量和行動有關量尺上，相關係數中數分別為 .86 和 .83，顯示一般的看法相當一致。

3. Williams 認為一般人對於各種顏色涵義的反應，是得自於聯想學習。因為人們自幼就多學會「白色」是象徵「良善」、「純潔」，而黑色則恆被視為「醜惡」、「骯髒」。這些想法頗為普遍。將顏色用為人種名稱，難免使人將對顏色的態度，引申到與它關聯的人種上去。實乃不幸的結果。

J. K. Morland 和黃堅厚氏共同進行「中美兒童及青年種族意識發展比較研究」(註 8) 時，也曾應用語義分析法。他們在探討兩國受試者對幾種人的態度時，利用受試者對「朋友」和「仇

註 8：J. K. Morland and Chien-hou Hwang (1977). The development of racial ethnic awareness in Chinese and Americans. Unpublished report.

敵」在「性質因素量尺上」的分數作為指標，依下列公式計算其友好指數：

$$\frac{對某種族之評分－對「朋友」之評分}{對「仇敵」之評分－對「朋友」之評分}$$

因此如受試者視某種族為友，所得指數將為 0.0，反之如受試者視某種族為敵，則此項指數乃將為 1.0。換言之，指數愈低時態度愈為友好。這種測定的方法，頗為簡明，值得介紹。

再有 R. D. Wetzel 氏曾應用語義分析法研究有自殺企圖者的自我概念，發現自殺傾向強者與傾向弱者及無自殺傾向者的自我概念顯有差異；同時對「我自己」評量的改變往往也表現自殺的傾向在改變，應予密切注意 (註 9)。此項研究若獲得廣泛的驗證，其意義是十分明顯的。

另外還有很多研究，可以幫助我們語義分析法可以使用的範圍。E. T. Prothro 與 J. D. Keehn (註 10) 曾用此法探究阿拉伯學生對於歐洲部分國家的態度和看法，認為所得結果較一般研究「定型印象」(stereotype) 所得資料更為詳細。E. G. Masters 與 J. E. Tong (註 11) 將出自不健全家庭的少年和控制組少年作比較研究，發現語義分析法頗有功效，因兩組少年在評析「家庭」、「父親」、「學校」、「工作」、「愛」⋯等觀念時，表現了顯著的差異。他們乃認為此種方法具有診斷的功能。

註 9：R. D. Wetzel (1975). Self-concept and suicide intent. *Psychological Reports, 36* (1), 279～282.

註 10：E. T. Prothro and J. D. Keehn (1957). Stereotypes and semantic spaces. *Journal of Social Psychology, 45*, 197～209.

註 11：F. G. Masters and J. E. Tong (1968). The semantic differential test with Borstal subjects. *British Journal of Criminology, 8*(1), 20～31.

H. S. Brar (註 12) 曾應用語義分析法去探究某些概念的象徵意義，是一個頗為有趣的研究。按照佛洛伊德的觀點：有些事物是象徵男性的，另一些事物則是象徵女性的。Brar 為了驗證這種觀點，找出 18 個事物 (或概念)，請 50 名精神病院的病人 (男女各半) 在「男性－女性」量尺上予以評析。結果發現若干被精神分析學者視為「陰性」的事物，如「船」、「房間」等，在評析時是偏向於「陽性」；而「領帶」、「帽子」等一向被視為是象徵「男性」的事物，反而在評析時是偏向於「女性」方面。換句話說，佛洛伊德的想法並沒有在 Brar 氏的研究裏獲得支持。

二、在發展心理學方面的應用

　　語義分析法的實施步驟甚為簡單，即使是低年級的學生，也不難瞭解它的作法，這樣它應用的範圍就可以延伸到小學一、二年級，因此很自然地它便成了行為發展的工具之一種。

　　F. J. Divesta 曾連續進行三次研究，一方面是要探究語義分析法是否適用於兒童，同時也想知道兒童運用語義方式隨年齡發展的情形。

　　在 Divesta 的三次研究中，每次所用的量尺及受評事物的數量和內容，均不完全相同，以測定受試者的反應是否將因此而有變化。

　　根據上述研究的結果，可以歸納而得到下列的幾點結論：

註 12：H. S. Brar (1973). An investigation of normally symbolic concepts using a psychiatric population. *Journal of Personality Assessment, 39*, 260～262.

1. 兒童的情感性語意空間的架構，和以往在青年的、成年人方面所得到的是一致的。二年級以上的兒童，似已能逐漸去領會環境中事物的內涵，而在各種量尺上表露其反應。
2. 在第一研究中，二年級學生資料裏三個主要因素所影響的變異量和以往美國已有的研究結果，相當一致。在第二、三兩次研究裏，那些因素對變異量的影響比較低些。不過 Divesta 並不認為性質因素是隨著兒童發展而有改變，而以為其作用逐步降低的現象，乃是因研究步驟的差異和評定時不穩定傾向所造成的。
3. 本研究尚發現另一因素——「溫暖」(warmth)，似乎是兒童所特有的。
4. 本項研究所採用的量尺，是循客觀程序選定的，和其他研究者沿用過去研究中的量尺所獲結果頗為一致，都能析出「性質」、「力量」、「活動」三因素。由此可知量尺的數量與種類沒有多大關係，甚至連被評量事物的選擇，也不會顯著地改變因素結構。

三、在文化比較研究上的應用

在不同國度或文化之間進行比較研究時，一向最令人引為困擾的就是語文意義的問題。固然文字可以相互通譯，但經過翻譯的文字是否仍保存其原有的全部意義，頗不易確定。如果我們要能知道各種文化中人們判斷語文意義時所包含的因素，就將大為便利了。語義分析法卻正具有此種功能。

K. Kumata 與 W. Schramm 曾使日韓兩國留美學生及美

國學生同時接受語義分析測驗 (註 13)，在二十個量尺上分別評析 30 個事物。日韓學生所接受的測驗，一次為英文，另一次則為其本國語文；美國學生兩次測驗均為英文。以其結果相互比較，他們發現各國受試者對各事物在各量尺上之評量，顯有差別；但若將每一事物在各量尺之相對位置繪為剖析圖 (profile)，則三國受試者運用各量尺評量一事物時的趨向，頗有相似之處。同時在經過因素分析，發現三國學生的評量資料都可析出相似的兩個因素；這顯示英、日、韓三種文字的語義結構，實有相同之處。

黃堅厚氏 (註 14) 曾應用語義分析法比較中國和蘇格蘭青年的社會態度。他所研究的對象是兩國國民中學學生 (中國 502 人，蘇格蘭 487 人)，採用了「好－壞，美－醜，強－弱，活潑－文靜，暖－冷…」等十個量尺，令受試者去就之評量「一般人」、「這世界」、「財富」、「將來」、「家庭」、「多數教師」、「我自己」等七項事物。結果發現兩組青年對此數者的評量，顯有不同。對於「這世界」、「一般人」和「多數教師」的評量上，在十個或九個量尺上呈現了顯著的差異；對於「財富」、「將來」及「我自己」三者，兩組的評析在七個量尺上有顯著的差異；兩組青年對「家庭」的評析較為接近，也都在五個量尺上表現出了差異。東西文化相距頗遠，這些差異也是意料中事，不足驚異的。

黃氏並注意到中國青年在進行語義評析時，對各事物所給予的等級，恒有高於蘇格蘭青年所給等級之傾向；但對於「我自

註 13：K. Kumata and W. Schramm (1956). A pilot study of cross-cultural meaning. *Public Opinion Quarterly, 20*, 229～238.

註 14：黃堅厚 (民 63)，應用語義辨別法比較中國及蘇格蘭青年之社會態度。測驗年刊，第 21 輯，39～47。

己」的評析，則較蘇格蘭青年爲低，爲唯一例外。黃氏認爲這正和中國人的民族性有關：中國人素來是主張「待人以寬」，而在論到自己時，則總是採取謙遜的態度。黃氏過去曾用「艾德華斯個人興趣量表 (EPPS)」進行研究時，就曾發現中國大學生在謙遜性 (abasement) 上的分數顯著地較美國大學生爲高（註 15）。兩種工具獲得了一致的結果，也可顯示語義辨析法有其適當的效度。

黃氏在上述研究中，並曾比較中文及英文的語義結構。發現因素結構甚爲相似，相關均在 .90 以上。Triandis 與 Osgood 曾建議語義結構相關達到 .75 的，就可算很有相似性。照此標準，則在黃氏研究中兩組的語義結構的相似性，應是無可置疑了。

第五節　語義分析法的檢討與前途

語義分析法在由 Osgood 倡導之後，就頗爲廣泛地被研究者採用，作爲各種研究的工具。在美國「心理學文獻提要」(*Psychological Abstracts*) 中，每月就常有十餘篇研究報告是直接列在語義分析法項下的。

語義分析法之所以受人歡迎，是由於它有下列的幾個優點：

1. 實施手續簡單，作答方便；受試者很容易瞭解作法，連小學二、三年級學生也可接受此類方法的測驗。

註 15：Chien-hou Hwang (1967). A study of personal preference of Chinese university students by Edwards Personal Preference Schedule. *Psychology and Education* (National Taiwan Normal University), *1*, 52~63.

2. 評分方法固定，且亦客觀，可用電算機處理，能節省時間與人力。
3. 所用的量尺之性質與數量均可視需要決定，可因研究之對象及情況善爲安排。
4. 應用之範圍頗廣，不受嚴格限制。
5. 已有的研究爲數頗多，因此在應用此法進行研究時，能獲得豐富的參考資料。
6. 因其所需用之語文材料較少，只有各量尺兩端的形容詞而已，在用作文化間比較研究時因語文而引起的困難亦隨之減少，翻譯時可望不致有太多問題。

語義分析法固然有上述那些優點，但並不一定表示它是完美無缺的方法。特別是在理論方面，值得推敲之處仍多。比較重要的問題有如下述。

1. 在編訂語義辨析的量尺時，通常就是取兩個在意義上相互對立的形容詞，放在兩端，然後將中間分爲七個等級，這樣做的時候，無形中就有了幾項假設：由兩極端到中間位置的距離都是相等的；而在中點位置的屬性，既不偏左，復不偏右，在理論上應是「中性」(neutral)的情況，如在「好－壞」量尺上，那麼中點位置該是「不好不壞」的情況。這些假設並不易於驗證，若干習慣上用來像是對立的形容詞，在「分量」上是否相等，殊難確定，硬性地將其配置在同一量尺的兩端，指定它們對中點有相等的距離，是相當牽強的。同時若干量尺上中點位置所指的情形，常無確切的意義，例如「不好不壞」究竟是什麼意思，至少是難以言傳的。

2. 量尺的選定，頗爲不易。前面曾提過量尺選定的原則，應適用於被評析的事物或概念，乃是大家都能接受的規定。但在實施時卻常有困難，當所評析的事物項目較多時，要找出一些對它們都有意義的量尺，就頗不容易。Osgood 曾建議：當受試者發現被評析的事物在某量尺上無法評量時 (即該量尺對那項事物沒有意義)，就在中間位置畫上記號作答。這樣可能有兩個毛病：第一是如果這種情形過多，勢將影響評析的結果；第二是它可能和眞正的中等評分相混淆，因爲在表面是無從區別的。

3. 各量尺在不同文化環境中的意義可能有差別，例如在「廣東話泛文化量尺 (Cantonese Pan-cultural Scale)」中的「行動因素」項下，有「紅－綠」量尺 (註 16)。如果根據西方文化背景，由於交通號誌的普遍應用，「紅燈停、綠燈行」是和「行動」有關聯的，則「紅」似表示「不活動」的一端；但若從一方面去看，「綠」常是「寧靜」「安定」的象徵，而「紅」則有「激動」「熱烈」的意義，就和上述相反了。

　　事實上「紅－綠」在一般應用時，被用在「性質」(evaluation) 方面似乎更普遍些。比如在中國社會裏，「紅」是代表吉利的顏色，而在形容人的時候，則表示「有權勢」、「有地位」的人物，在這些情形下，「綠」並沒有和它相對立的意義，當這兩者構成一個量尺時，其中一端就將失去其意義了。再看「紅人」在美國是指印第安人，意義就相差更遠了。

註 16：同註 4。

上述這些困難涉及了語文本身的問題，頗不容易解決。Osgood 諸氏致力於語義分析法多年，似乎並沒有能妥善地處理它們。在目前的情況下，我們祇好在應用此法時，注意到這些限制，並且在選用「量尺」時，多加考慮，以期減少這些困擾。

　　最後，對於語義分析法的應用，筆者想提出一些建議。世界上原沒有一種工具或方法是十全十美的，我們對語義分析法進行評鑑時，也當存有這種態度。祇要能明確地瞭解它的優點，同時也洞悉它的限度，就不難合理地利用這種方法來進行研究。

　　筆者認為語義分析法在下列三種情況下，是很有用的研究方法：

- **需要獲取大量資料的研究**　在某些研究中，需要取得大量資料，獲得大量受試者的反應或意見，不妨考慮語義分析法。因其實施便利，所需要的時間不甚多，也不需要像一般測驗那麼嚴格控制，易於進行。

- **探討比較單純問題的研究**　語義分析法的作法簡單，所取得的是受試者對某些事物在某些量尺上的反應，因此其所能提供的答案也將是比較單純的。如果研究者所探究的正屬這類的問題，語義分析法當屬可取的途徑。例如教師想知道在一項教學活動前後學生對於某些事物看法的改變，或是學生與家長（或任何兩群人）在某些事上看法的差異，均可應用語義分析法。目前學校教師對於實施手續繁複的測驗尚未能靈活運用，似可鼓勵他們採用語義分析法。

- **作為初步研究的方法**　在某些研究中，可應用語義分析法作為初步研究的方法，以瞭解受試者反應的傾向，再利用

比較精密的工具或方法作進一步的探討。例如教師可先用語義分析法去發現學生對各個學科的態度,然後再進一步去探討他們喜歡或不喜歡某一學科的原因。換言之,語義分析法可以配合其他研究方法使用。

J. Carroll 氏在為 Osgood 諸氏所著「意義的測量」(*The Measurement of Meaning*) 一書作書評時,曾謂語義分析法是一種良好的、活潑的、有用的方法 (註 17),似乎不是過分讚譽之詞。當然一種工具或方法,須得在熟諳該法的使用者手中,才能發揮它的功能。

註 17:J. Carroll (1959). Review of *The Measurement of Meaning Language, 85,* 59～77.

第二十三章

Q 技術

盧欽銘

第一節　Q 技術的意義與性質

第二節　Q 分類資料與 Q 分類的安排

第三節　非結構性的 Q 分類

第四節　結構性的 Q 分類

第五節　Q 技術的優點與限制

大多數行為科學的研究方法都是適用於通則性的研究 (nomothetic approach)，而通則性的研究確有其價值。但有時需要從個人前後的比較，與個人間關聯的分析去進行研究，本章所談的 Q 技術就是適用於個人前後比較，或個人間關聯分析的研究方法。本章說明 Q 技術的意義、性質、實施程序、優點與限制。

第一節　Q 技術的意義與性質

在本世紀的三十年代，有些英、美學者開始從事個人間特質的相關研究，後來發展而成 Q 方法論 (Q methodology)(註1)，並用 Q 技術 (Q technique) 以說明 Q 方法論的具體研究程序。這種技術對於人格的研究，甚具重要性，爰就所能蒐集到的資料，對 Q 技術作一系統性的說明，以提供行為科學研究者的參考。

一、Q 方法論的起源

在行為科學的研究上，關於測驗的使用早期祇有通則性的探討，即根據多數受試者在測驗上的表現，制訂常模，然後進行相關或其他的統計分析。這種通則性的研究，需要根據大樣本的受試者，因此不適用於單一的受試者或小樣本的受試者的研究情境。於是 W. Stephenson (註2) 氏倡用 Q 方法，以為「自比性

註 1：賈馥茗 (民 54)，簡介 Q-technique。測驗年刊，第 12 輯，5～7。
註 2：W. Stephenson (1953). *The Study of Behavior*. Chicago: University of Chicago Press.

研究」(ipsative approach) 或個人間相關研究之用。

在通則性的研究途徑中，其相關分析係就若干受試者的兩項測驗分數作相關處理，側重此等受試者測驗分數間的關聯性之分析。Stephenson 氏係將測驗題項 (item) 視同通則性研究途徑中的受試者，而進行單一受試者的前後測驗結果之相關分析 (即自比性研究方式)，或兩個受試者測驗結果之相關分析。同時，他創用 Q 方法論與 R 方法論 (R methodology)，以區別這兩種研究方法的體系。就具體的研究程序而言，就是 Q 技術與 R 技術 (R technique) 了。

二、Q 技術的意義

Q 方法論的具體研究程序就是 Q 技術 (Q technique)。Q 技術主要是利用 Q 分類材料 (Q sort) 要同一受試者在不同的時間進行 Q 分類 (Q sorting)，或要若干受試者進行 Q 分類，以蒐集數字資料，從而進行統計處理，以闡明個人行為的改變，或進行團體內的類群分析 (cluster analysis)。由此看來，Q 技術可用於個案研究，以探討個人行為 (尤其是態度、觀念或價值) 的變化，同時可用於若干個人間的類群分析，以闡明團體成員的特質。

茲舉例說明類群分析中 Q 技術的用法：如果一位美國的研究者要求民主黨員和共和黨員各二人，對於福特、洛克菲勒、季辛吉、卡特、范錫，和鮑威爾等美國重要人物排定名次，以表示其支持由他們來為美國人民謀福利的意願，其排定名次結果如表 23-1。

表 23-1　四位美國人的 Q 分類結果（假想資料）

	共和黨員 甲	共和黨員 乙	民主黨員 甲	民主黨員 乙
福　　　特	1	1	5	4
洛　克　菲　勒	2	3	4	5
季　辛　吉	3	2	6	6
卡　　　特	4	6	1	2
范　　　錫	6	5	2	1
鮑　威　爾	5	4	3	3

此等數字資料，循 Q 技術程序，採用等第相關法計算四個人間之相關係數，其相關矩陣如表 23-2。在這個 4×4 的相關係數矩陣中，共和黨員甲乙二人所排定的名次，及民主黨員甲乙二人所排定的名次，都有高的相關存在，而且其餘的相關係數都很低，顯示著這四個人可以分為兩個類群，它說明了「民主黨員支持民主黨籍的重要人物，共和黨員支持共和黨籍的重要人物」之事實。

表 23-2　四位美國人 Q 分類結果之相關分析

		共和黨員 甲	共和黨員 乙	民主黨員 甲	民主黨員 乙
共和黨員	甲		.87	−.17	−.17
共和黨員	乙	.87		−.19	−.18
民主黨員	甲	−.17	−.19		.89
民主黨員	乙	−.17	−.18	.89	

第二節　Q 分類資料與 Q 分類的安排

　　前面的例子是於要求四位受試者對於美國重要人物，就希望由他們來為美國人民謀福利這一意願而排定名次，以蒐集量化的資料。祇就六個重要人物排定名次，不是一件很難的工作；如果研究者要教師就 120 則有關教育專業化態度的題項 (item 或 statement) 作 1 至 120 的等第排定，則實在很不容易；在這種情形下，研究者應當採用 Q 分類法來解決排定順序等第的困難。因此，Q 分類資料及其分類方法，乃成為 Q 技術的重要部分。

一、Q 分類資料

　　研究者利用 Q 技術蒐集資料時，必須就其所要研究之行為特質加以分析，而形成若干陳述語句，並將此等陳述分別撰寫在個別的卡片上，以供受試者分類之用。此種登錄在個別卡片上的陳述語句，就是 Q 分類資料。

　　Q 分類資料就其用途而分為非結構性 (unstructured Q sort) 與結構性 (structured Q sort) 二者。非結構性的 Q 分類資料係僅供分析一個廣泛的特質 (如價值) 而編列的同類題項，而結構性的 Q 分類資料係供分析多項特質 (如理論價值、審美價值、經濟價值、政治價值、社會價值及宗教價值) 而編製的題項。有關非結構性及結構性之 Q 分類資料的用法，將在以下二節詳加說明。

　　為了增加研究結果的可靠度，研究者所編製之 Q 分類資料題項要多，最好不要少於 60 則，但也不要超過 140 則，以免

增加分類及結果分析的困難。根據文獻資料看來，多數研究者都使用 100 則左右的題項，而 Kerlinger 氏則建議以採用 60 至 90 則題項的 Q 分類資料為佳 (註 3)。

二、Q 分類的安排

　　研究者將 Q 分類資料呈現給受試者，並要求其依據他對每個題項贊成的程度，或與自己相同的程度，而作若干等級的分類，以取得量化之資料。這種依據贊成或與自己相同的程度分為數個等級，並將 Q 分類資料作分類的工作，便稱為 Q 分類。

　　對於 Q 分類資料應當分為幾個等級，係由研究者事先作決定。一般說來以分為奇數個等級為宜，而且以分為九或十一等級最為普遍。研究者可以根據齊一次數分配、常態分配或近似常態分配等，以決定各等級應分到的卡片數。為了符合各種統計處理的假定，通常係依據常態分配或近似常態分配等方式，以安排各等級應分到的卡片數。表 23-3 與表 23-4 係就分為九或十一個等級時，說明各等級之卡片數。

三、Q 分類後之記分程序

　　Q 技術係以 Q 分類資料進行 Q 分類而蒐集量化的資料，因此 Q 分類後的記分程序頗值一敘。Q 分類後之記分程序，有的研究者直接以各題項被分到之等級的數值為其分數，有的研究者以最高等級（即類別數）減去等級再加上一為各等級之分

註 3：F. N. Kerlinger (1973). *Foundations of Behavioral Research*. Chicago: Holt, Rinehart and Winston.

數 (見表 23-3 與表 23-4)。前者的記分方式頗為簡便，後者的記分方式具有「分數高者表示較贊成 (或相同)，分數低者較不贊成 (或不相同)」的特點，較為實用。惟不管採用前一或後一方式記

表 23-3　九個等級的 Q 分類

	最不贊成 (最不相同)							最贊成 (最相同)	
等　級	9	8	7	6	5	4	3	2	1
分　數	1	2	3	4	5	6	7	8	9
卡片數	2	3	6	11	16	11	6	3	2	n＝60
	4	6	9	13	16	13	9	6	4	n＝80
	4	6	10	12	16	12	10	6	4	n＝80
	4	6	10	15	20	15	10	6	4	n＝90

表 23-4　十一個等級的 Q 分類

	最不贊成 (最不相同)									最贊成 (最相同)	
等　級	11	10	9	8	7	6	5	4	3	2	1
分　數	1	2	3	4	5	6	7	8	9	10	11
卡片數	2	3	4	7	9	10	9	7	4	3	2	n＝60
	2	3	5	8	11	12	11	8	5	3	2	n＝70
	2	3	4	8	11	14	11	8	4	3	2	n＝70
	2	4	6	9	12	14	12	9	6	4	2	n＝80
	3	4	7	10	13	16	13	10	7	4	3	n＝90
	2	4	8	14	20	24	20	14	8	4	2	n＝120

分,所有 Q 分類資料分類後,其平均數與標準差均為固定而可知者,例如具有 90 則題項的 Q 分類資料,如按表 23-3 而分為九個等級,則其平均為 5,標準差為 1.97,如此對於變異數分析的進行,頗為方便。

第三節　非結構性的 Q 分類

在使用過 Q 技術的研究中,大多數係屬於非結構性的 Q 分類。非結構性的 Q 分類是 Stephenson 氏最先倡用的,因此有時也被稱為典型的 Q 分類。本節敍述非結構性的 Q 分類資料之編製,及其實施程序。

一、非結構性的 Q 分類資料之編製

使用 Q 技術的研究者,如果祇就一個廣泛的特質 (如神經質傾向) 作分析,其所編列的題項均係描述此一特質之不同程度的陳述,這種 Q 分類資料就是非結構性者。非結構性的 Q 分類資料,係在單一領域中選擇同質的題項而形成的。

前面說過,Q 技術係將 Q 分類資料中的題項視為 R 技術中的受試者,因此 Q 分類資料的編製就顯得十分重要了。就慮及各種統計處理所應符合的假定而言,非結構性的 Q 分類資料之題項,按理應以隨機方式自無限的群體中抽取者。但實際要調查研究的特質,尤其是人格特質,實在難以符合此種具有無限群體之假定。因此,幾乎使研究者無從著手進行 Q 分類資料的編製。惟 Stephenson 氏認為 Q 技術在 Q 分類時,其施行合乎隨機取樣的假定,項目的項數為強制的常態分配,因而有關取樣

的來源及統計上的分配問題無庸再事憂慮。研究者自以能用隨機方式抽取題項而編製 Q 分類資料為佳。比方說研究者要利用 Q 技術進行自我認知的分析時，他可就正反二方面的自我知覺之敍述，如「我覺得前途很光明」，「我覺得前途很暗淡」，「我喜歡和別人在一起」，「我很喜歡離群索居」，「我覺得交友比看書更有趣」，「我覺得看書比交友更有趣」等等形成題庫 (item pool)，然後從題庫中隨機抽取題項，而編製 Q 分類資料。

事實上，要用統計處理的資料，多半未必能完全符合各種統計的假定，然而根據大數法則的實徵探究，發現如果提高差異檢定的顯著水準，及增加樣本的大小 (sample size)，則在違反統計假定的統計處理中，所得結果之誤差並不嚴重。基於此，有時非結構性 Q 分類資料，乃循下列步驟加以編製：

1. 根據研究的目的，參酌理論及已有之研究，蒐集大量的題項、題數以為最後要保留題項數的一倍半至三倍為宜。
2. 送請測驗學者與語意學者審定，以改正或刪除欠佳之題項。
3. 送給若干受試者進行 Q 分類，根據試測結果排成續譜 (continuum)。
4. 根據等距法與保留變異量較小之題項等原則修改續譜，務必使其成為等距者。
5. 最後形成一非結構性的 Q 分類資料。

按照此種步驟而編製之 Q 分類資料，每一題項均具有尺度值，可以稱為理想的或標準的 Q 分類資料 (ideal or criterion Q sort)。

二、非結構性 Q 分類的實施程序

前面提過，Q 技術可以在單一受試者或小樣本受試者的場合使用，其實施程序大同小異，惟因 Q 分類後的統計分析稍有不同，宜分開加以說明。

㈠ 單一受試者場合的用法

C. Rogers 等人 (註 4) 要心理病患者在治療初期、中期及末期各進行一次 Q 分類，從而蒐集資料，以作相關分析和因素分析，而估計治療的成效。Rogers 等人發現，未參加治療者其前後兩次的 Q 分類結果之相關，總要比參加治療者治療初期與末期的相關要高。研究者如果編製理想的或標準的 Q 分類資料，將受試者治療初期與末期之 Q 分類結果，分別與理想的 Q 分類資料之尺度值作相關分析，然後比較此二相關係數差異之顯著性，則更能估計出治療的效果來。由此看來，非結構性 Q 分類可以用在單一受試者前後二次測驗結果的比較，以推估兩次測驗期間的行為變化。在教師養成學校、醫師訓練學校或心理治療中心，為了研究自變因子 (師資訓練、醫師訓練或心理治療) 對於行為改變的影響，可以採用單一受試者的前後比較，即在實施自變因子之前後，各施行一次 Q 分類。

舉個假想的例子：研究者欲利用 Q 技術以分析教學實習對於某師範大學四年級張姓學生的教育專業化態度之影響。研究者編製一套有關教育專業化態度的 Q 分類資料 (共 120 個題

註 4：C. Rogers and R. F. Dymond (eds.) (1954). *Psychotherapy and Personality Change.* Chicago: University of Chicago Press.

項)。研究者在教學實習初期與末期,各要張生做一次 Q 分類,其結果如表 23-5。

表 23-5 張生 Q 分類結果之相關矩陣 (假想資料)

	尺度值	初期	末期
尺　度　值		.40	.75
初　　　期	.40		.30
後　　　期	.75	.30	

表 23-5 中,張生教學實習初期,其教育專業化態度之 Q 分類結果與標準化的尺度值之相關為 .40,教學實習後,相關係數改變為 .75,經用關聯的樣本 (related samples) 之統計推論分析結果,此二相關係數之差異已達顯著水準 (t＝5.03, p＜.01),這表明張生在教學實習期間,其教育專業化之態度,已有顯著之增加。

(二) 團體場合的用法

團體場合的用法可分兩種,其一為利用每一受試者先後兩次 Q 分類結果的相關之平均數作分析,其一為個人間之 Q 分類結果的相關分析。

一群受試者之前後 Q 分類　如果有五個師大四年級學生,他們在教學實習初期與末期對於教育專業化態度之 Q 分類資料各進行一次 Q 分類,並分別求得各生前後 Q 分類結果之相關係數

(如表 23-6)。此等相關係數經用 G. W. Snedecor 與 W. G. Cochran (註 5) 合併相關係數的方法，求得相關係數之平均數為 .22，乃屬低相關。

表 23-6 五位學生前後 Q 分類結果之相關

受試者	甲	乙	丙	丁	戊
r	.20	.15	.21	.31	.22
Z_r	.203	.151	.214	.321	.224
備　註	$\bar{Z}_r = .233，\bar{r} = .22$				

個人間的 Q 分類　用一個迷你型的資料來說明其用法。研究者以十則有關教育主張的 Q 分類資料，要求甲、乙、丙、丁四位教師，依照表 23-7 的方式進行 Q 分類。

表 23-7 五等級的 Q 分類之安排

	最不贊成				最贊成	
等　級	5	4	3	2	1	
分　數	1	2	3	4	5	
卡片數	1	2	4	2	1	n=10

這四位教師 Q 分類的結果，經轉換為分數後，登記如表 23-8。

註 5：G. W. Snedecor and W. G. Cochran (1971). *Statistical Methods*. Ames, Iowa: Iowa State University Press.

表 23-8　四位教師的 Q 分類結果

題項＼教師	甲	乙	丙	丁
1	3	3	2	2
2	2	2	1	1
3	1	1	4	5
4	3	3	5	3
5	3	2	4	4
6	2	3	3	3
7	4	4	3	3
8	3	3	3	3
9	5	5	3	4
10	4	4	2	2

　　表 23-8 中之資料，經用 Pearson 氏積差相關法求得相關係數如表 23-9，並用因素分析法 (詳見本書第廿六章) 求得二個互相獨立的因素 (見表 23-10)。由表 23-10 得知：甲、乙二位教師屬於一類群，丙、丁二位教師屬於一類群。如果仔細查明甲乙及丙丁比較贊成之題項，則發現教師甲乙比較贊成的題項為：「任何學習均以具體的經驗與行動為重」，「學生的人格應受重視」，「課程應以兒童的經驗為基礎」等，而教師丙丁比較贊成的題項為：「教育是增進兒童各種知識的歷程」，「課程以擇自人類文化之精華為主」，「今日的學校弊病在於忽視讀、寫、算 (即 3R)」等，則可認定教師甲乙是信服進步主義的，而教師丙丁是屬於保守主義的。

表 23-9　四位教師間教育主張的相關矩陣

	甲	乙	丙	丁
甲		.92	－.08	－.08
乙	.92		－.17	－.17
丙	－.08	－.17		.75
丁	－.08	－.17	.75	

表 23-10　四位教師之教育主張的因素分析

	因素一	因素二
甲	.98	－.02
乙	.97	－.11
丙	－.06	.93
丁	－.06	.93

第四節　結構性的 Q 分類

　　非結構性的 Q 分類與結構性的 Q 分類的主要不同，在於前者的題項係就單一領域（如社會價值、自我認知或教師品質）發展出來的，而且強調要依據隨機方式自群體中抽取題項，而結構性的 Q 分類之題項的編製則係依據 R. A. Fisher 氏的實驗設計與變異量分析設計原理，因此結構性之 Q 分類可以用來驗證有關行為理論的正確性。

一、單層的結構性 Q 分類

德國 E. Spranger 氏 (註 6) 根據文化教育學的觀點，將人格分為重視理論、經濟、審美、社會、政治及宗教等六類價值。如果研究者要檢定此一理論之正確性，他可以就此六個價值類型，各選擇十五個題項，合起來共九十個題項，然後邀約各價值類型之典型的代表人物進行 Q 分類，從而加以驗證。

譬如說有一個音樂家 (審美價值型的代表人物) 被約請來依九個等級 (見表 23-3) 進行 Q 分類，其結果如表 23-11。

表 23-11 資料經變異量分析結果 (見表 23-12)，顯示此音樂家在六種價值類型上的平均得分並不相等 ($F=28.69$, $p<.01$)，再經兩兩比較分析結果，也發現此音樂家在審美價值型上的平均得分，均顯著地高出其他類型的平均得分。

表 23-11 某音樂家 Q 分類的結果

價值類型	審美	社會	理論	政治	經濟	宗教
平 均 數	7.40	6.07	5.60	4.60	3.60	2.73
標 準 差	1.40	.94	1.24	1.40	.99	1.34

註 6：E. Spranger (1928). *Types of Men.* New York: Stechert-Habner.

表 23-12　變異量分析摘要

變異來源	平方和	自由度	均方	F
組　間	218.07	5	43.61	28.69**
組　內	127.93	84	1.52	
總　和	346.00	89		

**$p<.01$

雖然就單層的變異量分析法而言，各組之次數 (n_j) 可以不相等，但 Q 技術是一種迫擇式的分類安排，最好要使各類型之題項數目相等，以減少誤差之產生。

二、雙層結構性 Q 分類

研究者尚可利用多因素研究設計法，編製二因子或多因子的結構性 Q 分類資料。比方說研究者欲分析個人的態度與抽象性之異同，他決定編製一雙層的結構性之 Q 分類資料，一共 80 則，其題項分配如表 23-13。

表 23-13　雙層的結構性 Q 分類

抽象性＼態度	保　守	自　由	合　計
具　體	20	20	40
抽　象	20	20	40
合　計	40	40	80

如果林姓受試者依照表 23-3 中 n＝80，作九等級的分類，其結果經統計如表 23-14。就變異量分析結果（見表 23-15）看來，態度與抽象性之互涉效果不顯著（p＞.01），抽象性也不顯著，而林生的態度趨向於自由。

表 23-14　林生 Q 分類結果之統計

抽象性＼態度	保　　守	自　　由	合　　計
具　體	$\overline{X}=3.45$ $S=1.99$	$\overline{X}=6.70$ $S=1.66$	$\overline{X}=5.07$ $S=2.44$
抽　象	$\overline{X}=4.15$ $S=1.35$	$\overline{X}=5.70$ $S=1.59$	$\overline{X}=4.93$ $S=1.65$
合　計	$\overline{X}=3.80$ $S=1.71$	$\overline{X}=6.20$ $S=1.68$	$\overline{X}=5.00$ $S=2.07$

表 23-15　變異量分析摘要

變異來源	平方和	自由度	均方	F
態度	115.20	1	115.20	41.74**
抽象性	.45	1	.45	.16
態度×抽象性	14.45	1	14.45	5.24
誤差	209.90	76	2.76	
總和	340.00	79		

**p＜.01

第五節　Q 技術的優點與限制

　　Q 方法論發展至現在，贊成的人很多，但批評者亦不少。事實上，Q 方法論固然沒有如同 Stephenson 氏所說的那麼完美，但至少也不是一個毫無用途的方法，至少它是可供行為科學研究者使用的一項利器。

一、Q 技術的優點

1. Q 技術所使用的 Q 分類資料，係根據理論而編製的，其題項具有邏輯性和實徵性的特質。
2. Q 技術適用於單一受試者的研究情境，而且可使同一受試者作多次的 Q 分類，以分析其發展與行為改變的特徵。
3. 採取結構性的 Q 分類，即使是單一受試者的研究情境，亦能進行變異量分析。
4. 結構性的 Q 分類可以用來驗證行為理論，尤其是人格理論。
5. Q 技術所蒐集的資料，可以應用相關法、因素分析法及變異量分析等方法，以整理資料。

二、Q 技術的限制

1. Q 技術不適用於橫斷研究，或大樣本的受試者之研究情境。在使用 Q 技術的研究中，受試者樣本往往不夠大，而且也非由隨機取樣者。因此，其研究結果難作概括性

的結論。目前，由於電算科學 (computer science) 的進步，此項限制已克服不少。

2. 分到各等級之卡片數是研究者事先安排者，其自比性及強迫選擇式的分類程序，確實不符合許多統計處理所需要的假定，如獨立原則、等距連續性資料。惟現在的統計學者發現，在大多數法則及提高顯著水準下，違反統計的假定，其誤差不會很嚴重。

3. 強迫選擇式的 Q 分類限制了受試者的自由反應。惟 Stephenson 氏認為研究者如果能取得受試者的合作，則足以彌補題項非隨機取樣之缺失。

4. 強迫選擇式的 Q 分類程序，使得非結構性 Q 分類的結果，喪失了平均數與標準差之比較上的意義，惟相關分析法與因素分析法的使用，在研究上則未產生過大的限制。

資料分析與報告

第五編

第二十四章

資料的分析與解釋

楊國樞　陳義彥

第一節　研究資料的編碼

第二節　電算機的運用

第三節　統計分析的原則

第四節　研究結果的解釋

在整個研究歷程中,分析與解釋已是達到終點的階段。這一階段是研究者比較喜歡的,因為研究的結果即將揭曉。

研究者在資料蒐集完竣後,必須集中注意力於分析及解釋,而這種過程包括了許多關係密切的運作步驟。研究者必須把蒐集到的資料分析為若干成分,俾能使所研究的問題與所驗證的假設獲得解答。

所謂分析意指對所蒐集的資料加以整理、分類及摘要。分析的目的就是要簡化資料,使資料變成易於理解與解釋的形式。但是資料的分析本身,並不能對所探討的問題提供直接的答案,因此研究者必須對分析的結果加以解釋,才能使人瞭解其中的含意。所謂解釋意指瞭解分析的結果,以對所研究的變項關係作種種的推論,並從這些關係中導出結論,以進一步與既有的通則、定律或理論相連繫。簡言之,解釋就是要發現研究結果的意義。

不過,研究者要對一堆未經整理的原始資料加以解釋是很困難的,甚至是不可能的。所以,研究者首先必須分析資料,然後再就分析的結果加以解釋。足見資料的分析是在前的步驟,解釋是在後的步驟。這兩個步驟有時幾乎不可分割,必須並列討論。同時,這兩個步驟及其目的,對整個研究歷程的影響至深且鉅;我們可以說,所有前面的各個研究階段,都在導向資料的分析與解釋。

第一節　研究資料的編碼

一、編碼的意義與種類

編碼 (coding) 是屬於資料整理的程序,這一程序的成功與

否，對分析與解釋的工作將有莫大的影響。編碼是一種技術性的程序，研究者透過此一程序把資料加以類別化，並將原始資料轉化成符號 (通常是數字)，以便計算與列表。在研究中，編碼的目的是要對某一問題的各種答案分化為有意義的類別，以便於打上卡片，由機器加以運算或列表，以顯出這些答案的基本模式。

編碼有兩種，一種叫立即編碼，另一種叫事後編碼 (post-coding)。所謂立即編碼乃是訪問員或觀察者根據受試者當時的回答，在問卷上立刻加以編碼。例如，受試者對所問的題目只限於回答「是」、「否」，或「同意」、「不同意」，或只對一個評定量表圈選一項號碼時，訪問員可立即據以編碼。有時，經由事前的適當訓練，即使比較複雜的反應分類，亦可由訪問員以立即編碼的方式加以記錄。所謂事後編碼，是指在訪問完成相當時間後，再根據所記錄的受試者的反應予以編碼。

擔任編碼的人員亦有兩種，一是訪問員或觀察者本人，二是編碼員 (coder)。立即編碼通常是由前者擔任，而事後編碼則由後者擔任。由訪問員或觀察者編碼有兩點好處：(1) 他們有機會注意到當場的情境及受試者個人的行為，因之比起編碼員根據文字記錄來編碼，能夠獲得較多的情報；(2) 可以節省時間與勞力。儘管有這兩點好處，但當遇到複雜的資料時，通常還是要在資料蒐集後，再由編碼員加以編碼。此時，編碼員就有較多的時間仔細思考。訪問員或觀察者的就地判斷，與編碼員仔細考慮而作的判斷，兩相比較，可能前者比較缺乏可靠性。訪問員或觀察者的判斷，可能會受不相干的情境因素 (如受試者的外表、態度、語氣等) 所干擾，以致有所曲解。因此，編碼的工作會發生可靠性的問題。為了增加編碼的可靠性，製作編碼架構 (coding frame) 與從事編碼員或訪問員的訓練，是有其必要的。

一般而言,編碼的程序包括兩個不同的步驟。第一個步驟是決定所要運用的類別,第二個步驟是將個別的答案分派到各個類別中。前一步驟涉及到分類規則的瞭解,後一步驟涉及到編碼架構的製定。現在我們可就這兩個步驟加以詳細的討論。

二、分類的原則

分析的第一個步驟是類別化 (categorization)。一般言之,有四項類別化的原則,可以運用到分析的情境。這四項原則即:

1. 類別是根據研究的問題和目的而建立的。
2. 各類別是窮盡無缺的 (exhaustive)。
3. 各類別是互斥 (mutually exclusive) 而獨立的。
4. 各類別是根據同一分類向度 (dimension) 的。

第一項原則最為重要。倘若類別化不是根據研究的需要而建立,那麼研究的問題便不可能得到適當的答案。在研究過程中,我們要不斷提出疑問:我們的分析架構是否符合研究問題的要求?分析方法能否適當地檢定所提出的假設?

今舉一例,以資說明。假定我們提出的假設是:宗教教育會增強兒童的道德性格。如果我們將「宗教教育」界定為「教會學校的教育」,將「道德性格」界定為「誠實」,那麼研究的假設便可能是:教會學校的兒童比非教會學校的兒童更誠實。我們要檢驗這項假設時,蒐集的資料與分析的工具,必須與這項假設有關。最簡單的分析型態就是次數分析 (frequency analysis)。我們可從教會學校與非教會學校隨機抽出若干個兒童,並測量他們的誠實程度。假定我們所能作的最好方式,是把各個兒童分成

表 24-1　資料分類後的次數分配形式之一

	誠　　實	不　誠　實
教會學校	n_1	n_2
非教會學校	n_3	n_4

「誠實的」與「不誠實的」兩類，則可得到表 24-1 所示的次數分配情形。

假如我們對於誠實的變項採取連續性的測量 (非次數的程度測量) 方式，則可得到不同的資料形式 (表 24-2)。

表 24-2　資料分類後的次數分配形式之二

教會學校	非教會學校
n_1 { ⋮　　←個人誠實程度的測量分數→　　⋮ } n_3
n_2 { ⋮　　　　　　　　　　　　　　　　⋮ } n_4

這兩個表顯然與我們提出的假設有直接的關係，縱然他們的形式完全不同，但都能讓研究者檢定其假設。其中一個表運用次數，另一表運用連續變項，其結果將不會改變所檢定的假設。換言之，兩種分析的模式，在邏輯上是相似的：兩者都在檢定「教會教育影響誠實」的命題，而只是在運用的原始資料與統計的檢定方法兩方面有所不同而已。

第二項原則是類別窮盡。所謂類別窮盡意指所有可能的類別都已列出，而每個受試者都能分派到其中一個類別。就以上例而

言，每一個學童都能被分派到教會學校或非教會學校；也就是說，每一個學童不是屬於教會學校，就是屬於非教會學校。

有些變項的類別，要達到窮盡的標準是沒有問題的，性別即是其中之一，因為每個人不是男的就是女的。但在實際的研究中，有許多變項的類別，要達到此項標準，卻並非易事。如果在研究個人的宗教信仰時，只分佛教、基督教、天主教、回教四種，則若有位受試者是無神論者，這套類別架構便顯然違反了窮盡的原則，因為這些無神論者將無類別可以歸屬。遇到這種情況，研究者可有二種解決辦法：(1) 在已有的宗教類別以外，另加無神論及其他可能的宗教類別；(2) 另外加上「其他」一類，以容納這些不是佛教、基督教、天主教及回教的受試者。如果分派到「其他」一類的受試者太少，則可將這些受試者捨棄不用。假如可能的話，也可以把這些「其他」項內的極少數受試者，分派到已區分好而性質較相近的類別之內。這類問題將是研究者經常會碰到的，如何解決須視實際情況而定。

第三項原則是各個類別間必須相互排斥，而不能重複。其意是說，每個受試者必須被分派到一個類別以內，而且僅只可以被分派到一個類別以內。這個問題涉及到變項的界說。變項的界說必須清晰，不能模稜兩可，務使任何受試者都只能被分派到一個類別之內，而無法被分派到兩個以上的類別。如上文所舉的宗教信仰的例子，不管佛教、基督教、天主教及回教的定義如何，必須能夠清晰到使研究者可將受試者確定地分派到各個類別。第三項原則中的獨立性，意指一個物件 (或受試者) 被分派到一個類別時，決不影響任何其他物件 (或受試者) 被分派到同一或其他的類別。

第四項原則是各個類別必須根據同一分類向度，或處於同一

分類層次 (level)。初學者常會違反此項原則。在建立分類架構時，各個變項必須分開處理，因為各變項分屬不同的向度或層次。研究者不可將兩個或兩個以上的變項放在同一分類層面內。舉例言之，假如我們要探討教學方法、動機強度二者與學業成就之間的關係，我們不可將教學方法與動機強度混作同一層面。這種錯誤可能如表 24-3 所示。

表 24-3　兩個變項混為同一層面的例子

方法 1	方法 2	強度 a	強度 b
學　業　成　就　分　數			

上表是一套類別源自兩個變項的分類方式，此一方式顯然違反了第四條原則。正確的方式應如表 24-4 (次數性分析) 或表 24-5 (連續性數量分析)。

表 24-4　由三個變項所組成的分類架構
(用於次數性分析)

學業成就＼動機強度	教學方法 A_1		A_2	
	B_1	B_2	B_1	B_2
C_1	n_1	n_2	n_3	n_4
C_2	n_5	n_6	n_7	n_8

表 24-5　由兩個變項所組成的分類架構
(用於連續性數量分析)

動機強度＼動機方法	A_1	A_2
B_1	學　業　成　就　分　數	
B_2		

三、編碼架構的擬定

　　瞭解了分類的原則以後，我們就可以進而談到分類的架構 (classification scheme) 的設計問題。此處的分類架構，通常稱為編碼架構。如果一項問題只有少數的幾個可能的答案，那麼擬定編碼架構是沒有困難的。如果我們的問題是：「你今天抽過煙嗎？」答案便只有「有」、「沒有」、「記不得」、「拒絕回答」，類別清楚，易於編碼。屬於這一類的問題，可以採用預編的形式 (pre-coded form)，亦即在問卷中已將各項可能的答案列出，以供受試者選答。但是遇到開放式的問題，如「當你聽到『中國』兩字時，你首先聯想到的是什麼？」，答案便可能有很多；有人會想到五千年的歷史文化，有人會想到國父或蔣公，也有人會想到國旗、國歌等等，不一而足。在這樣多的答案中，要建立適當的分類架構，就不是一件容易的事。

　　如何著手設計編碼架構呢？關於這一問題，我們可以分成幾個方面來討論。

第一步，須先檢查具有代表性的樣本之回答或反應的情形　　在具

有代表性的原則下，我們選擇一些問卷（約 100 份），並將同一問題的所有回答都寫在紙上，紙的上端寫上該一問題，其下抄寫各種不同的答案。若所得的答案類目太少，就再增加一些問卷，直到可以得到足夠的答案為止。

然後，把各個答案依其性質或研究假設與目的，歸類在幾項標題之下；如在上述聽到「中國」有何聯想的問題中，我們可以將所想到的國父、蔣公歸在「領袖的認同」一類，把國旗、國歌歸在「政治符號」一類，把五千年歷史、燦爛文化歸在「傳統文化」一類，等等。

此時有一項問題，研究者必須加以決定：每一問題的答案或反應應當分作多少類別？假如沒有任何限制，或不想引起任何曲解，類別的數目就會與答案的數目一樣多。但是類別太多，進行分析與解釋就不容易。所以，在決定分作多少類別時，我們必先知悉研究的假設，以及該一問題的特殊目的何在。關於類別的多寡，有幾點值得我們參考：

1. 分類粗細要適中。若分類太粗，會缺乏辨別力；分得太細，則各類所得的次數可能太少，意義不大。
2. 必須考慮到統計分析的問題，並先確定統計表式的繁簡。
3. 假如基於假設而預期獲得某一類回答，但是該類的回答甚少，則仍須保留此一類別，以瞭解此類回答到底少到何種程度。在上述之例中，如果所想考驗的特殊假設是要知道對於「傳統文化」的依附情形，那麼就應保留「傳統文化」這項類別。
4. 必須考慮到處理資料的技術問題，而這種考慮可能減少

類別的數目。大部分調查研究的資料，常須利用打卡的方式，以便於從事統計分析的工作，這些卡片常見者有 80 行，每一行有 12 個位置 (後詳)。一般都不會多於 12 個類別，即每類只佔一個位置。但若希望超過 12 個類別也可，此時就須用到兩行，而可分成多至 100 個類別 (以前一行作十位數，後一行作個位數)；當然，也可以增加到三行或三行以上。大部分的調查研究者，都設法在編碼架構內將同一問題的類別保持在 12 項以內，以增進分析的速度，並避免分析的錯誤。一般情況下，可只分 9 個類別，另外加上「選答數項」，或「其他」、「不知道」(或「不確定」)，及「沒有回答」等三個類別，以有效容納這些難以歸類的回答。乍看之下，12 項類別似乎很少，不可能涵蓋各種不同的答案，但根據實際的經驗看來，8 個或 9 個類別是足夠的；而且，採取此一類別數目，各類別內方能得到比較充足的次數，以便於從事進一步的分析。所以，在許多調查研究中，常見的編碼架構都在 12 項類別以內。

在製定編碼架構時，最要考慮的因素是分類原則　一個問題的回答，可能有很多不同的分類標準。如果我們問的是受試者最喜歡的電視明星，則可根據明星所主演的影片性質而分作「西部武打明星」、「文藝明星」、「音樂明星」等等，也可以根據影星的性別、年齡、教育背景或離婚次數等標準來分類。所以，分類標準的確立是必要的。這種分類原則的內涵，端視所要考驗的假設及研究的目的何在而定。如果我們的假設是想瞭解受試者的年齡與所喜歡的影星之年齡有無相關，亦即：是否年輕的觀眾比較喜

歡年長的影星，而中年以上的觀眾比較欣賞年輕的影星？在這種假設下，編碼架構的分類原則，必須以年齡作為分類的標準，將影星的年齡分成幾個類別，並同時得知受試者的年齡類別，進而探討兩套年齡類別間的關係。

要注意類別次序的安排問題　通常，類別的次序不是很重要的問題，尤其當類別間完全獨立之時。可是，有時也需要用到類似評定量表 (rating scale) 的編碼架構；例如，有些類別是要表示受試者對某人或某事的喜歡程度，我們要根據回答把受試者歸到「非常喜歡」、「有點喜歡」、「不喜歡」等等類別。在這種情形下，編碼架構就需要有一邏輯的順序結構。再舉例來說，假如我們想瞭解受試者的居住處所是在北部或南部，並想知道他們是住在都市或鄉村。此時，我們可能用到兩個互相關連的分類架構，並可利用卡片的兩行來加以處理，其中第一項分類架構是 (1) 北部，(2) 中部，(3) 南部，(4) 東部；第二項分類架構是 (1) 院轄市，(2) 省轄市，(3) 縣轄市，(4) 鄉村。如此則第一項的分類可包含第二項的分類，如編碼 34 即代表此人住在南部的鄉村地區。

除非變項本身已明確分類（像性別只有男與女，或類別是用評定量表方式表明），**每個編碼架構可能需要用到「不知道」、「沒有回答」、「不確定」、「選答數項」或「其他」的類別**　在一項研究中，有時瞭解有多少受試者對該項問題「沒有回答」或「不知道」是相當重要的，所以這兩項類別不能視為浪費。「選答多項」或「其他」的類別是用來容納不適合於原先所列各類別的回答，把猶疑不定的回答歸到「其他」一類，總比硬行歸到另一類要好。其理由有二：(1) 避免促使原先所列的清晰類別變得

模糊，(2) 假如這種猶疑不定的回答很多，我們尚可設想補救之道，如決定修改編碼架構，或另列一新的類別。

編碼架構的各個類別應儘可能以最清晰的方式標明出來　寫出類別的標題，並加以文字解釋，最好能舉例說明。例如，我們詢問受試者對某一政黨的政綱之瞭解，並根據受試者所顯露的知識程度加以分類。在這種情況下，假定我們建立的編碼架構的類別是「優等」、「中等」、「劣等」。如此的分類很容易造成編碼員間的不一致。我們必須建立明確的標準，如像屬於「優等」一類的受試者，最少能正確的寫出該黨的各項政策。這是很重要的。尤其當很多編碼員共同從事編碼工作時，更應明白標示，以保證編碼的一致性與可靠性。即使是研究者本人從事編碼工作，各類別的標準也應儘可能的清晰與確定，否則一個人繼續編碼下去，很容易改變自己的標準。何況未來的讀者也需要瞭解各個類別的真確涵意，而文字的標題常是模糊曖昧的，但是舉例則可使人明白標題的含意。

現在，略舉數例以說明編碼架構的內涵（註 1）。首先，舉一個比較簡單的例子。假定我們想研究學生的讀書習慣，所問的問題是：「你是用那一種方式閱讀一本參考書？」我們可以採用如下的編碼架構：

0　只看每章的標題。
1　一章一章略讀，然後筆記要點。
2　從第一頁讀到最後一頁。
3　略讀並作筆記。

註 1：以下所舉數例係採自：A. N. Oppenheim (1966). *Questionnaire Design and Attitude Measurement.* New York: Basic Books.

4 僅只集中於某一節。
5 利用索引查閱所需資料。
6 閱讀每章摘要。
7 只讀結論。
8 只讀導論。
9 仔細閱讀各節。
X 不知道,沒有回答,不確定。
Y 其他,選答多項。

從上述的編碼架構中,可以注意到下列幾點事項:

1. 這些類別的標題簡短,很易引起誤解。
2. 類別 1 與類別 3 間的差別不易分清,這種含混之處應儘量避免。遇到這種情況,就必須在正式編碼前先與其他編碼員討論。
3. 這種類別的安排,並非以邏輯的結構作基礎。此一架構的編製者,多少是根據如何在最短時間內獲得書內的知識而分類的。
4. 嚴格說來,此一架構是屬複述編碼 (multiple-mention code)。一個學生顯然可用兩種以上的方式閱讀一本書。

接著我們要舉一個比較複雜的例子。在一項教師態度的研究中,問過受試者這樣一個問題:「你認為一個教師對兒童最應鼓勵的品格特質是什麼?」這個問題顯然是很籠統的,而答案也涵蓋了相當廣泛的範圍。下列是最後發展出來的架構:

0 宗教。
1 自我發展與幸福:快樂感、自發性、好奇心、創造力、

自立性、主動性及開放的性格。
2　合理的運用個人能力，以達成教育目標與工作的目標：勤勞、效率、毅力。
3　主動適應社會情境：社交性、合作性、忠誠性。
4　對社會情境作抑制性的適應：自制、自律、禮貌、整潔、秩序。
5　對權威人物作抑制性的適應：尊敬權威、順服師長、服從他人。
6　對社會情境作自我肯定的適應：競爭性、堅忍性。
7　善良、仁慈、愛心、容忍、慷慨。
8　堅持永恆價值與個人正直：誠實、正義感、誠墾、榮譽感、尊嚴、勇氣。
9　大志、振奮。
X　沒有回答，不能確定，不知道。
Y　其他。

應用此一編碼架構從事編碼工作時，編碼員必須對每一回答先作詳細的解釋，並須相當謹慎地加以思考與討論。因此，此類資料的編碼工作較為緩慢。我們須先給予每一類別一個涵蓋面較廣的標題，接著提示出一個例子。

最後再舉一例。此處所問的問題是：「若將所有的條件都考慮在內，那麼何種事件最可能引起第三次世界大戰？」就這一問題所得的反應而言，下列編碼架構是可以採用的：

0　一定不會有第三次世界大戰。
1　軍備競賽。
2　一個或一組國家對世界負有責任。

3　經濟利益的衝突。

4　權力衝突，有些國家有意圖擴張或獲得更多控制權的傾向。

5　意識形態的衝突，政治信仰與政治系統的對立。

6　一般的人性；人的侵略傾向，言及各種「天性」等。

7　倫理道德問題，價值的崩潰，宗教影響力的喪失。

8　人民相互間的不信任，由社會傳統與經驗的不同所導致的誤解，文化的差異。

9　其他。

X　沒有回答。

Y　不知道。

我們可以看出，此一架構不是在就回答的內容加以編碼，而是就受試者的思想架構加以編碼。對於此種編碼，在解釋上編碼員負有相當大的責任，需要特殊的努力，方能保持編碼的可靠性。編碼的結果，可能會真確地顯示出受試者的心意，使得編碼員的努力有其代價。

第二節　電算機的運用

資料蒐集完竣，並經編碼後，有時需要將資料轉化成機器可以閱讀的形式，以便利用電算機（俗稱電腦）或其他類似機器加以分析。

一、打孔卡片

為便於機器的閱讀與運算，研究者必須把編好碼的資料打上

卡片(或錄入磁帶)。打孔卡片是一張張長方形的卡片(如圖 24-1)，卡片上有 80 個直行，每一行有 12 列，其中 10 列印有數字，從頭到底為 0，1，2，3，4，5，6，7，8，9。在 0 上面的空白處，為非數字的位置，從 0 往上算，稱為 11 和 12，或稱為 X 和 Y。每行的 12 列都可打成孔，以使電算機能夠閱讀與辨別，並據以分類或運算。卡片上的孔是由打孔機 (keypunch machine) 所打的，打孔機是一種類似打字機而須用手操作的機器，其上有一個鍵盤，打孔員可以正確地在所要求的位置上打孔。

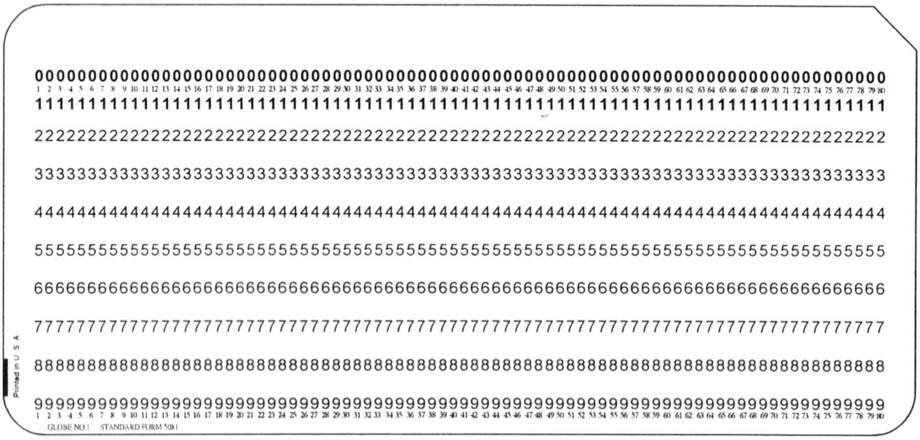

圖 24-1　打孔卡片

　　研究者指定卡片上某一行 (或一行以上) 代表某一變項，而該行中的數字即代表該變項的各種回答。打孔員根據編碼的結果，在各該數字處打孔，即可將閱卷上的資料變成機器可以閱讀的形式。

　　今舉例加以說明。假設我們指定卡片上第 5 行代表受試者

的性別，第 5 行內的第 1 列代表男性，第 2 列代表女性。若受試者是女性，則打孔員就在第 5 行第 2 列的地方打一孔；若是男性，則在第 5 行第 1 列的地方打一孔。其次，我們可指定卡片上第 6 與第 7 兩行 (以兩行編碼) 代表受試者的年齡，若受試者是 35 歲，則在第 6 行第 3 列打一孔及第 7 行第 5 列打一孔，即顯示該受試者是 35 歲。當然，我們也可將年齡歸成數類，例如：(1) 20 歲以下，(2) 21～30 歲，(3) 31～40 歲，(4) 41～50 歲，(5) 51～60 歲，(6) 61 歲以上。如此只須用到卡片的一行即可，則此一 35 歲的受試者，就可在第 6 行第 3 列打一孔，表示此一受試者是在 31～40 歲這一類。於是，一張或數張打過孔的卡片，就可代表一位受試者回答的所有資料，而成為各種統計分析的基礎，俾據以分類、計算及列表。由此可見，除非我們知道卡片上各孔所代表的數碼與原始資料的關係，否則每張卡片的洞孔是毫無意義的。

二、資料的登錄

通常，交給打孔員打孔的資料有兩種方式，其中之一是直接在問卷上編碼，打孔員可根據問卷上的數碼打孔。在這種情形下，問卷的設計很重要，最好在問卷上的右方留有畫格的空白，以便於登記受試者回答的選項號碼。表 24-6 所示，即為這種設計。

如果每一位受試者的回答資料很多，每人需用數張打孔卡片，或問卷的內容複雜，或問卷非如表 24-6 的方式，則須先將問卷資料編碼後，再過錄到登錄卡上，然後交給打孔員打孔。一般的登錄卡有 80 行 25 列，如果每人只需用一張打孔卡片，則一張登錄卡可過錄 25 個人的資料。當一個人的資料需用兩張以

表 24-6　直接編碼的問卷形式

1. 你的性別是 　□ (1) 男 　☑ (2) 女	2
2. 你的年齡是 　□ (1) 20 歲以下 　□ (2) 21~30 歲 　☑ (3) 31~40 歲 　□ (4) 41~50 歲 　□ (5) 51~61 歲 　□ (6) 60 歲以上	3
3. 你的教育程度是 　□ (1) 小學 　□ (2) 中學 　☑ (3) 大學 　□ (4) 其他	3

上的卡片時，每張卡片的前幾行都要打上受試者的編號，第 80 行則打上卡片的序號。如圖 24-2 所示。

　　打孔員打卡後，一定要驗卡 (通常打卡機構都有驗卡機，可以檢查卡片有否打錯)，如此才可保證打卡的正確性。例如，第 5 行代表性別，其中的第 1 列代表男性，第 2 列代表女性；如果打孔員打到第 3 列，就表示打錯了，必須改正過來。其次，我們必須注意每一行都不能空白，除非該行沒有用來代表任何變項；即使受試者「沒有回答」，編碼員也要給予一個打孔數字，否則研究者就不知道是受試者未曾回答或打孔員打漏了，而且電腦對空白的行在運作上可能另有特殊的解釋，所以會導致計算上的混亂，甚或中止計算的工作。

　　若受試者在某一問題或量表上缺答，則對缺失資料 (miss-

```
┌─────────────────────────────────────────────┐
│ 1 2 3 4 5 6 7 8 9 10 ·················· 80 │
│ 0 0 0 1 ································ 1  │
│ 0 0 0 1 ································ 2  │
│ 0 0 0 1 ································ 3  │
│ 0 0 0 2 ································ 1  │
│ 0 0 0 2 ································ 2  │
│ 0 0 0 2 ································ 3  │
│ 0 0 0 3 ································ 1  │
│ ⋮ ⋮ ⋮ ⋮ ⋮ ⋮ ⋮ ⋮ ⋮ ⋮ ⋮ ⋮ ⋮ ⋮ ⋮ ⋮ ⋮ ⋮ ⋮ ⋮   │
│ 0 0 0 9 ································ 1  │
└─────────────────────────────────────────────┘
```

圖 24-2　登錄卡

ing data) 的情況，研究者可採三種方法之一加以處理。第一種方法是隨機法，即用抽籤來決定該一問題的選項或數值，以作為缺答者的反應。第二種方法是採用各選項的中央程度，以作為缺答者的反應；如各選項是「好」、「無意見」、「不好」三者，則可以「無意見」作為該題的答案。這種做法有兩個理由：(1) 受試者作答時可能猶疑難決，所以沒有作答，因此選中央程度較近受試者的意見；(2) 受試者可能漏答，選用中央程度的得分比較適中，不會趨於極端。第三種方法是隨機抽取相當數量 (如幾百份) 的問卷，求算在該問題上各受試者所做反應或回答的平均數或眾數 (mode) (視是否為常態分配而定)，以作為缺答者的反應，如此則可使缺答資料的影響減至最低限度。

三、編碼簿的製備

上文已經述及，除非我們瞭解卡片上各孔所代表的變項與含

意，否則這些洞孔本身並不具有意義。但是由於資料很多，研究者若不製備一本手冊，說明卡片上各孔所代表的含意，則很可能會將之遺忘。編碼簿 (code book) 是一種手冊，用以說明研究資料中各變項在打孔卡片上的位置及每一變項上各種數碼所代表的意義。編碼簿有三項基本的功能：

1. 當研究者準備把研究資料交付打孔時，編碼簿是打卡員的基本指引。
2. 當研究者本人或電腦程式設計師編擬分析程式時，編碼簿是基本的指引。
3. 當統計分析完畢後研究者撰寫報告時，編碼簿是基本的指引；例如，當研究者想知道性別與宗教情感之間的關係時，他就要查閱編碼簿，找出這兩個變項的變項號碼及其各種數碼所代表的意義。

足見有了編碼簿以後，研究者、打卡員及程式設計師對於全部資料的內涵與位置，都能瞭如指掌。在大多數較為複雜的研究 (特別是調查研究) 中，製備編碼簿是一項必要的程序。編碼簿內的各項說明要儘量詳盡。

表 24-7 所示是某一編碼簿的一部分。在這個例子中，我們可以發現編碼簿大致可包含五個主要項目，即卡片上的行數、問卷上的問題號碼、變項號碼、變項名稱及數碼說明。(1) 卡片上的第 1 行到第 4 行是受試者的編號；例如，0134 表示此張卡片內所記錄的資料是編號 0134 的受試者的資料。(2) 問題號碼是指問卷或訪問指引上的問題題號；有了此一題號，即可得知卡片上某一行的資料是關於問卷上的那一個問題。(3) 變項號碼是

表 24-7　編碼簿舉例

			卡片 一	
行數	問題號碼	變項號碼	變項名稱	說　　　　明
1-4			受試者編號	
5	甲.1	1	性　別	1 — 男 2 — 女
6	甲.2	2	年　齡	1 — 20歲以下 2 — 21~30歲 3 — 31~40歲 4 — 41~50歲 5 — 51~60歲 6 — 61歲以上
7 ⋮	甲.3 ⋮	3 ⋮	宗教信仰 ⋮	1 — 佛教 2 — 基督教 3 — 天主教 4 — 回教 5 — 無宗教信仰 6 — 其他
80		序　號		1 — 第一張卡片

			卡片 二	
1-4			受試者編號	
5 ⋮	乙.3 ⋮	75 ⋮	好公民的最主要 條件 ⋮	1 — 瞭解個人與國家的關係 2 — 參加投票 3 — 守法精神 4 — 重視權利與義務 5 — 高尚品德 6 — 忠貞愛國 7 — 克盡職責 8 — 其他 9 — 未答
60 ⋮	丙.6 ⋮	131 ⋮	看電視新聞報導	1 — 從不 2 — 很少 3 — 有時 4 — 時常
79	丙.9	150	看報紙的頻率	1 — 每週看一次 2 — 每四天看一次 3 — 每二天看一次 4 — 每天都看
80		序　號		2 — 第二張卡片

研究者自己為各變項所編的號碼；有了變項號碼後，研究者可以得知變項的代號，以便於分析計畫的擬定。研究者自行編寫程式時，或與程式設計師溝通時，皆可直接引用變項號碼，而不必提及變項內容。(4) 變項名稱可使研究者或程式設計師很快得知這一變項的含意。(5) 數碼說明是很重要的項目，必須詳確寫出，才能知道某一行內的某一數字是代表受試者的何種反應。舉例來說，我們看到編號 0134 者的第二張卡片第 5 行的孔是打在第 6 的位置，翻閱一下編碼簿，馬上便知道 0134 號的受試者認為「好公民的最主要條件是忠貞愛國」。由此可見，製備了編碼簿以後，對於卡片上所有資料的意義，都能一清二楚，此時所蒐集的問卷，幾乎可以暫時束之高閣了。

四、統計分析計畫的擬定

在製備編碼簿時，研究者應同時決定將分析那些變項，以及要採用何種統計方法，以便電腦程式的設計者可據以編寫計算程式。亦即，研究者須擬定書面的統計分析計畫，其中應包括下列三部分內容。

㈠ 變項的界定

原始變項 (original variable)　　指編碼簿上所登錄的各個變項，如表 24-7 中的例子，共有 150 個原始變項。

複合變項 (composite variable)　　指由幾個變項所合成的變項 (包括各種指數與代數和等)。以表 24-7 中的資料為例，我們可把第二張卡片上的第 131 號原始變項與第 150 號原始變項，合成為「接觸大眾傳播媒介的頻率」的新變項，此一新變項即為

一複合變項，其號碼是 151。如此根據研究的實際需要，可將 150 個原始變項中的某些變項組合成許多新的變項，如：

$$V151 = V131 + V150$$
$$V152 = V128 + V141 + V145$$
$$V153 = V151 - V152 + V28$$
$$V154 = V112/V89 - V31$$
$$\vdots \qquad \vdots$$
$$V196 = (V41 + V72 + V125) - (V78 + V147)$$

原始變項與原始變項固然可以組成複合變項，原始變項與複合變項或複合變項與複合變項，也可組成複合變項。在組成複合變項以前，也可先將各成分變項 (component variable) 作適當的加權，例如 $V154 = 3(V95) + 2.5(V45 + V47 + V97) - V153$。總之，變項的組合須視研究目的、研究假設及變項性質而定，否則隨便組合，對整個研究並無多大意義。

(二) 變項的分組

為了便利統計分析，可以根據各變項的性質與研究中所用的概念架構 (conceptual scheme)，將所欲分析的眾多變項加以分組。例如，在一項有關政治行為的研究中，我們可以將性別、籍貫、宗教信仰、成長地方等有關個人的基本資料歸為第一組，將權威性人格、個人現代性、成就動機、保守態度等心理特質的變項歸為第二組，將政治興趣、投票行為、對政治的看法等政治定向的變項歸為第三組。如此，則研究者可將所欲分析的變項分成有意義的數組 (大組中還可以再分成小組)。

㈢ 分析的指引

關於統計分析方法的選擇與運用的問題,將在下節討論。但在統計分析以前,研究者必須告訴電腦程式設計師分析各組變項所要用的統計方法,以便後者可以根據所選的統計公式去設計電腦程式。因此,研究者必須將欲從事的統計分析逐項明確列出,以為指引。研究者自行設計程式或選用現成程式,亦應先寫分析指引。

例如,在上述政治行為的研究中,其分析指引中可能包含下列各項統計分析:

1. 求算第一組及第三組中每一變項的次數分配及百分比。
2. 求算第二組中每一變項的平均數與標準差。
3. 求算第一組中每一變項與第三組中每一變項間的 χ^2 值。
4. 求算第二組內各變項間的皮氏積差相關係數 (Pearson's product-moment correlation,簡作 r)。
5. 以第一組的變項為自變項、第二組的變項為依變項,從事單因素變異量分析 (one-way analysis of variance)。

以上只是舉例說明。在正式研究中,研究者可以運用更衆多、更複雜的統計分析,皆應一一列出。如果某項統計分析不須涉及組內的所有變項,也可僅只列出所要分析的變項 (以變項號碼為代表),並說明分析的內容。必要時,研究者最好能將統計公式一併寫下,並列明所需表格的形式。如此,電腦程式設計者便可依照研究者的要求,先考慮到表格的形式,以便於將來的查閱與分析工作。

第三節 統計分析的原則

對研究資料加以分析的活動，範圍廣泛，涵義複雜。統計方法的運用，僅為研究分析的一部分。不過統計分析似乎較能道出分析的涵義，因為整個的分析工作就是要瞭解研究資料的特徵，而統計方法的運用則較能分析出這些特徵。當然，在從事分析工作時，並不是非使用統計方法不可。不過，社會及行為科學發展到了今天，統計方法的應用似乎已經成為必要的條件。

本節不擬介紹各種統計方法的公式來源與運算過程（註2），而只是簡略討論如何選擇適當的統計方法，以有效分析所蒐集到的資料。首先我們要問：當我們選用某種統計方法時，究應考慮那些條件與因素？

統計檢定 (statistical test) 的目的，是要決定從兩個或兩個以上的樣本所蒐集到的資料是否來自同一群體；如果不是，便要進一步決定這些樣本之間的任何差異或關聯，究有多大可能性可憑機率的變動加以說明。

選擇適當的統計方法時，下列兩個因素是值得研究者加以考慮的：(1) 研究問題的性質，(2) 研究資料的性質。茲分別討論於下。

註 2：下文所將提及的各種統計方法，可參閱：楊國樞、林碧峰、李美枝、劉君業譯 (J. T. Roscoe 原著) (民 61)，行為統計學。臺北市：環球書社；及林清山 (民 65)，心理與教育統計學。(修正版) 臺北市：東華書局。

一、考慮研究問題的性質

關於研究問題的性質，可以歸為兩大類問題。

(一) 屬於描述性的問題

在此類研究問題中，研究者只想瞭解單一或若干事象的現況。例如，研究者若想知道臺北市居民的社會興趣，便可用普查或抽查兩種方式。前一方式是直接求得群體在社會興趣上的母數 (parameter)，這在理論上是可以的，但實際調查起來，則要花費很大的財力與時間。後一方式是抽取具有代表性的樣本，來推估群體的母數。在描述性的研究問題中，可以採用平均數、中位數、眾數、標準差、偏度 (skewedness)、峰度 (kurtosis) 等統計量，以顯示有關變項或事象的分配情況。普查與抽查的方式，都是直接計算或間接估計單一事象或變項的現況。

(二) 屬於關係性的問題

在此類研究問題中，研究者所探討的是兩個變項間 (或一個變項與一組變項間，或兩組變項間) 有無關係或其關係的程度。此等情形的探討又可分為兩類：

變項相關 關於探求變項間相關的有無或程度，可有三種情況：

1. 探討兩個變項間的關係，此時可計算皮氏積差相關、相關比 (correlation ratio) 或其他相關係數，以代表兩變項之關係的有無或程度。
2. 探討一個變項與一組變項的關係，例如研究學業成績與數個變項 (如智力、成就、動機、測試焦慮) 的關係。此

時可計算複相關 (multiple correlation)。

3. 探討一組變項與另一組變項的關係,例如研究有關現代化的一組變項與有關社會問題的另一組變項之關係。此時可以計算典型相關 (canonical correlation) (註3)。

組間比較　組間比較是指兩組或兩組以上的受試者在某一個或數個變項上得分的比較,以探求各組間的差異情形。通常,是先根據一個或數個自變項將受試者分為數組,然後再比較各組在另一個或數個依變項上的差異。為組間比較選用統計方法時,必須考慮到依變項的數目與測量的性質,所以我們將此問題併在下文討論變項測量層次 (level) 時一起說明。

二、考慮研究資料的性質

關於研究所得資料的性質,有兩大問題足以影響統計方法的選用。其一是變項的測量層次,其二是數據的分配型態。現在分別說明如下:

㈠ 考慮變項的測量層次

所謂「測量」(measurement),通常是指用數字來表示所測事物或屬性的數量或類別。一般而論,測量時應儘量使所用的數字適合於加、減、乘、除的運算。但是,事實上此一要求並不一定都能做到。測量有數級層次或水準,而經由某些層次的測量所獲得的結果,不一定能作算術的運算。不同層次的測量,採用不

註3:關於典型相關的意義與計算程序,可參閱 W. Cooley and P. Lohnes (1971). *Multivariate Data Analysis.* New York: Wiley. pp.168〜200.

同種類的測量尺度 (measurement scale)。S. S. Stevens (註 4) 曾將測量分為四個層次 (詳見本書第十一章)：

類別尺度 (nominal scale)　　這是最低層次的測量，即依據觀察對象的性質，將之歸入不同的類別，而沒有次序、高低或好壞的差別。這些類別須是彼此相斥的，而且要能包容所有的觀察對象，亦即沒有一個對象是不屬於其中一類的，也沒有任一對象可以同時屬於兩類。例如，性別即是一種類別尺度。我們通常假定，所有的人可以準確地分為男或女，而沒有又男又女的人。同理，我們也可將人的婚姻狀況分成已婚與未婚，等等。類別尺度所獲得的是質的變項 (qualitative variable)，有時我們也可用量的數字來表示類別變項，但這些數字僅只用作符號，而不真正代表類別的量的特性。

等級尺度 (ordinal scale)　　等級尺度與類別尺度的分別，在於前者多了一個「有方向次序」的特性，即等級尺度中的各個類別之間，有一程度上的順序關係存在，每一類別可以視為高於或低於、大於或小於其相鄰的類別。但值得注意的是，等級尺度只能描述類別間在某一特質上的次序，而不能描述類別間差異的大小。如有兩位學生的操行成績分別為甲與乙，我們只能說得甲的學生其品行優於得乙者，但卻無法正確地說出前者比後者好了多少。

　　一般而論，特別為等級尺度所設計的統計方法，應用時所處理的分數必須成連續性的分配。通常，為類別變項所設計的統計方法，也可以用來處理以等級尺度所得的資料。特別為處理類別

註 4：S. S. Stevens (1951). Scales of measurement. In S. S. Stevens (ed.), *Handbook of Experimental Psychology*. New York: Wiley. pp.1～49.

與等級資料所發展出來的統計技術,通稱為「非母數統計學」(non-parametric statistics) (註 5)。

等距尺度 (interval scale)　等距尺度除了可以說出類別及排出高低或大小的次序,尚可算出差異的大小。它與等級尺度顯然不同之處,是其測量單位間有相等的間隔。

等距分數可用加、減、乘、除的運算來處理,這是它特有的優點。所以,等距尺度可說是一種真正的計量尺度。但它也有缺點,即缺乏真正的零點(簡稱真零)(true zero)。也就是說,在某一特質上,50 分並非 25 分的兩倍。一個學生可能在一項成就測驗上得 0 分,但我們卻不能因此說他毫無該一測驗所欲測量的特質。

在社會及行為科學的研究中,很多測量工具(尤其是各種量表,如態度量表、智力量表等經過標準化的測驗)都可提供等距性的分數,而使其測量結果變成等距尺度,以符合實際應用上的方便。因此,等距尺度的運用範圍甚廣。

專為類別與等級資料所設計的統計方法,也可以用來分析以等距尺度所獲得的資料。但是一般認為,如果已經從事了較高層次的測量,最好就採用專為該一測量層次所設計的統計方法來處理資料,而不宜採用適合於較低測量層次的統計程序。

等比尺度 (ratio scale)　等比尺度除了可以說出類別、排出次序、算出差距以外,尚可說出某一比率是否與另一比率相等。它最重要的特性是有真零,亦即所使用的數量能夠代表從自然原點

註 5:參閱 S. Siegel (1956). *Nonparametric Statistics.* New York: McGraw-Hill; M. Hollander and D. A. Wolfe (1973). *Nonparametric Statistical Methods.* New York: Wiley.

(natural origin) 開始算起的一段距離。例如身高、體重、人數、反應數量等,都是採用等比尺度。

在等比尺度上,我們可以說某人在某一特殊屬性的量是零,或是說在該項屬性上某人是另一人的幾倍。例如,體重 200 磅的人是體重 100 磅者的兩倍,但卻不能說智商 150 的人是智商 75 的人的兩倍。在社會及行為科學中,真正屬於等比尺度的變項不多,有些感覺與學習方面的實驗,雖可使用等比尺度,但所引起的爭論頗多。

通常,在分析等比尺度所獲得的資料時,所用的統計方法與分析等距分數者相同,而只能用於等距與等比資料的統計程序,通稱為母數統計學 (parametric statistics) (註 6)。

瞭解了變項的測量層次以後,順便應該說明量變項與質變項的差別,以便於我們討論統計方法的選用。

選用統計方法時,先要區別資料是量變項或質變項,因為量變項與質變項各有適用的統計方法。所謂量變項 (quantitative variable),是指變項本身具有可以測量的數值單位,亦即可根據某些變項的特徵作量的連續排列。例如,年齡是一個量變項,因為它可根據年、月、日、時等可以測量的數值單位計算出來。量化資料具有可加性質 (additive property) 與相等間隔 (equal interval),有時且具有一個真零。在社會及行為科學的研究中,年齡、收入、家庭大小、每天抽煙數量等,都是量變項的例子。前述的等距變項與等比變項皆屬量變項。對於量變項的資料,研究者可以計算平均數、標準差及多種相關係數如積差相關、複相

註 6:關於測量尺度與統計方法間關係的進一步討論,可參閱 N. H. Anderson (1961). Scales and statistics: Parametric and nonparametric. *Psychological Bulletin, 58*, 305~316.

關 (multiple correlation)、淨相關 (partial correlation) 及相關比 (correlation ratio) 等,並可進而從事變異量分析、迴歸分析 (regression analysis)、因素分析 (factor analysis) (見本書第二十六章)、因徑分析 (path analysis) (見第二十七章) 及其他複雜的分析方法。在檢定統計假設時,可以採用 t 檢定 (t test) 與 F 檢定 (F test)。

所謂質變項 (qualitative variable),是指變項本身並不具有可以測量的數值單位,而是僅可根據一項或數項所描述的特質加以區分。例如,性別是一個質變項,而它之成為變項,並不是根據性別本身的可以計算的數值單位,而是根據男與女的類別。前述的類別變項都屬於質變項。對於質變項的資料,研究者可以計算次數、百分比、及各種非母數的相關係數如 ϕ 相關、四分相關 (tetrachoric correlation)、雙列相關 (biserial correlation) 等,並可從事次數變異量分析 (註 7) 及運用非母數相關係數的因素分析等。在檢定統計假設時,可以採用 χ^2 及其他非母數的統計檢定方法。

界乎量變項與質變項之間的是等級變項,其特點是有順序性的等第特徵,以等級尺度所獲得的資料即屬此類變項。大體言之,凡是以次第排列法 (method of rank order) (註 8) 所獲得的資料 (如代表相對興趣或相對喜好程度的等第分數),都是等級變項。有些研究者認為,以評定量表法 (method of rating

---

註 7:參閱 J. P. Sutcliffe (1957). A general method of analysis of frequency data for multiple classification designs. *Psychological Bulletin, 54*, 134~137.

註 8:J. P. Guilford (1954). *Psychometric Methods*. New York: McGraw-Hill. pp.178~196.

scale) (註 9) 所獲得的資料亦屬等級變項，但也有些研究者將此類資料視為以粗略的等距尺度所獲得的量變項。對於等級變項的資料，研究者可以計算各種等第相關 (rank correlation) 如 Spearman 等第相關與 Kendall λ，並可進而檢定所得相關係數的統計顯著性。

量變項與等級變項可以轉化成質變項。其方法是把量變項或等級變項分成數段，並安排成次數分配的形式。例如，我們可將年齡分成六組：(1) 20 歲以下，(2) 21～30 歲，(3) 31～40 歲，(4) 41～50 歲，(5) 51～60 歲，(6) 60 歲以上；如此六組就成了年齡的六個類別，可求各個類別的次數與百分比。在社會及行為科學的研究中，把量變項轉變成為幾個組別的質變項，再以適用於質變項的統計方法加以分析，是經常可以見到的。例如，有的研究者會把所得的個人現代化程度分數分成高、中、低三組。這種作法是為了可以採用比較簡易的統計方法來從事分析工作，但其缺點則是浪費或損失了許多的資料，這當然是很可惜的。所以，如果時間與經費許可，原先為量變項的數據，最好不要轉化為質變項，以免浪費資料。

相反的，質變項則比較不易轉化為量變項。只有在極少數的情形下，而且是某些假定的條件大致成立時，才可以這樣作。社會階層 (social class) 即為一例。在嚴格的意義下，社會階層應是質的變項，但卻常被視為量的變項。在後一情形下，研究者必須設立必要的假定，即假定社會階層具有等距與可加的性質。一般有關社會階層的研究，常以受試者的收入數量 (或家庭中的各種設備) 與教育程度兩項分數之和，來代表其社會階層；但是收

註 9：同前註，pp.263～299.

入多少與教育程度兩者是否可以相加或如何相加,卻又是一個值得討論的問題。在各類質變項中,等級尺度所得的分數比較容易轉化成量變項,但在轉化之前應確知等級分數所代表的變項大致成常態分配,即應設立「原變項成常態分配」的假定。至於如何將等級尺度的分數轉化成等距或等比尺度的分數,讀者可查閱 J. P. Guilford (註 10)。

　　自變項與依變項數目的多寡,也可影響到統計方法的選用。所謂自變項是說該變項的變化或不同會影響到其他變項的變化或不同;換言之,在一項研究中,某一變項會影響其他變項的變化,而其本身的變化並不受其他變項的變化的影響,則此變項即為自變項。一變項之稱為依變項,則指其變化或不同可從自變項預測而來。在實際的研究中,我們假定依變項的變化是為其他變項 (自變項) 的變化所影響。對自變項所做的觀察,可以提供我們作預測的基礎。例如,我們知道了某兒童的家庭是否為破碎家庭 (自變項),便可以預測他將來成為不良少年 (依變項) 的可能性。我們知道了一個人學習某事時練習次數的多少 (自變項),便可以預測其學習的成效 (依變項)。

　　在社會及行為科學的研究中,自變項與依變項的決定,可以遵循兩個原則:

1. **將性質 (property) 當作自變項,把傾向 (disposition) 與行為當作依變項**。性質與傾向的主要區別,在於前者是一種比較持久的特徵,是不依賴情境而產生的,如性別、種族、年齡、籍貫、教育程度等,皆屬一個人的性質。傾向是指個人在某種情況下可能會作某種反應的趨

註 10:同註 8,pp.179～188.

勢。一個人有了強烈的權力動機 (need for power)，他便會在社會情境中去支配別人；於是權力動機是一種傾向，因為它提高了當事人在社會情境中支配他人的可能性。

2. 將傾向當作自變項，反應或行為當作依變項。在研究設計中，如果不打算研究性質，則可將傾向當作自變項，而把反應或行為當作依變項。常加研究的傾向有動機、情緒、態度、能力、價值、及各種人格特質，以這種種傾向作為自變項，便可驗證其與行為 (依變項) 的關係。例如，研究者可以探討消費者的品牌態度對其購買行為的影響，或已婚夫婦的子女價值觀念對其生育行為的影響。

研究者決定了研究中自變項與依變項的數目，並確定了變項的測量層次 (變項是屬類別者、等級者、等距者或等比者) 以後，就可以選擇適當的統計方法。在從事此種選擇時，可以參考表 24-8 (註 11)。

從表 24-8 中，我們可以看出下列幾項要點：

1. 假如自變項與依變項都是等距或等比測量，則可運用相關法如皮氏相關、複相關、淨相關等。
2. 假如自變項是類別或等級測量，而依變項是等距或等比測量，則可運用 t 檢定或變異量分析。

註 11：表 24-8 中所提到的各種統計檢定方法，除 Kendall 的 λ 與複變異量分析 (multivariate analysis of variance) 外，其他各種方法皆見註 2。Kendall 的 λ 法見註 5，S. Siegel (1956)，pp.213～223；複變異量分析法見註 5，pp.223～241.

表 24-8　選擇統計檢定方法的基礎 (註12)

<table>
<tr><td colspan="3" rowspan="3"></td><td colspan="6">自變項的層次與數目</td></tr>
<tr><td colspan="2">等距與等比變項</td><td colspan="2">等級變項</td><td colspan="2">類別變項</td></tr>
<tr><td>1個</td><td>1個以上</td><td>1個</td><td>1個以上</td><td>1個</td><td>1個以上</td></tr>
<tr><td rowspan="9">依變項的層次與數目</td><td rowspan="3">等距與等比變項</td><td>0</td><td></td><td>因素分析</td><td rowspan="3">將自變項的等級變項轉化成類別變項，並採用第C行第1列的統計方法；或將依變項的等距或等比變項轉化成等級變項，採用第B行第2列的統計方法；或將自、依兩種變項都轉化成類別變項，採用第C行第3列的統計方法。</td><td rowspan="3"></td><td>變異量分析（或t檢定）</td><td>變異量分析</td><td rowspan="3">第1列</td></tr>
<tr><td>1個</td><td>Pearson 相關</td><td>複相關</td></tr>
<tr><td>1個以上</td><td>複相關</td><td></td><td></td><td>複變異量分析</td></tr>
<tr><td rowspan="3">等級變項</td><td>0</td><td rowspan="3">將依變項的等級變項轉化成類別變項，採用第A行第3列的統計方法；或將自變項的等距或等比變項轉化成等級變項，採用第B行第2列的統計方法；或將自變項的等距或等比變項轉化成類別變項，採用第C行第2列的統計方法。</td><td></td><td rowspan="3">和諧係數（W值）</td><td rowspan="3">符號檢定、中數檢定、U檢定、kolmogorov Smirnov檢定、單因素等第變異量分析（H檢定）</td><td rowspan="3">Friedman 二因素等第變異量分析</td><td rowspan="3">第2列</td></tr>
<tr><td>1個</td><td></td></tr>
<tr><td>1個以上</td><td></td></tr>
<tr><td rowspan="3">類別變項</td><td>0</td><td></td><td></td><td rowspan="3">符號檢定、中數檢定、U檢定、kolmogorov Smirnov檢定、單因素等第變異量分析</td><td></td><td>t² 檢定</td><td rowspan="3">第3列</td></tr>
<tr><td>1個</td><td>變異量分析（或t檢定）</td><td></td><td>φ 相關、Fisher 正確機率檢定、χ² 檢定</td></tr>
<tr><td>1個以上</td><td>變異量分析</td><td></td><td></td></tr>
<tr><td colspan="3"></td><td colspan="2">第 A 行</td><td colspan="2">第 B 行</td><td colspan="2">第 C 行</td></tr>
</table>

註12：本表係採自 B. W. Tuckman (1972). *Conducting Educational Research.* New York: Harcourt Brace Iovanovich, Inc.. p.229.

3. 假如自變項與依變項都是類別測量，則可運用 χ^2 檢定。
4. 假如自變項與依變項都是等級測量，則可運用處理等第的相關法。
5. 假如依變項不止一個，則須運用比較複雜的統計程式 (如複變異量分析)。

今舉一例，以說明選擇適當統計方法的過程。假定我們要研究不同的教學方法對學生學業成就的影響，並以學生的智商 (IQ) 作為干涉變項 (moderator variable) (註 13)。為了統計上的方便，通常都將干涉變項視為自變項。在這種情況下，我們有兩個自變項：一個是教學方法 (包括單純演講法、自學輔導法、及啟發教學法)，顯屬類別變項；另一是智商，為一等距變項。我們只有一個依變項，即學業成就，為一等距變項。

如何進行統計方法的選擇呢？

● **第一步**：我們可把第二個自變項 (智商) 從等距變項轉化為類別變項。我們可將各生的智商依其所得分數的高低，依序排列成等第的形式，並找出其中數，然後以此中數為基礎，分成高低兩組，即在中數以上者屬高智商組，在中數以下者屬低智商組，如此則原來是等距變項的智商就變成類別變項了 (也可將中央大約 46% 人棄而不用，而留下智商最高的 27% 與最低的 27%，分別作為高智商組與低智商組)。當然，研究者也可根據其他標準，而分成高、中、低三組。

註 13：在以下兩種情形下，C 變項為 A、B 兩變項間關係的干涉變項：(1) A，B 間相關的有無或大小視 C 的不同而不同；(2) A 對 B 之影響的有無或大小視 C 的不同而不同。

- **第二步**：我們可以畫一張研究設計表 (表 24-9)，以便將研究所得的資料放入。

現在我們有兩個類別性的自變項與一個等距性的依變項。根據表 24-9，可知適當的統計分析方法應該是 3×2 的變異量分析。

表 24-9　研究設計表

	單純演講法	自學輔導法	啟發教學法
高智商組	— — — — — — — — —	— — — — — — — — —	— — — — — — — — —
低智商組	— — — — — — — — —	— — — — — — — — —	— — — — — — — — —

（學業成就分數）

就一般研究而言，通常有六種最常用的統計檢定方法：

1. 如果要處理兩個等距或等比變項，可用皮氏相關。
2. 如果要處理兩個等級變項，可用 Spearman 等第相關 (rank-order correlation)。
3. 如果要處理兩個類別變項，可用 χ^2 檢定。

4. 如果有一個類別自變項與一個等距或等比依變項，而自變項只有兩個類別或層次 (level)，可用 t 檢定。
5. 如果有兩個以上的類別自變項與一個等距或等比依變項，可用變異量分析。
6. 如果有一個類別自變項與一個等級依變項，可用 Mann-Whitney U 檢定。

在實際研究中，研究者常會轉換變項的測量層次，以便運用適當的統計分析方法。

(二) 考慮數據分配的型態

我們在選用統計方法時，數據分配的型態也是應該考慮的因素。例如，在探討資料的集中趨勢 (central tendency) 時，可以根據數據的分配型態，選用常見的三種集中數量 (算術平均數、中數及眾數)。當數據呈常態分佈時，算術平均數最能代表集中趨勢。當數據呈偏態分佈時，則以眾數較佳。

統計分析用的公式，都是在一些有關分配型態的假定之下導衍出來的。因此在使用每一方法之前，研究者必須先要確定資料的分配型態是否與公式背後的基本假設相符。例如，皮氏積差相關有一基本假定：求算相關的兩個變項所構成的三度空間的次數分配應具常態性 (normality)，亦即所涉及的兩個變項應形成一「雙變項常態分配」(bivariate normal distribution)。如果求算相關的兩個變項在分配型態上不符合這一假定，則所得的相關係數便不易解釋。有些研究者因為不太注意統計方法背後的基本假定，或未留心所得數據的分佈型態，以致選用了效力較弱的統計方法，甚或選錯了統計分析的工具。不過，最近也有若干有關

研究（註 14）顯示統計分析方法具有相當大的「堅韌性」(robustness)，即使在嚴重違背了基本假設的情形下，分析檢定所得的結果也不會受到顯著的影響。

第四節　研究結果的解釋

　　科學家評價一項研究時，可能對資料與結果的解釋有不同的意見。關於資料方面的歧見，大多集中於測量工具的效度與信度，以及研究設計、觀察方法與資料分析的適當性等問題。研究者從事一項研究時，須先擬定研究計畫，敍述研究目的、觀察方法、測量工具及分析方式。所採用的觀察測量與統計分析的方法，必須適合於研究的問題與目的。研究所用的方法、工具及統計的適當性，乃是解釋研究結果的主要基礎。例如，研究者必須注意變項測量的效度與信度，倘若沒有求得變項的效度與信度，即逕予採用與分析，便可能導致解釋上的錯誤。

　　至於研究結果的解釋，乃是科學研究中最容易發生爭論的部分。研究者經由統計分析獲得了研究結果，便要進一步說明其意義與關係。這就是一般所說的研究結果的解釋。解釋不像描

註 14：如 L. L. Havlicek and N. P. Peterson (1974). Robustness of the *t* test: A guide for researchers on effect of violation of assumptions. *Psychological Reports, 34*, 1095～1114; L. L. Havlicek and N. P. Peterson (1977). Effects of the violation of assumptions upon significance levels of the Pearson's *r. Psychological Bulletin, 84.* 373～377; R. A. Zeller and Z. H. Levine (1974). The effects of violating the normality assumptions underlying *r. Sociological Methods and Research, 2*, 511～519.

述 (description) 那樣只告訴我們「發生了什麼」,而是更進一步告訴我們「為什麼發生」。最基本的一種解釋便是說明 (interpretation),是指以另外的方式表達出研究結果本身的含義及其相互的關係。在此一意義下,解釋的範圍比較狹窄。通常,結果的分析與說明密切交織,而一種分析幾乎同時即是一種說明。獲得任何一種統計計算的結果 (如相關係數),研究者幾乎都會立刻據以說明變項間關係的有無與程度。

可是社會及行為現象錯綜繁雜,解釋研究結果並非如此單純,尚須探討造成所得結果的可能原因。在通常的情形下,不同的專家學者會對同一組研究結果持有不同的看法,提出不同的解釋。這些歧見與爭論原是科學理論之功能的一部分,不過本節不擬從科學方法論的層次來討論解釋的問題,而只想從單一或系列的研究中,來澄清有關解釋研究結果的一些基本問題。

一、關係的說明

研究工作的目的不僅在描述個別事實的存在,而且還要找出事實間的關連。從研究所得的結果中,研究者希望發現變項間的相互關係,並想進一步知曉關係的方向與性質。但當研究者探討分析結果的意義以瞭解其間的關係時,卻會發現這項工作並不容易。

舉例來說 (註 15),如果我們想要說明個人收入與保守態度的真實關係,只靠圖表是難以圓滿達成目的的。那麼,我們究應如何說明個人收入與保守態度之間的相關?人們是否因為收入增加

註 15:以下所舉之例,係採自 C. A. Moser and G. Kalton (1972). *Survey Methods in Social Investigation*. New York: Basic Books.

便發展出比較保守的看法，或是由於他們與保守主義者接觸較多，還是因為他們愈來愈滿於現狀？反過來說，是否因為保守態度有助於個人與他人的相處，乃能獲得較高的收入？究竟何者為因、何者為果？或許兩種說明都不是真的，也可能兩個變項間毫無因果關係。當然，更可能它們之間的「關係」是來自第三個變項的影響；例如，年齡的增加會使人們更趨向保守，而同時又會使他們更具有賺錢的能力。在這種情形下，真實的說明應是：個人收入與保守態度並無因果關係，兩者只是同時受到年齡的影響。

個人收入與保守態度之關係的上述說明究竟是否真實，統計上的相關係數並不能提供任何線索。統計分析的結果僅只告訴我們個人收入與保守態度是否相關，研究者若想從單一的相關係數中推斷出原因與結果，那幾乎是不可能的。根據相關係數來做因果說明，基本上有兩層困難：(1) 所涉及的兩個變項間不容易建立真確的時間順序 (time sequence)；(2) 有些變項間看似具有明顯的因果關係，但實際上卻並非如此，而研究者要想排除這些似乎存在的因果關係，實非易事。

在上面所舉的例子中，顯然不易指出時間的順序。究竟是先有保守的態度，還是先有較高的收入？究竟是保守態度出現在高的收入之前，還是相反的順序？假如研究者可以回答此一問題，則可將所發現的相關結果轉述成因果的結論，如此則錯誤將大為減少。舉例來說，假如個人收入增加確乎先於保守態度，那麼我們便可排除保守態度是收入增加之因的可能性。但是，我們也不能就此肯定收入增加直接引起保守態度，因為可能還有中間的變項存在。

在社會及行為科學的研究中，變項間的時間順序常不明確。

如果其中一個變項是傾向變項 (如動機、態度、意見、智力等)，則尤其不易建立時間順序。研究者須將受試者置於控制情境下，觀察一段時間之後，才能斷定受試者在何時改變他的動機、態度或意見，才可以確定這些意見的改變如何與收入的增加發生關連。關於這一方面的探討，小樣本連續研究法 (panel method) 顯然有所助益。有時，研究者也可用回溯過去的方法來達到同樣的目的，其特點是要求受試者重新回憶過去某段時間內的動機、態度或意見 (或其他特徵)；不過，用這種方法來推論因果關係，並不一定可靠。

在說明變項關係的過程中，時間順序還不是最複雜的問題。更令人頭痛的問題是要設法考慮其他變項的干擾影響。如果可能的話，應當儘量設法排除或控制這些影響。在前述的例子中，個人收入與保守態度間的關係，可能是由第三個變項 (年齡) 對這兩個變項的影響所引起。若果如此，則會使個人收入與保守態度間的統計相關性成為虛假不實 (spurious)。可是，如果我們將年齡的影響略而不談，則個人收入與保守態度的任何因果說明，都將是錯誤的推斷。

將邏輯上的可能情形都考慮在內，年齡 (A)、個人收入 (I)、及保守態度 (C) 三個變項可能具有下列的因果關係 (箭頭代表由因至果)：

(1)　　A　　　　(2)　　I　　　　(3)　　C
　　↙ ↘　　　　　　↙ ↘　　　　　　↙ ↘
　 I　　C　　　　　C　　A　　　　　A　　I

(4) A→I→C　　(5) A→C→I　　(6) I→C→A

(7) I→A→C　　(8) C→I→A　　(9) C→A→I

因為年齡的增加絕不可能是收入增加或保守態度所造成的後果，所以上述第 (2), (3), (6), (7), (8) 及 (9) 等六種情形可以刪除，剩下的只有三種實際上可能的因果關係：

(1) 個人收入與保守態度間的關係，是因為這兩個變項同時受到第三個變項 (年齡) 的影響而產生。

(4) 年紀的增長可使人賺到更多的錢，由此進而導致保守的態度。

(5) 年紀的增長導致個人的保守態度，由此進而獲得更高的收入。

第 (4) 與 (5) 兩種情形有一共同之點，即第三個變項 (年齡) 先於其他兩個變項，所以最早的原因都是年齡，而非個人收入或保守態度。在第 (4) 種情形下，年齡是保守態度的因，但是這一因果關係的運作卻要透過個人收入；而在第 (5) 種情形下，年齡是收入的因，但是這一因果關係的運作卻要透過保守態度。

在第 (1) 種情形下，年齡使其他兩個變項的因果關係發生混淆，因為它與個人收入、保守態度二者都有因果關係，但個人收入與保守態度之間卻並無因果關係。年齡可以幫助我們說明個人收入與保守態度之間的關聯性質。如何加以說明呢？我們可以根據年齡將受試者分成兩組——45 歲以下者與 45 歲以上者，如果研究者發現在每組之內個人收入與保守態度間並無關係存在，年齡便是兩變項的共同主要干擾因素 (即屬第 (1) 種情形)。相反的，如果在不同的年齡組中，個人收入與保守態度間仍有關係存在，則年齡便不是兩變項的共同主要干擾因素 (即非第 (1) 種情形)。這是考驗因果關係真假的一種方式。實際上，往往同時會有幾個干擾因素，理應一一探討其對主要變項間關係的影響。假

如可能的話，應同時考驗幾個干擾因素對主要關係的影響情形，但如此一來，則各小組內的人數勢必大為減少，常會導致分析上的困難。

實際的生活情形，比上述的例子更為複雜，因此當有更多的干擾因素應予考慮。由以上的討論可知，蒐集所需的資料也許並不困難，但要說明變項間的因果關係則非易事，其解決的關鍵端在重建變項間的時間順序及其錯綜複雜的內在關係。在未弄清楚其間的關係以前，研究者必須十分謹慎，不可遽下因果關係的斷語。

二、概判的建立

對於一項研究，研究者不僅要陳述其所得結果，而且要儘可能根據研究結果下一概括性的結論。此種概括性的結論，即通常所謂的概判 (generalization)。此後，再以同樣的步驟，在其他情形下重複同樣的研究，即可根據所得的新結果，擴大或縮小原得概判的適用範圍。就科學研究而言，一個概判即係一項關乎某一組事實的陳述。研究者擬定概判時，有兩項問題須加以考慮：(1) 研究者根據何種程序概判 (概括判定) 其研究結果？(2) 概判的適用範圍如何？現在分述於後 (註 16)。

㈠ 概判的程序

一般說來，研究者無法對整個群體從事研究，他必須自群體抽出樣本加以探討，然後根據樣本的特徵來推定群體的特徵。但

註 16：以下有關概判問題的內容，係採自 F. J. McGuigan (1961). *Experimental Psychology*. Englewood Cliffs, N. J.: Prentice-Hall. pp.267～276.

是，研究者的興趣並不在樣本本身，而是在於對群體的瞭解；他假定從樣本所發現的結果，可以運用到群體。簡言之，研究者希望從樣本概判群體。倘若研究者從群體機抽樣，則此一樣本當可代表群體。他可以這樣推定：對樣本是「真」者，對群體也可能是「真」。這項推論的含意是：研究者從受試樣本概判受試者所屬的整個群體。

樣本既然是用來概判群體，則概判最重要的前提就是樣本必須具有代表性，否則這種樣本便無價值可言。用以獲得樣本代表性的技術就是各種隨機抽樣。假如樣本是從群體隨機取得，則我們有理由假定此一樣本具有代表性。只有當樣本具有群體的代表性，我們才能從前者概判後者。

今舉一項假想的「技能學習」實驗來作說明。假設我們將受試者分成兩組：一組 (實驗組) 的受試者在每次練習後獲知學習的結果，另一組 (控制組) 的受試者則不知道學習的結果。關於這種研究，傳統的辦法是要求受試者畫線，即矇起受試者的眼睛，要他們畫一條 5 吋長的的線。研究者告訴實驗組的受試者，他所畫的線是太長、太短或恰好；但對控制組受試者則不加告知。在這種情況下，我們要處理的群體就有四種：(1) 受試者的群體，(2) 研究者的群體，(3) 技能作業的群體，(4) 各種刺激情境的群體。茲分別說明如下：

受試者的群體 我們取樣研究的主要目的，就是希望從受試樣本概判群體。因之，我們從此群體隨機抽取樣本，並隨機分派到實驗組與控制組。假定實驗的結果發現：實驗組受試者所畫的 5 吋線比控制組正確，則我們就有信心說：所得實驗結果對受試者的群體可能也是真的。

研究者的群體　此一問題意指：我們可否根據單一研究者所得的結果，概判所有研究者亦必得同樣的發現？這個問題很難回答。不過我們可以假定有一研究者的群體，是由作實驗的所有研究者所構成。然後，從此群體隨機抽取一研究者的樣本。譬如說，此一群體有 500 名研究者，從其中隨機抽取 10 名研究者的樣本。然後又從受試者的群體中抽取 100 名受試者，並把這 100 名受試者隨機分派到實驗組與控制組，再隨機分派抽自兩組的 10 名 (每組 5 名) 受試者給每位研究者。這樣的做法，實際上即等於重複進行十次的實驗。我們從研究者的群體抽取研究者的樣本，即是控制研究者的變項。假如這十位研究者所得的結果大致相近，都是實驗組受試者畫線的正確度優於控制組，則我們可從研究結果概判研究者的群體如下：對研究者的群體而言，在這種實驗情境下，受試者獲知學習結果比未獲知者所得的成績較好。

技能作業的群體　我們發現實驗組的受試者在畫線的作業上優於控制組，然而在學習其他作業方面，是否也是如此？當然答案不詳。關於作業的群體，其數目繁多，包括人類所能學習的種種事項，如畫線、打字、學電碼、打籃球等。假如我們想陳述學習結果的獲知在所有作業上的有效性，則必須從作業的群體中抽取具有代表性的樣本來從事研究。如果只作一項畫線作業的實驗，其結果便不易概判所有的作業。因此，要概判所有的作業，其適當的程序是從作業的群體抽取數種作業，然後以每一作業做實驗。假定每一作業的研究結果，都是實驗組優於控制組，則我們可以說：對所有作業而言，獲知學習結果者比未知結果者做得較好。

各種刺激情境的群體　在上例中，所用的刺激情境是矇眼。但矇

眼的工具有很多種，如手帕、不透明的眼鏡、簾幕等，不一而足。不管矇眼的工具為何，**實驗組受試者畫線的正確度是否皆優於控制組？**在其他的刺激情境下，其結果又是如何？這些都是值得探討的問題。例如，溫度與畫線的準確度是否有關？研究者必須試過各種不同的高低溫度，若所得的結果依然是獲知學習結果者優於未知結果者，研究者才能據以概判溫度的群體。嚴格說來，研究者必須有系統地從各種刺激情境的群體中抽取樣本，並經過考驗之後，才能根據其所得的結果概判此一群體。

從上面的討論，我們可瞭解兩點：(1) 由樣本概判群體，此樣本必須具有代表性；(2) 在一項研究中，群體有多種，研究者儘可能一一顧及，抽樣考驗，則研究必更能深入，概判當益加正確。

(二) 概判的限制

概判的推論範圍可有多廣？我們可舉一例來答覆此一問題。如果我們想瞭解：兩種學習方法 A 與 B 中，那一種方法較易獲得優異的成績？假定研究者甲抽取某些大學生加以考驗，結果發現方法 A 較為優異，然而研究者乙重複研究的結果，卻發現方法 B 較為良好。這是互相矛盾的結果。經過檢查兩人的研究過程後，發現甲是在一所女子大學作的研究，而乙的研究是在一所男子大學。於是我們推測，受試者性別的不同可能是導致結果不一致的原因。研究者甲並未從男生中隨機抽樣，就遽予概判男女生的群體；相反的，研究者乙並未抽取女生的樣本，即遽下包括女生的概判。我們猜想這種概判是錯誤的。為了澄清此項疑慮，特別設計一種具有兩個自變項的實驗。在這項實驗裏，第一個自變項是學習的方法，有 A、B 兩種；第二個自變項是性

別，有男、女兩性。我們從一所大學隨機抽出兼有男女的樣本。經過實驗後，所得的平均數見表 24-10，分數愈高，表示成績愈好。其間的關係如圖 24-3 所示。

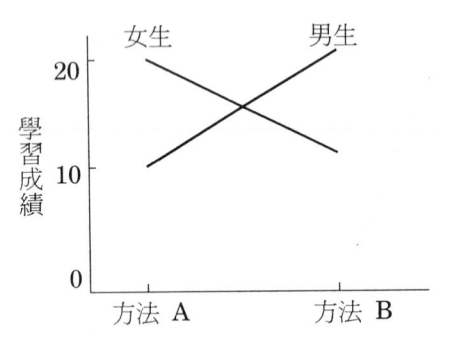

圖 24-3 學習方法與性別的交互作用

表 24-10 一種具有兩個自變項的實驗設計（表中數值為假定的平均數）

	方法 A	方法 B
男生	10	23
女生	20	12

　　我們可從圖 24-3 明顯看出：性別與學習方法對學習成績有**互涉性的影響** (interaction effect)：女生使用學習方法 A 會獲得較高的成績，而男生使用學習方法 B 則較為有效。從這項發現，我們能夠概判到何種範圍？對於混合的男女性別群體而言，顯然我們不能下結論說方法 A 或方法 B 較好。我們所能作的，只有把男女兩性的群體分別加以概判：對男生的群體而言，採用方法 B 會得較優的成績；但對女生的群體而言，則以採取方法 A 較佳。據此而論，當研究結果顯現出交互作用時，我們的概判範圍就會受到限制。一般說來，除非群體的某一特徵或性質 (在上例中為性別) 與主要自變項 (在上例中為學習方法) 有交互作用，否則我們可就所得有關主要自變項的結果概判整個群體。這一點的瞭解，在作概判時是很重要的。

有一項問題值得提出討論，那就是研究者通常都未能採取隨機的方式抽樣。例如上面所舉的例子，研究者並沒有從技能作業群體及刺激情境群體隨機抽樣；在這種情況下可否概判到技能作業的群體及刺激情境的群體？嚴格說來，這是不可以的。但是，大部分的研究者卻也都作了概判。他們的概判是否錯誤？這項問題的關鍵，乃在學習結果的獲知與否與技能作業或刺激情境的變項對畫線準確度有無互涉性的效果。若有，則研究者概判到整個技能作業群體或刺激情境群體即屬錯誤。

綜括上述，關於概判範圍的問題，我們可以歸納成三點：

1. 假如我們的樣本是經過適當的抽樣而得，則根據所得結果概判該一群體，其可信度會相當高。
2. 假如我們已知自變項與所要概判的群體之某一特性間無交互作用，則對該一群體的概判即可能是正確的。
3. 假如我們不知道主要自變項與所要概判的群體之特性間有無交互作用，則可提出暫時性的概判。其他的研究者可重複此項研究。如果重複研究的結果肯定原先的研究結果，則我們所概判的群體可能與主要自變項並無交互作用。相反的，假如兩項結果不相一致，譬如在技能作業、刺激情境或其他因素方面得出不同的結果，則表示至少有兩個變項呈現交互作用，此時便必須進一步找出究竟那些變項具有互涉性的影響，然後再從事適當的概判。

三、概判的解釋

回答「為什麼」的問題，乃是科學研究的核心。因此，僅只

獲得適當的概判還不夠,更要進一步將所得概判加以解釋 (explanation)。

一項解釋就是以「因為」性的答案去回答「為何」性的問題之形式。科學的哲學家 C. G. Hempel 與 P. Oppenheim (註17) 認為一項解釋可分成解釋項 (explanans) 與被解釋項 (explanandum)。解釋項包括兩類陳述:一類是一套通則或定理的陳述 $L_1L_2\cdots\cdots L_r$;另一類是一組先決條件 (antecedent condition) 的陳述 $C_1C_2\cdots\cdots C_k$。被解釋項是研究者企圖解釋的經驗現象之陳述 E。當研究者企圖解釋某一事件為什麼會發生時,他必須觀瀾索源,追溯先決的條件,依賴普遍的定理,照邏輯法則推演出被解釋的事件。換句話說,被解釋的現象若能藉先決條件之助,依普遍通則,經邏輯導衍而得,即構成一項解釋。

一項解釋,可用下列圖示表明:

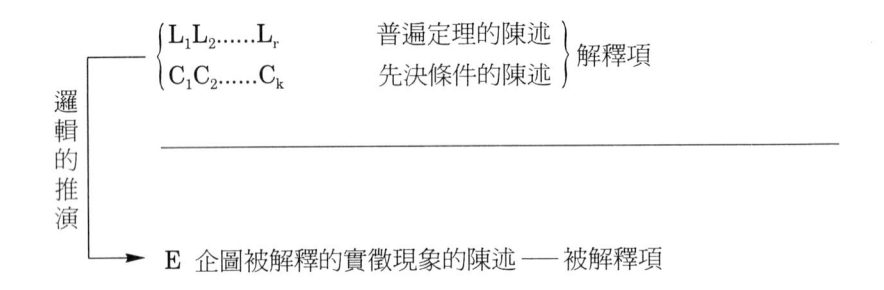

$$
\text{邏輯的推演}\begin{cases} \begin{cases} L_1L_2\ldots\ldots L_r & \text{普遍定理的陳述} \\ C_1C_2\ldots\ldots C_k & \text{先決條件的陳述} \end{cases} \text{解釋項} \\ \rule{5cm}{0.4pt} \\ \longrightarrow \quad E \text{ 企圖被解釋的實徵現象的陳述 —— 被解釋項} \end{cases}
$$

此一圖示顯示,被解釋項須能由解釋項依邏輯推演而來。其原因乃是被解釋項已被統攝在普遍定理之內。為明瞭解釋的性質起見,我們可以三段式論證的比喻來說明。此一三段論式是有關莊子之死。在三段論證中,有兩項是關於解釋項的陳述。一項是

註 17:C. G. Hempel and P. Oppenheim (1948). The logic of explanation. *Philosophy of Science, 15*, 135～175.

普遍定理——凡人皆有死,另一項是先決條件——莊子是人。從這兩項陳述,我們可以依邏輯推演出「莊子必然會死」。其圖示如下:

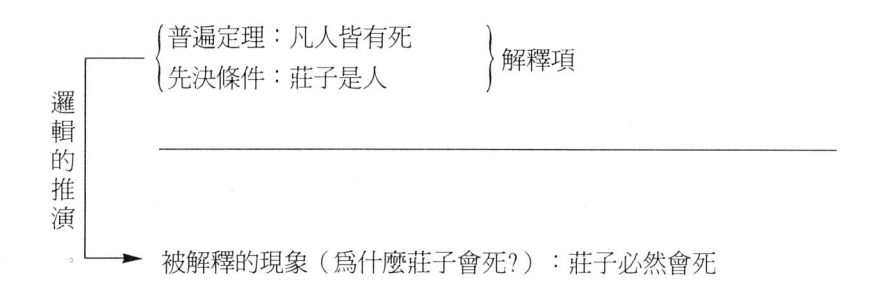

```
           ┌ 普遍定理:凡人皆有死 ┐
           │ 先決條件:莊子是人  │ 解釋項
邏輯的推演 ┤ ─────────────────
           └→ 被解釋的現象(為什麼莊子會死?):莊子必然會死
```

瞭解了解釋的性質之後,我們可進一步討論此一解釋模式如何運用到社會及行為科學的實徵研究。今舉一心理學的例子來作說明。

假定實驗者想要考驗一項假設:焦慮程度愈高者,對簡單的作業會做得較好。實驗者以「顯性焦慮量表」(Manifest Anxiety Scale)測量受試者的焦慮程度,受試者在此一量表上的得分愈高,焦慮程度便愈大。

實驗者依得分的高低,將受試者分成高焦慮組與低焦慮組,然後要求兩組受試者學習一種簡單的作業。根據實驗的結果,研究者得到了一項概判:高焦慮組做得比低焦慮組好。我們可以說,這項概判肯定了假設。此時我們尚要追問:此一概判如何解釋?要回答此一問題,實驗者必須考慮到比這項概判更普遍的原則。實驗者可以運用學習理論中的一項原則:作業成績等於習慣強度乘以驅力程度。我們可以 E 代表作業成績,H 代表習慣強度,D 代表驅力程度。以公式表示,便是 $E = H \times D$。

假定焦慮是一種特殊的驅力,則前述的概判即是此一普遍原

則的特殊個例。譬如說，高焦慮組顯露出 80 單位的驅力程度。為便於說明起見，我們假定兩組受試者對作業的學習皆具有同等的效果，其習慣強度都是 .50 單位。在這種情況下，高焦慮組的成績是：

$$E_H = .50 \times 80 = 40.00$$

又假定低焦慮組顯露的驅力程度是 20 單位，則其成績是：

$$E_L = .50 \times 20 = 10.00$$

從此等數據，我們可以看出，根據學習理論的一項通則，高驅力組 (即高焦慮組) 的作業成績應優於低驅力組 (即低焦慮組)。依照上文的圖示，本例可表示如下：

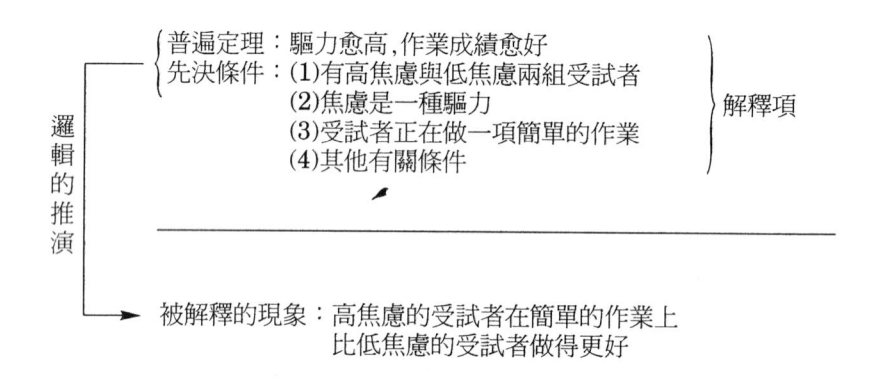

邏輯的推演 ｛ 普遍定理：驅力愈高,作業成績愈好
先決條件：(1)有高焦慮與低焦慮兩組受試者
　　　　　(2)焦慮是一種驅力
　　　　　(3)受試者正在做一項簡單的作業
　　　　　(4)其他有關條件 ｝ 解釋項

被解釋的現象：高焦慮的受試者在簡單的作業上比低焦慮的受試者做得更好

根據上面的圖示，我們能夠從學習理論的一項定理及必要的先決條件，推論出實驗者的概判 (即被解釋的現象)。所以，我們可說這項概判已被解釋了。

討論至此，有兩項重要問題必須提出說明。第一，此一解釋模式的特徵是邏輯的推演，可是要能作邏輯的推演，必須普遍原則與先決條件在實際上都是真的，如此才能解釋實徵的概判。但

問題是：我們怎能肯定所運用的普遍原則確是真的？答案是我們絕對無法確定。因為在科學的研究中，所得的普遍原則僅只是機率性的，而不是絕對性的。或許將來有一天會發現，我們用來解釋特殊概判的普遍原則實際上是錯誤的。在這種情況下，我們原先接受為「真」的解釋，實際上等於沒有解釋。科學的解釋永遠是暫時性的。因此，我們必須瞭解：當我們解釋一種現象時，我們只能假定用來解釋的普遍原則是真的。如果這項普遍原則的真實性相當高，則解釋的正確性亦將較高。

　　第二，一項解釋須賴邏輯的推演才能完成，但科學研究者在從事概判的解釋時，是否經常以此一方式來處理？他們是否常常陳述先決條件，引用普遍定理，並據以推演出被解釋的現象？答案顯然是否定的。我們發現，在實際的科學研究中，研究者幾乎從未以此種正規的程序來解釋概判。相反的，他們常以非正規的推理方式取而代之。當然，我們在此處的意思，並非要求研究者必須抱著一本邏輯書來著手科學的研究，而是認為一個研究者必須熟悉基本的邏輯程序，以便能夠有效地完成一件解釋的工作。我們只是期望研究者能儘量以正規的、邏輯的方式，來解釋研究所獲得的概判或所發現的現象。

四、其他的問題

　　關於研究結果的解釋，研究者經常會遇到兩項問題，值得提出討論。

研究結果不確定或與假設不符　　研究者所得的結果若不確定或與假設不符，則其解釋遠比得到與假設相符的結果來得困難。如果結果與假設相符，亦即當資料支持假設時，研究者便可根據理論

及假設背後的論據來解釋資料。但是所得的結果若與原先的假設背道而馳,則研究者必須探討:為什麼會得到這種結果?為什麼結果未如預測所料?此時研究者必須詳細審查研究程序中的每一環節。其原因可能是由於下列的一個、數個或全部因素所造成:(1) 理論與假設不正確,(2) 方法不適當或不正確,(3) 測量不適當或效度信度不夠,(4) 分析錯誤。如果研究者細查之後,發現方法、測量及分析都適當無誤,則可斷定問題出在假設或理論的不正確上,此時與假設不符的結果可用以修正假設或理論,反而對科學的進展有所貢獻。

未曾預測到的發現 對進一步瞭解理論而言,未曾預測到的發現是個重要的關鍵。因此,研究者在考驗假設中的各種關係時,必須留心資料中是否有未曾預期到的關係。

舉例來說,我們假設:實施能力分班可能有益於聰明的學生,而無益於能力較差的學生。假定考驗的結果支持此項假設。但我們同時又注意到,在都市與鄉村地區,學生的能力分班與其學習成就之關係有顯著的差異:在都市地區,這項關係的顯著程度較強,但在鄉村地區則不然。我們進一步就都市與鄉村來分析資料,結果發現在都市地區能力分班對聰明的學生有顯著的影響;但在鄉村地區則影響微弱,甚至毫無影響。這種在假設中未曾加以預測的發現,是值得研究者特別注意的。

未曾預期到的發現可能是錯誤的或是偶然的發現。研究者處理這種發現比處理預期到的發現更須抱有懷疑的態度。在決定接受此種發現之前,應單獨加以研究,以驗證其真實性。只有經過精心的設計、控制必要的因素、從事有系統的考驗而得的結果,我們方能採信。

第二十五章

內容分析

楊孝濴

第一節　內容分析的定義

第二節　內容分析的設計

第三節　內容分析的方法

在發展的初期，所謂內容分析 (content analysis) 是指對具體的大眾傳播媒介的訊息，尤其是針對文字形式的報紙或雜誌內容，所作的分析。現在的內容分析已廣泛地應用在其他社會及行為科學中，成為一種主要的資料分析方法。

第一節　內容分析的定義

一、內容分析的定義

B. Berelson (註 1) 認為：內容分析為對於明顯的傳播內容作客觀而有系統的量化並加以描述的一種研究方法。在此一定義中，毫無疑問認為內容分析是在分析具體的大眾傳播內容，針對這些大眾傳播的內容，用客觀系統的方法並加以量化，依據這些量化的資料做描述性之分析。所謂具體的傳播內容，自然不只是指大眾傳播媒介中的報紙、雜誌、電視、廣播、電影或書籍等媒介，而是指用任何型態可以記錄，可以保存，而具有傳播價值的傳播內容 (communication content)。所謂任何型態，可以指文字記錄型態，如報紙、雜誌、書籍、信件、文件等，亦可為非文字的記錄型態，如聲音 (廣播、唱片、演講錄音)、影像 (電視、電影) 等。

J. W. Bowers (註 2) 對於內容分析的定義，不是針對內容

註 1：B. Berelson (1952). *Content Analysis in Communication Research.* New York: Free Press.

註 2：J. W. Bowers (1970). Content analysis. In P. Emment and W. Brooks (eds.), *Methods of Research in Communication.* Boston: Hougton Miffinco Press.

分析的方法是否客觀而有系統,或其資料是否經過量化,而是注重內容分析的價值。他認為:例如,將某先生演講的內容加以分析,根本就不是內容分析。分析某先生演講的內容,以便發現某件事情,才是真正的內容分析。因此,Bowers 所謂的內容分析,偏向於內容分析的價值。依照他的定義,內容分析的主要價值並不在於分析傳播內容,將傳播內容利用系統、客觀和量化的方式加以歸類統計,並根據這些類別的統計數字作敘述性的解說。他認為內容分析不只是一種資料的蒐集方法,而是一個完整的研究方法。他認為內容分析最主要的就是在於分析傳播內容所能產生的影響力,因此它的範圍不只是分析整個傳播過程中傳播內容的訊息部分,而是包括整個傳播過程。分析傳播內容主要在於發現在傳播過程中從傳播者 (communicator) 到接收者 (receiver) 間所產生之影響力,而注重傳播內容的效果分析。

D. Hays (註 3) 認為內容分析是分析傳播內容中一些語言的特性。他是針對內容分析的單位 (unit) 而言。所謂語言的特性,就是指最基本的分析單位。

綜合以上所述,內容分析是:

1. **在方法上**:注重客觀、系統及量化的一種研究方法。
2. **在範圍上**:不僅分析傳播內容的訊息,而且分析整個的傳播過程。
3. **在價值上**:不只是針對傳播內容作敘述性的解說,而且是在於推論傳播內容對於整個傳播過程所發生的影響。

註 3:D. Hays (1969). Linguistic foundations for a theory of content analysis. In G. Gerbner (ed.), *The Analysis of Communication Content*. New York: John Wiley and Sons Inc.

4. 在分析單位上：主要在於分析傳播內容中的各種語言特性。

二、內容的定質分析和定量分析

內容分析是一種量化的分析過程，但並不表示是一種純粹的「定量分析」，它是以傳播內容「量」的變化來推論「質」的變化，因此可以說是一種「質」與「量」並重的研究方法。內容分析由於注重角度的差異而有差別，有偏向於定量分析的，有偏向於定質分析的，其差異性的比較如下。

㈠ 選樣的大小與完整

定量分析是以頻率分配 (frequency distribution) 的狀況為基礎，注重類目的統計，係以頻率的多寡為主，因此選樣範圍應既廣且大。這種靠統計數量做推論根據的做法，若選樣不完備，數字所表示的意義就比較不確定。

定質分析也做較粗簡的數量分析，通常偏重於質的分析，對於樣本之大小與是否完整就不太重視。例如，對於一篇特殊的演講或專文，就以做定質分析較好。

定量分析是針對廣泛的樣本數量，將研究推展到較大範圍；定質分析是對較特殊的傳播內容做分析。

㈡ 傳播內容的功能

定量分析在整個過程中比較注重傳播內容本身，因此所得到的數字與結論比較不脫離研究之範圍，亦即是比較偏向於純粹傳播內容中訊息的分析。

定質分析是將傳播內容當作分析的工具，其重點不一定在內容本身，也許在傳播者的動機，或傳播的效果。例如，分析美國總統競選人卡特的演講內容，主要不在於內容，而在於其講演對美國大選有何影響，對蘇俄政策有何改變。偏重於宣傳者之動機、策略或效果，所以，定質分析和定量分析的著重點是不一樣的。

(三) 系統性、可靠性及有效性

定量分析對於研究步驟的設計完全遵守既定的規則。方法決定後，絕不依研究者的主觀意識型態而改變，即研究者的主觀意識是不能摻雜進去的。定量分析注重方法之系統性，可靠性亦較高。但是，為了堅持正確之方法，難免不犧牲一些有效性；因為我們不能百分之百的把握方法上沒有誤差，所以會影響其有效性。

定質分析的系統性較少，研究者可以根據其時間和觀念之不同而做修改。由於方法上的彈性，故它的系統性與可靠性就受影響；也由於受到研究者主觀意識的影響，而使其系統性與可靠性較差。但定質分析的有效性卻比較大些，例如我們分析一個人的演講，定質分析所產生之推測性結果就較定量分析為高，預期結果是否完全可靠，定質分析亦較能加以控制。

(四) 方法的伸縮性

定量分析是比較機械、系統的方法。由於方法上缺乏彈性，在設計過程中如有所偏差，或一些未曾考慮到的因素，分析時便無法調整；尤其有關內容之字句、段落、文氣是否完全符合設計中之尺度 (scale)，以為分析的標準。因為針對實際內容時，也

許會因這些內容沒有明顯之分割界限，而勉強加以歸類或省略。這種情形便會引起不良之後果。

定質分析比較偏向於低頻率或非頻率之研究，是一種敍述性的研究。歸類時可因時、因地、因人而作適當之調整，所以在方法上較具有伸縮性。

(五) 傳播的結構

定量分析於確定類目後，每一字句、段落就形成獨立的單位，給予一量化的意義。即在量化的過程中，將文意、字句、語氣之強弱看成一小單位，字行之間的意義就不太注重，因為定量分析是注重整個系統的結構。由定量分析之結果深入地推測傳播者的身分、輩分、背景、表達方式、媒介種類、效果等，就較為困難。

定質分析注重潛在性的意義，由於傳播者、對象、場合之不同，也許同樣一個字、一句話、一個段落，所代表之意義卻不一樣。只做量化分析是無法得到正確推測的結果，我們應注重整個傳播架構，以增加內容分析之效果，但是定質分析由於受研究者主觀影響太大，故較為冒險。至於判斷、觀念是否正確，則與研究者之經驗很有關係；通常，經驗少的研究者應避免使用定質分析。

本質上，內容分析由於強調角度的差異，雖可分成定質分析和定量分析，但在應用上，通常採取綜合的方式，也就是定質和定量並重。亦即是「質的量化」的分析方法。

三、內容分析的發展

內容分析將來的發展趨勢，可分為幾點來說明。

1. 偏向於將定質分析與定量分析合併使用，不是純粹做廣泛的抽樣。研究結果的代表性要大，所以不是偏於訊息類別次數分配的定量分析，也不是只注重效果和僅利用小樣本的定質分析。內容分析的發展趨勢應該是綜合二者的特性，一方面可以避免定質分析的過於主觀，另一方面也可以作較大範圍之抽樣。這種綜合的分析方法可以避免缺點，增加正確性和有效性。
2. 從純粹傳播內容中訊息的分析（即針對報紙、電視等傳播媒介內容）推展到較為廣泛之傳播內容。這裏所謂的傳播是指「所有意見交流的行為」，傳播內容是指利用各種型態所作成的「意見交流」的記錄。因此內容分析就是分析意見交流記錄的方法。在這種觀念下，內容分析從限制在純粹的「傳播」研究，擴充至整個社會及行為科學，成為社會及行為科學的研究方法之一。
3. 完全採用行為科學研究方法。亦即是從研究目的，到研究理論，到研究假設，最終至於結果的推論，整個運用科學方法。也就是說，內容分析不只是分析傳播內容，而是根據研究目的，設計假設；根據假設設計方法，蒐集資料；根據資料結果，證實或推翻假設。
4. 逐漸應用電腦來處理資料。不管在抽樣或分析方面，應用電腦都較為正確而快速。在中文方面，由於中文電腦的發展仍在萌芽期間，尚難普遍應用。

第二節　內容分析的設計

內容分析研究設計的型態，由於是分析傳播內容中的訊息，

因而對於整個傳播過程應有初步的瞭解。H. D. Lasswell 認為傳播包括六個基本因素：傳播來源 (communication source)、譯成符碼 (encoding)、傳播通道 (channel)、訊息 (message)、接受者 (receiver) 及符碼還原 (decoding)。內容分析是以分析傳播內容之訊息為主，再根據結果，推論傳播者、傳播通道和接受者。整個傳播過程和內容分析之關係顯示如圖 25-1。

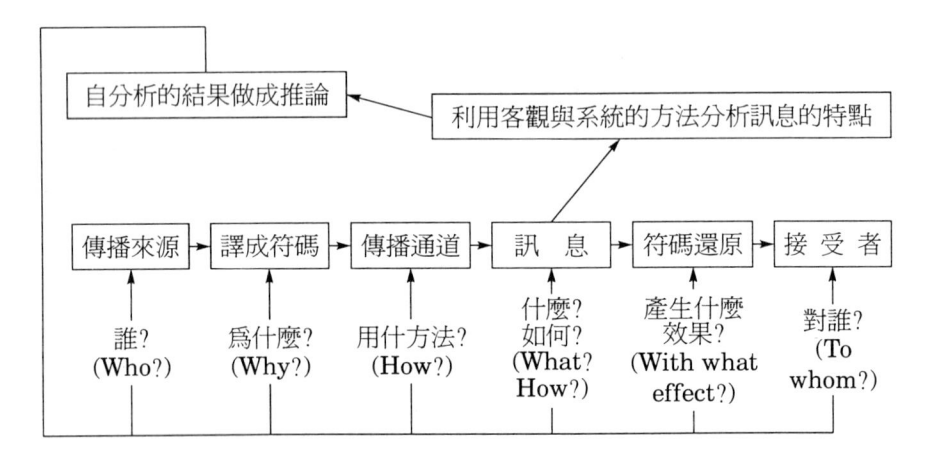

```
┌─────────────────────┐   ┌──────────────────────────────┐
│ 自分析的結果做成推論 │   │ 利用客觀與系統的方法分析訊息的特點 │
└─────────────────────┘   └──────────────────────────────┘

┌────────┐ ┌────────┐ ┌────────┐ ┌────────┐ ┌────────┐ ┌────────┐
│傳播來源│→│譯成符碼│→│傳播通道│→│ 訊 息 │→│符碼還原│→│接 受 者│
└────────┘ └────────┘ └────────┘ └────────┘ └────────┘ └────────┘
   誰?      為什麼?    用什方法?   什麼?     產生什麼    對誰?
  (Who?)    (Why?)     (How?)    如何?      效果?      (To
                               (What?    (With what    whom?)
                                How?)    effect?)
```

圖 25-1　傳播過程與內容分析的關係模式

以上之模式是根據 Lasswell 等人的名言：「以什麼方法、對誰、說什麼、產生什麼效果？」(who says what, to whom, how, and with what effect？) 發展而成 (註 4)。

根據圖 25-1，內容分析是分析傳播內容的訊息，並利用分析的結果來推論傳播來源的「誰」譯成符號的「為什麼」、傳播通道的「用什麼方法」、訊息的「什麼」與「如何」、符碼還原的

註 4：O. R. Holsti (1969). *Content Analysis for the Social Sciences and Humanities.* Reading, Mass.: Addison-Wesley. pp.24～25.

「產生什麼效果」、及接受者的「對誰」，涉及了整個傳播過程和效果的測度。

內容分析設計模式可分成六種型態。第一種型態如圖 25-2。

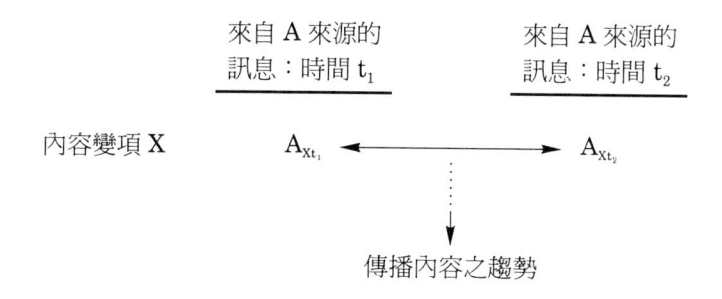

```
                    來自 A 來源的              來自 A 來源的
                    訊息：時間 t₁              訊息：時間 t₂

內容變項 X           A_{Xt₁}    ←———————→    A_{Xt₂}
                                  ⋮
                                  ↓
                            傳播內容之趨勢
```

圖 25-2　同一來源而不同時間的傳播內容

圖 25-2 所示的型態在於分析同一傳播來源，比較不同時間的傳播內容是否有所差異。這種型態主要在於比較分析同一傳播來源中傳播內容的發展趨勢。

例如，分析聯合報薇薇夫人專欄的內容，在民國六十四年與民國六十五年兩個不同的時間，其內容是否有差異，藉以分析她寫作專欄的發展或取材的趨勢。

分析中央日報社論在大陸時期和在臺灣復刊後，比較其內容的差異，也是典型的第一種型態的內容分析。

郭勝煌 (註 5) 在他的論文「傳播內容之價值分析——以中文版讀者文摘為例的研究」，就是創刊十年的中文版讀者文摘為對象。根據論文結果顯示，中文版讀者文摘所包容的價值傾向，並沒有因時間的不同而有顯著的差異。

註 5：郭勝煌 (民 65)，傳播內容之價值分析——以中文版讀者文摘為例的研究。國立政治大學新聞學研究所碩士論文。

第二種內容分析型態如圖 25-3。

圖 25-3 所示的型態顯示由於情勢的不同，對於同一來源的傳播內容是否造成顯著的差異。

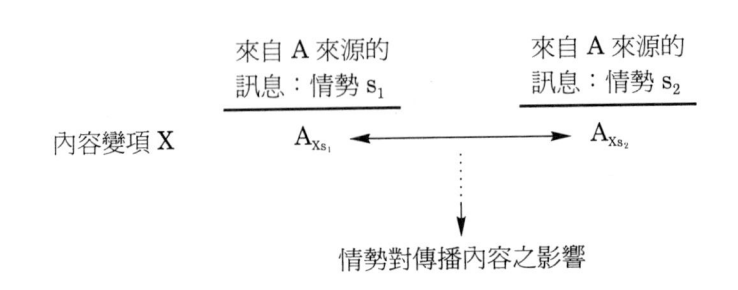

```
                    來自 A 來源的            來自 A 來源的
                    訊息：情勢 s₁           訊息：情勢 s₂

    內容變項 X        A_{Xs₁}    ←——————→    A_{Xs₂}
                                    ↓
                              情勢對傳播內容之影響
```

圖 25-3　同一來源而不同情境的傳播內容

一般而言，副刊編輯對於副刊內容的取捨和寫作的態度有顯然的影響力。報紙副刊編輯的變更，顯然造成了情勢 (situation) 的差異。比較中央日報不同副刊編輯的副刊內容，顯然是屬於此一型態的內容分析。

鍾行憲 (註 6) 在他的研究「大字報在中共文化大革命期間扮演的角色」，分析在中共文化大革命期間的特殊情勢，是否會造成大字報的內容不同。

第三種內容分析型態如圖 25-4。

圖 25-4 顯示由於傳播對象的轉移，而造成同一來源內容的差異性。一般而言，由於接受者的教育水準和興趣不同，對於雜誌的寫作難易程度會有影響力。假使一個科學專業性雜誌，決定將對象轉移於非科學專業性的讀者，其作品必然會從難而易。因此比較轉移傳播對象前後該雜誌「可讀性」之分析，顯然是屬於

註 6：鍾行憲 (民 63)，大字報在中共文化大革命期間所扮演的角色。國立政治大學新聞學研究所碩士論文。

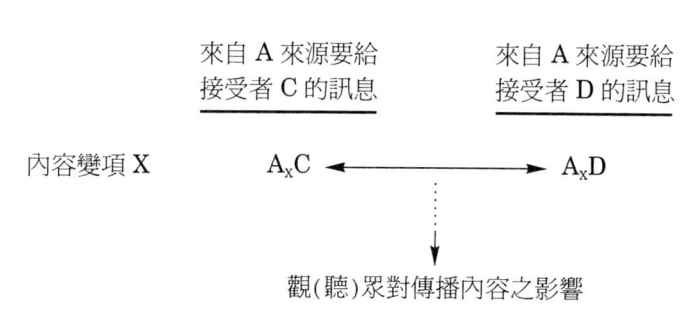

```
                    來自 A 來源要給           來自 A 來源要給
                    接受者 C 的訊息           接受者 D 的訊息

    內容變項 X         A_xC  ◄─────────────►  A_xD
                              ┆
                              ▼
                    觀(聽)眾對傳播內容之影響
```

圖 25-4 同一來源而不同對象的傳播內容

此一型態的內容分析。

閻沁恒 (註 7) 的「科學月刊的內容分析」一文，主要在於該刊的主要讀者為一般高中學生，傳播內容的可讀性自然與專門性的科學刊物有顯著的不同。

第四種內容分析型態如圖 25-5。

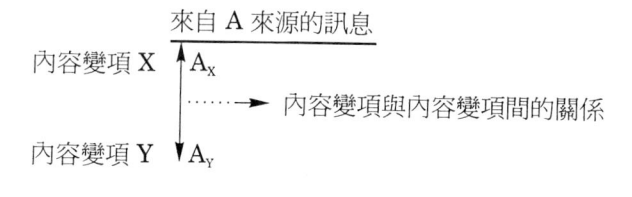

```
                  來自 A 來源的訊息
    內容變項 X    ▲ A_x
                  │┄┄┄► 內容變項與內容變項間的關係
    內容變項 Y    ▼ A_Y
```

圖 25-5 同一來源中不同傳播內容的相關

圖 25-5 顯示在同一來源的傳播內容中，不同內容之相互關係的分析型態。如在郭勝煌之研究「傳播內容之價值分析——以中文版讀者文摘為例的研究」中，主要目的在於分析讀者文摘之內容與內容之間的相互關聯性。亦即研究讀者文摘各種不同內容所涉及的價值觀念是否有相關性。該項研究以生理性、社會性、

註 7：閻沁恒 (民 61)，大眾傳播研究方法。臺北市新聞記者公會。

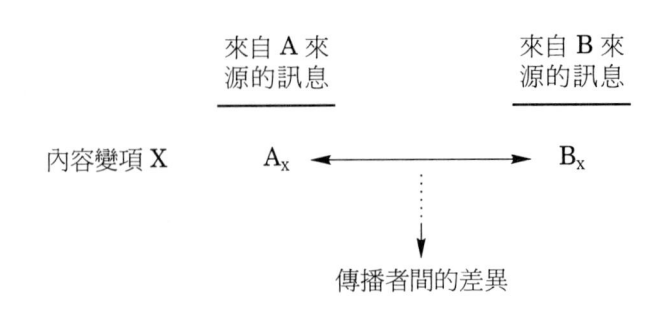

```
                來自 A 來              來自 B 來
                源的訊息              源的訊息
                ─────              ─────

內容變項 X      Aₓ  ◄──────────►  Bₓ
                         ┊
                         ▼
                   傳播者間的差異
```

圖 25-6　不同來源傳播內容之分析──針對傳播者的差異

懼怕性等不同價值傾向為指標。研究發現生理性的價值觀念之間有極為顯著的相關性。

第五種內容分析型態如圖 25-6。

圖 25-6 顯示此種型態是分析兩種不同來源的傳播內容，主要在於分析因內容的差異而推論不同來源的傳播者之間是否有顯著的差異。吳豐山（註 8）的「臺北市公營報紙和民營報紙言論之比較分析」，就是屬於此一型態的典型分析。該項研究是從中央日報和聯合報新聞報導的內容，推論兩家不同經營型態報紙的言論尺度是否有顯著差異，以及分析其傳播者守門人 (gate keeper) 的功能。邱榕光（註 9）的「臺北各報市長競選新聞之分析」，目的在分析臺北市的聯合報、中央日報、新生報對於臺北市市長競選新聞的報導方式和取材角度，即屬此種型態內容分析的典型。

有關於報紙競選新聞的報導，楊孝濚（註 10）的「臺灣報紙

註 8：吳豐山（民 60），臺北市公營報紙和民營報紙言論之比較研究。國立政治大學新聞學研究所碩士論文。

註 9：邱榕光（民 54），臺北市各報市長競選新聞之分析。國立政治大學新聞學研究所碩士論文。

註 10：楊孝濚（民 62），臺灣報紙選舉新聞評論成分之研究。新聞學研究，第 11 期，頁 7～32。

選舉新聞之評論成分之研究」，主要在於比較中國時報和中央日報對於臺北市議員選舉新聞不同的報導內容和報導方式。一般而言，新聞報導應注重客觀性，主觀評論性的字句不應出現。該項研究就是比較兩家報紙競選新聞評論成分之分析，藉以推論其編輯政策之異同。

第六種內容分析型態如圖 25-7。

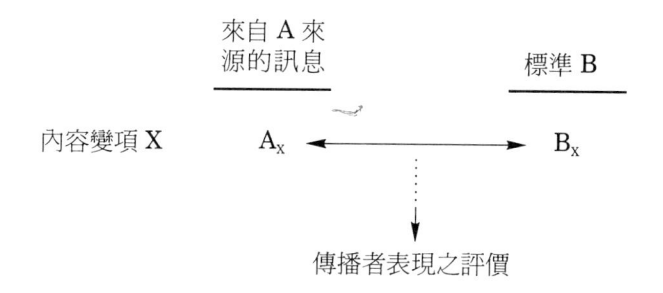

圖 25-7　藉不同來源的傳播內容（其一為標準化的傳播內容）比較傳播表現的成效

由圖 25-7 顯示此種型態之內容分析主要在於分析兩種不同來源的訊息（其中之一為標準化之來源），藉以比較傳播者之表現。

張影若（註 11）的「美國外交政策之分析──一項時代週刊的內容分析」，就是從美國時代週刊的內容，來推斷美國新聞性雜誌在美國外交政策推行中所扮演之角色。該研究是以美國的正式外交政策為分析之標準。可歸屬於此一類型的內容分析。

除以上六種主要內容分析型態外，尚有分析消息來源、價

註 11：張影若（民 63），美國外交政策之分析──一項時代週刊的內容分析。國立政治大學新聞學研究所碩士論文。

值、態度、動機、及效果之內容分析型態。例如，黃順利（註12）的「新聞天地」之內容分析，主要是研究「新聞天地」為何存在，新聞天地的編輯和作者之寫作態度、價值觀念、用字強度等是不是繼續受讀者之歡迎。這種型態是擴充性的內容分析，不只是針對內容，而且包括傳播者。

第三節　內容分析的方法

內容分析的方法可分三方面來說，依據研究的程度分別為抽樣、類目與分析單元，及信度和效度之分析。

一、抽樣

內容分析經常使用的抽樣方法就是隨機抽樣 (random sampling)。一般的內容分析均使用隨機抽樣方法，由於此種抽樣方法可以使結果推論到較為廣泛的範圍。假使我們分析臺灣電視新聞之雷同程度，使用隨機抽樣方法，可以使該研究的結果推論到所有臺灣電視新聞內容的雷同型態。

隨機抽樣方法的第一個步驟是決定群體 (population)。如以中文版讀者文摘為對象的研究，研究群體就是指十年來所有中文版讀者文摘中的文章。如以美國政府公報來分析美國對華政策，群體就是指所有美國政府公報中有關對華政策的文件。研究群體與研究主題、研究目的有極為密切的關聯。

確定研究群體要注意完整性和特殊性。所謂完整性是指所有

註12：黃順利（民60），新聞天地之內容分析。國立政治大學新聞學研究所碩士論文。

的資料，特殊性是指與本項研究有關的特定資料。例如「我國農業雜誌之研究」由於範圍太大，研究者乃決定以豐年雜誌爲研究對象。這就是以特定的農業雜誌——豐年雜誌——爲研究的群體。

決定研究群體後，接著就是抽取樣本了。隨機抽樣方法的抽樣過程，最主要的就是依據隨機原則。無論是利用亂數表抽樣法、抽籤法或電腦抽樣法，均要依據此一原則。一般內容分析研究，或大衆傳播媒介內容研究，多是採取間隔抽樣法。如「新聞天地之內容分析」，就是採用此法，其抽樣步驟如下：

1. 先以隨機抽樣法，從民國 35 年 1 月出版的 829 期至 832 期共四期中，採抽籤方式，隨機選出一本。本研究隨機選出的第一本爲 829 期。
2. 然後以循環抽樣的方式，從全部樣本 416 期中，每隔七期選一期，選出的樣本就是 829，836，……1235，1242。共選出樣本 60 本。

利用間隔抽樣法作爲內容分析的抽樣，必須注意某些具體媒介之週期性的特徵。如果以報紙爲研究對象，間隔抽樣必須避開「七」或它的倍數。假使以七或其倍數爲間隔，就會抽到同一「星期」的樣本。即是說假使第一樣本爲星期二的報紙，所有的樣本均將爲星期二。

二、類目與分析單元

內容分析方法在抽樣之後，開始進入最主要的部分，也就是類目和分析單元的決定。類目是基本單位，分析單元爲最小單位。

類目和分析單元自然與整個研究設計有密切關係，它的形成可分為下述二種型式：

1. 依據理論或過去研究結果發展而成。
2. 由研究者自行發展而成。

第一種型式是一般內容分析所廣泛應用的。

對於一般傳播媒介的內容，通常有一套慣例性的分類方式，如將報紙新聞區分為國際新聞、國內新聞、地方新聞、社會新聞、經濟新聞、副刊等不同類別；而分析單元則以欄數或批數為分析單位，如以六號的九個字為一行，每 130 行為一段，作為一欄或一批。

分析單元亦可用單字、語幹或語句為基本分析單位。分析電視節目內容通常則以時數為單位，如李瞻 (註 13) 在「我國電視節目內容之統計分析」，把臺視節目內容分類如表 25-1。

表 25-1 臺視節目內容分析 (註 14)

節目類別	一週時間	百分比	說明
新聞	8 小時 9 分 25 秒	10.55	
教育文化	5 小時 14 分 5 秒	6.76	
娛樂	59 小時 59 分 10 秒	77.59	
公共服務及其他	3 小時 56 分 30 秒	5.10	
共計	77 小時 19 分 10 秒	100.00	獨立插播廣告時間未計在內

註 13：李瞻 (民 60)，我國電視節目內容之統計分析。報學，第 4 卷，第 6 期，頁 2～15。

註 14：同前註。

李瞻所用之電視節目分類，是以廣播電視法、廣播及電視無線電臺節目輔導準則為依據，區分為「新聞性節目」、「教育文化性節目」、「娛樂性節目」及「公共服務與其他節目」四大類。

　　內容分析的類目，亦可以應用有關研究所發展而成的類目，這種「借用」的方式，也是一般內容分析方法所經常採用的。例如，王石番(註15)根據 Schramm 的理論，將新聞分類為硬性新聞和軟性新聞兩類，以作為分類之標準。

　　內容分析的分類，為了正確起見，每一類目都必須有極為明顯、清晰的定義，才能免除混淆不清而發生歸類錯誤的現象，如郭勝煌(註16)將 Ralph K. White 所編製的價值類目(value categories) 用於他的「傳播內容之價值分析——以中文版讀者文摘為例的研究」，類目就十分清楚，其中包括生理的 6 種，利己的 9 種，社會目的 4 種，社會標準 7 種，經濟的 6 種，認知的 1 種，恐懼的 6 種，嬉戲的 6 種，政治的 5 種，道德的 5 種。

　　至於研究者為了某些特殊主題，自行發展而成的類目和分析單元，是內容分析中最為複雜而較少使用的方法。有效的方法是運用因素分析，以建立類目。

　　分析臺灣電視節目內容，固然可以根據慣常的分類方法分成上述四類，但也可以利用因素分析，依據收視者收視節目的型態加以歸類，而形成內容分析之類目。表 25-2 即為臺灣民眾對各種不同電視節目收視行為的因素分析之結果(以 26 個主要電視

註 15：王石番(民 63)，民族晚報、大華晚報加強競爭前後的內容分析。國立政治大學新聞學研究所碩士論文。

註 16：同註 5。

表 25-2　臺灣民眾對不同電視節目收視行為的因素分析

電視節目	因素1	因素2	因素3	因素4	因素5	因素6
電視新聞	.662	.262	.024	.204	.275	.048
電視氣象	.351	.193	.161	.363	.437	.51
新聞評論	.796	.279	.247	.208	.013	.76
法　　網	.796	.271	.293	.156	.019	.57
安　全　島	.034	.007	.024	.315	.237	.706
街頭巷尾	.339	.243	.146	.230	.243	.814
檀島警騎	.145	.807	.003	.103	.014	.147
世運風雲錄	.623	.341	.124	.247	.123	.255
翠笛銀箏	.143	.298	.889	.098	.014	.247
大千世界	.243	.003	.903	.009	.397	.147
老少雙雄	.345	.765	.004	.147	.033	.343
步步驚魂	.234	.444	.274	.039	.067	.067
聯邦調查局	.674	.003	.098	.047	.176	.237
神州英豪	.367	.332	.147	.904	.153	.000
臺視劇場	.512	.128	.289	.817	.307	.247
偉大的建設	.034	.147	.147	.024	.809	.348
錦繡河山	.143	.222	.223	.003	.666	.210
我愛周末	.007	.222	.607	.079	.398	.233
海底小遊俠	.024	.887	.243	.804	.398	.040
少林十戒	.111	.241	.147	.801	.247	.240
跳動72	.108	.112	.222	.019	.800	.008
蓬萊仙島	.001	.224	.747	.011	.003	.098
大野雄風	.345	.228	.248	.498	.047	.340
家有嬌妻	.246	.147	.110	.567	.198	.222
嬰兒與母親	.146	.014	.187	.010	.004	.908
國　　劇	.247	.024	.009	.100	.049	.807

節目為分析單位)。

根據表 25-2 的因素分析的結果，可以將臺灣現有電視節目歸納成為以下五種類目：

1. **知識性**：共有五個節目歸入此類，即電視新聞、新聞評論、法網、世運風雲錄、聯邦調查局。
2. **懸疑性**：共有四個節目歸入此類，即檀島警騎、老少雙雄、步步驚魂、海底小遊俠。
3. **娛樂性**：共有五個節目歸入此類，即神州英豪、臺視劇場、少林十戒、大野雄風、家有嬌妻。
4. **報導性**：共有三個節目歸入此類，即電視氣象、錦繡河山、跳動 72。
5. **教育性**：共有四個節目歸入此類，即安全島、街頭巷尾、嬰兒與母親、國劇。

利用因素分析，可以將臺灣的電視節目作系統的歸類，這種歸類方法，自然要較傳統的節目歸類方法為精確。

三、類目及分析單元的效度與信度分析

內容分析類目及分析單元的效度分析，僅應用於研究者自行發展的類目。依據研究理論或借用他人已發展而成的類目，作內容分析時，很少再作效度分析。效度分析最佳的方法是因素分析，其他各種效度分析之方法，也可應用在內容分析。

信度分析是內容分析過程中較為嚴重之問題。所謂信度分析是指測度研究者內容分析之類目及分析單元，是否能夠將內容歸入相同的類目中，並且使所得的結果一致。一致性愈高，內容分

析的信度也愈高；一致性愈低，則內容分析的信度亦愈低。因此，信度直接影響內容分析之結果。內容分析必須經過嚴密的信度分析，才能使精確性提高。內容分析之信度，顯然與過程中參與人數的多寡，有很大的關聯性。內容分析之信度公式如下：

$$信度 = \frac{n \times (平均相互同意度)}{1 + [(n-1) \times 平均相互同意度]}$$

以上公式中的 n 是指參與內容分析的人數，亦即編碼員 (coder) 或評分員 (judge) 的人數。

假使某一項研究，運用四個評分員，四人之間對於某一內容分析之相互同意度如下：

	A	B	C
D	.85	.67	.84
C	.74	.75	
B	.68		

代入公式：

$$信度 = \frac{4 \times (.85 + .74 + .68 + .67 + .75 + .84)/6}{1 + [(4-1) \times (.85 + .74 + .68 + .67 + .75 + .84)/6]}$$

至於評分員之間相互同意度的計算方式，可以一個實例來說明。

在分析報紙上競選新聞中，是否含有評論成分，並且進一步決定其新聞內容應屬於批評性或讚揚性。表 25-3 為兩個評分員對於三個不同報紙 24 則新聞之內容分析：含有評論成分之內容 (X)，不含有評論成分 (Y)；讚揚性內容 (+)，批評性內容 (−)。

表 25-3　新聞內容分析原始資料表

	第一評分員			第二評分員		
主題	中央	中國	聯合	中央	中國	聯合
1	x+	x-	y-	x+	x+	y-
2	y-	y-	x+	y+	y+	x+
3	x+	y+	x+	x+	y-	x+
4	x+	y-	x-	x+	y-	x-
5	x+	x+	x+	y-	x-	x+
6	y+	x+	x-	x+	x+	x-
7	x+	x+	x+	x+	x+	x+
8	x+	x+	y-	x+	x+	y-
總計：						
x+	6	4	4	6	4	4
x-	0	1	2	0	1	2
y+	1	1	0	1	1	0
y-	1	2	2	1	2	2

表 25-3 的資料顯示，假使以總計的結果來分析，假使兩個評分員之間的相互同意度可說是 100%；但是，事實上兩個評分員之間的相互同意度並沒有達到 100%，兩個評分員僅對 16 則新聞完全同意，因此相互的同意度為：

$$\text{相互同意度} = \frac{2M}{N_1 + N_2} \begin{cases} M \text{ 為完全同意之數目} \\ N_1 \text{ 為第一評分員應有的同意之數目} \\ N_2 \text{ 為第二評分員應有的同意之數目} \end{cases}$$

$$\text{相互同意度} = \frac{2 \times 16}{24 + 24} = \frac{32}{48} = .66$$

表 25-4　傳播內容分析的信度檢定

價值類目 方向 出現頻率 篇目名稱	生理的 +	生理的 −	利己的 +	利己的 −	社會目的社會標準 +	社會目的社會標準 −	認知者 +	認知者 −	懼怕的 +	懼怕的 −	嬉戲的 +	嬉戲的 −	政治的 +	政治的 −	道德的 +	道德的 −	經濟的 +	經濟的 −	研究者之歸類	評分員之歸類
保護牙齒有更好的辦法	7																		生理的	生理的
最後的禮物					9		3												社會的	社會的
海上漂流者的救星——龍人	1	1	6				1				1				1				利己的	利己的
陰些做了槍下鬼		2							1	5		2							生理的	生理的
絕不向死亡投降		2	8																利己的	利己的
東德孿生如籠中鳥													8						政治的	政治的
我最難忘的人物——姊姊					1						3				6				道德的	道德的
地獄裡創造了天堂					10														社會的	社會的
農業會增加新知							2				2						8		經濟的	經濟的
沙漠揚威記			3									5							政治的	政治的

＊如對某一價值採取贊成或誇獎的態度，則為正方向；若是採取反對或抨擊的態度，則為負方向。

但是，一般的內容分析都是由研究工作者做主要的內容分析的評分員，研究工作者本身的信度測驗也是一項內容分析的必須步驟。郭勝煌 (註 17) 在「傳播內容之價值分析」中，就是利用十個評分員評審十個語幹，以測驗研究者本身之信度。分析之結果如表 25-4。

表 25-4 顯示，如果以較多數的 (50% 以上) 評分員之共同歸類為標準時，在十項內容分析之語幹中有九項完全相同。代入信度公式：

$$相互同意度 = \frac{2 \times 9}{10 + 10} = .90$$

$$信度 = \frac{2 \times .90}{1 + (1 \times .90)} = \frac{1.8}{1.9} = .95$$

由以上分析得知研究者本身之信度很高，但是如以十個評分員分別與研究者本身作信度之分析，其結果為：

$$平均相互同意度 = (.70 + .90 + .60 + .20 + .80 + .80$$
$$+ .60 + 1.00 + .80 + .50)/10$$
$$= .69$$

$$信度 = \frac{2 \times .69}{1 + (1 \times .69)} = .82$$

由以上分析得知研究者本身信度亦達 .82。

黃順利 (註 18)「新聞天地之內容分析」的研究，亦採用研

註 17：同註 5。
註 18：黃順利 (民 60)，新聞天地之內容分析。國立政治大學新聞學研究所碩士論文。

究者本身之信度分析。他以七篇選擇的文章來測驗，並利用八個評分員來檢驗內容分析的信度。所得結果見表 25-5。

表 25-5　新聞天地內容分析結果

文章名稱	報導體裁	評分員 相同	評分員 相異	研究者歸類	-3	-2	-1	0	+1	+2	+3	50%以上評分員之歸類
研究者本身												
1. 美俄毛戰略僵局鳥瞰	專欄	8	0	0		2	2	4	0			0
2. 又一名敗類立委	新聞分析	8	0	−3	8							−3
3. 痛悼陶聲洋	社論	8	0	+3						2	6	+3
4. 宇丹這個人	新聞分析	8	0	−1	4	2	2					−3
5. 對政院改組的看法	社論	8	0	+1				3	4	1		+1
6. 續伯雄這個記者	新聞分析	8	0	+2					1	4	3	+2
7. 參觀工展是大事	社論	8	0	−2		5	2	1				−2

以 50% 以上評分員之共同歸類與研究者本身之歸類間作相互同意度與信度之分析，其步驟如下：

$$相互同意度 = \frac{2 \times 6}{7+7} = .85$$

$$信度 = \frac{2 \times .85}{1 + (1 \times .85)} = .91。$$

研究者本身之信度為 .91。

如以 8 個評分員與研究者本身相互作信度之分析,其計算步驟如下:

平均相互同意度＝(.50＋1.00＋.75＋.25＋.50＋.50)/7＝.57

$$信度 = \frac{2 \times .57}{1+(1 \times .57)} = .72$$

研究者本身之信度就降至 .72 了。內容分析之信度分析自然無法達到 100% 的精確。如有 .9 甚至於 .8 以上的信度,就可算很高了;上例之 .72 之信度則有修正的必要。

第二十六章

因素分析

黃光國

第一節　因素分析的數學模式

第二節　因素分析的幾何圖解

第三節　因素分析結果的意義

第四節　因素數目的決定

第五節　共同性的估計

第六節　因素模式的比較

第七節　轉軸與因素的解釋

因素分析是近年來行為及社會科學的研究中，經常為人用以整理資料的一種統計方法。由於其應用日趨廣泛，對因素分析的瞭解，乃成為行為及社會科學工作者必須具備的基本知識。本章將以淺顯的文字，介紹因素分析的基本理論，務使初入門者不僅能瞭解社會科學文獻中經常出現的因素分析方法，並且能用以作為研究工具。然而，本章將避免談及因素分析繁複的數學演算過程，因為：

1. 因素分析的數學演算係以矩陣代數 (matrix algebra) 為基礎。欲將因素分析的數學演算過程交代清楚，必須先介紹有關的矩陣代數。以本章有限的篇幅，勢必無法做到這一點。

2. 因素分析的演算既極繁複，整理資料時，若以人力與紙筆為之，不但耗時費力，而且容易發生錯誤。近年來，電子計算機工業發展極快，一般的電子計算機都備有各種現成的程式或副程式 (program or subroutine)，可作包括因素分析在內的各種複變項分析 (multivariate analysis)。運用多元變異分析法從事研究的學者，也多將計算工作委之於電子計算機。職是之故，筆者以為從事社會科學研究的人，應該先瞭解因素分析的基本理論，再求懂得如何解釋電子計算機將原始資料加以整理後的輸出 (output)。假設他有興趣作更進一步的研究，他可以參考有關書籍，研究其數學演證過程。

此一前提，即為本章寫作之指針。在本章第一節中，我們將以一個簡單的數學模式分析一個變項的變異量 (variance) 是由

那幾個不同部分組合而成，然後我們將以幾何圖解的方式，說明因素分析的基本原理。同時我們將以一個因素分析的結果作為例子，說明和因素分析有關的幾個重要概念。從第四節以後，我們將先後討論實際做因素分析時必然會遭遇到的幾個問題：包括因素數目的決定，共同性的估計，因素分析模式的選擇，以及因素軸的旋轉等等。

第一節　因素分析的數學模式

瞭解個體對某一情境的反應，是行為科學研究的主要目的之一。個體在一特定情境中的行為，是該一情境所具有的特質和個體的特質兩種影響力交互作用的結果。有些心理學者把這種關係歸納成下列公式：

$$X_{ij} = f(S_j, O_i) \qquad (26\text{-}1)$$

X_{ij} 是個體 i 在情境 j 中的反應，S_j 代表了情境 j 的特質，O_i 代表了個體 i 的特質。這個公式未曾闡明 S 和 O 之間的關係，但卻說明了個體在一特定情境中的反應是外在情境與個體本身特質二者的函數。如果我們從社會學或經濟學的架構來看這個公式，則式中的 O 可以代表一個團體，可以代表一個社會，也可以代表一個經濟單位，它們各具有某些特質，它們所處之情境的特質，也會影響到他們對此情境之反應。

在一個特定情境裏，個體的某些特質可能比其他特質對其反應有較大的影響力。在表示個體的各種特質對其反應的不同影響時，我們可以對個體所擁有的各種特質加以不同的權數

(weights)，並將公式 (26-1) 寫成：

$$Z_{iv} = P_{vI}F_{iI} + P_{vII}F_{iII} + P_{vIII}F_{iIII} + \cdots\cdots + P_{vm}F_{im} \qquad (26\text{-}2)$$

式中 Z_{iv} 是個體 i 對第 V 個獨立變項 (即情境 V) 所做反應的標準化分數，P_{vI} 是個體的第 I 個特徵在情境 V 中的加權指數，F_{iI} 是個體 i 在第 I 個特徵上的得分，F_{im} 則是個體 i 在第 m 項特徵上的得分。公式 (26-2) 所表示的是一種複變項的線型模式 (multivariate linear model)。在此模式中，F_{iI}, F_{iII}, ……, F_{im} 等受到加權並予相加的分數，均是能夠影響反應變項 Z_{iv} 的因素，其值稱為因素分數 (factor score)。對各特徵所加之權數通常稱為「因素係數」(factor coefficient) 或「因素負荷量」(factor loading)，這兩個名詞指的都是變項與因素之間的關係。從公式 (26-2) 中，我們可以看出這個基本的因素模式假設：某一個體對一特殊情境的反應是由許多加權後的因素相加所決定的。

如果我們測量一群研究對象 n 個情境 (或 n 種依變項) 的反應，則我們可以將公式 (26-2) 應用到不同的情境，並將它改寫成：

$$Z_1 = P_{1I}F_I + P_{1II}F_{II} + \cdots\cdots + P_{1m}F_m$$
$$Z_2 = P_{2I}F_I + P_{2II}F_{II} + \cdots\cdots + P_{2m}F_m$$
$$Z_3 = P_{3I}F_I + P_{3II}F_{II} + \cdots\cdots + P_{3m}F_m$$
$$\vdots$$
$$Z_n = P_{nI}F_I + P_{nII}F_{II} + \cdots\cdots + P_{nm}F_m \qquad (26\text{-}3)$$

一群研究對象對任何一個情境的反應分數都不會是一致的，它們的差異可以用統計學中計算變異量 (variance) 的方法表示

出來。從公式 (26-3) 中，我們可以看出，因素分析的線型模式假設：一群研究對象對各個情境的反應，均是由 F_I，F_{II}，……，F_m 等共同因素決定的。此時各個反應變項之間可能存有相當程度的相關 (correlation)，因素分析法的目的即是從各反應變項之間的相關係數中找出他們之間的共同因素。

一個完整的因素分析模式，必須考慮到造成各個變項之變異量的所有來源。在一般情況下，測量的誤差可能影響到變項的變異量，而變項本身所具有的特性，也會對其變異量有相當程度的影響。這兩種變項變異量的可能來源，都不是由各變項之間的共同因素所決定的。換言之，完整的因素分析模式應該將這些變項變異量的可能來源考慮在內，而公式 (26-2) 也應該擴展成：

$$Z_{iv} = P_{vI}F_{iI} + P_{vII}F_{iII} + P_{vIII}F_{iIII} + \cdots + P_{vm}F_{im} + b_v u_v + e_v E_v$$

(26-4)

從公式 (26-4) 中，我們可以看出：任何一個變項的變異量都是由三個基本部分組合而成的。第一部分的變異量是該變項和其他變項所共有者。公式 (26-4) 中 F 等共同因素所測量者即為此一部分。第二部分 u，是某一變項的變異量中，該變項所獨有之部分，它是無法以共同因素來加以解釋者。第三部分的變異量則是由誤差所造成的。由於其來源的不同，這些變異量也各有不同的名稱。由共同因素所造成的變異量稱為共同性 (communality)，通常以 h^2 代表。其值等於公式 (26-4) 中所有共同因素負荷量之平方和。變項所獨有的變異量稱為特殊性 (specificity)，通常以公式 (26-4) 中的 b^2 來代表。共同變異量與特殊變異量之和稱為信度 (reliability)，其意為變異量中不受誤差影響之部分。變項獨有的變異量和誤差之和稱為獨特性 (uniqueness) 它是除卻共同性以外，剩下所有變異量的總合。各種變異量之關係，可以歸納如下：

$$\begin{aligned}
\text{總變異量} \quad & 1 = h_v^2 + b_v^2 + e_v^2 \\
\text{信度} \quad & r = h_v^2 + b_v^2 = 1 - e_v^2 \\
\text{共同性} \quad & h_v^2 = \sum_{i=1}^{m} P_{vi} \\
\text{獨特性} \quad & u_v^2 = b_v^2 + e_v^2 = 1 - h_v^2 \\
\text{特殊性} \quad & b_v^2 = b_v^2 = 1 - h_v^2 - e_v^2 \\
\text{誤差} \quad & e_v^2 = 1 - r
\end{aligned}$$

(26-5)

第二節　因素分析的幾何圖解

談完因素分析的基本數學模式之後，我們可以再進一步地用幾何圖解的方式來說明因素分析的原理。從前面的論述中，我們可以看出：運用因素分析的場合，是研究者同時測量一群研究對象對數十或數百種變項的反應，而這些變項中某些變項的分數之間又存有相當高的相關。此時，研究者可能懷疑：這些相關甚高的變項，可能是由少數的幾個共同因素 (common factor) 所決定的。因素分析法的最大功用，便是能夠讓研究者從許多變項中，抽出少數幾個共同因素，並推知因素的性質，以達到科學上以簡馭繁、去蕪存菁之目的。

以幾何圖解說明因素分析的原理，是瞭解因素分析最簡捷的途徑之一。用幾何學的術語來說，因素分析法的目的是要找出一組向度 (dimension) 來解釋許多變項之間的關係。這樣一個簡單的定義，當然不足以說明因素分析之全貌，吾人必須再詳細闡

釋其中幾個重要的概念。首先，我們要談的是相關係數。

乘積相關係數 (product-moment coefficient) 有許多種不同的解釋，這些解釋均有助於吾人對因素分析的瞭解。由於一般統計書籍對相關的意義都有詳盡的說明，在此我們將祇擇其大要作簡略的介紹：

從定義乘積相關係數的公式中，我們可以看出：相關係數之值，恰恰等於一群研究對象在兩個變項上所得標準分數兩兩相乘之後的平均值 (註 1)。相關係數顯示出一群研究對象中每一個研究對象在兩個變項上保持同樣相對位置之程度。相關係數的平方，則代表了一個變項的變異量中能夠為另一個變項的變異量所解釋之部分，也就是兩個變項的變異量中的共同部分。此外，相關係數還代表了兩變項間迴歸線 (regression line) 的傾斜度。

就瞭解因素分析一事而言，相關係數還有一層更重要的意義。如果我們以向量 (vector) 來表示兩個變項，則兩變項間的相關係數正好等於兩向量所夾角度之餘弦 (cos θ)。由於相關係數的這種意義平常較少為人提及，我們必須對之再作進一步的說明。

首先，我們要討論以向量表示變項的方法。假如我們以彼此

註 1：定義乘積相關係數的公式，可以寫成：

$$r = \frac{1}{n} \cdot \frac{\sum_{i=1}^{n}(X_i - \bar{X})(Y_i - \bar{Y})}{\sqrt{\frac{\sum_{i=1}^{n}(X_i - \bar{X})^2}{n}} \cdot \sqrt{\frac{\sum_{i=1}^{n}(Y_i - \bar{Y})^2}{n}}}$$

在上列公式中，n 代表研究對象的人數；X_i，Y_i 分別為第 i 研究對象在 X，Y 二變項上所得的分數；$\bar{X}$，$\bar{Y}$ 則為全體研究對象在 X，Y 二變項上所得分數之平均值。

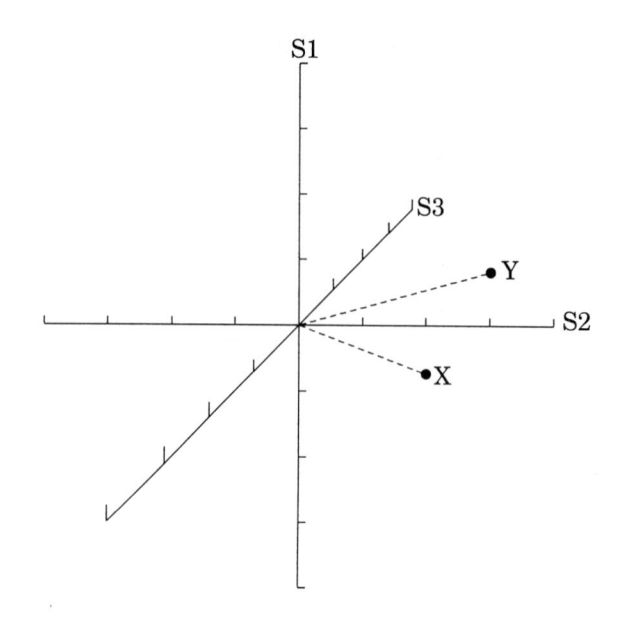

圖 26-1 在由三個研究對象 S1，S2，S3 所構成的立體空間中，將 X，Y 二變項以向量表示出來。

之間形成直角的直線代表各個研究對象，則這幾條直線能夠形成一個包含有各研究對象的幾何空間，其間各研究對象均彼此互相獨立。圖 26-1 所示，是研究對象的數目為 3 之例。當研究對象的數目大於 3 時，吾人即無法以圖形將代表所有受試者的向度都表示出來，而祇能以數學公式描繪出包含有許多向度之空間。將各研究對象在某一變項上所得的分數標準化之後，分別標示於代表各該研究對象的座標軸上，即能在這個幾何空間中界定出一終點 (end point)，此終點與座標軸之原點，即成為代表此一變項之向量。例如圖 26-1 中，X 點表示研究對象 S1，S2，S3 在 X 變項所得的分數分別為 −2，+2，和 +1；Y 點表示這三個

研究對象在 Y 變項上所得分數為 0，+3，+1。由於各研究對象在變項上的得分均已經標準化，他們在不同變項上的得分都可以在同一套座標軸上表示出來。假使我們從座標軸的原點繪線段聯結 X 點及 Y 點，則此二線段 (向量) 分別代表了 X，Y 二變項。

當我們假設各變項的數值都已經標準化，他們的變異量都等於 1.0，而每一向量之長也都以單位長度表示時，此二向量所夾角度之餘弦，正好等於它們所代表的兩個變項間的相關係數 (註2)。從圖 26-2 中各個向量的相對位置，我們可以看出變項間的不同關係。向量 A 和 B 在空間中傾向重合，其間角度趨近於零度，故此二向量所夾角度的餘弦趨近於 0，而其所代表的兩變項之相關亦接近 1。向量 A 和 C 互成直角，彼此在對方上均無投影，直角之餘弦其值為零，因此二向量間沒有關係。同理可知，向量 A 與 D 之間的關係為負。

明瞭在空間中以向量表示變項的方法之後，我們便不難瞭解用幾何圖解釋因素分析的道理。假設我們有一組五個變項，變項與變項之間存有如表 26-1 的相關係數矩陣中所列的關係，則我們可以依照上述辦法，將表 26-1 中各變項間的關係以向量在空間中表示出來 (見圖 26-3)。因素分析法的主要功能，便是讓研

註 2：運用本節所述之法，將各變項之值在空間中表示出來，則兩變項間的相關係數可以用下列公式計算出來：

$$r_{12} = h_1 h_2 \cos \theta$$

θ 為代表兩變項之向量所夾的角度，h_1、h_2 分別為代表兩變項之向量的長度。於當各變項的數值都已經標準化，它們的變異量都等於 1.0，h_1、h_2 等向量之長也都等向量長度，此時兩變項間的相關係數為：

$$r_{12} = \cos \theta$$

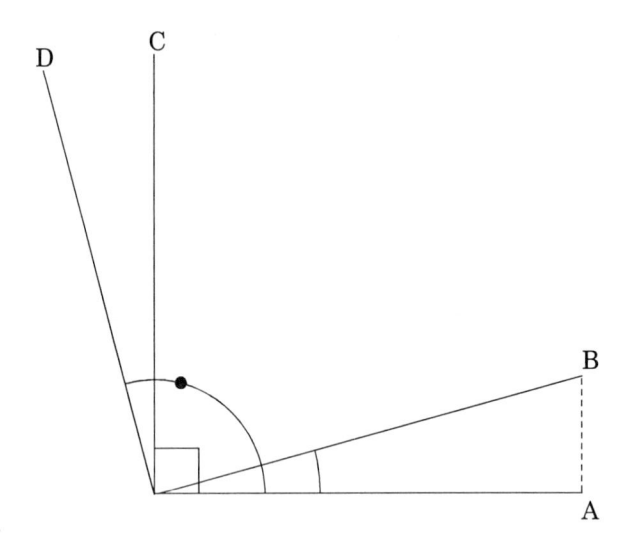

圖 26-2 和變項 A 之間存有不同關係的各變項。變項 B 與變項 A 之間的關係為正，D 與 A 之間的關係為負，C 與 A 之間沒有關係。

究者能夠在這些變項所存在的空間中，界定出一套各根軸之間彼此成正交的因素軸 (factoral axis)，以儘可能地解釋變項中的變異量。為要達到此一目的，此套因素軸中第一根軸 (軸 P_I) 的選擇必須滿足一個特殊的條件，即所有向量在此軸上投射的平方和必須達於最大值。對一組變項而言，能滿足這個條件的軸 P_I 是獨一無二的。第二根軸 (軸 P_{II}) 必須和軸 P_I 保持正交 (即成 90°角)，同時還要解釋軸 P_I 不能解釋的殘餘變異量中的最大部分。能滿足這兩個條件的軸 P_{II}，在這個空間中的位置也是獨一無二的。用同樣的方法可以在空間中繼續找出軸 P_{III}，軸 P_{IV} 等等，直到變項間大部分的變異量都已經解釋殆盡，剩餘的變異量逐漸變小至微不足道而後止。這是因素分析中主要成分分析 (principal component analysis) 的基本邏輯。

表 26-1　五個變項之間的相關係數矩陣

變項	1	2	3	4	5
1	1.000	.0098	.9724	.4389	.0224
2	.0098	1.0000	.1543	.6914	.8631
3	.9725	.1543	1.0000	.5147	.1219
4	.4389	.6914	.5147	1.0000	.7777
5	.0224	.8631	.1219	.7777	1.0000

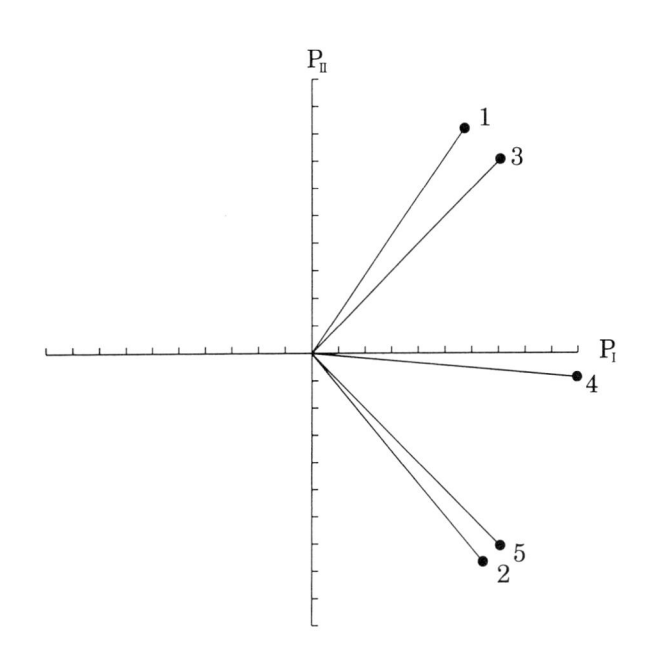

圖 26-3　將表 (1) 相關係數矩陣中所列的關係以向量在空間中表示出來，並以因素分析法在同一空間中界定出彼此成正交的因素軸 P_I，P_{II}。所有向量在軸 P_I 上投射的平方和必須達到最大值，即軸 P_I 能解釋各變項變異量的最大部分。軸 P_{II} 必須解釋軸 P_I 不能解釋的殘餘變異量中的最大部分，餘此類推。

在本節中，我們以二度空間和三度空間的幾何圖來解釋因素分析，祇是為了說明上的方便而已。其實變項向量和因素軸都存在於一個 n 度的「超限空間」(hyperspace) 中，此種「超限空間」的向度往往超過於三。這種三度以上的空間祇能用數學式來加以表示，立體幾何受到了三度空間的限制，它對表示超過三度的「超限空間」是無能為力的。

第三節　因素分析結果的意義

我們說過，因素分析的數學演算相當繁複，若無電腦之助，其數學演算工作勢必難以完成。目前大部分的電腦都儲備有現成的程式，可作各式各樣的因素分析。因此，欲以因素分析法從事研究工作的人，在瞭解因素分析的數學模式及基本原理之後，大可以將其數學演算工作委之於電腦。然而，他對電腦將其輸入的資料作因素分析後所輸出的結果，卻不能不明白如何加以解釋。是以本節將以一個例子說明如何解釋因素分析的結果，並以因素分析的數學模式為基礎，來闡明各種有關的概念。

假設吾人測量一群研究對象的五個變項，並將其結果輸入電腦作主要成分因素分析，則其輸出的資料最少應包含如表 26-1 的一個相關係數矩陣 (correlational matrix) 以及表 26-2 的一個因素矩陣 (factor matrix)。相關係數矩陣中的數值代表了五個變項間兩兩相關之程度。代表這五個變項的向度都可以安置在一個擁有五向度之空間內。表 26-2 因素矩陣中，標名 P_I、P_{II} ⋯⋯ 之各行，即代表了五度空間的五個向度。因素矩陣裏每一行裏的數值都是因素負荷量，它代表了各變項和某一因素向度之

表 26-2　以表 26-1 之相關係數矩陣作主要成分因素分析所得之因素矩陣

變項	P_I	P_{II}	P_{III}	P_{IV}	P_V	變項變異量 (h^2)
1	.5810	.8064	.0276	−.0645	−.0852	1.0000
2	.7671	−.5448	.3193	.1118	−.0216	1.0000
3	.6724	.7260	.1149	.0072	.0862	.9999
4	.9324	−.1043	−.3078	.1582	.0000	1.0000
5	.7911	−.5582	−.0647	.2413	.0102	.9999
因素變異量（固有值）	2.8733	1.7966	.2148	.1000	.0153	5.0000
佔總變異量之百分比	57.2	35.9	4.3	2.0	0.3	100.00

間的關係。因素負荷量的意義和相關係數稍有不同，相關係數顯示出兩個可見變項間的關係，因素負荷量則反映了可見變項和由幾個變項組合而成的因素之間的關係。例如變項 4 在因素 P_I 的負荷量為 .93，其意義為因素 P_I 的變異量大部分是由變項 4 的變異量所造成的。

表 26-2 裏因素矩陣中的其他數值，都是因素負荷量。它們的意義也都能作如是之解釋。因素矩陣下面第一列的數值稱為「因素變異量」(factor variance) 或「固有值」(eigenvalue)，它們是因素矩陣裏，每列因素負荷量的平方和。這些數值代表了各個因素所能解釋的原來的相關係數矩陣中各變項的變異量。在

表 26-2 的例子裏，原來的相關係數矩陣中的總變異量有 5 個單位，第一個因素可以解釋其中 2.87 個單位的變異量，第二個因素可以解釋 1.80 個單位，餘此類推。因素矩陣下面第二列的數字是各個因素所能解釋的變異量與總變異量之百分比，其值可由各因素變異量除以總變異量而求得。表 26-2 因素矩陣旁最後一行的數值稱爲變項變異量 (variable variance) 或共同性 (communality)，它們代表了每一變項之變異量中能夠爲各個因素所解釋之部分，其值等於每一變項在各個因素上之負荷量的平方和。

把表 26-2 因素矩陣中的數據代入公式 (26-2) 的因素分析數學模式，我們對因素分析結果的解釋可能會有更進一步的瞭解：

$$Z_{i1} = .58F_{iI} + .81F_{iII} + .03F_{iIII} + (-).06F_{iIV} + (-).09F_{iV}$$

$$Z_{i2} = .77F_{iI} + \cdots\cdots\cdots\cdots\cdots\cdots\cdots\cdots + (-).02F_{iV}$$

$$\vdots$$

$$Z_{iI} = .79F_{iI} + (-).56F_{iII} + (-).06F_{iIII} + (-).24F_{iIV} + .01F_{iV}$$

易言之，從因素負荷量及個體在各因素上所得的因素分數，可以推知他在某一變項上的得分。在這個例子裏，因素的數目恰好等於變項之數目，但最後三個因素都祇能解釋原來相關係數矩陣中各變項極小部分的變異量。爲了要達到因素分析以簡馭繁、以少數的因素解釋多數變項之變異量的目的，我們不妨將最後三個因素視爲是誤差和變項的特性所造成的。在找尋共同因素時，可以將之捨棄不用。這樣一來，我們所保留的兩個因素仍然能夠解釋原來相關係數矩陣中各變項大部分的變異量，同時還能達到因素分析以簡馭繁的主要目的 (見表 26-3)。

共同性 h^2 之值和研究者選定的共同因素之數目有密切的關

係。在表 26-2 的例子裏，我們把所有的因素都當做是共同因素。如果我們從這些因素裏祇取出頭兩個作為共同因素，則表 26-3 修正後的因素矩陣中，共同性之值均將小於 1，而因素分析所得的結果也無法解釋各變項全部的變異量。此時，共同性之和即等於各變項的變異量中取出之共同因素能夠解釋之部分。

本章第二節曾經嘗試用圖 26-3 的幾何圖形來表示將表 26-1 的相關係數矩陣作因素分析所得的結果。從圖 26-3 的因素分析幾何圖解中，我們還可以看出共同性的另外一層意義。在代表共同因素的向度所界定的空間中，一個變項的共同性恰恰等於在此空間中代表該變項的向量長度之平方。換句話說，某一變項在共同因素之空間中的向量長度正好等於 $\sqrt{h^2}$ 或 h。

從表 26-3 因素矩陣所載的資料中，我們還能看出各變項和因素之間的關係，並能以之與圖 26-3 的因素分析幾何圖解互作比較。表 26-2 的因素矩陣顯示：變項 4 在因素 P_I 上的負荷量頗高，在因素 P_{II} 的負荷量卻極低，因此它在因素空間中應該靠近 P_I，但卻與 P_{II} 近於正交。變項 1 和 3 在 P_I，P_{II} 上的負荷量均為正，他們在 P_{II} 的負荷量均較其在 P_I 的負荷量為大，所以他們應該一起位於因素空間右上方的象限中，彼此相當接近。在代表 P_I 和 P_{II} 的兩個向度之間，它們應該較接近於 P_{II}。由其他因素負荷量的大小及符號，我們可以推知：變項 2 和 5 應該位於因素空間右下方的象限中，彼此相當接近，而且他們與 P_I 的距離應該比他們和 P_{II} 的距離為大。證諸於圖 26-3，我們不難看出：上述關係和圖 26-3 所載的訊息是相當一致的。

從表 26-3 因素矩陣所提供的資料中，我們還能對兩個變項之間的相關係數作比較精確的估計。因素矩陣中任兩個變項在每

表 26-3 將因素變異量（固有值）較少之因素 P_{III}、P_{IV}、P_V 捨棄後，所剩下的因素矩陣及共同性。

變項	P_I	P_{II}	h^2
1	.5810	.8054	.9878
2	.7671	−.5448	.8852
3	.6724	.7260	.9792
4	.9324	−.1043	.8802
5	.7911	−.5582	.9375
固有值	2.8733	1.7966	4.6700
佔總數變異量之百分比	57.5	35.9	93.4

一因素上的負荷量兩兩相乘之後，將其乘積累加，其和即為此二變項間相關係數之估計。譬如以此法估計變項 1 和 2 之間的相關係數時，其值應為：

$$r_{12} = \sum_{i=1}^{m} P_{1i} \cdot P_{2i} = .58(.77) + .81(-.54)$$
$$= .01$$

變項 1 和 2 原來的相關係數之值為 .00975，其間誤差是將因素 P_{III}、P_{IV}、P_V 捨棄所造成的。

第四節 因素數目的決定

前面幾節中，我們已經討論過因素分析的數學模式及基本原

理。當研究者實地運用因素分析方法整理資料時，他必然會遭遇到四個經常引起爭論的問題，這四個問題是 (1) 因素的數目，(2) 共同性的估計，(3) 因素分析模式的選擇，(4) 轉軸的問題。雖然這些問題彼此都有某種程度的關連，但在下列各節中，我們將把它們分開來討論。首先，我們要討論的是因素數目之決定。

以表 26-1 中五個變項之間的相關係數矩陣作主要成分因素分析，可得到如表 26-2 所列的因素矩陣。五個因素固然能解釋五個變項中所有的變異量，但是因素分析的主要功能之一，便是把許多變項中關係密切的變項組合成較少數的幾個因素，來描述所有的變項的變異量，以達到以簡馭繁的目的。如果用五個因素描述五個變項，對以簡馭繁一事而言，可說是一無所獲。那麼，我們難免要問：在做因素分析時，要取出多少個因素才是最恰當的呢？回答這個問題的一條基本原則是：取出的因素愈少愈好，但是取出因素所能解釋的變項變異量卻是愈大愈好。

在這個大原則之下，對此一問題有精深研究的學者曾經提出了幾種決定因素數目的方法。其中 H. F. Kaiser (註 3) 所倡議的方法不但在邏輯上言之成理，而且也廣為人所知。他認為：既然每一變項的分數標準化之後，其變異數均為 1.0，做主要成分因素分析時，取出的各個因素所能解釋的變項之變異量便不能小於 1.0，否則它們解釋變項變異量的效力便不如單一變項了。Kaiser 提倡的決定因素數目的方法一直為人所沿用，有些電腦程式設計師甚至將其寫入因素分析的程式，儲進電腦，供人選用。

註 3：見 H. F. Kaiser (1958). The varimax criterion for analytic rotation in factor analysis. *Psychometrika, 23*, 187～200；及 H. F. Kaiser (1960). The application of electronic computers to factor analysis. *Educational and Psychological Measurement, 20*, 141～151.

然而 Kaiser 的方法卻有一個缺點。在變項少於 20 的研究裏，它取出的因素總是很少，但是在變項多於 50 的研究中，它取出的因素卻又太多。R. B. Cattell 有鑒於此，特意提出了所謂「陡階檢驗」(scree test) 的辦法以補救此種缺點 (註 4)。其法是將每一因素所能解釋的變異量畫成一圖，然後把祇能解釋少許變異量的因素捨棄不用。例如，表 26-2 中五個因素所能解釋的變異量用「陡階檢驗」法畫出後，即成圖 26-4 中之曲線。在第 II 和第 III 因素之間，曲線陡降，從第 IV 因素以後，曲線走勢即趨平坦。換句話說，第 I、II 因素能解釋相當大比例的變項變異量，因此研究者必須依各因素的內涵解釋其意義。和第 I、II 因素相較之下，第 III 因素以後各因素僅能解釋極小部

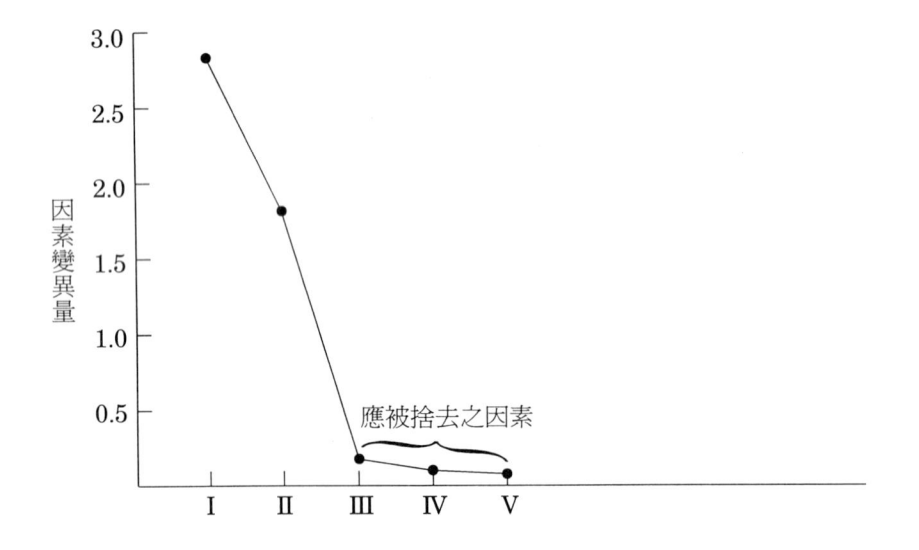

圖 26-4　以「陡階檢驗」法決定表 26-2 因素矩陣中之因素數目

註 4：見 R. B. Cattell (1966). The scree test for the number of factors. *Multivariate Behavioral Research, 1,* 245～276.

分的變項變異量,因此這類因素儘可捨棄,不必多作解釋。

除此以外,還有幾種方法可以決定因素的數目。其中某些方法是經常和某種因素分析模式一起聯用的。這些方法的原理雖然大同小異,然而,決定因素數目的方法不同,所得的因素數目也各自相異。由此可知,就一組原始資料而言,其間因素的數目並不是一成不變的。運用 Kaiser 的方法決定因素數目時,所得的結果通常祇供參考之用,研究者可以依據他對該項研究題材的瞭解和個人的判斷以增加或減少因素之數目。用 Cattell 的「陡階檢驗」作同樣問題時,亦復如是。是以處理此一問題的最佳辦法,是嘗試幾種不同的因素數目,然後選用結果最爲合乎情理的一種。至於如何判斷一項研究結果是否合乎情理,則有賴於個人對其研究題材的學養,不是本文所能盡述的。

第五節　共同性的估計

本章第二節中曾經說過:因素分析的主要處理對象是一組變項中每一變項的所有變異量。這些變異量有各種不同的可能來源,它們都包含在公式 (26-4) 中。一般相關係數矩陣 (如表 26-1) 對角線上所列的數值,是各變項標準化分數的變異量,它包含了變項變異量的各種可能來源,因此其值均爲 1.0。對角線外的相關係數則是有關變項的共同變異量。從公式 (26-4) 和公式 (26-5) 的第一行中,吾人得知:每一個變項的變異量都包含有測量的誤差和它獨有的特殊變異量。在找尋一組變項的共同因素時,測量誤差和各變項的特殊變異量都可能發生干擾的作用,所以在做因素分析以前,最好先估計出這些不是由共同因素所造

成的變異量,然後將之從相關係數矩陣中減掉。因此,利用因素分析法從事研究者必須面臨的第二個問題,便是估計每一個變項的變異量中的共同部分。

估計共同性的方法有許多種,其中之一可以用表 26-3 所載的資料作為例子來加以說明。當吾人抽取的因素數目較變項為少時,抽出的因素必定無法解釋各變項所有的變異量。每一變項在各因素上負荷量的平方和(即實際求得的共同性),代表了各個因素所能解釋的該一變項的變異量。假使我們祇想分析各變項的共同部分,我們可以將因素變異量太小的因素捨棄不用,然後以取出因素的共同性當做對共同變異量的估計,置之於相關係數矩陣的對角線上,構成「殘餘相關係數矩陣」(residual correlation matrix),再以之作因素分析。結果對各變項的共同部分可以再得到一組新的估計,它和第一次的估計很可能有所差異。估計各變項之共同性的方法之一,便是反覆做同樣的步驟,直到對共同性兩次連續的估計顯現不出差異為止。表 26-4 是將此種方法運用於表 26-1 之例所得的結果。和表 26-3 相較之下,我們可以看出:運用反覆估計共同性之法,對因素負荷量的影響極為微小,而且對最後所得的共同性也沒有一致性的影響。然而分析「殘餘相關係數矩陣」所得的因素變異量卻一定會減低。

研究者所選定的因素數目,對用這種方法算出的共同性之數值有一定的影響。此外還有幾種辦法可以在進行因素分析之前先估計出共同性。用這類方法推得的共同性,稱為理論上的共同性 (theoretical communality),它的數值不受因素數目的影響。其中 L. L. Thurstone 和 L. Guttman 倡議的方法較常為人所用,其理論基礎也大同小異。他們都假設:以因素分析法處理的一組變項中,某一變項的共同性絕不能小於它和其他任何變

表 26-4　以反覆推計共同性之法施於表 26-1 之相關係數矩陣後，所得之因素矩陣。

變項	P_I	P_{II}	共同性 (h^2)
1	.622	.785	1.000
2	.702	−.524	.767
3	.701	.681	.956
4	.882	−.145	.798
5	.779	−.604	.971
因素變異量(固有值)	2.756	1.740	4.492
佔總變異量之百分比	55.1	34.8	89.8

項的相關係數。基於此一前提，Thurstone 主張以某一變項和其他各變項的相關係數之最大者作爲其共同性的估計 (註 5)。然而，用種方法推計共同性，卻很可能發生一種偏差。一般研究者從事研究工作時，都祇從他所感興趣的變項中選出一部分作爲研究材料。假使被他選爲研究材料的變項正好包括了和受估計之變項極爲相似者，而他在推計某一變項之共同性時，又未將該變項與相關係數矩陣中其他變項的關係考慮在內，那麼他在估計變項的共同性的時候，便有將之過分高估的危險。

註 5：L. L. Thurstone (1938). Primary mental abilities. *Psychometric Monographs*, No. I; L. Guttman (1954). Some necessary conditions for common factor analysis. *Psychometrika, 19*, 149~161.

為了補救此種缺失，Guttman 主張以一組變項中某一變項與其他變項之複相關係數的平方 (SMC, Squared multiple correlation)，作為對此一變項之共同性的估計 (同註5)。這種方法的最大好處是：受估計變項與相關係數矩陣中其他變項之間的關係都已經被考慮在內。事實上，用這種方法求得之值，是對變項共同性估計的「下限」。換句話說，某一變項的「真正」共同性，必然大於他和相關係數矩陣中其他變項之複相關係數。

運用因素分析從事實際研究時，決定因素數目和推計共同性是兩個息息相關的問題，其抉擇取捨均有賴於研究者個人的判斷。如果研究者面臨的問題並不十分需要正確地推計出共同變異量，譬如在探討性研究的場合，他不妨以整個相關係數矩陣作為因素分析之材料。否則他必須先估計出變項的共同性，再將相關係數矩陣化簡，然後再作分析。總之，研究者採用何種策略估計共同性，必須視其問題對精確推計因素的要求而定。愈需要精確推計因素的場合，對精確地估計共同性之要求也愈高。

因素的數目和共同性的推計關係非常密切。作因素分析時，如果取出的因素數目太少，可能造成兩種不良影響：首先，它可能影響因素的旋轉。關於此一問題，本章第七節將有進一步的討論。其次，它還能影響共同性的大小。假使有幾個變項在某些因素上的負荷量相當高，選定因素數目之後，這些因素又被捨棄掉了，那麼這幾個變項的共同性均會顯著降低，而因素分析所獲致的結論也可能發生錯誤。

第六節　因素模式的比較

因素分析法有許多種不同的模式，各種模式都是藉由尋找主

軸的方法來求出因素矩陣，其間唯一的差別是他們處理相關係數矩陣對角線上之共同性的方式。這些模式可說是各有長短，其優劣殊難一概而論。本章將討論幾種較為常見的因素分析模式，以使研究者在選擇適當的方法來解決其問題時，能夠有所遵循。

本章第四節以前所討論的因素分析模式稱為主要成分分析。其特色是受分析的相關係數矩陣中，對角線上的數值均為 1.0，而不是對共同性的任何一種估計。同時，它所抽出的第 I 個因素能解釋相關係數矩陣中各變項的最大變異量。第 II 個因素不僅和前一因素彼此互相獨立，而且又能解釋殘餘相關係數矩陣中的最大變異量。如果以對共同性的某種估計置入相關係數矩陣的對角線，其他條件不變，則因素分析所得的結果稱為*主要因素解* (principal factor solution)。在下一節裏我們將討論如何一面將代表變項的向量位置保持不變，一面在空間中轉動因素軸，以修正因素分析的結果，使所得的因素較富意義，而容易解釋。經過這道手續後所得的因素稱為*轉後因素解* (rotated factor solution)。不管原來的因素是得自相關係數矩陣或殘餘相關係數矩陣，經過旋轉後的因素都不會再連續地解釋最大的變異量。

Thurstone 的*重心法* (centroid method) 是最早為人所用的因素分析法 (註 6)。重心法的計算過程相當繁複，其數學邏輯也頗為嚴謹。在電腦尚未普遍化的廿餘年前，運用因素分析的研究者常用重心法來計算因素主軸 (即主要成分或主要因素) 的近似值。近年來電腦逐漸普及，重心法便不再像廿年前一樣地廣為

註 6：見 L. L. Thurstone (1947). *Multiple Factor Analysis*. Chicago: University of Chicago Press. 有關重心法之中文著作，讀者可參閱：林清山 (民 63) 心理與教育統計學，臺北：東華書局，頁 497～514；林清山 (民 61)，因素分析的理論與統計法簡介，測驗年刊，第十九輯，頁 60～76。

人所用了。

前一節中，我們還提過 Guttman 主張用變項與其他各變項之間複相關係數的平方 (SMC) 來推計變項間的共同性。用這種方法所作的因素分析稱為影像分析 (image analysis) (註 7)。Guttman 以為：從事因素分析時，應該計算出一個變項的變異量中能夠由受分析之其他變項所預測出的部分，並且祇用這些可預測的部分來計算其相關係數。因此，他主張以每一個變項的複相關係數作為變項的共同變異量，將之置於相關係數矩陣的對角線上，再作因素分析，一個變項的變異數中能由其他變項所預測出的部分，稱為該變項的影像 (image)，利用影像間的共同變異量作因素分析的方法即稱為影像分析。影像分析的最大好處是它的共同性不是「估計」得到的，而是用客觀方法計算出來的，然而值得強調的是：把每一個變項的變異量減去一部分之後，變項與變項之間的相關係數也會隨之降低。同時，這種方法又假設：研究者所處理的資料係從受試者的群體 (population of subjects) 所測得的變項的群體 (population of variables)。其實，一般的研究者大多祇是對一群受試者的樣本 (sample of subjects) 測取少數變項的樣本 (sample of variables) 而已。由於受到這些限制，影像分析所得的結果往往難以作合理的解釋。許多研究者在無法滿足這些條件的狀況下，對這種方法也儘量避而不用。

註 7：有關影像分析之理論，讀者尚可參閱下列文章：L. Guttman (1953). Image theory for the structure of quantitative variates. *Psychometrika, 18*, 277～296; L. Guttman (1954). A new approach to factor analysis: The radex. In P. F. Lazarsfeld (ed.), *Mathematical Thinking in the Social Sciences.* Glencoe, Ill.: Free Press. pp. 216～348.

另外一種因素分析的方法和我們前面談過的直接反覆法頗為類似。在本章第三節中，我們曾經討論過如何將一對變項在各因素上的負荷量兩兩相乘，然後將其乘積相加，以推計這兩個變項之間原來的相關係數。用這種方法推計出的相關係數矩陣和原來相關係數矩陣之差稱為殘餘 (residual)，從殘餘的大小，可以看出兩個相關係數矩陣的符合程度，也可以看出因素分析所得的結果是否良好。

　　基於此種考慮，Harman 特地發展出所謂「最小殘餘因素分析」(minimum residual factor analysis，簡稱 minres) 的方法 (註 8)。我們說過，在主要成分因素分析中，假使將因素的數目定為變項之數，則從因素分析所得的因素矩陣推算出的相關係數矩陣和原來的相關係數矩陣是一模一樣的。然而，這樣做卻達不到因素分析以少數因素解釋多數變項的目的。最小殘餘因素分析的優點之一，便是它能夠經由一連串反覆的計算過程，尋出一組共同性，置諸原來相關係數矩陣的對角線上，以之作因素分析的結果，不僅因素數目可較變項之數為少，而且由它所推算出的相關係數矩陣與原來的相關係數矩陣也最為接近。

　　最小殘餘因素分析還有幾個優點以及一個短處。由於它在本質上是一種反覆計算的過程，假使待整理的資料相當龐大，作最小殘餘因素分析所耗時間必然極長，如果電腦容量不夠大，則根

註 8：H. H. Harman (1967). *Modern Factor Analysis.* (2nd ed.) Chicago: University of Chicago Press; H. H. Harman and Y. Fukuda (1966). Resolution of the Heywood case in the minres solution. *Psychometrika, 31*, 563～571; H. H. Harman and W. H. Jones (1966). Factor analysis by minimizing residuals (Minres). *Psychometrika, 31*, 351～368.

本無法作此種分析。但是在電腦設備良好的場合,這種方法卻有兩個好處。第一,它本身附帶有一種統計檢驗的過程,可以自動決定因素的數目,以停止繼續抽取因素。其次,由於它的數學假設較少,所以它也不如影像分析那樣地受到許多數學上的限制。

除此以外,還有「α因素分析」(alpha factor analysis),「極大可能解」(maximum likelihood solution) 等幾種因素分析模式。由於它們平常較少為人所用,在此我們也略而不談。

第七節　轉軸與因素的解釋

一般因素分析所得的結果,往往是很難加以解釋的。尤其是某些變項同時在幾個因素上都有相當程度的負荷量時,各個因素的解釋工作,更是困難。為了方便因素的解釋,Thurstone 特地提出旋轉因素軸的辦法,以使各個因素的意義變得比較清晰明顯。他指出:因素分析最初所得的結果在空間上的位置是任意設定的。以一個相關係數矩陣作因素分析,可能得到無數組因素軸的參考座標。在因素分析中,研究者最關切者應該是各變項間的關係在因素空間中之組型。旋轉因素座標軸並不會改變各變項間的關係組型,反之,適當地旋轉因素軸能使此種組型更清楚地顯現出來。換句話說,在各變項間的關係組型之後,因素座標軸彷彿存有一個最正確的位置,它能夠讓研究者最清楚地看出各變項在 n 度空間中的關係。

為了要找出因素座標軸的最恰當位置,Thurstone 擬就了下列五條「簡單結構規則」(rules of simple structure),作為旋

轉因素軸的標準 (註 9)。讀者可以參考表 26-2 的資料思考這些規則的涵意。

1. 因素矩陣的每一橫列裏，最少有一個因素負荷量接近於零。
2. 因素矩陣的每一縱行中，負荷量接近零的變項數，不得少於因素之數目。
3. 從各個不同的縱行裏選出任何兩個縱行加以比較，應該有幾個變項在一個因素 (即縱行) 上有較高的負荷量，在另一個因素上則無。
4. 當研究者決定保留四個以上的因素時，大部分的變項在其中任兩個因素上的負荷量應該小得可以忽略不計。
5. 從因素矩陣中任意選出兩個因素縱行，應該祇有少數幾個變項在這兩個因素上都有相當大的負荷量。

這五個轉軸標準的目的，都是要儘可能地找出「純淨的」變項。所謂「純淨的」變項，其意義是：經過轉軸後的因素矩陣，其中每一個變項都應該祇負荷於少數幾個因素上，而矩陣中零或接近於零的負荷量也是愈多愈好。這樣一來，各個因素的解釋工作便會變得比較簡單而容易解釋。總而言之，因素軸的旋轉是一種相當客觀的方法，它能減低因素的複雜性，並增加因素的簡單性，以使因素的解釋工作由繁雜趨向簡單。

因素軸有許多種旋轉的方法，其中最常用的兩種是「直角旋轉法」(orthogonal rotation) 和「斜角旋轉法」(oblique rotation)。作直角旋轉時，各個因素軸之間均保持 90°的關

註 9：見註 7，Thurstone (1947), p. 335.

係，而因素與因素之間也彼此互相獨立。有許多研究者對使用直角旋轉法有所偏好，但也有人認為它不切實際，因為各因素之間通常都存有某種關係，硬性規定它們之間的關係為直角，總不免有扭曲事實之嫌。

允許因素軸之間形成銳角或鈍角的旋轉法稱為「斜角旋轉法」。因素軸之間形成斜角時，各因素間存有某種程度的關係。形成斜角的因素軸比較符合因素結構之實況，然而有些研究者卻因為用這種方法所得的因素結構無法作不同研究間之比較而反對使用此種方法。總之，選用直角旋轉法或斜角旋轉法純粹是個人偏好的問題，研究者必須瞭解這兩種方法的差別，並知道如何解釋其結果，以在二者之間作合理的解釋。

「簡單結構」的準則既多，恰當地旋轉因素軸即成為相當耗時費力之事。有些人因此制訂出一些「簡單結構」數學法則，把旋轉因素軸的過程寫成電腦程式，並將轉軸的計算工作委之於電腦。這種方法稱為分析式旋轉法 (analytic rotation method)。

目前藉電腦之助，運用較廣的分析式旋轉法有 varimax 和 quartimax 兩種。這兩種方法都祇能作直角旋轉。quartimax 的旋轉準據是使每一變項在所有因素上負荷量 (即因素矩陣中每一行的數值) 的平方和達於最大值 (註 10)。它雖然能將因素結構簡化至某種程度，但是卻常常使最主要的因素變得相當複雜。為了補救此種缺失，Kaiser 特地設計出 varimax 之法，此法的旋轉準據是使所有變項在每一因素上負荷量 (即因素矩陣中每一

註 10：J. O. Neuhaus and C. Wrigley (1954). The quartimax method: An analytic approach to orthogonal simple structure. *British Journal of Statistical Psychology, 7,* 81～91.

列的數值) 的平方和達於最大值 (註 11)。利用 varimax 法轉軸後所得的因素結構較為簡單,而且容易解釋,因此它已經成為近年來使用最廣的一種分析式旋轉法。

註 11:見註 4,Kaiser, (1958), pp. 187～200.

第二十七章

因徑分析

葉啟政

第一節　兩個數學模型

第二節　因徑分析的基本概念

第三節　因徑分析的運作內容

第四節　一些可能遭遇到的問題

第五節　一個假想的例子

第六節　因徑分析的運作步驟

因果關係的探索和檢定一直是科學研究的主要目標，而理論建構的主要內容，即在於尋找現象中諸不同變項間的因果結構。但是由於多數描述行為現象的經驗命題均不是絕對地成立(換句話說，經驗命題的成立僅具條件概率性)，嚴格的演繹邏輯無法毫無保留地被用來探討行為現象的因果關係。除了利用實驗控制外，淨相關或部分相關 (partial correlation) 的統計技術常被用來檢定變項間的因果關係。但是，因為這兩種方法並不是適用於任何研究情境，而且也無法用來處理過分複雜的因果結構，因此必須借助其他的技術。因徑分析即是一種可用的技術。本質上，因徑分析不是用來推論變項間的因果關係，它僅具回溯的功能，而用來檢驗一個假想因果模型的準確或可靠程度。從統計運用的角度來看，因徑分析只是迴歸分析的一種延伸；它所最不同於一般複變項迴歸分析者在於因徑分析係用來同時分析一組迴歸方程式，而不是只有一個方程式而已。本文中所將討論到的因徑分析，僅限於單向回溯因果關係的檢定；換句話說，它只限於沒有反饋情況的因果關係。文中除了介紹一些因徑分析的基本概念及運作法則以外，還討論到因徑分析的運作過程中可能遭遇到的種種問題，諸如規劃、認定、測量誤差、直線性假設、反饋、自變相關 (autocorrelation) 及測量尺度等等。

社會學家 H. Zetterberg (註 1) 認為社會理論建構的根本目標，即在一些基本公設的基礎下，尋找並解釋社會現象中諸事件(變項) 間的因果結構。嚴格的邏輯演繹形式 (尤指三段論法的推論方式) 被認為是建立因果結構的最理想型態。這個主張相繼為

註 1：H. Zetterberg (1965). *On Theory and Verification in Sociology*. Totowa, N. J.: The Bedminister Press.

一些社會學家們所支持，而被稱為公設演繹理論 (axiomatic deductive theory)。許多社會學家受此思潮的影響，嘗試以三段論法的邏輯形式並利用符號法則 (sign rule)，來推論社會行為的因果關係。簡單地說，他們所使用的三段演繹法如下：假若 X 使 Y 增加 (大前題)，而且 Y 也使 Z 增加 (小前題)，則 X 必然也使 Z 增加 (結論)。單就推論的邏輯形式來看，如此的推論是可以接受的。但是，問題在於大前題及小前題中的命題，並不是恆能在經驗世界中成立，它們的成立僅具概率性的 (probabilistic)。因此，假如我們絲毫不考慮前題中命題的經驗條件的正確性，三段論法的演繹推論將難以毫無保留地用來推論經驗事實。譬如，大前題成立的概率只有 .40，小前題成立的概率只有 .50，則由三段論法的演繹所得的結論成立的概率會更小，理論上僅有 .40×.50 (即 .20)。是故，除非大前題及小前題中經驗命題成立的概率性相當高，否則結論是很難令人接受的。因此，應用符號的演繹法則所推論的經驗關係，往往是不可靠的。只有考慮到變項間的相關程度以及其他變項的情形，才能有相當的信心來斷定變項間的因果關係，以及從事命題間的因果推論。

既然描述人類社會及行為現象的命題均僅具概率的可行性，命題所可能表示的經驗現象，都將允許有某種程度的未可解釋變異度 (unexplained variation) (註 2)。因此，變項之間的關

註 2：導致未可解釋變異度之產生的原因頗多。不過，我們可以總結諸種原因為四種主要的來源。第一，它可能是由於理論架構本身的不健全，研究者選取了不相干或相關甚為疏遠的自變項。第二，它可能是因為決定依變項變化的獨立自變項之數目甚多，研究者因疏忽或種種實際的困難未能把足夠的重要自變項納入考慮的範圍。第三，它可能來自於測量不當所引起的誤差。第四，它可能因為抽樣之欠妥所引起的偏差。

係常常只是如「當 A，則常常是 B」的形式。如此一來，「當 A，則常常是 B，當 B，則常常是 C」時，我們充其量只能說「當 A，則很可能是 C」。對建立在這種概率命題上的理論來說，其預測力之有限可想而知，然而社會及行為科學家們又將如何在這種情形下驗證及推論經驗事實的因果關係呢？

實驗法一向是行為科學家們公認為最經得起邏輯考驗的因果關係分析方法，姑且不去探究實驗法是否為最具邏輯性的因果檢定方法，實際上就有許多行為現象是無法使用實驗法來研究的，它們必須仰賴非實驗的方法來蒐集資料。但是，由於非實驗的方法本身缺乏檢定因果關係的邏輯基礎，因此研究者往往借助統計控制的方法來檢定因果結構。部分相關即是一種常常用來探討變項之因果關係的統計技術，尤其是用來檢定非實驗情境中變項的單向因果回溯模型 (recursive model) (註 3)。

讓我們假設三個變項 X_1，X_2 及 X_3 間所具有的因果關係是：X_1 影響 X_2，X_2 影響 X_3 (可寫成 $X_1 \rightarrow X_2 \rightarrow X_3$)，則 r_{13} 應當等於 r_{12} 乘以 r_{23}，即 $r_{13} - r_{12} \cdot r_{23} = 0$。由於

$$r_{13 \cdot 2} = \frac{r_{13} - r_{12} \cdot r_{23}}{\sqrt{1 - r_{12}^2} \sqrt{1 - r_{23}^2}}$$

我們很容易地看出部分相關係數 $r_{13 \cdot 2}$ 應當等於 0。因此，當研究者假定因果路徑是 $X_1 \rightarrow X_2 \rightarrow X_3$ 後，他計算了有關的相關係數而後又發現 $r_{13 \cdot 2}$ 幾近於 0，則他將更有信心來支持原有因果路徑的假設。從這個例子，我們不難看出部分相關的檢定只是對假想的因果模型給予事後回溯性 (*ex post facto*) 的概率支持或

註 3：即指變項之間不具因果反饋 (feedback) 的因果關係。詳細的定義將在下面的正文中提到。

推翻而已，它本身還是缺乏實驗法所具有先驗性的推驗能力。換句話說，固然當 $X_1 \to X_2 \to X_3$ 時，$r_{13 \cdot 2}$ 會幾近於 0，但是我們無法只憑 $r_{13 \cdot 2}$ 等於 0 來推斷因果方向必然為 $X_1 \to X_2 \to X_3$。這個結果很可能只是因為 x_2 同時是 x_1 及 x_3 之因所致，即 x_1 與 x_3 僅具虛假相關 (spurious correlation) 而已。除了這個缺點以外，部分相關的檢定法另有其他的限制。當研究者考慮的是四個變項以上的因果模型時，他將很困難使用部分相關來檢驗如此複雜的因果關係。研究者勢必採用其他更為經濟而有效的方法來檢定。

我們在前面提過，任何行為法則都容忍著某個程度的未可解釋成分。因此，任何法則的施用都有一定的範圍。為了使得所建構之理論具有預測性，研究者常常把他所欲研究的實際行為現象限圍在一個封閉的體系 (closed system) 中，謹慎地考慮可能用及的條件，並選擇一些假設不具測量誤差 (measurement error) 的變項，來從事因果分析。因徑分析即用來檢定所建立之封閉的因果結構體系的精確可靠度。首先，讓我們在真正進行因徑分析的討論以前，先介紹兩個有關封閉理論體系的數學模型 (mathematical model)。

第一節　兩個數學模型

行為的量化研究 (quantitative study) 乃近代行為科學研究的最主要特色之一。量化使得行為研究可以不同的姿態被納入數學模型的架構內。從經驗用途的角度來看，數學模型是一個或一組程式，用來表示經驗變項之間的關係。為了不同的科學研究

目的，數學模型依其概念及經驗用途的特色，可以粗略地分成兩種理想型態 (註 4)：用來描述實際現象的稱為估計模型 (estimation model)；用來從事理論體系的因果分析者稱為結構模型 (structional model)。雖然數學模型可能有此兩類型，但是一個實際經驗體系往往兼具有這兩種模型的特色，此處所做的區分只不過是為了概念認知上的方便而已。

一、估計模型

描述脫離不了測量。通常，行為科學家們選擇一些可測量的經驗指標 (indicator) 來界定或表現變項屬性所含的概念。如何建立一套具有相當信度及效度的指標，即是估計模型的最主要問題。為了使得測量具有信度及效度，行為科學家們常常同時使用幾個不同但相關的指標，然後設法來組合諸指標以求得一個最精確又最經濟的方式來表示變項。不管目前用來組合指標的方法多麼不同，其基本的數學運作方式均脫離不了迴歸分析 (regression analysis) 的概念範疇。

既然估計模型主要乃描述現象，研究者所著重的只是變項間的相關情形，而不是它們的因果關係。譬如，當社會學家使用「教育程度」以及「收入」來表示「職業地位」時，他並不太在意何者導至何者，他所考慮的只是「教育程度」與「收入」是否可以有效而精確地代表「職業地位」這個概念而已。固然估計模型的信度及效度有賴於所依據理論的正確程度，但是原則上估計模型是不涉及因果關係與理論架構的驗證問題；它所著重的只是

註 4：H. Wold and L. Jureen (1953). *Demand Analysis: A Study in Economics.* New York: Wiley.

所選擇的指標是否對欲測的屬性具有效率性和精確度。

二、結構模型

當研究的目的並不只限於描述現象，而是建構理論體系來分析現象中諸變項的因果關係時，研究者所考慮的將是如何建立一組程式來表示變項之間的因果方向。結構模型即應此研究目的而生。在建構結構模型的過程中，研究者不但必須確定所有可能的母數 (parameter)，而且還得表明母數之間的因果路徑 (causal path)。因此，研究者除了必須探討變項間相關的大小外，還得進一步地探索下列諸問題：(1) 兩個變項 (X 及 Y) 間的相關是不是虛假的；(2) 假若相關不是虛假的，那麼 X 與 Y 之間的因果關係為何；(3) 假若 X 影響 Y，那麼是不是 X 直接影響 Y，還是透過中介變項 (intervening variable)，還是二者均有；(4) 假若 X 之影響 Y 乃部分來自直接的作用，部分來自中介變項的間接連鎖作用，那麼，到底多少成分來自直接作用，多少成分透過不同中介變項的間接作用。因徑分析即為一種用來從事分析這些問題的方法。

第二節　因徑分析的基本概念

一、因徑分析的發展概況

因徑分析 (或因徑係數，path coefficient) 係遺傳學家 S. Wright 首創於 1921 年。後來，李景均 (C. C. Li) 把這個方法應用來研究人口遺傳學 (population genetics)。直至 1960 年

代以前，因徑分析並未廣泛地為社會科學家們所注意到，僅偶爾散見於統計學的文獻中，而且所討論的問題也大多不超出萊特氏早期所提到的範圍。

　　早在 1960 年代的初期，社會學家已開始對統計相關的因果意義及直線因果模型 (linear causal model) 之應用的研究發生興趣，其中貢獻最多的首推 H. M. Blalock。他承襲 H. A. Simon 及 H. Wold 的思想把單向因果回溯模型的概念介紹到社會學界來，後人稱此派為「西蒙 (Simon)、布列羅克 (Blalock) 派」(以下簡稱為「西、布派」)。雖然從分析的步驟來看，西、布二氏的方法與因徑分析略有出入，但是西、布法事實上只是因徑分析的一種特殊方法 (註 5)。後來，法國社會學家 R. Boudon 把西、布法推展而稱之為依賴分析 (dependence analysis) (註 6)。

註 5：R. Boudon 認為西、布二氏的方法主要在於利用經驗資料來試驗不同的因果模型，進而從中選擇一個最能符合資料的模型，而因徑分析主要在於對已選定的因果模型做估計，因此它著重於係數的估計。不過，Blalock 認為這種區分只是在建構理論時學者們所具有之心理過程上的差異而已。事實上，二者是理論建構的兩個有關過程。

註 6：Boudon 認為因徑分析所具有的邏輯十分模糊，它只是電腦操作的附屬品而已。再者，因徑分析通常只用來分析直線性的因徑結構，而依賴分析可用於非直線性結構的分析，並且可以處理交互作用 (interaction effect) 的情形。筆者不贊同這種區分法。固然一向使用因徑分析的學者們，均假設因果結構是直線而且是可加的 (additive)，但是這種事實並不等於說因徑分析不能用於非直線性而且具有交互作用的情況。事實上，利用數學轉換 (mathematical transformation)，我們可以使用因徑分析來處理非直線而又具交互作用的資料。筆者以為依賴分析之不同於因徑分析者，僅在於：(1) 前者允許有些自變項不與某些依變項具因果關係，而後者則假設所有自變項均與依變項有因果關係；(2) 前者利用相關係數與變異量 (variance) 來化解因果程式，而後者則僅用相關係數。

直到 1966 年 O. D. Duncan 才正式把因徑分析介紹給社會學家。此後，這個方法與西、布法相併地成為社會學量化方法論中的一個主要研究課題，有關的研究及應用文獻如雨後春筍陸續而出。綜觀有關的文獻，我們發現這個方法一直是被用來處理在非實驗 (non-experimental) 情境中所蒐集到橫剖性資料 (cross-sectional data) 的結構模型。不過，近年來學者們已把這種方法推展到探討時間縱貫之變遷問題的同一樣本先後多次研究 (panel study) 以及實驗研究。由於它所能應用範圍的擴展，因徑分析逐漸地被用於心理學、政治學、教育學等有關行為研究的科學上。

二、因徑圖與因徑模型

　　通常因徑分析的第一個步驟即把變項的因果關係繪成如圖 27-1 的圖形，我們稱之為因徑圖 (path diagram)。簡單地說，因徑圖乃表示一個封閉體系中諸變項之間的因果關係及方向的情形。圖中的單向箭頭表示可能的因果方向，箭頭指向的終端是果，箭頭指向的開端是因。譬如圖 27-1 中 $X_1 \rightarrow X_3$ 即表示 X_1 是因，X_3 是果。倘若兩個變項 (如 X_1 與 X_2) 只是相關而不具因果關係，則一般習慣以雙箭頭的曲線 (⌢) 來表示，並用單相關係數 (如 r_{12}) 來表示它們相關的程度。但兩個變項 (如 X_1 與 X_3) 具因果關係時，通常我們在箭頭上所寫的數值，如圖 27-1 之 p_{31}，即表示所謂因徑係數。一個因徑係數 p_{ij} 即表示在某一特定母體中自變項 X_j 對依變項 X_i 的直接作用力 (direct effect) 的大小。因此，p_{ij} 與 p_{ji} (如 p_{31} 與 p_{13}) 所表示的意義是不相同的。p_{ij} 與 p_{ji} 並不一定會同時在一個因徑圖中存在。譬如

圖 27-1 所示的是單向回溯模型，變項間的因果方向是單向的。所以 p_{ij} 與 p_{ji} 不可能同時都存在的。不過，在非單向回溯模型 (non-recursive model) 中，p_{ij} 與 p_{ji} 則可能同時存在，而且其值不必相同。嚴格地說，p_{ij} 應當稱為淨因徑係數 (partial path coefficient)，亦即在某一特定母體中當其他變項均保持恒定時，自變項 X_j 對依變項 X_i 直接作用力的大小。其意義與淨迴歸或相關係數 (partial regression or correlation coefficient) 相似，只是通常我們不把因徑係數中所含之恒定變項表明出來而已。關於因徑係數的特性，將在第三節中詳述。

另外，圖 27-1 中的 e_3，e_4 及 e_5 乃分別代表相對於依變項 X_3、X_4 及 X_5 的殘餘 (residual) 變項，意即除了所有自變項以外可能影響依變項變化的所有外在變項。

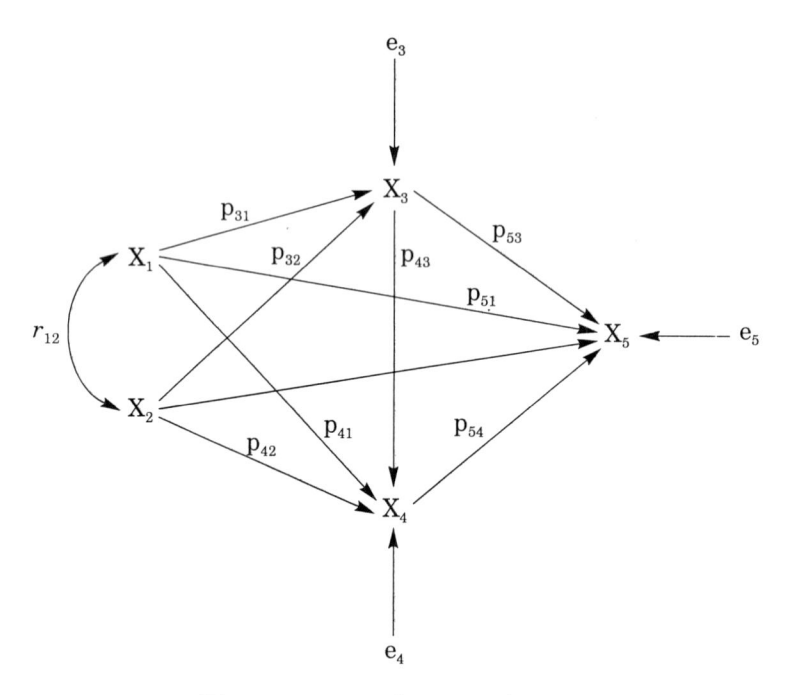

圖 27-1　五個變項的假想因徑圖

讓我們沿用一般因徑分析常有的假設，假定變項之間所具有的關係是直線而且可加的 (linear and additive)，同時變項是可量化而且具有等距尺度 (interval scale) 以上的測量特性。在這些假設下，圖 27-1 所示的因徑模型可用下列三組直線性迴歸方程式 (linear regression equation) 來表示：

$$X_3 = a_3 + b_{31}X_1 + b_{32}X_2 + b_{3e}e_3 \qquad (27\text{-}1)$$

$$X_4 = a_4 + b_{41}X_1 + b_{42}X_2 + b_{43}X_3 + b_{4e}e_4 \qquad (27\text{-}2)$$

$$X_5 = a_5 + b_{51}X_1 + b_{52}X_2 + b_{53}X_3 + b_{54}X_4 + b_{5e}e_5 \qquad (27\text{-}3)$$

此三式中的依變項即是果，相對應的自變項即是其因。因徑分析的運作之一即利用迴歸分析中不同的技術及概念來求解方程式 (27-1)，(27-2) 及 (27-3) 中的諸係數，a_i、b_{ij} 及 b_{ie} (其中，$i = 3$，4，5，$j = 1$，2，3，4 而且 $i > j$)。這種由 (27-1)，(27-2) 及 (27-3) 所組成的結構方程式 (structural equation) 稱為因徑模型 (causal model)。對於因徑模型，我們通常有一個要求條件，即它必須與相對應的因徑圖具形式對稱性 (isomorphism)，意即它們之間應當具有一與一的對應 (one-to-one correspondence)。

三、因徑分析與複迴歸分析的關係

從統計觀點來看，因徑分析與複迴歸分析都是屬於複變項分析 (multivariate analysis) 的應用。它們的分析目標都是解釋變項的變異量。但是從統計運用的角度來看，因徑分析則與複迴歸分析不同；前者同時分析一組迴歸方程式，而後者只處理一個方程式而已。正因為因徑分析所著重的是對一組方程式的估計

檢定，研究者在進行因徑分析前必須先對所考慮的方程式組有著適當的理論解說，而在分析時必須強調諸方程式間所含蘊意義的內在一致性。換句話說，因徑分析著重於探索諸方程式之間是否有矛盾的情形。這些研究的方針均是複迴歸分析所無的。詳細的不同點將可在第三節的討論中看出。

　　嚴格地說，因徑分析不只是一種統計方法，而且是使用普通語言來解釋統計運作的一種延伸。我們可以簡單地界定此種分析如下：因徑分析是一種分析 (解釋) 封閉理論體系中諸變項間所具因果及非因果之直線性關係的方法。在使用這種方法時，研究者首先應當假設所依賴的理論體系是完整的，意即它包含了所有的重要變項，而且具有相當的測量信度與效度。因此，這個方法並不是用來推論變項間的因果關係，而只是用來驗證一個假想的因果模型，方法本身僅具事後回溯的驗定作用。

四、外衍變項和內衍變項

　　根據它們的特性，我們可以把圖 27-1 中之變項分成兩類。其中一類的變項如 X_1 及 X_2，在因果模型中只扮演「因」的角色，而從未被當成「果」來看待。這類變項被視為是既定的 (predetermined)，我們稱之為外衍變項 (exogenous variable)。其變異量乃取決於不包含在因果體系內的其他變項，而這些其他變項為何，則並不為該因果體系所考慮。當一個因果模型中有兩個以上的外衍變項時，它們之間可能具有相關 (如圖 27-1 中之 X_1 與 X_2)，但也可能是統計上互相獨立的 (statistically independent)。撇開後者不談，研究者通常以兩種不同的態度來處理有相關的外衍變項。其一即置此相關情形於考慮之外，因為

它們相關與否對所考慮之因果模型的檢定並不構成任何嚴重的威脅；另一是擴展原有的因果體系，尋找這種外衍變項之間的因果方向，或引入可能解釋這種相關情形的其他變項於考慮的模型中。很明顯地，若採用後者，因果模型將變得更加複雜了。

另外一類的變項即如圖 27-1 中的 X_3，X_4 及 X_5。它們的變化乃取決於體系中其他變項 (包含外衍及殘餘變項) 的變化，我們稱這種變項為內衍變項 (endogenous variable)。內衍變項與外衍變項不同，它們的變異量完全由體系中諸變項 (包含外衍、其他內衍、及殘餘變項) 之直線性組合 (linear combination) 所決定。例如圖 27-1 中之 X_5，它不但受外衍變項 X_1 及 X_2 的影響，而且也取決於內衍變項 X_3 及 X_4 和殘餘變項 e_5。因此，內衍變項與外衍變項之最大不同點即在於前者可以是因也可以是果，但後者只可以是因。根據這個特性，兩個內衍變項可能具有因果關係。這種關係 (不管是直接的或間接的) 可以兩種不同的型態出現。一種是如圖 27-1 中之 X_3 及 X_4，即 X_3 影響 X_4 而 X_4 不影響 X_3；另一種即兩個內衍變項互為因果 (即互為影響)。假若把一個因果模型中所有內衍變項依其因果順序排列起來，而所顯示的情形是概如第一種僅具單向的因果關係時，我們稱具此性質的因果模型為單向因果回溯模型。但是，假若所顯示的並非如上述的情形，而是某些內衍變項可以同時為因及為果，則我們稱之非單向因果回溯模型。本章中所討論的模型將僅限單向回溯者 (註 7)。

註 7：雖然使用單向回溯模型來描述分析實際的現象似乎顯得過分的簡化了現象，但是目前社會及行為科學中所使用的種種研究方法 (如實驗法、調查法等)，均以單向回溯模型為理論基礎。再者，非單向回溯模型可以轉換成單向回溯模型來分析。因此，單向回溯模型具有實用的價值。

五、一般使用因徑分析常有的假設

在前面我們提起過因徑分析所能檢驗的因果體系必須具有相當的封閉性。既然體系是封閉的，那麼它必然地要建立在一些假設上面。到底這些假設為何，將是底下介紹的主題。在此，讀者必須記住，並非所有下列的假設均為使用因徑分析時所必要的，有些假設是可以更改的。只是一經更改後，有些分析運作也得因此做適當的修正。一些有關修改假設的問題，將在第四節中談論到。

現在將一些因徑分析常有的假設，簡敍於下：

1. 變項的因果次序是預定的，它們是單向的。換句話說，不考慮相互因果及反饋的情形。
2. 變項之間的關係是直線，而且是可加的。
3. 所有內衍變項的殘餘變項之間是互相獨立的 (註 8)，而且某一內衍變項的殘餘變項與此內衍變項之所有輸入 (input) 變項 (包含內衍及外衍的) 也均是互相獨立的。
4. 所用來測量變項的工具必須具有相當的信度與效度，因此常假設外衍變項無測量誤差，或者說它們是固定的 (fixed)。

同時，因為我們常常只檢驗恰好認定 (exactly identified) (將於第四節闡明) 的因果模型，「常用最小平方」(ordinary least square) 的迴歸分析法 (以下簡寫此法為 OLS 法)，可以

註 8：此外，我們常假設殘餘變項之平均值為零，變異量為 σ^2，即 $E(e_i)=0$ 及 $Var(e_i)=\sigma^2$。

用來有效地估計因果路徑模型中的參數。有鑒於此,一般使用 OLS 法所應具有的假設也常見於因徑分析中 (註 9)。這些假設是:

1. 假若資料來自樣本,則抽樣一定要是機率抽樣 (probabilistic sampling),也就是說,樣本誤差不能太大。
2. 變項必須具等距或等比尺度 (interval or ratio scale) 的測量性質,或至少是具可以轉換成相當於等矩尺度的量度。
3. 變異量相等性 (homoscedasticity) 的假設必須遵守,即一個變項的變異量不是其他變項之值的函數;或者說,如把所有個例 (case) 按變項 X 值之高低分成高、中及低三大類,並且分別在此三類中計算個例間對某一其他變項 Y 之變異量,若此三變異量均相等,則稱之具有等變異量性。
4. 自變項之間不能具有多元直線性相關 (multicollinearity);也就是說,對某一依變項而言,其部分或全部自變項間之相關不能過高,否則我們無法精確地估計它們分別對依變項的作用。

第三節 因徑分析的運作內容

在前面我們提高,因徑分析的主要工作之一即估計因徑結構方程式 (如程式 (27-1),(27-2) 及 (27-3)) 中的係數。在此節中,

---

註 9:J. Johnston (1963). *Econometric Methods*. New York: McGraw-Hill.

我們將以此等係數的性質及含義為討論的中心。此外，將討論變項間因果關係的成分與分解的步驟。

假如 $\bar{X}_i$ 表示變項 X_i 的平均值 (mean)，則由方程式 (27-1) 可得

$$\bar{X}_3 = a_3 + b_{31}\bar{X}_1 + b_{32}\bar{X}_2 + b_{3e}\bar{e}_3 \tag{27-5}$$

因為我們假設殘餘變項是隨機的，$\bar{e}_3$ 應當等於 0，但為了便於表示整個因徑方程式的轉變性質，還是把 $b_{3e}\bar{e}_3$ 一項保留於式子中。

再以方程式 (27-1) 減去方程式 (27-5)，然後以其值除以 X_3 的標準差 (standard deviation) σ_3，乃可得下式：

$$\frac{X_3 - \bar{X}_3}{\sigma_3} = b_{31}\frac{\sigma_1}{\sigma_3}\left(\frac{X_1 - \bar{X}_1}{\sigma_1}\right) + b_{32}\frac{\sigma_2}{\sigma_3}\left(\frac{X_2 - \bar{X}_2}{\sigma_3}\right)$$

$$+ b_{3e}\frac{\sigma_e}{\sigma_3}\left(\frac{e_3 - \bar{e}_3}{\sigma_e}\right) \tag{27-6}$$

讓 $x_i = (X_i - \bar{X}_i)/\sigma_i$ ($i=1$，2，3，4，5 及 e)，並使 $p_{3i} = b_{3i}\sigma_i/\sigma_3$ ($i=1$，2，e)，則方程式 (27-6) 可寫成

$$x_3 = p_{31}x_1 + p_{32}x_2 + p_{3e}x_e \tag{27-7}$$

依同樣的方法，方程式 (27-2) 及 (27-3) 可寫成：

$$x_4 = p_{41}x_1 + p_{42}x_2 + p_{43}x_3 + p_{4e}x_e \tag{27-8}$$

$$x_5 = p_{51}x_1 + p_{52}x_2 + p_{53}x_3 + p_{54}x_4 + p_{5e}x_e \tag{27-9}$$

方程式 (27-7)，(27-8) 及 (27-9) 即為方程式 (27-1)，(27-2) 及 (27-3) 的標準化形式。方程式 (27-1)，(27-2)，及 (27-3) 中的

係數 b_{ij} (如 b_{31})，稱為由變項 X_j 至變項 X_i 的因徑迴歸係數 (path regression coefficient)。此係數具有部分迴歸係數 (partial regression coefficient) 的特性。概如第二節中所述的，它乃指其他變項均保持恒定時，變項 X_j 直接決定變項 X_i 之變化的程度。只是，因徑迴歸係數所代表的體系，可以包含未可測量的假想變項，而部分迴歸係數所代表的體系則不然。方程式 (27-7)，(27-8)，及 (27-9) 中係數 p_{ij} 乃為標準化的 b_{ij}，通常稱為標準化因徑係數 (standardized path coefficient)，或簡稱為因徑係數。此係數與相關係數具有類似的性質，乃用來描述變項間超向度 (dimensionless) 的關係。它所不同於相關係數者在於：(1) 前者乃測量變項之間的直接因果關係，而後者只表示變項間的相關程度而已；(2) 相關係數之值在 -1 及 $+1$ 之間，但因徑係數之值可超出這個範圍（註10）。不過話說回來，雖然相關係數與因徑係數有著如此的差異，它們之間卻具有相當密切的重要關係。這種關係將詳述於下。

一、因徑迴歸係數與因徑係數

從方程式 (27-6) 我們已可以看出因徑迴歸係數 (b_{ij}) 與因徑係數 (p_{ij}) 的關係為 $p_{ij} = \dfrac{\sigma_j}{\sigma_i} b_{ij}$。為了使因徑係數的概念更加清楚起見，讓我們重新界定如下：因徑係數乃是一個數值，它代表

註 10：S. Wright 認為因徑係數之值所以可能大於 1 或小於 -1，乃因自變項對依變項之直接作用力的變異度遠比實際可觀察到者來得大些，意即直接作用往往為透過中介變項所產生之具有相反方向的相關作用力抵銷了一部分。

相對於自變項 X_j 之標準差只為內衍依變項 X_i (即其他變項均保持恆定) 所能解釋之標準差的比值分數 (fraction) 下，X_i 之標準差為 X_j 所直接影響的分數。簡單地說，它即測量在量度標準化的情形下，一個自變項直接影響某內衍變項之標準差的程度。撇開係數的符號不論，此一定義可用下式表示：

$$p_{ij} = \frac{\sigma_{i \cdot 123\cdots(j-1)(j+1)\cdots n}}{\sigma_i} \Big/ \left(\frac{\sigma_{j \cdot 123\cdots(i-1)(i+1)\cdots n}}{\sigma_j} \right) \quad (27\text{-}10\text{a})$$

$$= \frac{\sigma_j}{\sigma_i} \times \frac{\sigma_{i \cdot 123\cdots(j-1)(j+1)\cdots n}}{\sigma_{j \cdot 123\cdots(i-1)(i+1)\cdots n}}, \quad (27\text{-}10\text{b})$$

式中 $\sigma_{i \cdot 123\cdots(j-1)(j+1)\cdots n}$ 表示當變項 X_1 至 X_{j-1} 及 X_{j+1} 至 X_n (包含殘餘變項) 均保持恆定時，變項 X_i 的標準差，同理可說明 $\sigma_{j \cdot 123\cdots(i-1)(i+1)\cdots n}$。

方程式 (27-10a) 中 $\sigma_{i \cdot 123\cdots(j-1)(j+1)\cdots n}/\sigma_i$ 乃表示除了變項 X_j 以外所有其他變項均保持恆定時，變項 X_i 之標準差相對於其整個標準差的比值；此部分即描述變項 X_i 之標準差為變項 X_j 所能解釋的部分。假若 X_j 與其他變項均是統計獨立時，只有這個分數已足夠估計變項 X_j 所能單獨解釋變項 X_i 之標準差的全部。不過，任何因徑模型都不可能具有全部變項均無相關的機會，至少總有兩個自變項會是相關的 (註 11)。因此，$\sigma_{i \cdot 123\cdots(j-1)(j+1)\cdots n}/\sigma_i$ 無法完全表示變項 X_j 所能單獨解釋變項 X_i 之標準差的全部，

註 11：前面已敍述過，外衍變項間相關與否並不為特定的因徑模型所考慮。因此，外衍變項間很可能是相關的。再者，當自變項是內衍變項時，它更不可能與所有其他的變項都不相關，因為若如此，因徑將無以建立。基於這兩方面的考慮，變項 X_j 經常是與其他變項 (若不是全部的) 有相關的。

我們必須考慮因為變項 X_j 與某些其他變項相關而減低其所能單獨解釋變項 X_i 的分數，此減低的分數即 $\sigma_{j \cdot 123\cdots(i-1)(i+1)\cdots n}/\sigma_j$。因此，我們使用其倒數來矯正此一可能的減低分量。

在此，我們必須特別地強調，上面的定義僅僅表明因徑係數的內涵 (connotative) 定義，而非其外延 (denotative) 定義。它只說明因徑係數所應具有的特性，而不是對某一特殊因徑模型應當有的估計值。因徑係數的特性，並不因模型或樣本之不同而有差異，可能因模型或樣本之不同而有差異的是因徑係數的估計值。

現在，讓我們以 $p_{ij} = \dfrac{\sigma_j}{\sigma_i} b_{ij}$ 一式與方程式 (27-10b) 相比較，便可以發現

$$b_{ij} = \sigma_{i \cdot 123\cdots(j-1)(j+1)\cdots n}/\sigma_{j \cdot 123\cdots(i-1)(i+1)\cdots n} \tag{27-11a}$$

或 $\quad\sigma_{i \cdot 123\cdots(j-1)(j+1)\cdots n} = b_{ij} \times \sigma_{j \cdot 123\cdots(i-1)(i+1)\cdots n} \tag{27-11b}$

從方程式 (27-11b)，我們可以看出 b_{ij} 乃表示在變項 X_i 與 X_j 以外所有其他變項均保持恒定的條件下，X_i 及 X_j 之標準差的數學關係；具體地說，它表示變項 X_i 相對於變項 X_j (即其他變項均保持恒定) 之標準差是變項 X_j 相對於變項 X_i 之標準差的 b_{ij} 倍；或者說，b_{ij} 乃表示變項 X_j 改變一個單位所可造成變項 X_i 改變的量。很明顯地，b_{ij} 的值不牽涉到變項本身的標準差 (σ_i 及 σ_j)，因此這個法則只用於說明「假如…，則…」的假設情形，它不能用來肯定這種情形是否必然發生。依此特性，b_{ij} 乃表示在某種假設情境中兩個變項間關係的一種統計數量，其值之大小只取決於所依據之理論架構的性質。因此，它所反映的僅是變項間所具有的理論關係，而絲毫不受其所由來之特殊群體 (population) 中種種先驗假設 (*a priori* assumption) 的影響。

正因為 b_{ij} 之值不受所在群體特性的影響，有些學者們主張使用 b_{ij} 而不用 p_{ij}。

從方程式 (27-10a) 中兩個主項 $\sigma_{i \cdot 123 \cdots (j-1)(j+1) \cdots n} / \sigma_i$ 及 $\sigma_{j \cdot 123 \cdots (i-1)(i+1) \cdots n} / \sigma_j$ 來看，σ_i 及 σ_j 乃用來標準化變項 X_i 及 X_j 的相對標準差。我們所以往往如此處理，乃因為通常變項 X_i 及 X_j 的測量單位 (unit of measurement) 不一樣，譬如變項 X_i 的單位是公尺，變項 X_j 的單位是公斤，使用 σ_i 及 σ_j 分別去除 $\sigma_{i \cdot 123 \cdots (j-1)(j+1) \cdots n}$ 及 $\sigma_{j \cdot 123 \cdots (i-1)(i+1) \cdots n}$ 即用於轉換不同的測量單位，使其成為可供比較的共同測量單位。因此，σ_j / σ_i 乃表示相對於變項 X_i 之一個單位標準差時變項 X_j 之標準差的分數。這個值是一個實徵數量 (empirical quantity)，係隨群體的不同而有差異，我們無法單憑變項本身之特性及因果模型的理論架構來決定其大小。基於這個緣故，p_{ij} 乃用來表示一個特定群體中測量單位經過標準化的兩個變項之標準差的比值。從運作次序的角度來看，p_{ij} 不但取決於變項 X_i 及 X_j 的理論關係（即 b_{ij}），而且受制於所在群體之種種先驗假設（即 σ_j / σ_i 項）。其用途似乎大受限制，不過因為它具有標準化不同測量單位的特性，有些學者主張使用這個係數。

從以上對 p_{ij} 及 b_{ij} 性質的討論，我們可以得到下面的法則：當研究者只著重於比較一個特殊群體中諸自變項對某一依變項的直接作用力時，p_{ij} 可以擔當這個任務；但是，假若研究的目的在於建立一般的因果法則，並且把此法則概化到不同的群體時，則 b_{ij} 可以擔任這個角色。

雖然從其性質及功用來看，p_{ij} 與 b_{ij} 有著上述的差異，但是這兩個係數在運作過程上卻是可以互相求解得到的。因此，我們不宜把它們看成是二者必擇一的情形，而應當把它們當成是同一

個理論架構中兩個相當重要的不同解釋層面。只要是使用因徑分析來處理資料，這兩類的係數就應當同時兼顧。

二、相關係數與因徑係數的關係

我們曾在前面簡略地比較過相關係數與因徑係數的性質，現在讓我們來討論這兩個係數之間可能具有的關係。首先以 x_1 乘以方程式 (27-7) 之兩端，可得

$$x_1x_3 = p_{31}x_1^2 + p_{32}x_1x_2 + p_{3e}x_1x_e \qquad (27\text{-}12)$$

讓 r_{ij} 表示變項 X_i 與 X_j 的相關係數，則 r_{ij} 為 $\Sigma[(X_i-\overline{X}_i)(X_j-\overline{X}_j)]/n\sigma_i\sigma_j$，其中 n 為個例的總數而其他符號前已界定。同時，讓 x_i 代表 $(\overline{X}_i-\overline{X}_i)/\sigma_i$，則 $r_{ij}=\Sigma x_ix_j/n$。又因為 r_{i1} 恒等於 1，而且變項 X_1 與 X_e 互相獨立（即 $r_{1e}=0$），方程式 (27-12) 可化解成

$$r_{31} = p_{31} + p_{32}r_{12} \qquad (27\text{-}13)$$

同理，以 x_1 分別乘以方程式 (27-8) 及 (27-9) 的兩端，可得

$$r_{41} = p_{41} + p_{42}r_{12} + p_{43}r_{13} \qquad (27\text{-}14)$$
$$r_{51} = p_{51} + p_{52}r_{12} + p_{53}r_{13} + p_{54}r_{14} \qquad (27\text{-}15)$$

觀察方程式 (27-13)，(27-14) 及 (27-15) 這三個特例，我們可以得到下面的通式：

$$r_{ij} = p_{ij} + \sum_q p_{iq}r_{jq} \quad (q \neq i \text{ 與 } j, \text{ 且 } i \neq j) \qquad (27\text{-}16)$$

式中之 q 乃表示所有直接介於變項 X_i 與 X_j 之間的變項。很

明顯地，這個方程式表示一個相關係數可以化解成兩個部分：其中一部分來自兩個變項間所具有的直接因果作用力，即 p_{ij}，而另外一部分則來自這兩個變項 (X_i 與 X_j) 透過中介變項之聯繫所得來的相關結果 (即 $\sum_q p_{iq}r_{jq}$)。

嚴格地說，方程式 (27-16) 所化解的關係成分並非最終的形式，它還可以進一步地再加化解。試以 r_{51} 為例，如以方程式 (27-13) 代替方程式 (27-14) 中之 r_{13}，可得

$$r_{41} = p_{41} + p_{42}r_{12} + p_{43}(p_{31} + p_{32}r_{12}) \qquad (27\text{-}17a)$$

$$= p_{41} + p_{43}p_{31} + (p_{42} + p_{43}p_{32})r_{12} \qquad (27\text{-}17b)$$

然後再以方程式 (27-13) 及 (27-17b) 分別代替方程式 (27-16) 中的 r_{13} 及 r_{14}，則可得 r_{51} 的最終分解形式如下：

$$\begin{aligned}r_{51} = r_{15} &= p_{51} + p_{52}r_{12} + p_{53}(p_{31} + p_{32}r_{12}) \\ &\quad + p_{54}[p_{41} + p_{43}p_{31} + (p_{42} + p_{43}p_{32})r_{12}] \qquad (27\text{-}18a) \\ &= p_{51} + p_{53}p_{31} + p_{54}(p_{41} + p_{43}p_{31}) \\ &\quad + [p_{52} + p_{53}p_{32} + p_{54}(p_{42} + p_{43}p_{32})]r_{12} \qquad (27\text{-}18b)\end{aligned}$$

無疑地，當因果模型相當複雜時 (即參予的變項很多)，將十分困難使用上述的方法來化解相關係數。幸好，我們可以採用一個簡單的規則直接由因徑圖得到相同的相關係數化解形式。此一規則是：首先由依變項 X_i (如 X_5) 開始，分別倒順著每個可能的因果路徑，依次把可能之中介路徑係數乘起來，直到回至自變項 X_j (如 X_1) 為止。之後，再把這些乘積與 p_{ij} 全加起來即等於 r_{ij}。在倒回的路途中，同一個變項不可以在同一條路徑中重複出現，同時，一旦歸回到自變項 X_j 以後，不可以再順延到另外的變項。假若在此過程中有雙向之相關的情形 (如 X_1 與 X_2) 發

生，則不管所考慮的路徑方向為何，此種雙向的路徑只能被使用一次而已，此時，我們使用相關係數以替代因徑係數。假若雙向相關的變項不祇一對時，則在同一條因徑中只能經過一個雙向相關的路線。

三、相關係數的分解與因果作用力的分析

從上面的討論，我們看出一個相關係數乃表示兩個變項之間的關聯程度，它乃由許多不同性質的變項關係所組合成的。大致上來說，一個相關係數所包含的不同關聯成分來自四個主要的來源：(1) 此二變項有共同的因 (cause)；(2) 此二變項有其個別的因，但這些因互為相關；(3) 此二變項之間尚存有未分析出來的相關；(4) 此二變項之間有直接或間接的因果作用力。相關來自於 (1) 與 (2) 來源的即為虛假相關；來自於第 (4) 來源的乃自變項對依變項的總因果作用力 (total effect)。因此，我們可界定變項 X_j 對變項 X_i 之總作用力為此二變項之單相關係數值減去來自於 (1)、(2) 及 (3) 三來源的相關值。

通常，總因果作用力又可分解成兩類。其一乃變項 X_j 對變項 X_i 之作用而不經過任何其他中介變項者，我們稱之直接作用力 (direct effect)。另一乃變項 X_j 對變項 X_i 所產生之作用經過中介變項的因果媒介者，我們稱之間接作用力 (indirect effect)。在此，讀者必須認清所謂「直接作用力」只是相對於一個既定的封閉因果模型中已有的變項關係而言。當因果模型改變時，我們可能從原先的直接作用力中再分解出間接作用力來。因此，當因果模型更趨複雜時，因果作用力的分解將愈趨精細。

現在讓我們以變項 X_1 與 X_5 的相關 (r_{51})，來說明一個相

關係數如何化解成不同的部分。根據方程式 (27-18b)，r_{51} 可以分解成下列幾個部分：

1. 直接作用：p_{51}
2. 間接作用：
    (a) 經由 X_3 而不經過 X_4 者：$p_{51}p_{31}$
    (b) 經由 X_4 而不經過 X_3 者：$p_{54}p_{41}$，
    (c) 經由 X_3 再經 X_4 者：$p_{54}p_{43}p_{31}$
3. 因 X_1 與 X_2 有未分析的相關發生作用者：
    (a) 僅只經由 X_2 者：$p_{52}r_{12}$
    (b) 經由 X_2，再經 X_3 者：$p_{53}p_{32}r_{12}$
    (c) 經由 X_2，再經 X_4 者：$p_{54}p_{42}r_{12}$
    (d) 經由 X_2，再經 X_3 與 X_4 者：$p_{54}p_{43}p_{32}r_{12}$

因此，變項 X_1 對變項 X_5 的總作用力為 $p_{51}+p_{53}p_{31}+p_{54}p_{41}+p_{54}p_{43}p_{31}$，其他的相關值都是因為 X_1 與 X_2 有未分析之相關而間接帶來的。

此外，讓我們再以變項 X_5 例，討論如何利用因果方程式來分解內衍變項的變異量。首先，用 x_5 乘以方程式 (27-9)，經過運算，最後可得：

$$r_{55}=1=p_{51}r_{15}+p_{52}r_{25}+p_{54}r_{45}+p_{5e}r_{e5} \qquad (27\text{-}19a)$$

$$=\sum_{i=1}^{4} p_{5i}r_{i5}+p_{5e}^2 \qquad (27\text{-}19b)$$

因為變項 X_5 與其殘餘變項 e_5 不是互相獨立，所以 $r_{e5} \neq 0$，而且因為它們之間無任何中介變項存在，所以 $p_{5e}=r_{e5}$，即方程式 (27-19b) 中所得 $p_{5e}r_{e5}=p_{5e}^2$。然後，再以 x_1，x_2，x_3 及 x_4

依次乘以方程式 (27-9)，終於可得表示 r_{15}，r_{25}，r_{35} 及 r_{45} 的方程式。再以這些方程式代替方程式 (27-19a) 中其相對的相關係數，經過運算，最後可得：

$$r_{55}=1=\sum_{i=1}^{4}p_{5i}^{2}+2\sum_{j=1}^{3}\sum_{k=j+1}^{4}p_{5j}p_{5k}r_{jk}+p_{5e}^{2} \qquad (27\text{-}20)$$

由此一特例，我們又可推論一個表示 r_{hh} 的通式如下：

$$r_{hh}=\sum_{i=1}^{h-1}p_{hi}r_{ih}+p_{he}^{2} \qquad (27\text{-}21a)$$

$$=\sum_{i=1}^{h-1}p_{hi}^{2}+2\sum_{j=1}^{h-2}\sum_{k=j+1}^{h-1}p_{hj}p_{hk}r_{jk}+p_{he}^{2} \qquad (27\text{-}21b)$$

假設變項 X_h 的變異量為 σ_h^2，並以 σ_h^2 乘以方程式 (27-21a) 及 (27-21b) 之兩端，則方程式 (27-21a) 及 (27-21b) 表示：依變項的變異量可就其不同因徑來源所能解釋的分量而分解成不同的部分。$p_{ji}r_{ih}$ 表示自變項 X_i 所能解釋變項 X_h 變異量的比率 (proportion)；因此，利用 $p_{hi}r_{ih}$ 值我們可以比較所有自變項所能決定依變項變異量 (或標準差) 的相對重要性。$\sum_i p_{hi}r_{ih}$ 則表示所有作用於 X_h 之自變項所能解釋 X_h 變異量的總份量；尤其重要的是此值可用來估計 X_h 的殘餘因徑係數 (p_{he})，即

$$p_{he}^{2}=1-\sum_{i=1}^{h-1}p_{hi}r_{iL}$$

$$=1-\sum_{i=1}^{h-1}p_{hi}^{2}-2\sum_{j=1}^{h-2}\sum_{k=j+1}^{h-1}p_{hj}p_{hk}r_{jk}$$

讓 R^2 等於 $\sum_i p_{hi}r_{ih}$ (或 $\sum_i p_{hi}^{2}+2\sum_j\sum_k p_{hj}p_{hk}r_{jk}$，則 R^2 即複相關係數 (multiple correlation coefficient) 的平方，或稱決定係數 (coefficient of determination)。根據此一定義，殘餘因徑係數 (p_{he}) 可由下式來估計：

$$p_{he} = \sqrt{1-R^2} \qquad (27\text{-}22)$$

因此 p_{he}^2 表示所有自變項所不能解釋依變項變異量的部分，此值之大小對於因果路徑的確定有相當重要的決定作用。雖然我們很難有一個可共同接受的法則來決定 p_{he}^2 多大時假設的因果路徑將不能成立，但是至少當 p_{he}^2 值很大時，我們有充分的信心相信所欲建立的因果路徑有重新估定的必要。因此，一個理想因果模型的 p_{he}^2 值應當是相當地小。

比較方程式 (27-21a) 及 (27-21b)，我們得知一個依變項的變異量取決於每個自變項的分量，它可以分成兩個部分：其一代表直接作用 (即 p_{hi}^2)；另一代表透過另外一個中介變項的間接作用 (即 $p_{hj}p_{hk}r_{jk}$)。這個性質顯示著複變量因徑分析具有分解各個因素之作用性質的能力，此乃複變項因素分析 (multivariate factor analysis) 所無法做到的。雖然這兩種方法基本上都是把變項之變異量用其所有有關之因素及殘餘變項的直線組合來表示，但是二者有著許多分析上的差異。除了上面剛剛提到的不同點以外，尚有兩個不同點：(1) 因徑分析所探討的因素可以是可觀測的變項，也可以是未可觀察的假想變項，但是因素分析所探尋的因素只屬後者，及 (2) 在一般的因素分析中我們常假設可觀察的變項向量 (vector) 是互相正交且具常態性的 (orthogonal and normal)。因此，所求得的係數——因素荷量 (factor loading)——係在 -1 及 $+1$ 之間，但是因徑分析所考慮的變項向量則常是互相依賴的，所以它的係數可以大於 $+1$ 或小於 -1。

第四節　一些可能遭遇到的問題

　　既然因徑分析只是複迴歸分析的一種延伸應用，一般複迴歸分析中所可能遭遇到的問題，也同樣地可以在因徑分析中找到。只是同樣的問題在因徑分析中所產生的意義可能與在複迴歸分析中所具有的不同。除了這種類型的問題以外，還有許多問題乃因因徑分析本身之特性而產生的，諸如下面將敍述的規劃與認定兩問題即是。總之，因徑分析所帶來的問題甚多，但是由於篇幅有限，我們僅擇一些單向回溯之直線相加因果模型所常遭遇到的問題來討論。

一、規劃的問題

　　簡單地來說，規劃的問題 (problem of specification) 乃指：(1) 何種現象可使用因徑分析來分析，(2) 那些變項及多少變項應當包含在模型內，以及 (3) 這些變項的因果次序為何等三方面的問題。由於目前因徑分析大多只用來分析單向回溯之直線可加因果模型，因此當我們討論到這三個問題時，將不會遭遇到反饋及同時互為因果的問題。同時，也正因為可應用的因果模型僅限於單向回溯直線相加者，許多不具這種性質的行為現象當然就無法運用因徑分析來分析了。因此，在使用因徑分析前，研究者首先必須要有正確的理論架構來說明可以使用因徑分析的理由。

　　當研究者確定所欲研究的現象恰可滿足因徑分析應有的假設條件以後，他下一步必須做的即愼重地選擇自變項。許多研究者以為選擇自變項最好的原則就是儘可能把似乎具有影響力的自變項均納入考慮的範圍。這種選擇的方式當然比較不會遺漏掉重要

的自變項,但是往往因自變項的數目過多,分析時帶來了許多嚴重的困難,譬如認定(將在下面「認定問題」中討論)以及多元直性相關的問題,而且實際上也常因經費及時間等等因素的限制,研究者無法選用太多的變項。反之,有些研究者認為只選擇幾個重要的自變項來考慮就行了,固然如此的選擇可能避免認定及多元直性相關的問題,並可解決經費及時間等等人為的限制,但是卻因為自變項太少,使得殘餘值過大而導致所得的估計方程式只是一堆玩弄數字虛張聲勢的統計遊戲而已。總而言之,不管選擇的自變項數目多少,都可能導致估計的失準,而嚴重地歪曲了整個研究的規劃,以及其所具有的實質意義,這種因自變項選擇失當而帶來估計的誤差即是規劃誤差 (specification error) 的最主要來源。那麼,我們如何計算規劃誤差呢?通常可以使用矯正後的決定係數 (corrected coefficient of determination),

$\tilde{R}^2 \left[= R^2 - \frac{K}{n-K-1}(1-R^2) \right]$ 來決定規劃誤差的大小,進而用來檢驗含有不同自變項之估計方程式的適宜程度。上面式子中的 R^2 表示由方程式直接求得的決定係數,n 則代表樣本的大小,K 表示自變項的數目。

　　上面所敍述的只是針對一個估計方程式的規劃來討論。當規劃誤差在因徑結構中發生時,其所帶來的估計偏差更是嚴重。讓我們舉個例來說明。假設一個真正的因果結構如下:

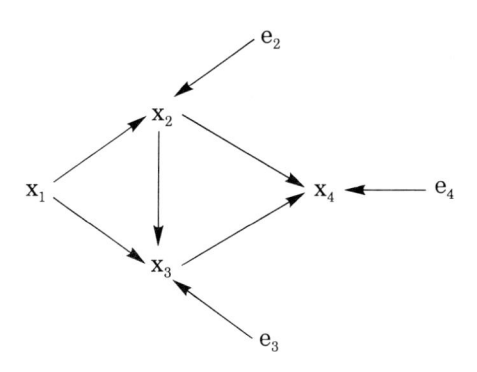

則因果模型可用下列標準化方程式來表示：

$$x_2 = p_{21}x_1 + e_2 \tag{27-23}$$
$$x_3 = p_{31}x_1 + p_{32}x_2 + e_3 \tag{27-24}$$
$$x_4 = p_{42}x_2 + p_{43}x_3 + e_4 \tag{27-25}$$

又假設因為某種原因，研究者忽略了 x_1 而以為因果模型概如：

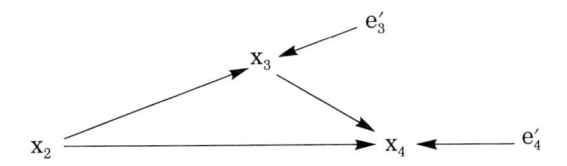

根據這個因徑圖，研究者實際估計的方程式為

$$x_3 = p_{32}x_2 + e'_3 \tag{27-26}$$
$$x_4 = p_{42}x_2 + p_{43}x_3 + e'_4 \tag{27-27}$$

現在讓我們分別以方程式 (27-23) 及 (27-24) 代替方程式 (27-26) 及 (27-27) 中的 x_2 及 x_3，可得

$$x_3 = p_{32}(p_{21}x_1 + e_2) + e'_3 \tag{27-28}$$
$$x_4 = p_{42}(p_{21}x_1 + e_2) + p_{43}(p_{31}x_1 + p_{32}x_2 + e_3) + e'_4 \tag{27-29}$$

由方程式 (27-28)，可得 $e'_3 = x_3 - p_{32}(p_{21}x_1 + e_2)$。因此，$x_2$ 及 e'_3 之共變量 (covariance) 可運算如下：

$$\begin{aligned}
\text{Cov}(x_2, e'_3) &= E(x_2 e'_3) \\
&= E\{x_2[x_3 - p_{32}(p_{21}x_1 + e_2)]\} \\
&= E(x_2 x_3) - p_{32}E[p_{21}E(x_1 x_2) + E(x_2 e_2)] \\
&= \rho_{23} - \rho_{23}(\rho_{12}^2 + \rho_{2e}) \\
&= \rho_{23}(1 - \rho_{12}^2 - \rho_{2e})。
\end{aligned} \quad (27\text{-}30)$$

很明顯地，ρ_{23} 及 $1-\rho_{12}^2-\rho_{2e}$ 均不等於 0，所以 Cov (x_2, e'_3) ≠0。因此，x_2 及 e'_3 並不恒爲互相獨立的。以同樣的方法，我們獲得 x_2，x_3 及 e'_4 間、e'_3 與 e'_4 間均不是互相獨立的。這些結果無疑地違反了一向因徑分析所常有的獨立假設 (即 x_2 與 e'_3 間，x_2，x_3 及 e'_4 間，e'_3 與 e'_4 間應當無相關的)。由方程式 (27-26) 及 (27-27) 所求得的因徑係數將低估 (under-estimate) 了實際的參數值。

　　從上面的討論，我們可以很清楚地看出理論架構規劃的適宜與否會影響到因徑係數的估計。當然，假若建構的理論架構完整無瑕，則估計誤差將大爲減低。可是問題就在於我們所能建構的理論架構並無法完全地與經驗世界相脗合。基於此故，研究者必得同時考慮幾個可能的估計因果理論模型，然後再使用因徑分析的方法來決定何者最具精確性。通常，我們首先分別地計算各個因果模型的因徑係數以及殘餘變異量比值 (如方程式 (27-22) 所示者)，之後再建立一權宜標準來比較不同模型的因徑係數及殘餘變異量比值以決定模型的適宜程度。如此經過幾次嘗試，可以把不適宜的因徑模型刪除或修改，最後所建立之模型的精確度將逐漸提高。這種過程稱爲理論模型的實徵刪修 (trimming) (註

12)。雖然這種刪修的方法對於理論的驗證十分有效，但是它只能在變項間之因果次序已經確知的條件下才有使用的可能。

固然正確的理論架構是決定變項因果次序的重要憑藉，變項間所具有之時間順序邏輯也常用來決定因果關係。例如一個人的教育程度可以影響其將來的社會生涯，但是受完教育後的社會生涯卻無法反過來影響已有的教育程度。借助於這種因果法則，研究者可以把變項間之因果次序的可能性減縮，因而間接地增加了對模型的肯定。只是，這種法則只適用於時間先後次序相當明顯的變項。當變項間之時間先後次序不明顯時，其因果關係則有賴於其他的方法來決定。假如所假設的因果模型不是如圖 27-1 所示的屬於完整的單向回溯模型——即時間上在先的變項均為時間上在後之變項的因，則西-布 (S-B) 法可用來濃縮因果的可能性 (註 13)。

二、認定的問題

即使研究者可以很成功地規劃因果模型的變項及其間可能具有的因果路徑結構，但是已有的資料可能不足用來估計參數 (如因徑係數)。這種困難即所謂認定 (identification) 問題。簡單

註 12：D. R. Heise (1969). Problems in path analysis and causal inference. In E. F. Borgatta (ed.), *Sociological Methodology*. San Franciso: Jossey-Bass. pp. 38～73.

註 13：H. A. Simon (1954). Spurious correlation: A causal interpretation. *Journal of the American Statistical Association, 49*, 467～479; H. A. Simon (1957). *Models of Man*. New York: Wiley; H. H. Blalock, Jr. and A. B. Blalock (1968). *Methodology in Social Research*. New York: McGraw-Hill.

地來說，認定問題即已有的經驗資料是否足以用來估計因果模型之參數的問題。這個問題本質上與如何抽樣以獲得最佳參數估計值的問題是絕然獨立的。固然抽樣的優劣可影響所得相關係數的信度，轉而間接影響到因徑係數的可靠程度，但是邏輯上認定問題是先於估計問題的。儘管抽取了很大的樣本，認定問題還是可能存在的。

當研究者所感到興趣的只是估計單一的迴歸關係時，認定問題是不存在的。只有當所探討的內容是一組迴歸方程式的同時成立時，認定問題才可能產生。在因徑分析中，認定問題即指一組因徑方程式是否可以一致地認定或不可認定的問題。不可認定乃指已有的經驗資料不足用來估計因徑結構中的所有參數，我們稱為不足認定 (under-identification)。相反地，可認定即指已有的經驗資料足以用來估計因徑結構中所有的參數。若已有的資料僅恰恰足以用來估計所有參數而已，我們稱為恰好認定 (exact-identification)；若研究者有著過多的資料可供參數估計，則稱之過度認定 (over-identification)。

計量經濟學家對於認定問題的研究，貢獻最大。他們泰半使用矩陣代數 (matrix algebra) 來探索這個問題。不過，在本章中我們將儘可能地避免使用數學來討論這個問題。

首先我們舉兩個例子來說明不同的認定情形，以及進行認定探討的步驟。假設 x_1 與 x_2 是內衍變項，z_1 與 z_2 是外衍變項，e_1 及 e_2 分別是 x_1 及 x_2 的殘餘變項。同時，假設 e_1 及 e_2 互相獨立，而且也與 z_1 和 z_2 互為獨立。又假設下列之因果方程式可代表上面諸變項間的因果關係：

$$x_1 = p_{12}x_2 + q_{11}z_1 + e_1 \qquad (27\text{-}31)$$

$$x_2 = p_{21}x_1 = q_{22}z_2 + e_2 \quad (\text{註 14}) \qquad (27\text{-}32)$$

則方程式 (27-31) 及 (27-32) 可分別化解成：

$$x_1 = q'_{11}z_1 + q'_{12}z_2 + e'_1 \qquad (27\text{-}33)$$

$$x_2 = q'_{21}z_1 + q'_{22}z_2 + e'_2 \qquad (27\text{-}34)$$

此二方程式 (27-33) 及 (27-34) 稱為方程式 (27-31) 及 (27-32) 的縮減形式 (reduced form)。然後，讓方程式 (27-34) 乘以 $-p_{12}$，再加至方程式 (27-33)，可得：

$$x_1 - p_{12}x_2 = (q'_{11} - p_{12}q'_{21})z_1 + (q'_{12} - p_{12}q'_{22})z_2 + e'_1 - p_{12}e'_2 , \qquad (27\text{-}35)$$

或

$$x_1 = p_{12}x_2 + (q'_{11} - p_{12}q'_{21})z_1 + (q'_{12} - p_{12}q'_{22})z_2 + e'_1 - p_{12}e'_2 \qquad (27\text{-}36)$$

經過如此的數學運算，方程式 (27-36) 事實上只是方程式 (27-31) 的一種轉換結果，因此兩式是一一對應的。比較兩方程式相對應項的係數，結果可得：

$$q'_{11} - p_{12}q'_{21} = q_{11} \qquad (27\text{-}37)$$

$$q'_{11} - p_{12}q'_{22} = 0 \qquad (27\text{-}38)$$

而且 $e'_1 - p_{12}e'_2 = e_1$。從方程式 (27-38)，可解得 $p_{12} = q'_{12}/q'_{22}$，再以此 p_{12} 值代替方程式 (27-37) 中之 p_{12}，最後可得 $q_{11} =$

註 14：為了便於討論起見，於方程式 (27-31) 及 (27-32) 中使用 e_1 及 e_2 替代如方程式 (27-7)，(27-8) 及 (27-9) 中之 $p_{ie}x_e$ 的表示方式。事實上，兩者所表示的都是一樣的東西。

$(q'_{11}q'_{22} - q'_{12}q'_{21})/q'_{22}$。因此，方程式 (27-31) 中之二參數 p_{12} 及 q_{11} 均有單一 (unique) 值，此即表示方程式 (27-31) 可恰好認定。以同樣的步驟，用 $-p_{21}$ 乘以方程式 (27-33)，再加到方程式 (27-34)，亦可得

$$x_2 = p_{21}x_1 + (q'_{21} - p_{21}q'_{11})z_1 + (q'_{22} - p_{21}q'_{12})z_2 + e'_2 - p_{21}e'_1 \qquad (27\text{-}39)$$

同理，比較方程式 (27-32) 及 (27-39) 的相對應項係數，結果可得 $p_{21} = q'_{21}/q'_{11}$ 及 $q_{22} = (q'_{11}q'_{22} - q'_{21}q'_{12})/q'_{11}$，所以方程式 (27-32) 亦是恰好認定。

讓我們再假設一個不同的因果路徑結構如下列方程式所表示者：

$$x_1 = p_{12}x_2 + e_1 \qquad (27\text{-}40)$$
$$x_2 = p_{21}x_1 + q_{21}z_1 + q_{22}z_2 + e_2 \qquad (27\text{-}41)$$

再使用同樣的運算法則，方程式 (27-40) 及 (27-41) 亦可縮減成一組方程式概如方程式 (27-33) 及 (27-34)。同樣地，比較方程式 (27-40) 與 (27-36) 的相對應項係數，可獲得：

$$q'_{11} - p_{12}q'_{21} = 0 \qquad (27\text{-}42)$$
$$q'_{12} - p_{12}q'_{22} = 0 \qquad (27\text{-}43)$$

從方程式 (27-42) 及 (27-43) 可得 p_{12} 之值分別為 q'_{11}/q'_{21} 及 q'_{12}/q'_{22}。因此，p_{12} 同時可能有兩個不同值，此即方程式 (27-40) 是過度認定的。同樣地，比較方程式 (27-41) 與 (27-39) 之相對應項係數，可得：

$$q'_{21} - p_{21}q'_{11} = q_{21} \qquad (27\text{-}44)$$
$$q'_{22} - p_{21}q'_{12} = q_{22} \qquad (27\text{-}45)$$

方程式 (27-44) 及 (27-45) 二式中有三個未知參數 p_{21}，q_{21} 及 q_{22}。很明顯地，以兩個聯立方程式是無法完全求解三個未知參數的。因此，方程式 (27-41) 的參數是無法認定的 (即不足認定)。

從上面兩個簡單例子的運算來看，我們可以把原始的因徑結構方程式轉變成在數學上具相等意義的方程式組，而使得每個轉變的方程式只包含一個內衍變項而已。同時，我們可以用不同的 λ 值 (於上二例中即 $-p_{12}$ 或 $-p_{21}$) 乘以各個方程式，再加至所考慮的方程式上，而得到一個轉換的通式 (如方程式 (27-36) 及 (27-39))，然後可藉比較此通式及所考慮之方程式的相對應項係數來檢定該方程式的認定情形。當這樣的檢定方法用在相當複雜的因徑結構方程式上時，只有在一個真正的方程式 (即原始的因徑方程式) 可與所有具數學直線轉換的方程式區分出來，方程式才可認定。換句話說，假設因徑方程式的通式為 $x_i = p_{i1}x_1 + p_{i2}x_2 + \cdots + p_{i\cdot i-1}x_{i-1} + p_{i\cdot i+1}x_{i+1} + \cdots + p_{i\cdot n}x_n + e_i$，即除了變項 x_i 自身以外，所有的變項 (外衍及內衍) 均為自變項，則上述的認定條件即是說：

> 對依變項 x_i 而言，必要有些外衍或內衍變項不是此依變項的自變項 (即某些 p_{ij} 等於 0)，則含此依變項的方程式才可認定。

至於應當有多少自變項等於 0，方程式才有認定的可能呢？通常學者使用矩陣代數來解答這個問題，此處不擬討論。現僅在下面介紹一個簡單的檢定原則，以供讀者們使用時參考。

假設因徑結構共含有 K 個方程式，而不包含在某一方程式中的變項數至少等於方程式的總數目減去 1 (即 K－1)，則此方程式之係數可以認定。或者說，某方程式所含內衍變項之數目不得比不含在此方程式中之外衍變項的數目加 1 更多。此一條件稱爲認定的必要條件 (necessary condition)。讓我們以方程式 (27-7)，(27-8)，及 (27-9) 爲例。圖 27-1 共有二個外衍變項及三個內衍變項，因此根據上面的法則，方程式 (27-7) 因有二個外衍變項及二內衍變項，故它可認定而且恰好認定。方程式 (27-8) 有二外衍變項及二內衍變項，故爲不可認定 (即不足以認定)；同樣地，方程式 (27-9) 亦屬不足認定的情形。通常，除了上述的必要條件以外，我們還更進一步的要求由不包含在方程式內之變項的相關係數所構成之矩陣的行 (column) 中至少有一個具 K－1 次方 (order) 的決定值 (determination) 不等於 0，此稱爲可認定性的充分條件 (sufficient condition)。事實上，此一條件乃可認定的充分條件。具體地說，它即要求如何把某些外衍變項由二個或多個方程式中除去，俾使這些方程式可以互相區分出來。因此，若要使任何方程式均可認定，則必要求任何兩個方程式不包含有相同的變項。換句話說，若要使一個因果模型中之全部的因果方程式均可認定，則至少相同的外衍變項不得都出現在所有的方程式中。因此，若在一個方程式中增加內衍變項的數目，則必要有更多的外衍變項由此方程式中去除掉；即是，若爲了增加模型的精確性而必要在某一方程式中包含有大量的內衍變項時，則必須在其他方程式中增加更多的外衍變項。這表示理論架構愈複雜，則愈難加以檢驗。

從上面的討論，我們發現不足認定乃是使用因徑分析來驗證理論架構的危險暗礁。在此情形下，任何估計方法均無法獲得無

偏差的估計 (unbiased estimation)。唯一的補救方法，即修改理論，以使得模型可以認定。而當模型是恰可認定時，只要第二節中所列有關 OLS 法的假設條件均可滿足，則我們可用 OLS 法來估計方程式中的母數。不過，在過度認定的情形下，OLS 法及間接最小平方 (indirect least squares, ILS) 法均不適宜。在此情形下，通常使用二段最小平方 (two-stage least squares, TSLS) 法來估計母數，可得有效的估計值 (efficient estimator)。

TSLS 法由 H. Theil (註 15) 與 R. L. Basmann (註 16) 所首創。讓我們用個簡單的例子，來說明此法的運用。假設 x_1，x_2 及 x_3 表示內衍變項，z_1，z_2 及 z_3 表示外衍變項，e_1，e_2 及 e_3 分別為相對於 x_1，x_2 及 x_3 的殘餘變項，並假設因徑結構可寫成：

$$x_1 = p_{12}x_2 + q_{11}z_1 + e_1 \tag{27-46}$$

$$x_2 = p_{23}x_3 + q_{21}z_1 + q_{22}z_2 + e_2 \tag{27-47}$$

$$x_3 = p_{31}x_1 + q_{33}z_3 + e_3 \tag{27-48}$$

根據縮減化解的法則，方程式 (27-46)，(27-47) 及 (27-48) 可以分別地直線轉形成下列的縮減方程式：

$$x_1 = q'_{11}z_1 + q'_{12}z_2 + q'_{13}z_3 + e'_1 \tag{27-49}$$

註 15：H. Theil (1953). *Estimation and Simultaneous Correlation in Complete Equation Systems*. The Hauge: Central Plan Bureau.

註 16：R. L. Basmann (1957). A generalized classical method of linear estimation of coefficients in a structural equation. *Econometrica, 25*, 77～84.

$$x_2 = q'_{12}z_1 + q'_{22}z_2 + q'_{23}z_3 + e'_2 \qquad (27\text{-}50)$$
$$x_3 = q'_{13}z_1 + q'_{23}z_2 + q'_{33}z_3 + e'_3 \qquad (27\text{-}51)$$

所謂 TSLS 法的第一段即使用 OLS 法以 z_1，z_2 及 z_3 分別地來估計 x_1，x_2 及 x_3。因此，第一段即估計方程式 (27-49)，(27-50) 及 (27-51) 中的諸係數 q'_{ij} ($i=1$，2，3；$j=1$，2，3) 以及 x_1，x_2 及 x_3 (寫成 $\hat{x}_1$，$\hat{x}_2$ 及 $\hat{x}_3$)。第二段步驟即利用 $\hat{x}_1$，$\hat{x}_2$ 及 $\hat{x}_3$ 以及其相對應的 z_1，z_2 及 z_3 值，再使用 OLS 法來估計方程式 (27-46)，(27-47) 及 (27-48) 中的諸係數，最後得到的即是 x_1，x_2 及 x_3 的最終估計值，分別寫成 $\hat{\hat{x}}_1$，$\hat{\hat{x}}_2$ 及 $\hat{\hat{x}}_3$。雖然這三個估計值是偏差的，但是它們是一致的，而且比用 OLS 法所得之估計值更爲有效。

三、測量誤差的問題

在討論規劃問題時，我們所著重的只是一個假想的理論架構如何地影響到因果結構的檢驗，而沒有注意到經驗測量與理論架構之間是否可能產生間隙的問題。這一直是個麻煩的問題，尤其是一般所謂的測量誤差 (measurement error)。近年來，許多因徑分析研究者相當積極地致力於這方面的研究，其成績頗爲顯著。

概括來說，測量誤差即指由於種種人爲或無可避免的因素 (如測量儀器不夠精確，理論架構有失準確，測量方法有欠妥當等)，而使某變項之實際測量值與本來應有值之間有著質或量上的誤差。它可能純然是偶然發生的，譬如受試者本身因種種心理或外在因素而導到判斷上的誤差，這可稱爲機率誤差。它也可能以一固定而有相互關係的型態出現，譬如上限效果 (ceiling effect)，或問卷中某問題影響到受試者的態度，而此態度轉而影響受試者對後來問題的反應。這通常稱為非機率誤差 (nonrandom error)。

雖然近年來學者們已經注意到非機率誤差對因徑係數估計之影響的問題，但是一向測量誤差的討論大都僅以機率誤差為主。在此我們也只以機率誤差為主題，來介紹測量誤差為因徑分析帶來的問題。

首先，讓我們假設變項 x_1，x_2 及 x_3 的因徑結構方程式如下：

$$x_2 = p_{21}x_1 + e_2 \qquad (27\text{-}52)$$

$$x_3 = p_{31}x_1 + p_{32}x_2 + e_3 \qquad (27\text{-}53)$$

同時，讓我們再假設真正的變項 T_1，T_2 及 T_3 分別與它們實際被測得的變項 x_1，x_2 及 x_3 具有下列的關係：$T_1 = x_1 + \mu_1$，$T_2 = x_2 + \mu_2$，$T_3 = x_3 + \mu_3$，則由這些關係，方程式 (27-52) 及 (27-53) 可重寫成：

$$T_2 = p_{21}T_1 + e'_2 \qquad (27\text{-}54)$$

$$T_3 = p_{31}T_1 + p_{32}T_2 + e'_3 \qquad (27\text{-}55)$$

其中，$e'_2 = e_2 + \mu_2 - p_{21}\mu_1$，$e'_3 = e_3 + \mu_3 - p_{31}\mu_1 - p_{32}\mu_2$。然後，再利用這些方程式，我們可以求得下面諸共變量：

$$\text{Cov }(T_1, e'_2) = -p_{21}\text{Var}(\mu_1) \qquad (27\text{-}56)$$

$$\text{Cov }(T_1, e'_3) = -p_{31}\text{Var}(\mu_1) \qquad (27\text{-}57)$$

$$\text{Cov }(T_2, e'_3) = -p_{32}\text{Var}(\mu_2) \qquad (27\text{-}58)$$

$$\text{Cov}(e'_2, e'_3) = p_{21}p_{31}\text{Var}(\mu_1) - P_{32}\text{Var}(\mu_2) \quad (\text{註 17}) \qquad (27\text{-}59)$$

很明顯地，方程式 (27-56) 至 (27-59) 所表示的共變量均不等於 0。這即說明：當自變項有測量誤差時，不但殘餘變項之間必然具有相關，而且它們也與自變項一定有著相關。在此情形下，利用 OLS 法所求得的母數估計值將會是偏差的，而且所得的相關係數也會比實際應有的值還要小，這便是所謂減縮現象 (attenuation)。

為了避免因測量誤差所帶來的母數估計的偏差，通常在使用 OLS 迴歸分析法時，總是把外衍變項假設作固定值，而且不少學者們 (註 18) 認為在因徑分析中除了這個假設外，還得假設外衍變項與殘餘變項間是無相關的。事實上，只要有了前者的假

註 17：假設 $\text{Var}(\mu_i)$ 代表 μ_i 之變異量。現僅以 $\text{Cov}(T_1, e'_2)$ 為例來說明方程式 (27-56) 至 (27-59) 是如何求解的。

$$\begin{aligned}
\text{Cov}(T_1, e'_2) &= E(T_1 e'_2) \\
&= E[T_1(e_2 + \mu_2 - p_{21}\mu_1)] \\
&= E(T_1 e_2) + E(T_1\mu_2) - p_{21}E(T_1\mu_1) \\
&= -p_{21}E[(x_1 + \mu_1)\mu_1] \\
&= -p_{21}E(x_1\mu_1 + \mu_1^2) \\
&= -p_{21}E(\mu_1^2) = -p_{21}\text{Var}(\mu_1),
\end{aligned}$$

其中，因為 x_1、μ_1 及 μ_2 之間均互相獨立，所以 $E(T_1 e_2) = E(T_1\mu_2) = E(x_1\mu_1) = 0$。

註 18：O. D. Duncan (1966). Path analysis: Sociological examples. *American Journal of Sociology, 72*, 1~16; D. R. Heise (1969a). Problems in path analysis and causal inference. In E. F. Borgatta (ed.), *Sociological Methodology*. San Francisco: Jossey-Bass. pp. 38~73; K. C. Land (1969). Principles of path analysis. In E. F. Borgatta (ed.), *Sociological Methodology*. San Francisco: Jossey-Bass. pp. 3~37.

設，後者的假設根本就是多餘的，因為當外衍變項是固定值時，整個迴歸模型的變異量將不受外衍變項的影響。惟有在外衍變項具有機率誤差時，外衍變項與殘餘變項間不具相關的假設才對某些母數的估計效率產生作用。總之，上述的條件經過統計運作後，我們發現一個結果：只要外衍變項和殘餘變項無相關，則不管外衍變項是固定的抑或機率的，用 OLS 法所得之迴歸係數的估計值，乃是恰可認定情況下因徑迴歸係數的最佳估計值。但是對因徑係數來說，情形則不同。OLS 法所得之標準迴歸係數的估計值，即使在恰可認定的情況下，也不一定是因徑係數的最佳估計值。標準迴歸係數是否為因徑係數的最佳估計值，完全取決於所假設的條件。在恰可認定的情況下，下列三個原則可用來決定因徑係數的估計值：(註 19)

1. 當對某一內衍依變項而言，其所有自變項 (包括內衍的與外衍的) 均具機率誤差時，使用 OLS 法所求得之標準迴歸係數 (即 β 係數或 $(\sigma_j/\sigma_i)\hat{b}_{ij}$) 即可有效地估計因徑係數。
2. 當對某一內衍依變項而言，其所有自變項均是固定值時，因徑係數可用 β 係數除以此內衍依變項之殘餘值 (即 $\sqrt{1-R^2}$) 來估計。
3. 當對某一內衍依變項而言，其部分自變項是固定值，另外部分是具有機率誤差的時候，固定自變項的因徑係數可以 β 係數除以 $(1-R_i^2)^{\frac{1}{2}}$ 來估計，其中 R_i^2 乃所有固

註 19：D. L. Klemmack, T. A. Leggette and L. S. Mayer (1973). Non-random exogenous variables in path analysis. *American Sociological Review, 38*, 778～784.

定外衍變項對該內衍變項的決定係數，而機率自變項的因徑係數則可用 β 係數乘以 $\sqrt{1-R_2^2}/\sqrt{1-R_1^2}$ 來估計，其中 R_1^2 概如已加界定者，R_2^2 為以所有固定外衍變項來預測該機率自變項所得的決定係數。

既然測量誤差是使用經驗方式檢驗理論架構之過程中的一個嚴重問題，如何儘可能使誤差減少，乃成為研究因徑分析的核心問題之一。同時，因為測量指標 (indicator) 係用來有效地代表未可測量的理論架構，因此問題乃由如何避免測量誤差的產生，推展到如何建立具有信度及效度的指標來代表未可測量的變項，後者即心理學家一向所感興趣的測量信度及效度問題。

從上面的敘述，我們可以看出當變項有了測量誤差 (至少機率誤差) 時，所有有關殘餘變項之間以及它們和外衍變項之間不具相關的假設將不再成立。在此情形下，因徑結構中未知母數的數目必然增多，不足認定的困難也將緊接而來。當然，假若我們收集更多的資料 (即增加更多的已知數)，則因測量誤差而產生的未知母數可能可以認定。

四、其他可能遭遇到的問題

除了上述三個問題以外，還有許多問題可能在因徑分析的過程中發生。這些問題的重要性並不比上述的三個問題小，但因篇幅的限制，僅只簡單地分敘四個比較常為研究者所遭遇到的問題：

直線性的問題　在上面的討論中，我們一直假設變項之間的關係是直線性的，如 $y=a+bx$。因此，當變項的關係不是直線時，

以上敘述的種種分析步驟將不能適用。除非研究者因為這個緣故而決定不採用因徑分析，否則他必須利用數學轉形的技巧把非直線性的關係變成直線的型態。例如 z＝xy 可以轉形成直線關係：log z＝log x＋log y。只是，利用數學直線轉形來分析非直線的關係時，我們首先必須確知變項間所呈的數學關係為何。解決這個問題頗為不易，研究者不但要有豐富的數學素養；而且對於所探討之現象更要具有充分的理論基礎與認識。再者，除了這些問題以外，數學直線轉形的結果往往帶來了新的轉形變項，因此也跟著帶來了認定的問題。

反饋的問題　社會行為現象中的變項，並非常常只具單向的因果關係。相反地，變項的反饋 (feedback) 是常見的現象，而且也是常為學者們所注意的問題 (註 20)。固然非單向回溯因徑分析可以用來分析並進反饋 (instantaneous feedback) (即兩變項同時互相影響)，但若反饋只是變項間在時間上的延遲作用，則我們可以把具有反饋的變項當成延宕變項 (lagged variable)，然後再使用單向回溯因徑分析的方法來處理。譬如，在多次面談研究中，兩變項 X 與 Y 之間即常具有延宕反饋的特性，意即在時間 t 時，X 影響 Y，而在時間 t＋1 時，Y 反轉過來影響 X。正因為多次面談研究本質上是種延宕反饋的研究情境，因此有關延宕反饋的因徑分析，常以此種研究情境為主要對象，其中又以二階段二變項 (two-wave two-variable) 的研究最為學者們所注意。現僅以此種情形作為討論的對象。

　　原則上，二階段二變項多次面談的因徑分析技術，即是把在

註 20：S. Wright (1960). The treatment of reciprocal interaction, with or without lag, in path analysis. *Biometrics, 16*, 423～445.

二個不同時間點上之二變項的因果分析，當成是在一個時間點上之四個變項因果關係的單向回溯因徑分析。由於在此情形下我們所考慮的是兩個不同時間點上兩個變項的因果關係，時間先後已經界定了某些可能的因果關係。例如，在時間 t+1 之 X 與 Y 絕不可能是在時間 t 之 X 與 Y 的因。因此，可供考慮之可能因果模型，遠比含相同數量之變項的橫剖性因果模型為少。

既然我們可以把多次面談的延宕反饋當成是單向回溯因徑的一種變形，前面所提起過的有關單向回溯因徑分析的種種假設，在此也當遵守。此外，因為延宕反饋本身所具有的特點，所以當使用因徑分析來檢定反饋因果時，有些額外的條件不得不遵守（註 21）。其中最主要的條件如下：(1) 在時間 t 與 t+1 之間所有外在因素均應互相獨立，即無自變相關 (autocorrelation) 的發生；(2) 變項間的因果關係在一段時間內是十分穩定的，不可能一時 X 是因，而另一時 Y 是因；(3) 變項因果關係的穩定性不因樣本而異；(4) 所有變項關係發生的延宕時間，必須大致上是一樣的，即如 x_1 作用於 x_3 時，x_2 之作用於 x_4 也應當幾乎同時發生；(5) 測量所需的時間應當儘量地短，至少要短於因果延宕的時間；(6) 兩次測量的時間間隔應當幾乎與因果延宕的時間相同。

殘餘變項的自變相關問題　在前面的討論中，我們一直假設殘餘變項之間是毫無相關的。在直線關係的情境中，此一要求即表示對任何依變項而言，所有對它可能產生作用的輸入變項都應

註 21：D. R. Heise (1970). Causal inference from panel data. In E. F. Borgatta and G. W. Bohrnstedt (eds), *Sociological Methodology*. San Francisco: Jossey-Bass. pp. 3～27.

當納入考慮之內。事實上,這種要求是不可能達到的。無論研究者如何謹慎與富有經驗,都不可能把所有可能的輸入變項均考慮到。因此,在大多數的場合中,殘餘變項之間常常是相關的,此種相關即爲一種自變相關。當這種情形產生時,OLS 法往往低估了母數,而且產生了不足認定的情況。

測量尺度的問題 一般因徑分析只運用於具有等距或等比測量尺度的變項。不過,許多行爲研究所考慮的變項往往僅具類別或等第尺度的性質而已;因此,如何使用因徑分析來處理類別或等第變項的因果模型,是一個相當值得研究的問題。

利用擬似變項 (dummy variable) 的概念,把類別或等第變項引入迴歸分析,已是一件公認的成就。不過,這僅只允許一部分的自變項是類別的或等第的。如何在所有變項均具類別或等第 (尤其是後者) 的量度特性下使用因徑分析來處理因果模型,還是近幾年來學者們才開始研究的問題 (註 22)。

第五節　一個假想的例子

爲了增加讀者對因徑分析的瞭解,以便實際應用這種方法來分析資料,現特利用一個假想的例子及數據,來說明上述因徑分析的運作步驟。但是,爲了避免討論過於繁瑣,所舉的例子將儘

註 22:R. P. Boyle (1970). Path analysis and ordinal data. *American Journal of Sociology, 75*, 461～480; M. Lyons (1971). Techniques for using ordinal measures in regression and path analysis. In H. L. Coster (ed.), *Sociological Methodology*. San Francisco: Jossey-Bass. pp. 147～171.

量簡單。上面所討論過的各種問題，自然無法在此一一談到，盼讀者們能舉一反三。

假設一個社會學家在研究職業流動的問題，他列舉了許多可能與職業流動有關的變項，經過調查及分析，求得這些變項間的單相關係數。檢驗相關係數的結果，他憑經驗及已有的理論架構，把一些相關相當低的變項去除，尤其是與依變項 (職業流動的程度) 相關甚低者，結果只餘下五個變項。假設這些變項為：

x_1：智力

x_2：個人的期望

x_3：第一個職業的聲望度

x_4：個人所擁有的最高教育程度

x_5：職業流動的程度 (生涯流動)。

它們所具有的相關程度假設如表 27-1。首先，他根據某個理論，認為這五個變項之間的可能因果關係係呈直線相加形態，其因果模型如圖 27-1。利用西-布法，這位社會學家檢驗此一因果模型的適宜程度，他發現 $r_{51 \cdot 234} = -.09$，$r_{52 \cdot 134} = -.02$，及 $r_{41 \cdot 32} = -.0002$，而其他的複相關係數都未如此微小。顯然地，x_1 與

表 27-1　五個變項間假想的單相關係數矩陣

	x_1	x_2	x_3	x_4	x_5
x_1	1				
x_2	.07	1			
x_3	.54	.43	1		
x_4	.31	.54	.67	1	
x_5	.38	.47	.81	.81	1

x_4，x_1 與 x_5 及 x_2 與 x_5 之間不太可能有直接因果關係，因此他把因果模型做了修正如圖 27-2。

經過修正後，讓我們假設：(1) 外衍變項 x_1 及 x_2 乃固定值，(2) 殘餘變項 e_3，e_4 及 e_5 之間無自變相關，(3) 測量均屬等距尺度，及 (4) 變項具有變異量相等的特性，而且由 $r_{12}=.07$，我們得知 x_1 及 x_2 並不具多元直線性相關。做了這些假定之後，他根據圖 27-2 寫下標準形式的因徑方程式如方程式 (27-60) (27-61) 及 (27-62)。

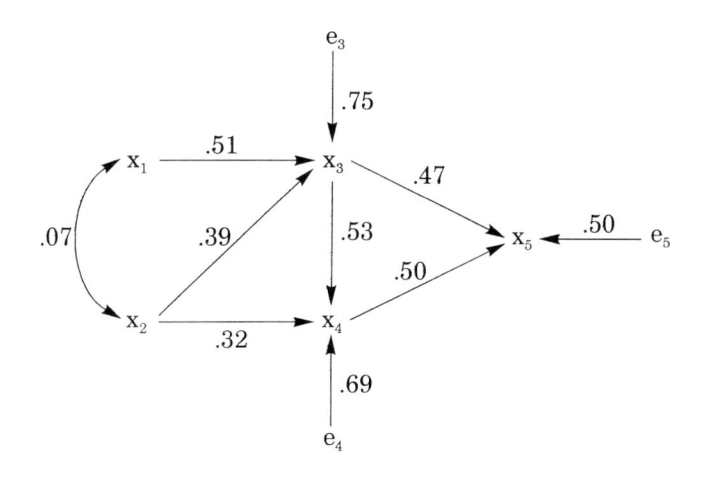

圖 27-2 修正後五個變項的假想因徑圖

$$x_3 = p_{31}x_1 + p_{32}x_2 + e_3 \qquad (27\text{-}60)$$

$$x_4 = p_{42}x_2 + p_{43}x_3 + e_4 \qquad (27\text{-}61)$$

$$x_5 = p_{53}x_3 + p_{54}x_4 + e_5 \qquad (27\text{-}62)$$

然後，他立刻檢驗此三個方程式的認定問題。方程式 (27-60) 中有一個內衍變項 (x_3)，二個外衍變項 (x_1 及 x_2)，因而此一方程式中所有的內衍變項的數目 (1 個) 恰好等於不含在此方程式中

的外衍變項 (0 個) 加 1，方程式 (27-60) 是可認定的。同理，方程式 (27-61) 及 (27-62) 亦然。再者，求解縮減形式之因徑結構方程式的聯立方程式 (見第四節之「認定問題」)，發現此三方程式之係數均恰好認定。

既然方程式 (27-60)，(27-61) 及 (27-62) 均可恰好認定，認定問題是不存在的，否則我們必須修改因果關係或添減變項，直到認定問題消失。下一個步驟即求解因徑係數 (p_{ij}) 及因徑迴歸係數 (b_{ij})。目前，我們大多使用電腦，利用 OLS 的迴歸分析方法來求解 b_{ij} 及 p_{ij}。在一般情形下，電腦會把 p_{ij} 與 b_{ij} 均印出來，倘若不是如此，而只印出 p_{ij} 或 b_{ij}，則可利用 $p_{ij}=(\sigma_j/\sigma_i)b_{ij}$ 一式中求解未知的係數。圖 27-2 中所列的數字是 p_{ij} 值，只要知道各個變項的標準差，b_{ij} 可以很容易地算出來。至於這兩種係數的含義，參看第三節中「因徑迴歸係數與因徑係數」部分。

除了使用 OLS 之迴歸分析法來求解因徑係數，D. R. Heise (註 23) 曾暗示，因徑係數亦可由相關係數的矩陣求解而得。其方法乃首先利用因徑結構方程式來分解相關係數 (見第三節之「相關係數與因徑係數的關係」及「相關係數的分解與因果作用力的分析」) 成為因徑係數的組合體，然後再求解這些聯立方程式中的因徑係數。讀者可以自己練習一下。

求得因徑係數之後，利用方程式 (27-22)，可求解到各個依變項的決定係數 (R^2)：

$$R_3^2=1-p_{3e}^2=1-(.75)^2=.44$$
$$R_4^2=1-p_{4e}^2=1-(.69)^2=.53$$
$$R_5^2=1-p_{5e}^2=1-(.50)^2=.75$$

註 23：同註 12。

從這三個數值，我們可以得知，就圖 27-2 所示的因果模型，依變項 (x_5) 的變異量被 x_3 及 x_4 解釋了約 75%，x_4 的變異量被 x_2 及 x_3 所解釋者佔 53%，而 x_3 的變異量被 x_1 及 x_2 所解釋者佔 44%。

讓我們假設樣本是 500 人，則根據 $\hat{R}^2 = R^2 - \dfrac{K}{n-K-1}(1-R^2)$，可求得 x_3，x_4 及 x_5 之矯正決定係數分別為 0.438，0.528 及 0.749。這三個數值顯示：

1. x_3 及 x_4 已可解釋相當多 x_5 的變異量，除非研究者自信能夠有效地控制了測量誤差，增加新的變項將不太可能提高對 x_5 變異量的解釋量，反而可能帶來更麻煩的認定問題。

2. 假若研究者希望有個較為適宜的因果模型，似乎應當增加對 x_3 及 x_4 之變異量的解釋度，尤其是 x_3。換句話說，勢必會增添新的自變項，如此一來，必然帶來了認定的問題。因此，研究者應當在「認定問題」與「模型精確的要求」之間做個選擇。

總之，研究者可根據自己的經驗及需要，訂定標準來檢討 R^2 值，以決定是否需要刪修模型。

根據方程式 (27-60)，(27-61) 及 (27-62)，研究者可利用第三節之「相關係數與因徑係數的關係」中所提到化解相關係數的規則，來分解諸相關係數如下：

$r_{31} = p_{31} + p_{32}r_{12}$

$r_{41} = p_{42}r_{12} + p_{43}p_{31} + p_{43}p_{32}r_{12}$

$r_{51} = p_{53}p_{31} + p_{53}p_{32}r_{12} + p_{54}p_{42}r_{12} + p_{31}p_{43}p_{54} + p_{54}p_{43}p_{32}r_{12}$

$$r_{32}=p_{32}+p_{31}r_{12}$$

$$r_{42}=p_{42}+p_{43}p_{32}+p_{43}p_{31}r_{12}$$

$$r_{52}=p_{32}p_{53}+p_{54}p_{42}+p_{53}p_{31}r_{12}+p_{54}p_{43}p_{32}+p_{54}p_{43}p_{31}r_{12}$$

$$r_{43}=p_{43}+p_{42}p_{32}+p_{42}p_{31}r_{12}$$

$$r_{53}=p_{53}+p_{54}p_{43}+p_{54}p_{42}p_{32}+p_{54}p_{42}p_{31}r_{12}$$

$$r_{54}=p_{54}+p_{53}p_{43}+p_{53}p_{42}p_{32}+p_{53}p_{42}p_{31}r_{12}$$

從這些方程式，我們可就 (1) 直接作用力，(2) 間接作用力，(3) 其間存有未分析之相關，及 (4) 虛假相關四種情形，把相關係數分解如表 27-2。

表 27-2 五個假想變項間相關係數的分解

依變項	自變項	① 直接作用	② 間接作用	③=①+② 統共作用	④ 未分析相關	⑤ 虛假相關	⑥ 相關係數
x_3	x_1	.51	—	.51	.03	—	.54
	x_2	.39	—	.39	.04	—	.43
x_4	x_1	—	.27	.27	.04	—	.31
	x_2	.32	.21	.53	.01	—	.54
	x_3	.53	—	.53	—	.14	.67
x_5	x_1	—	.37	.37	.01	—	.38
	x_2	—	.45	.45	.02	—	.47
	x_3	.47	.27	.74	—	.07	.81
	x_4	.50	—	.50	—	.31	.81

讓我們舉 r_{53} 及 r_{54} 的分解來說明表 27-2 的用途。單看相關係數，r_{53} 與 r_{54} 均為 .81，但一經分解，我們發現 r_{54} 中有 .31 是虛假相關所致，而 r_{53} 則只有 .07 如此。因此，從表面上看來，x_3 及 x_4 對 x_5 的相關程度是相等的，但實際上，x_3 作用 x_5 之可能性 (.74) 遠比 x_4 作用於 x_5 之可能性 (.50) 為大，儘管 x_3 作用於 x_5 者有 .27 是來自於間接來源，而 x_4 與 x_5 之間無任何間接變項。這個例子告訴我們，相關係數的分解能夠增加對變項因果關係的瞭解。尤其當變項數目眾多，因果關係複雜的情形下，相關係數的分解實有助於變項間關係之重要性的瞭解。

第六節　因徑分析的運作步驟

從上面的討論，我們可以得到一個簡單的結論：因徑分析是一種用來檢驗因果模型之精確性與代表性的方法。雖然它大半被用來分析非實驗的研究資料，但也已漸漸用於實驗資料的分析。由於方法本身的種種假設所限制，因徑分析的技術有著許多缺點，但是假若實際情境恰好符合種種假設的條件，或者假設還不至於與實際的情形脫節太遠，則因徑分析不失為一個具有相當分析效果的方法。現僅就前面所討論的種種性質，把使用因徑分析最起碼應當考慮的步驟簡敍於下，以供讀者們使用時參考。

1. 首先，根據一個可靠的理論架構選擇可以運作的變項，並且利用經驗刪除法及西-布 (S-B) 法來濃縮規劃可能的因果結構模型以及內衍與外衍變項。
2. 列舉有關變項及其關係所應具有的假設，並檢查諸假設

的可行性——如自變相關、測量誤差、變異量相等、多元直線性相關、直線性、測量尺度等問題。
3. 根據 2. 所列之假設與 1. 之理論架構，繪描因徑圖。
4. 根據假設與因徑圖，寫出所有的因徑結構的方程式。
5. 檢驗因徑方程式的認定問題。假若有不足認定的情形產生，則應修改因徑結構，直至所有因徑方程式均可認定。假若過度認定的情形產生，則應決定到底修改模型好些，還是任由過度認定的情形存在。
6. 確定沒有認定問題後，依據 2. 中所列的假設條件，選擇最適當的方法 (如 OLS，ILS，TSLS 等方法) 來估計母數。估計應當包含下列諸內容：
   (a) 估計因徑迴歸係數與因徑係數。
   (b) 求解殘餘值以決定因徑的可靠度。
   (c) 求解每個因徑的決定係數 (R^2)，並矯正決定係數 ($\hat{R}^2$) 的大小，據以選擇自變項，以使它們與依變項的迴歸關係具有最大的解釋變異量。
   (d) 解剖諸變項之相關係數成為不同的成分，以比較變項間因果作用力的性質及大小。
7. 建立一個權宜的法則，以決定因徑迴歸係數、因徑係數、殘餘值等估計值是否具有意義。必要時修改因果模型，重覆 1. 至 6. 的步驟，直到所建立的因果模型具有相當的可靠程度 (即符合所設立的權宜法則)。

第二十八章

撰寫研究報告

張春興

第一節　論文撰寫的基本認識

第二節　論文主體部分的寫法

第三節　論文撰寫體例

一項研究工作的成敗繫於三個基本條件：㈠ 研究題目的選擇；所選的題目是否有意義，有無研究價值。㈡ 研究方法的運用；有無適當方法可用，能否用之於選定的研究。㈢ 研究結果的表達；寫成的文字報告能否清楚的把作者的意見告訴給讀者。凡從事學術研究的工作者，都會體驗到，符合上述三個條件之一本已不易，要同時符合三個條件，則更屬困難。就此三個條件的性質而言，前兩個條件關係到研究者個人在所隸學門中學養的深度。因為學術研究與文藝創作不同，不能憑想像和情感去作文章，必須對所從事研究的學門知識具有相當基礎之後，始能從已有的理論、方法以及前人研究中找到自己研究的途徑。至於第三個條件，除個人語文能力之外，在性質上它是屬於技術和經驗方面的事，比較容易學習。不過，這個條件無異是整個研究工作的外衣，沒有它就無從顯示研究的價值。因此，如何最有效的用文字表達一項研究的歷程與結果，已成為重要的問題之一。

第一節　論文撰寫的基本認識

　　用文字的形式把一項學術性研究的歷程與結果表現出來，通常稱為論文，或稱研究報告。在科學方面學術性論文的寫法，大抵仿自歐美科學先進國家。在撰寫方法、格式、體例等方面，雖因學科性質不同而稍有差異，但在基本事項上，早已形成世界性通用趨勢。學術性的論文大約分為兩類：一類屬於高級學位論文，另一類屬於學術性期刊上發表的論文。高級學位論文係指碩士與博士論文而言；在英語國家習慣上稱碩士論文為 Thesis，稱博士論文為 Dissertation。學位論文的寫法，在體例上授予

學位的大學都有嚴格的規定,且有印就的手冊,嚴格遵守,否則論文不能提出。學位論文篇幅較長,通常不以原來全文形式在刊物上發表,全文內容多被製成縮影軟片收藏於各大學的圖書館內。發表在學術性期刊上的論文篇幅較短,形式也較學位論文簡化,但論文主體結構並無太大差別;此類論文,習慣上又簡稱Paper。前一類的學位論文,也可將篇幅濃縮在期刊上發表,如此在形式上即變為第二類論文。

國內已有不少大學設置研究所,授予高級學位,但在論文撰寫格式體例方面,迄無統一規定。因此學位論文的品質,難免良莠不齊。至於在國內期刊上發表的論文,只有少數幾種學報與研究集刊上所刊登的研究報告,是遵循國際性的通用格式撰寫的學術性論文。據筆者瞭解,目前在大專學校任教的部分教師與多數在校研究生,對如何撰寫學術性論文的指引資料甚感需要。按教育部學術審議委員會所訂大學及獨立學院教師著作審查標準,申請為講師之審查者,應具有與碩士學位論文價值相當之著作;申請為副教授之審查者,應具有與博士學位論文價值相當之著作。因此,對尚未獲得高級學位而有志學術研究者,介紹學位論文的撰寫格式,是有其必要的。

一篇正式學位論文的全貌,在內容上應包括以下三個主要部分:

一、論文前列資料

在論文主體部分之前所列的資料,稱為前列資料 (preliminary materials);在這一部分通常包括以下資料:

主題頁 一篇論文如裝訂為單行本時,除封面外,載有論文主題

的一頁稱為主題頁。在主題頁上載有：(1) 論文題目，(2) 作者姓名，(3) 授予學位學校，(4) 學位名稱，(5) 論文提出年月。這些資料合而共佔一頁，是為這篇論文的正式說明。

認可頁　認可頁是預留指導教授簽字認可的一頁，國內的學位論文一般缺少這一頁。通常的格式是在該頁中間打一橫線，橫線之下預先打好指導教授的姓名，橫線之上留做指導教授簽字之用。

銘謝詞　銘謝詞中包括作者對其指導教授、論文委員會的成員以及在研究期間幫助他的人員的感謝語。這部分文字不宜太多，一頁足矣。

論文內容目次　論文內容目次只包括到二級標題。假若論文內容是按章節寫法的，只寫章與節兩級標題。如以英文撰寫，第一級標題全用大寫字母，第二級標題除第一字之首大寫外，餘用小寫字母。

表格目次　如論文中有表格資料，將之列出成為表格目次。

圖形目次　如論文中有圖形資料，將之列出成為圖形目次。

除上述各種資料外，有的學校規定在論文前列資料中包括作者個人的資料；除姓名外尚包括出生地點及年月、學經歷、專長興趣以及已出版之著作等。

二、論文主體架構

通常所說的論文，係指論文主體部分而言。這一部分，在性質上學位論文與發表的論文並無多大差異，只是學位論文敘述較

詳篇幅較長而已。本文在此只列出論文主體的架構，至於內容如何寫法，留待下一節再詳細討論。一篇學術性的研究論文，其主體架構大致分繁簡兩種格式。繁者包括六部分，多屬於學位論文；簡者包括四部分，多屬於刊印發表的論文。繁簡兩種格式分別為：

論文主體架構（繁式）	論文主體架構（簡式）
1. 緒論	1. 緒論
2. 有關文獻評述	2. 方法與步驟
3. 方法與步驟	3. 結果與討論
4. 結果	4. 摘要與結論
5. 討論	
6. 摘要與結論	

三、論文參考資料

參考資料通常都是列在論文主體之後。這部分的資料包括兩種，一種是書目 (bibliography)，另一種是附錄 (appendix)。書目的寫法，留待以後再詳細舉例說明。附錄所列資料多係作者對其研究工具的補充說明。作者在實際進行研究時所採用的研究工具，大致分為兩大類。一類是早經其他學者使用而為一般所瞭解者；諸如業經標準化且已出版的心理測驗 (如比西量表等)，早經設計而廣為使用的儀器 (如幻燈機、照相機等) 等，只需在參考文獻中詳列出處或標明廠牌即可，無需再在附錄中補充說明。在研究時作者使用的另一類工具，可能是他獨出心裁設計的。此類工具可能是作者自編的調查表，問卷、圖形等印刷資料；也可

能是作者自行設計的儀器或改進已有儀器的裝置。此類資料均應在附錄中詳為提供；屬於文字者應寫出原文，屬於實物者應繪出圖形。如此做法的目的有二：一則可幫助讀者完全瞭解該項研究是怎麼樣進行的，另則可提供詳細資料使其他學者有可能採用同樣辦法去重複研究。

第二節　論文主體部分的寫法

前文業經指出，論文的主體架構雖有繁簡之分，但在基本性質上並無太大差別。刊印發表的論文，因受期刊篇幅的限制，通常都把學位論文中獨列一章的文獻探討部分併入緒論，把討論併入結果部分。在學位論文中該兩部分單獨分立，主要是讓研究者有機會充分表現他在研究專題方面的功力。因此學位論文多少帶有教育或訓練的意義。刊印發表的論文，多屬有經驗學者的專題研究。而且讀者對象也多限於同一學科的人士，所以論文的重點在於研究方法和發現的結果。以下所要討論的論文主體部分撰寫方法，將以簡式的架構為例。簡式寫法瞭解之後，擴大為繁式寫法時，自然不會有太大問題。

一、緒　　論

用「緒論」二字當第一個標題是一般性的寫法。有的論文不用「緒論」兩字，改用「引言」，也有的寫成更具體的一個標題，像「問題性質與研究目的」之類，當然也可以。無論這一部分的名稱如何寫法，其中包括的內容大體上都是一樣的。緒論部分包括的內容主要有以下四點：

問題的性質及其重要性　作者在緒論一開始,就必須對讀者說明他所研究的是一個什麼樣的問題,做這樣的研究有什麼意義和價值。從事專題研究時,問題的來源通常來自三方面:(1) 眾所關心而迄未解決的問題。此類問題早為社會大眾所關心,因為屬於重要問題,如能獨出心裁設計研究,將來所得結果自有價值。此類問題很多,諸如少年犯罪、都市髒亂等問題均屬之。(2) 已有理論而待驗證的問題。此類問題特具學術價值。例如對人格發展一事,就有很多不同的理論解釋;持行為論觀點者有之,持認知論觀點者有之,持精神分析論觀點有之,持文化人類學觀點者也有之。研究者如能從某一理論經演繹推論設計出驗證理論的方法,所得結果自然受人重視。(3) 平常事象中隱含的問題。有些社會現象,雖為眾所周知,但事實已為大家接受不認為是重要問題。例如目前臺灣地區男女平均壽命何以相差六歲 (男平均約 65,女平均約 71),即屬此類問題。這問題可以從人類學、社會學、心理學、生理學、病理學等各方面進行研究。作者從問題的來源說明他所研究問題的性質,自然容易使讀者瞭解問題的重要性和研究價值。

以往研究評述　這一部分的工作,有的作者稱為文獻探討。無論標題如何寫法,其內容都是作者對本問題有關的其他研究報告或論文,經閱讀後所作的綜合說明。前文曾經提到,學術性的研究不能憑空創作,必須根據已有的成就為基礎,去做點滴的增加和推進。因此,當研究者暫定研究專題之後,即須對以往學者所做的同類研究成果進行閱讀分析和批評。閱讀的範圍雖不能包括以往發表過的所有文獻,但在選擇取捨時必須:(1) 包括不同觀點和不同方法的研究,(2) 包括直到最近新發表的研究。凡有經驗

的學者都會體認到，只讀一篇論文之後，對某一問題似覺有所瞭解。但讀過同類問題的十篇論文之後，反而感到概念混淆不清。因此當作者撰寫這段文字的時候，無論採用演繹法或歸納法，必須使自己先形成一個清楚的概念；以往學者曾對此類問題如何想法，曾採用過那些研究方法，得到些什麼結果，解決了那些問題，留下來未解決的問題是什麼，都要瞭解清楚。作者最好能夠扼要的把近年來學者們對此一問題研究的演變情形寫出來，而後指出自己的研究有何獨到之處。撰寫時，篇幅不宜太長，尤忌將以往無關緊要的所有資料堆積在一起。很多研究生誤認這部分寫得愈長愈顯得論文有深度，因此有的甚至將這部分擴展寫成兩章，結果使自己的研究在論文中佔很少的篇幅，顯得頭重腳輕，極不協調。這無異是減低了自己研究的重要性。作者必須瞭解，對外行人來說，一篇論文的長短，對他都沒有什麼意義；但對內行人而言，他不重視你資料的堆積，而主要看你如何系統選擇批評資料的能力。他所重視的是你自己的研究，別人的研究只是用來配襯而已。

研究目的與假設　研究目的與假設看似兩件事，實則為一體之兩面。任何有價值的研究，都是起於待解決的重要問題。不過，重要問題未必直接與人的生活有關，也許只是在學理上重要而已。我們可以這樣說：研究目的是企圖對問題情況的瞭解，並進而設法解決問題；研究假設則是對問題可能情況與問題可能解決方法的假定性或推理性的陳述。一般廣義的看法，都是先有目的，而後在研究目的之下提出假設。但從狹義的觀點看，也可以先有假設後有目的。因為有些問題早已有了假設，只是等待驗證而已。例如對少年犯罪的成因，早就假設與生長的家庭環境有密切的關

係。像此種情形，要研究這個問題時，就可單純以驗證假設為目的。

　　研究一個問題時，必須有個清楚的目的。不過研究者能夠瞭解目的能否達到和如何達到將是更重要的事。關於這一點，研究者在閱讀分析前人研究時，要特別注意從已有資料中尋找縫隙。因為一項獨立的學術研究，原則上不能跟已發表研究重複的。此原則尤以撰寫博士論文時為然；它必須在目的與假設上顯示出跟前人不同之處，即使不能超越，至少不能重複，因為一有重複就難免帶有抄襲的嫌疑。教育部學術審議委員會所訂著作評定標準，特別強調創見或發明（此點在副教授佔 30%，在教授佔 40%），其用意亦即在此。該評定標準對「創見或發明」的解釋中，前兩條是這樣的：(1) 對於前人學說有無改進之處。(2) 是否有獨立之體系可自成一家之言。

　　假設的形成大致與前述問題的來源相似，可由已有理論推演而得，此為科學上最常用的「假若……就……(if …… then ……)」的模式。假設也可由久懸未決的問題中尋到線索。因為此類問題曾經多人研究，研究前人的假設而改進之，就可能形成新的假設。此外，從既有的事實中也可找到假設。例如前舉男子平均較女子短命六年的例子，研究者可以進一步從死亡原因的事實資料中尋找假設。假如作者發現男子死亡原因多為心臟病，女子多為慢性疾病，他不妨大膽假設構成男子壽命較短現象者是心理因素。因為生活緊張與長期焦慮早經醫學界公認是形成心臟病的原因之一。只要合乎邏輯，假設不妨大膽提出。因為有了假設，研究進行始有方向可循。當然，提出的假設未必成立。假設如經驗證後確定不能成立，從科學的觀點言，該研究也是有價值的，因為這樣至少可以使問題的範圍縮小，增加了以後解決的可

能性。

重要名詞詮釋　作者在說明研究問題的性質、意義、目的、假設之後,大體上緒論部分已相當充實。作者有時為了向讀者更清楚的交代,因而將研究中使用的重要名詞特別提出來,給予界定,說明其在本研究中確切的意義。正式的學位論文都少不了這一部分,期刊上發表的論文有時省略而合併在方法一節內附帶說明。重要名詞需要詮釋的理由有二:其一,如此可以使讀者清楚的瞭解作者說的究竟是什麼。其二,可以使得以後其他學者有可能採用同樣方法去驗證他所得的結果,以擴大其研究的外在效度。例如有人從事一項調查研究,題目是「知識分子對都市髒亂現象的意見」。如不進一步對「知識分子」與「髒亂現象」兩名詞確切給予界定,讀者與作者之間的意見可能無法溝通一致。知識分子到底指的是那些人?是指大學生還是大學教授?還是泛指一般受過高等教育的社會人士?所謂髒是指垃圾的處理呢?還是指空氣污染?是指菜場環境,還是指公共場所?所謂亂,是指交通秩序,還是指社會安全?

　　在論文中解釋重要名詞的意義,社會科學較之物理科學更有必要。在物理科學中,除了新的名詞需要解釋之外,一般名詞的含義比較肯定,不致引起讀者的誤會。例如講到溫度,只有華氏與攝氏兩種,任指一種,其他一種即可換算得知。但如講到人的能力時,如不特加說明,可能有人將之解釋為做事效率,有人解釋為學業成績,也可能有人將之解釋為領導才能,更有人解釋為智商的高低。名詞詮釋的方法,不能以辭典的解釋為已足;而是以符合本研究的特殊設計為標準。例如「知識分子」一詞,如作者的研究設計中調查的對象只限於中等學校以上的教師,他就可

以在他的論文中以此界限來詮釋「知識分子」。雖然這種解釋法未必與常識的說法完全一致，但在專題研究中此種寫法是符合要求的。

二、方法與步驟

若從前文所談研究目的與假設連續下來考慮，方法與步驟正是接在假設驗證之後的。對一篇論文的批評，最重要的是要看作者用的研究方法。研究方法設計精密獨到，即使獲得結果不如理想，該研究仍有價值。因為研究方法的本身即可供後人參考。反之，如方法陳舊簡陋，即使獲得大堆資料，仍缺學術價值。因此，一個高級研究生撰寫博士論文時，只要研究方法這一章獲得他指導教授通過，大體上就不再有太大的困難了。從事社會及行為科學研究時，研究方法這部分的撰寫，通常包括以下三方面的資料：

研究對象　從事社會及行為科學研究時，其研究對象為人。人與物的主要差別在於人的個別差異大，變化多；因而在採用「部分樣本特徵代表全體事實」的科學推論原則，用於人的研究時就較為困難。因此，作者在研究方法中必須說明研究對象是什麼樣的人，是從什麼樣的群體選取的，用什麼方法選取的，有多少人，他們的年齡、性別、經驗等又各是如何。假若研究對象是大學生，就必須還要考慮他們的科系與年級。假如對象是一般家庭主婦，就必須考慮她們的經濟狀況與教育程度。假如所從事者為實驗研究，而且是分組進行的，作者就應說明是按什麼原則分組的。詳細說明研究對象的特徵，可供讀者清楚瞭解研究的性質與研究問題的意義與價值。譬如說，要想調查研究新訂所得稅率實

施後的國民反應,而選取的對象是小學二年級兒童,其「文不對題」的後果,自然可想而知。

研究工具 研究工具所指者是在研究期間作者曾使用來蒐集資料的一切儀器、量表、測驗、問卷等工具而言。研究工具可分為兩大類。一類是定型而且已為眾所周知的工具,像計時器 (馬錶),遙控式幻燈機,斯肯納箱 (Skinner Box),比西量表等,作者只須列出名稱,同一學門的讀者自然就會知道,不須另外詳加解釋。另一類是功能新穎鮮為人知或是作者自行設計的工具;此類工具就必須詳加說明。此類工具如屬儀器,除文字說明外,宜另附圖樣說明,如因篇幅所限,可將圖形編入附錄。如係作者自編的或修訂的測驗、量表、問卷之類,在此必須詳加說明;如測驗的性質、功用、常模、信度、效度等事項,均應包括在說明之內。如係正式學位論文,除說明外,全部資料另須編列在附錄之內。

研究步驟 研究步驟或稱進行程序,是作者說明該研究是怎樣進行的,或者說他的研究資料是經過什麼程序蒐集的。假如作者採用的是觀察法,除研究對象的樣本確定之外,他必須說明觀察是怎樣進行的。因為影響觀察結果者有很多因素。譬如時間的因素(一天中那段時間,一週內那一天) 就很重要。所以使用觀察法時,就得講求時間取樣的問題。假如作者採用的是實驗法,他必須對實驗設計與實施程序作更詳細的說明。諸如怎樣處理自變項,怎樣控制外擾變項,怎樣觀察記錄依變項,怎樣提示指導語等,均須詳加說明。假如作者採用的是調查法,他必須對調查的過程詳加說明。除調查對象與問卷設計須在前兩段說明之外,諸如調查問卷的分發方式、發出份數、收回份數、廢卷數量等,均

須詳加說明。研究步驟之所以需要詳加說明的原因，無非也是為了使讀者充分瞭解而便於重複驗證。

稱得上是一項科學研究者，必須同時具備兩大特徵；一為客觀性，一為驗證性。在論文中方法與步驟部分所陳述者，主要就是強調該研究的客觀性。只有方法客觀，而後始能驗證；以後其他學者始能根據作者的客觀陳述，採用其同樣方法重複研究，獲得同樣或類似的結果。

三、結果與討論

研究結果部分，當然是一篇論文的重心所在；因為研究的目的就是要求得到一個結果。因此這一部分的寫法自然特別重要。不過，因為問題性質的不同和研究方法的各異，結果部分的寫法並沒有一定的格式。它不像方法與步驟部分那樣條理分明項目明確，所以比較困難。尤其是對結果的分析與討論工作，對理論基礎薄弱和缺乏研究經驗者而言，特別感到困難。

這部分的寫法，正如標題所指，應包括結果呈現與解釋討論兩方面的資料。屬於結果的資料，通常是作者將零亂的原始資料，按照某種標準分類、整理、統計、分析後，納入系統分明的統計表和統計圖之內，使讀者能夠很快的就對研究發現的事實，獲得概括性的認識。不過，作者必須注意，統計圖表所顯示的數字，只是本研究得到的一些表面事實。事實必須再進一步解釋，始能讓讀者瞭解事實所顯示的意義。換言之，一項有價值的研究，不僅能做到瞭解事實是什麼，更能進一步解釋事實顯示的意義是為什麼。譬如，曾有人經調查發現，生第一胎兒女時母親年齡的大小與其兒女智慧的高低有正相關的關係。亦即母親生第一

胎時年齡愈大者，其子女的智力亦愈高。這是一份事實性資料，假若只憑表面數字（相關係數）就接受認可，那麼就可下一推論，建議社會上為妻子者儘量延遲生產年齡，最好能延遲到四十歲以後再生孩子。這個推理，顯然是荒唐的；其原因就是只重視了數據資料的表面現象，沒有進一步解釋構成此種現象的原因；相反的，把結果當做了原因。

對這部分的寫法，有些作者犯了兩種缺點：一種是儘量使統計圖表增多，甚至把使用過的統計計算公式也寫出來。如此佔去大量篇幅，顯得資料豐富。但在統計圖表之後沒有文字解釋，更談不到深一層的討論了。常犯的另一種缺點是，統計圖表之後雖有文字說明，但不是解釋內容，只不過是用文字方式把表中各欄資料重複一遍而已。像男生佔百分之多少，女生佔百分之多少等等，滿紙都是這些資料，還不如看完統計表了事。

對研究結果解釋不易，討論更是困難。筆者建議，對研究結果進行討論時，最好根據兩個原則：其一是本論文的目的與假設；其二是與前人研究結果的比較。就第一個原則而言，可能有三種現象。第一種現象是所得結果完全支持原提假設；第二種現象是所得結果完全不符合原提假設；第三種現象是所得結果中只有部分事實支持原提假設。無論屬於那種情形，作者均須用文字說明。如此不但增加論文的深度，而且全篇論文前後呼應，成為完整的一體。

至於討論結果時所採用的第二個原則，作者必須再回顧到緒論部分，拿前人研究結果與本研究所得者比較，並由相異相同進而討論方法上的各類問題。除此之外，作者也可拿已有的理論對自己研究結果做深層的探討與解釋。

四、摘要與結論

　　摘要與結論是論文主體的最後部分，所佔篇幅雖少，但對論文整體而言，它相當於畫龍之後的點睛，所以特別重要。通常讀者在閱讀一篇論文之前，多是先看摘要與結論。如果這部分的資料符合讀者的需要，他才繼續閱讀全文，否則他將放棄這篇論文。甚至很多讀者在蒐集資料時根本不讀全文，在他的卡片或筆記簿上只記資料出處與摘要與結論。因此，一篇論文中最引人注意的部分就是首尾兩端，首端是題目，尾端是摘要。基於此一閱讀心理，近年來很多學術性的期刊，都把摘要與結論部分再經濃縮，用小號字體提前排印在題目之下，緒論之前。有的期刊更為方便讀者著想，進一步把期刊的名稱、出版機構、發行日期等資料，用小號字體排印在題目之上。如此安排之後，一篇論文的重要資料 (題目、作者、出處、內容摘要) 都在第一頁上出現；增加了讀者極大的方便。由此看來，作者撰寫摘要與結論時，要特別注意。

　　撰寫時，自然是先寫摘要後寫結論。摘要部分包括研究目的、使用的方法、發現的結果等。文字務求扼要簡潔，要點不能遺漏，但避免與本文過多重複。所述各節必須前後一致，避免自相矛盾，尤忌無中生有或誇大其詞去描繪自己研究的重要。至於結論部分的撰寫，應以發現的結果與本研究的目的與假設兩相對照為原則。在此宜將原先的假設重述一遍，而後根據結果與假設的關係 (結果是否支持假設) 作一肯定的說明。這等於是給研究之前的假設有個交代。所以，無論實際得到的結果如何，在結論裏必須都拿來與假設對照說明。

在摘要與結論部分，還可能有兩種資料值得附帶寫出；一種是意外的發現，一種是進一步研究的建議。有時候獲得的結果超過原先假設之外，且顯示重要意義。這等於從老問題中發現了新問題，值得進一步研究。也等於是作者研究過程中的副產品，值得一提。另一種情形是，經過實際研究之後，作者發現採用方法有欠妥之處；或許因此所得結果未能支持原提假設。等到結果出現，或因時間不許可，或因人力物力的限制，不能重複研究。作者自己在此坦白指出，一方面可以表示學術研究的忠誠客觀態度，避免經別人指出而遭批評，另方面等於對以後學者指引了研究的方向。本來，學術研究工作都是點滴累積和逐漸改進的；在文化延續的串系中，每一位有貢獻的人，也都只是承先啟後的研究者。坦承自己過去研究的缺點，指出前進研究的方向，也等於是盡了知識分子的責任。

第三節　論文撰寫體例

前述論文主體部分所討論者，主要限於在一篇論文內容方面應包括些什麼，應寫些什麼。接下去要討論的撰寫體例部分，是指一篇論文在技巧上應如何寫法。撰寫正式的學術論文，在習慣上有些通用的準則或慣例。這些東西，對有研究經驗而又勤於撰寫論文的學者言，可謂微不足道的雕蟲小技。但對開始學作研究論文者而言，都總覺相當困難；尤其剛開始撰寫學位論文的研究生，都會有此種經驗。論文撰寫體例在國內一向不太重視，甚至有些頗有名氣的學者，所寫的論文不但不合體例，甚至錯誤百出；連起碼的規矩都不能遵守。西方國家對學術性論文體例的要

求甚為嚴格，各種學術刊物對登載的論文也都有嚴格的規定。不過，所謂論文撰寫體例，國際上並沒有完全統一的體制，而且體例的不同又因學科性質的不同而異。在此要討論這個問題，只能取其最為通用而適於社會科學者簡要介紹。嚴格講起來，論文撰寫體例的講求甚為繁瑣，細微末節無所不包。本文因篇幅所限，以下只擬討論撰寫論文時行文方面與註釋引證兩事項的一般性原則。單獨記憶一些繁瑣的體例，沒有什麼意義，最好的辦法還是多閱讀有關學門著名期刊上發表的論文。本文所舉實例未必與讀者所見的論文寫法完全符合，但可做為原則性的參考；所謂運用之妙，端在存乎一心。不過，論文作者必須注意，無論採用那種體例，兩個原則必須遵守：其一，必須符合體例的功能；其二，必須貫串全文系統一致。

一、行文要則

撰寫科學性的論文，在文字方面不像文學那樣強調詞藻的雕飾，而是重在通順與簡潔；文學是意境的表達，文字力求美化，科學是事實的陳述，文字力求真確。準此基本原則，在撰寫論文用字遣詞之際，作者宜注意以下五個原則：

1. 對事實的陳述，要力求客觀，避免在文字中使用主觀且帶有感情成分的話。
2. 只求把事實告訴讀者，不要企圖去說服讀者。
3. 避免用第一人稱，不宜使用「我發現⋯」或「我們認為⋯」之類的寫法；宜使用第三人稱的「作者發現⋯」或「實驗者⋯」等寫法。
4. 引證其他學者資料時，避免寫恭維的話；諸如某博士、

某專家、某權威等恭維的稱謂，是不需要的。習慣上外國學者只寫姓不寫名，本國學者的姓名全部寫出；詳細寫法俟下節談註釋寫法時再行討論。

5. 除特殊又重要的專門術語與外國學者姓氏在第一次出現時附原文 (在括號內) 之外，儘量減少外國文字。像一些眾所周知的名詞也附帶註上英文，例如習慣 (habit)、興趣 (interest)、智力 (intelligence)、成績 (achievement) 等寫法，非但不足顯示作者學問的淵博，反而顯得幼稚淺薄。因為像此類連小學四年級兒童都會人盡皆知的名詞，再註上英文，除浪費篇幅外毫無意義。

此外，在一篇論稿寫完尚未發表之前，最好請兩種人先閱讀一遍；一種是對本學科有專長的人，請他看內容；另一種是對語文有專長的人，請他看文字。作者聽取他們的意見並加改進之後，這篇論文至少在文字上不致再有什麼問題。

二、註釋引證

撰寫學術性論文時雖然考究註釋與引證，但在體例上並沒有畫一的標準格式；這現象尤以中文撰寫的論文為然。註釋與引證兩者的界限不易劃分。從狹義的觀點言，註釋與引證是兩件事，但從廣義的觀點言，兩者可合而為一，引證的範圍大，可以包括了註釋。嚴格講起來，註釋與引證的寫法極為繁瑣，本文不擬從理論上去探討究竟有多少格式，而是從實際上舉例說明一般性的用法，藉以達成撰寫合格論文的目的。

註釋與引證主要包括對兩種資料的處理，一種稱為註釋或註解，另一種稱為書目。註釋又因寫法不同分為註腳 (footnote) 與

附註 (note 或 endnote) 兩種；書目 (bibliography) 或稱參考書目，也稱參考文獻 (reference)。事實上書目也是一種註釋的補充資料，必須先在正文 (或註釋) 內列註而後才在文末補足書目。接下去先討論註釋，後討論書目。

註釋的功用　　註釋的主要功用有以下三點：

1. 指出論文中引述資料的正確來源，俾供讀者參證。
2. 藉此顯示作者治學的嚴格態度，所論有根有據，信而有徵。
3. 藉此表現作者的學術忠誠並維護學術尊嚴，不掠他人之美，避免剽竊之嫌。

註釋的種類　　註釋可按性質不同，分為以下三大類：

1. **引證式**：論文中引用前人資料必須加註出處時應用。這是最常用的一類。引證又分直接引語與間接引意兩種。除兩者均需加註出處外 (用符號或數字)，若為直接引語，更需加用引號，引號內節錄原文。
2. **解釋式**：為補充正文意見但又保持正文簡潔時應用。解釋式的註釋又因使用目的而分為五種：(a) 釋義：遇生僻術語需加解釋但又顧到不能影響正文文義的連貫時使用之。(b) 補充：與正文有關有助讀者瞭解但非絕對必要的資料，如法律條文、計算公式、統計數字等。(c) 批評：作者對正文中某點 (某種理論或方法) 有進一步的意見但與正文所論無直接關係時用之。(d) 推介：某一問題的討論，除正文外對讀者指引另外的研究途徑或推薦其他參考資料時用之。(e) 銘謝：對協助作者蒐集資料或指導作

者改進研究方法等人士表示感謝時用之。

3. **參閱式**：為顧到前後文內容的呼應又避免文字過多重複時使用。此類使用時多用括號插在文內，例如：(見上文第 12 頁)、(詳見下文第 25 頁)、(詳見表三) 等。

註釋的位置　註釋可按放置的位置不同而有以下兩種：

1. **文內註釋**：從前的古書多用文內註釋，正文排大字，註釋用小字排在所闡釋的資料之後。此種方式影響閱讀知覺，而且排印困難，故時下已不復用。現在的文內註釋多採用括號的方式，使用時主要有三個目的：第一個目的是指引讀者參閱本論文其他部分，亦即前述之參閱式註釋；寫法如 (見上文第 15 頁)。第二個目的是註明資料來源省略再加註腳或附註的麻煩。此種方式，在發表的學術論文中用的最多。全篇論文可以不加註腳或附註，只在正文內隨引用資料之後加括號註釋並在文末列出詳細書目即可。應用時，若引用者為本國學者的資料，可寫為 (梁啓超，民 22)，意思是指此處所引資料係出自梁啓超氏在民國二十二年出版的某一著作。在本文中採此簡略寫法，只是提供線索，據此線索讀者可在文末書目中找到梁啓超氏著作的全部資料 (書名、出版年代、出版書局等)。因此，此種文內註釋必須前後呼應。若引用者為外國學者的資料，其寫法則按是否將原作者姓氏譯為中文而定。如譯為中文 (只譯姓不譯名)，自然在正文中提到，寫法為：根據心理學家威克曼 (Wickman, 1975)⋯。如原作者姓氏不譯為中文，寫法為：根據最近心理學家的研究 (Wickman, 1975)⋯。像第二種不

翻譯原作者姓名的方式，有時括號內引用數種資料，其寫法為：近年來心理學家們的研究 (Griffiths, 1966; Sand, 1970; Green, 1974)…。在學術性的論文中，有時為了避免翻譯外國人名的困難，有的直接在正文中使用原作者姓氏，其寫法為：Wickman (1975) 的研究發現…。假如某作者在同一年出版兩種以上資料而且均被採用時，可在年代之後加一英文字母表示之。當然在此情形下文末的書目也需附加英文字母在相應的資料之後。有時作者為了使引證的資料更詳細，在年代後再加一數字之表示頁碼，寫法為：(Fuller, 1971；12～16)…。不過此種寫法多限於引用專書時使用。

　　文內註釋的第三個目的是附帶對正文某一點做補充解釋，而節省另外加列註腳或附註的麻煩。換言之，亦即前文所指的解釋式註釋。此種註釋方式雖然方便，但須注意不能使用太多的文字。否則，括號內加註文字太多，難免影響正文的流暢。

2. **文後註釋**：文後註釋又因註釋放置位置的不同而分註腳與附註兩種。正文如係橫行排印，註腳即可列在當頁之下端。正文如係直行排印，註腳即可列在當頁之左邊。附註的位置多在全文之後。如係分章撰寫的長文，附註就列在每章之後；全文之後就只列書目，不列附註。有些較短的論文，文末只列附註，不再另列書目；以附註代替了書目。

　　文後註釋的最大優點是保持正文簡潔，避免在正文中出現很多夾註的括號或外國文字，使正文讀來文意流暢，容易使讀者獲得清楚的概念。讀者如有需要，可按

正文中加註之數字或符號查閱註腳或附註。時下很多研究生將附註濫用，在正文中一方面採用文內註釋的辦法，又重複加雜很多引註數碼，因而在每章之後總得列出一大篇附註資料。觀其內容絕少屬於對正文補充解釋或批評推介之類的附註；多係文末書目的重複出現。此種寫法，在出版的刊物上是一種浪費，因為它並未比文末書目顯示出更多的價值。因此，如採用文後註釋，文內註釋就儘量少用，而且在可能範圍內以使用註腳方式較為適宜。因為註腳與附註的寫法，在形式上是一樣的。所以接下去進一步只說明註腳的寫法。

註腳的寫法　前文業已指出，註腳是文後註釋的一種，而且在性質上它屬於解釋式和引證式的註釋。解釋式的註腳在釋義、補充、批評、推介、銘謝等各方面，都沒有一定的寫法，讀者最好能直接參考著名期刊學報上發表的論文。以下僅就引證式註腳的寫法舉例說明，其他各種只涉及原則，不再舉例。

1. **註腳引證的符號**：註腳列在頁下，所以它必須與文內標明之符號相對應。一般在文內註明時多用數字或符號表示。中文加註時常用 (註一)、(註二) 或 (註 1)、(註 2) 甚或更簡單的 ①、② 等式樣。也有的倣照英文的加註方法，用小號阿拉伯數字升高半格註於文內引述語之後。據筆者經驗，採用小一號字體的 (註 1)、(註 2) 的方式比較適宜。因為正文中有時分條列點討論，如採用 ①、② 的寫法，可能與正文中第一點、第二點的意義混淆。至於註號的編排，可以每頁一算，可以每章一算；如全文不長，也可按全文計算，即全文如共有十五

個註釋，數碼可從 (註 1)…(註 15)。

用符號標註，多在特殊情形下使用。最常用的符號有星號 (如 *) 及劍號 (如 †)，此等符號多用在對表列資料的解釋。例如統計表中兩組分數的差異度與相關度，多採用星號來表示。不過在這種情形下，註腳不列在頁下或旁邊，而是列在表格之下。

用英文撰寫的論文，文內標註都用小號阿拉伯數字，升高半格註在引述語之後標點符號的右上方 (德文則在標點之前的左上方)。至於其他符號的用法，大致與中文寫的論文相同。

2. **註腳引證寫法實例**：前曾提及，中文資料註腳引證的寫法，並沒有通用的標準格式。茲依註腳引證的功能與應涵蓋的內容要項，筆者建議採用以下之格式：

註 1：黃應貴：光復後高山族的經濟變遷。中央研究院民族學研究集刊，民 64，40 期，25 頁。
註 2：同前註。(連續引用前註同一頁上的資料，不列頁碼)
註 3：同前註，88 頁。(連續引用前註資料，但頁碼不同須列出)
註 4：林英彥：臺灣先住民之經濟結構。臺灣銀行季刊，民 60，22 期，205 頁。
註 5：同註 1，90 頁。(引用資料名稱與註 1 同，但頁碼不同)
註 6：同註 4。(引用資料名稱與註 4 同，頁碼也相同)

上述格式中有幾點注意事項，應說明於後：(a) 一頁上所有的註釋均排在同頁下端，用兩英寸之橫線隔開。(b) 註腳用小號字體。(c) 凡引用之新資料均須寫出全部項目 (如註 1 與註 4)。(d) 連續引用同一資料時使用「同前註」字樣；如頁碼不同則必須標出。(e) 隔其他註釋之後再重複引用以前資料時，使用

「同註⋯」字樣；如頁碼不同則必須標出。

接下去再看英文資料註腳的傳統寫法。

---

[1] Fred N. Kerlinger, *Foundations of behavioral research*. New York: Holt, Rinehart & Winston, 1964, p.218.

[2] Ibid. 同前註，頁碼相同不重列，也不重列著者姓氏)

[3] Ibid., p.223. (同前註，但頁碼不同，不重列著者姓氏)

[4] Kate L. Turabian, *A manual for writers of term papers, theses, and dissertation*. (3rd ed.) Chicago: The University of Chicago Press, 1969. p. 329.

[5] Kerlinger, *loc. cit.* (同註 1，頁碼相同不重列，但須重列著者姓氏)

[6] Robert A. Jackson, Prediction of the academic success of college freshment. *Journal of Educational Psychology*, **46** (1955), 296〜304.

[7] Kerlinger. *op. cit.*, p.240. (同註 1，但頁碼不同須列出，也須重列著者姓氏)

上述英文註腳格式中有幾點需要說明：(a) 註腳號碼用小號字體提高半格，接著名字 (或其他字) 排印，不留空格。(b) 凡第一次引用的資料，必須寫出全部項目 (如 1，4，6 各註)。(c) 其中 ibid. 係拉丁文 ibidem 的縮寫，意思是「在同處」，在連續引證同一資料時用之。其中 loc. cit. 係拉丁文 loco citato 二字之縮寫，意思是「曾引用的同頁上的資料」，必須重複著者姓氏。其中 op. cit. 係拉丁文 opere citato 兩字的縮寫，意思是「曾引用過的資料」，只是頁碼不同，也需重複著者姓氏。(d) 在註腳中寫著者全名時次序是名在前姓在後，這一點與書目的寫法不同。

以上所舉英文註腳的寫法，原只適用於英文撰寫的論文，但現在國內有些學者使用中文撰寫論文時，也採用這種寫法。尤其在中英文資料並列時，註腳的寫法不能保持一致，難免顯得紊亂。筆者認為，從事學術研究者，像英文註腳中 ibid., op.cit., loc. cit. 等拉丁字縮寫的慣例，不能不懂；因為這也是參考資料的主要線索之一。如論文用英文撰寫時，自然要採用這些慣例。只是用中文撰寫論文而又兼採中英文參考資料時，就不宜中外體例混雜，時而採用「同前註」，時而採用 "ibid."，使一些缺乏專門訓練但能讀通論文內容的讀者，感到莫知所以。甚至有些名不副實的學者，一知半解的將體例亂用，以致錯誤百出，完全失去註腳引註的功能。茲舉一中外體例亂用甚至誤用的實例如下：

註 1　Torrance. E. P. Adventures in Creativity, Childhood Educ. 1963, 40, 79～87
註 2　Torrance, E. Paul, Gifted Children in The Classroom, 1967, 3rd ed. 19～20
註 3　Ibid., 20
註 4　Ibid., 20～21
註 5　Eidenman, R. Recognizing Creative Students, Educ. Forum, 1965. 29～3, 361～66
註 6　Taylor, C. W. Creativity: Process and Potential, McGraw-Hill, N. Y., 1964, 68
註 7　Ibid., 81～64
註 8　Ibid, 111
註 9　參見賈馥茗：心理與創造的發展，第一章。
註 10　Taylor. C. W. 1964, 117～22
註 11　Buel, W. Q. Biographical data and The Identification Of Creative Research, Personnel, J. Aphl. Psychol. 1965. 49～5, 312～21
註 12　Tesser, A. et al. Toward Better Prediction: A Subgrouping Approach, Proceedings of the 75th Annual Convention of Amer. Peychol. Assn. 1967, 2. 261～62
註 13　Taylor C. W. 1964, 155～67
註 14　Torrance, E. P. Guiding Creative Talent, Prentice-Hall, N.J.,

　　　　1962, 44〜64
註 15　Ibid., 84〜103
註 16　Op. Cit. 74〜89
註 17　Op. Cit. 125〜41
註 18　Op. Cit. 29
註 19　Torrance, E. P. Rewarding Creative Behavior, 1965, 251〜52
註 20　Same as 9
註 21　Op. Cit. 252
註 22　Op. Cit. 22

　　　如嚴格遵守慣例，上例二十二個註釋之中，有十七條是與體例不合的 (只有註 3、4、7、8、15 等符合)，而且其中竟有六個註釋 (註 16、17、18、20、21、22) 的寫法完全錯誤；因為像這種寫法 (如註 16　Op. Cit. 74〜89) 引證資料不足，無法做為查證線索之用，因而完全喪失註釋的功用。其他各註之所以不合體例，讀者可由本文前述實例及說明比較發現之。

　　　在中英文資料混合參證情形下，筆者建議，在第一次出現時均按原文資料全部寫出，但在以後重複出現時則一律使用「同前註」或「同註 1，25 頁」的寫法。因為這樣寫法不但易讀易懂，而且也可達到註腳引證的目的。茲舉例說明於後：

註 1：房志榮、沈宣仁：學術工作與論文。臺北市，現代學苑月刊社，民 61，23 頁。
註 2：同前註。
註 3：Fred N. Kerlinger, *Foundations of behavioral research*. New York: Holt, Rinehart & Winston, 1964, p. 210.
註 4：同註 1，26 頁。
註 5：同註 3，218 頁。

書目的寫法 「書目」二字是「參考文獻」或「參考資料」的簡稱,其中包括的資料不僅限於專書;舉凡書籍、文集(或文叢)、期刊中的論文等均包括在書目之內。因此,書目各種資料應包括的項目隨資料性質而異。茲將各類資料應包括的項目列於表 28-1。

表 28-1 書目中各類資料應包括的項目

資料類別	應 包 括 的 項 目						合計
書 籍	作者	書名	出版地點	出版者	出版年份	(頁數)	5(6)
期刊論文	作者	篇名	期刊名	出版年份	卷期數	頁碼	6
文集論文	作者	篇名	編者	文集	出版地點	出版者 出版年份 頁碼	8

根據表 28-1 分析,凡論文中參考引證過的書籍,必須在書目中列足五(或六)個項目。書籍類的第六個項目是頁數,指全書共有多少頁而言;現在一般省去不寫,只在註釋中寫出頁碼。期刊上與文集中的論文,則必須將所佔篇幅頁碼寫出。茲分別列舉中英文書目寫法實例如下。除注意書中包括的項目外,讀者應注意標點符號的用法。

　　書目通常都是附在論文之後,是一篇論文所有參考資料的一份清單,所以必須包括文內註釋及文後註釋中曾經徵引過的一切資料文獻。用中文寫的論文,多半參考中英文兩種資料。排列時宜於中文資料在前,英文資料在後;前者按姓氏筆畫數排列順序,後者則按姓氏的英文字母。茲按書籍、期刊論文、文集論文等不同性質參考資料的寫法,舉例說明於後:

1. **書籍的作者只有一人時：**

   艾偉：漢字問題。臺北市，中華書局，民 44。

   Lennenberg, E. *Biological foundations of language.* New York: John Wiley & Sons, 1970.

2. **書籍的作者為兩人時：**

   簡茂發、黃國彥：心理與教育測驗。臺北市，東華書局，民 67。

   Frost, J. and Hawkes, G. *The disadvantaged child.* Boston: Houghton Mifflin Co., 1966.

3. **書籍的作者為三人以上時：**

   楊國樞等（編著）：社會及行為科學研究法。臺北市，東華書局，民 67。

   Selltiz, C. et al. *Research methods in social relations.* New York: Holt, Rinehart & Winston, 1959.

4. **期刊論文：**

   文崇一：中國傳統價值的穩定與變遷。中央研究院民族學研究所集刊，民 61，33 期，287～301 頁。

   Milgram, S. Group pressure and action against a person. *Journal of Abnormal and Social Psychology*, 1964, **69**, 137～143.

5. **文集中的論文：**

   鄭世興：我國近代鄉村教育思想的派別。見方柄林、賈馥茗編：教育論叢。臺北市，文景出版社，民 61，111～148 頁。

   Gage, N. L. Theories of teaching. In E. R. Hilgard (ed.), *Theories of learning and instruction. Sixty-third Year-*

book, Part 1. National Society for the Study of Education, Chicago: University of Chicago Press, 1964, pp. 268～285.

6. **未出版的學位論文：**

黃榮村：條件式概念辨認中序列性與同時性辨認法的比較研究。國立臺灣大學，博士論文 (未出版)，民 65。

Best, J. W. *An analysis of certain selected factors underlying the choice of teaching as a profession.* Unpublished doctoral dissertation, University of Wisconsin, Madison, 1948.

　　讀者在閱讀有關論文時，可能發現很多論文的體例與本文所介紹者未必完全相同。譬如，就中文書目的寫法言，有的在作者姓名之後用逗點，有的只是空一字；有的將書名加上引號或書名號。英文書目的寫法也不一致，有的寫出作者全名，有的把出版年分加括號寫在作者姓名之後，有的書名加引號，有的不加引號但每一重要字的開頭都用大寫字母。本文所建議者是較為簡化而為國內學者常用的體例。筆者前曾提到，論文體例本無統一的標準，使用時最重要的是遵守兩個原則：其一必須包括應有的項目，其二是體例既定必須保持全文一致。

附錄一

如何撰寫研究計畫[*]

鄭伯壎 編譯

撰寫研究計畫，可說是一種高度的藝術。幾乎每個基金會或有關機構在撥出研究經費以前，都會要求提出有關研究計畫的說明。這種研究計畫，通常有一定的格式，但也並非是一成不變的。本文的目的即在討論各種研究計畫所須包括的內容：將列出最主要的項目，並一一指出各項目應該包括的材料，再加以註解。當然，並非所有機構研究計畫的書寫方式，均與本文所談者相同。此外，你在準備研究計畫時，必須把該機構的性質，以及機構人員的特點等，銘記在心。但無庸置疑地，本文的建議則可視為一種一般性的指引。在底下，我將把有關的撰寫原則，一一記述，並附上註解，做詳盡的說明。

---

[*] 本附錄是根據美國俄亥俄州立大學 Egon G. Cuba 教授所著："Guides for the Writing of Proposals"一文編譯而成。

一、問題的陳述

1. 以容易瞭解的詞句陳述問題。當然，對象是針對那些喜歡發問的內行人而言。
2. 界定與限制主要的研究範圍。
3. 預示所要檢定的假設，或將產生的問題。
4. 簡潔地指出研究的重要性 (在後面將做更詳盡的說明)。
5. 字裏行間必定要有這種語句，如「本研究的目的是⋯」。在撰寫研究計畫時，你必須站在旁觀者的立場來看。這一點是很重要的，因為研究計畫的撰寫是要給許多人閱讀的，這些人讀了以後，也許會覺得疲倦或頭昏腦脹。

尤其重要的是，閱讀計畫者很可能不是同行的專家，儘管他學有專精。因此，你所使用的語詞必須簡單而清晰，以便一開始就深深地引起讀者的注意，而且透過精鍊扼要的文字，使他瞭解整套的計畫。反過來說，假使你在開宗明義的第一段中，就無法與讀者溝通，則「印象不佳」可能就是他最後的評語。

至於在「問題的陳述」中，對於主要的研究範圍加以界定，也是一件重要的事。當然，一椿簡單的計畫不可能涵蓋所有的論題，因此研究者大可不必因為捨棄某些論題，而感到不好意思。而在說明其他例外時，也不用勉強把所有計畫中沒有包括者一一附上。譬如，假使你的研究是與精神官能症有關，則「二歲以下的人不包括在內」的論調就不用寫上去了。反過來說，假使是有關學校的適應問題，則通常的對象應該是包括男女生；假使要省掉女生，則必須註明清楚。

而且，在本段中，你也可以運用莎士比亞式的「預示」策略，以先贏得好感。也就是說，你必須把整個研究的輪廓勾畫出來，指出你將要探討的問題及假設。同時，你必須暗示本研究的潛在價值或重要性。雖然有關研究重要性的陳述，會在研究計畫的末尾提出，但是在最重要的第一段，給予評閱者一些概括性的概念，以捕捉他的注意力，是非常重要的。

　　最後，在這一段中，必須要有「本研究的目的是…」這種形式的句子。一般而言，許多研究計畫的撰寫者，往往沒有讓讀者瞭解研究的大意，這是因為撰寫者太注重細節，因此無法用一兩句精鍊的句子，來涵蓋研究大意。有時，這種陳述目的的語句，或許會在研究計畫的末尾出現，或隱藏在其他段落的字裏行間，但讀者卻無法發現。所以，在第一段中，利用清晰簡短的文句，將研究目的點出，是不可忽略的。

二、有關文獻的整理與評論

1. 向讀者表明你對有關領域頗有造詣，而且瞭解最近的研究在實質上及方法上的進展。
2. 指出你的研究有所突破的地方：你的研究如何改善、修訂及擴展以前的知識？
3. 儘量避免做如此的陳述：該研究領域的文獻太少或太廣泛，以致無法評論。

　　幾乎每個研究計畫都要有「文獻的評論」，但對大多數研究者而言，往往把此置於末尾。顯然地，這是因為個人認為這種評論是無足輕重的瑣事，而且視為當然。譬如，「每個內行人都應該瞭解這些文獻」；或「沒有什麼好寫的」；或「文獻太博雜

了，即使列上四、五篇參考資料，也是無濟於事的」。當然，在某些情形下，這種理由是很正當的，但至少文獻評論具有明顯而有用的功能；一為幫助讀者閱讀計畫，一為幫助計畫提出者自己去思索問題。

- 第一，一段適當的文獻評論，可以證明你已經把握住該領域的重心，而且瞭解最近實質上及方法上的發展。由此，讀者可以瞭解：你個人究竟是站在什麼角度來看問題？以新近三十年的角度呢？或是最早期的四十年？還是最近一年的角度？此外，你也可以報告某些尚未成為文獻，或已經發表在文獻上，但卻尚未放入「教育索引」(Education Index)、「心理學摘要」(Psychological Abstracts) 或其他類似書籍中的文章。

- 第二，文獻的評論可以指出你在研究上的突破。無庸置疑地，沒有一個人想做空洞的研究。因此，你往往要參考別人的主意、靈感及設計等。所以當你要著手做研究時，假使能對前人的研究做一番瞭解，則將大有裨益。同樣地，對一個讀者而言，文獻評論也正如對研究者一樣的重要。

- 最後，儘量避免含有此種意思的陳述：該研究領域的文獻太少，或太多，以致無法做摘要。這種陳述往往顯示計畫的提出者，對文獻還不夠熟悉。我確信你們一定有過這種經驗，即一個研究生在做某研究時，往往會說，在文獻方面沒有什麼好列的。此時，你個人對他會有什麼感想呢？所以，假使你在這方面忽略了，則你可以想像得到，讀者的態度就正如你對該研究生的態度一樣。

三、問題與假設

1. 所謂問題是指與描述性或普查性的研究有關者,而假設則與理論性的研究有關。經由假設的陳述,讀者對理論的探討,才能夠有一個指針。並瞭解理論的基層假說。

2. 假設的陳述,可分為四類:
   (1) 文義性的虛無假設 (literary null hypothesis):採理論性變項上「沒有差異」的形式者。
   (2) 操作性的虛無假設 (operational null hypothesis):採操作性變項上「沒有差異」的形式者,須檢定假設。
   (3) 文義性的對立假設 (literary alternative hypothesis):如文義性虛無假設遭受拒斥時,所應接受的假設。亦係以有關理論性變項的字眼加以描述。
   (4) 操作性的對立假設 (operational alternative hypothesis):如操作性虛無假設遭受拒斥時,所應接受的假設。亦係以操作性的字眼加以描述。

3. 一般說來,你必須先有準備,以解釋各種問題或假設的可能結果。亦即,假使你個人胸有成竹,對整個研究結果或資料先加簡化 (如以圖表或其他摘要表示),則對你個人將有莫大的幫助。

實際上,所有研究的目的都是為了檢定假設,或是解答問題。當研究的目的是為了檢定理論的內涵時,則應該做假設的陳述。在理論架構裡,假設應該是由理論的基層假說,經過邏輯的推演過程而來的。因此,一旦做假設陳述時,讀者有權知道:究竟原來的理論架構為何?假設所根據的邏輯性假說為何?

雖然如此，但目前也有的研究者，往往不做理論的陳述，尤其在教育研究方面。此時，只要提出問題即可，而不必設立假設。可是，假使我們對某一領域只做簡單的探討，則此種研究的目的，亦只能限於對該領域的描述而已。

現在讓我們看看敘述假設的問題。敘述假設的方法至少有四種。這四種方法，其實是混合「虛無」或「對立」的形式，以及「文義性」或「操作性」的形式而來的。現在，就讓我們來談談這些方法。

所謂虛無假設，是指假設的陳述方式是以「無差異」的形式表示者。通常統計學家習慣採用此種陳述方式，因為這種陳述方式符合統計學上的數理邏輯的過程。準此，統計學可說是一種比較實際現象和機率模型間之關係的科學。亦即，假使我們所研究的現象，純粹是由機遇所造成的，則所得的現象資料與機率模型間的差距為零。故從統計學的觀點來看，虛無假設是一種合乎邏輯的假設陳述方法。

相反地，對立假設是指：統計上的虛無假設不被支持時，研究者所將接受的假設。亦即，對立假設所描述者，乃是研究者所預期的結果，當然不會是來自機遇的因素。

然而，不管假設的陳述方式為「虛無的」或「對立的」，研究計畫所採用的語文形式至少為下列兩種之一：「文義的」或「操作的」。如果為「文義的」語文形式，則假設的陳述必得包含某種理論性的概念。

綜合這四種方式，我們可以界定四種類型的假設，即文義的虛無假設、文義的對立假設、操作的虛無假設、及操作的對立假設。現在，讓我們舉例來說明一下這四種假設。假定我們所研究的課題是「學業成就與智力間的關係」。

首先，如果我們採用「文義的虛無假設」來說明這兩個變項，我們會假設「高智力和低智力的學生在學業成就上沒有差異」；而在「操作的虛無假設」上，我們會假設在「比西智力量表(Binet-Simon Intelligence Scale) 上得分最高之四分之一的學生與得分最低之四分之一的學生，在平均學業成績上沒有差異」。這隱含著：從比西量表得分的分配上，取出最高四分之一與最低四分之一的學生，並求出兩組人在學業成就的平均分數，然後利用統計檢定方法加以比較，看看是否有顯著性的差異。

　　至於採用文義的對立假設時，我們將假設「高智力的學生在班上的學業成就高於低智力的學生」(在較簡單的研究計畫中，我們會時常發現這種陳述的方式)。最後，也許我們會採用操作的對立假設的形式來陳述假設。此時，我們會假設「比西智力量表上得分最高之四分之一的學生，在學業成就上的平均分數，顯著地高於最低四分之一的學生」。

　　雖然寥寥數語，但我們希望各位對四種形式的差別，能夠瞭解清楚。假使你個人已經有成竹在胸的主意，而準備以假設的方式書寫出來，以上的說明或可供作指針或參考。其實，也惟有如此，你才更能把握住自己所要說明的內容；否則，如果你僅知道一種假設陳述的方式時，那便毫無選擇的餘地了。

　　上面曾經說過，文義的對立假設往往用在簡單的研究計畫中。至於統計學者及方法學者，則較喜採用操作的虛無假設。其他兩種形式的用途，則介於兩者之間。

　　最後，我們將討論資料或數據解釋的問題。我想，如果我們在撰寫研究計畫以前，能夠對每個可能發生的情況加以把握，則不管數據的結果為何，都將大有幫助。亦即，假使我們能夠在心裏想像整個研究的來龍去脈，並以表格或摘記表示之，則將是大

有幫助的。因為,假使我們能夠假想出圖表來,並簡短地註上各項名目或標題,則這種圖表可以為你自己或讀者剖析問題,而且可以瞭解究竟你需要何種數據來解答問題。

四、設　　計

1. 指出你將採取那些步驟,來解答或檢定前段所談的問題或假設。
2. 所有的研究都可能受到混淆變項或無關變項 (extraneous variable) 的干擾,因此你所下的結論可能並不正確。故對混淆變項必須採取各種方法加以控制;或加以估計後,用隨機化 (randomization) 程序解除之。因此,在本段中,你要指出:
    (1) 你要控制的變項。你如何控制,採用實驗法或統計法。
    (2) 你企圖使之隨機化的變項,及隨機化時的操作單位 (如學生、年級、學校等) 的性質。
3. 你必須知道自己的研究設計可能發生的錯誤。實際上,也沒有一個人會要求你設計一個完美無缺的研究。但你必須瞭解錯誤的來源,並加以克服或解釋。為了證明你個人是知之甚稔的,在此一段裡,你必須指出可能發生錯誤的來源。
4. 在討論設計時,如果能利用一些邏輯或統計的術語來標示,則將大有助益。因為此種標示可以使讀者更清楚地瞭解你的意願,且能指出可能發生錯誤的來源。

當你開始撰寫研究計畫中的設計部分時,指出你解答問題或檢定假設的步驟是很重要的。計畫的提出者最常犯的錯誤,是忽

視了他們所提出的問題或假設，致使實驗設計只能檢定某些因素的一部分。所以，檢查一下你所要提出的問題或假設，是否均已包含在設計之內。

此外，你的實驗設計也要儘可能精確。你必須指出那幾個變項可能影響到實驗結果，或影響到你所控制的變項。究竟是來自實驗上的原因呢？還是統計上的原因？

我們舉個實例來說明。假如我們要從事「人格與學業成就的關係」的研究。在此研究中，首先必得控制的變項是智力。但要如何控制呢？假使我們的研究是要說明，是否具有某種人格特性的學生，比具有其他人格特性的學生，有較佳的學業成績。此時，我們必須使兩組學生的智力一致。或是把智力也視為研究變項之一，將之分為高、中、低三種程度，而採多變項的設計加以分析。或者你可以採用另一種統計方法——共變量分析(covariance analysis)——來加以分析，而將智力測驗上的得分視為須加控制的分數。

假使採用上述方法仍然無法控制主要變項，則我們便須加以隨機化。此時，設計中必須指出隨機化的變項，和隨機化單位的性質。譬如，假使你要從某城的五年級學生中做隨機抽樣，則隨機單位可能為學校。由於不同的隨機單位往往會導致完全不同的結論，以及採用統計分析方法的殊異，故設計時須指出隨機化的變項和單位。

此外，在做研究設計時，你也必須瞭解誤差可能發生的來源。當然，沒有一個人會指望你提出一個完美無瑕的設計。但你個人必須儘量避免各種偶發事件，否則偶發事件可能成為誤差的來源，使你無法下準確的結論。同時，你必須對誤差的來源了然於心，並加以解釋。為了證明你確係如此，你必須自己指出設計

上可能發生錯誤的來源。當然，自己指認總比被別人批評 (尤其是不友善的) 來得好。

最後，你在從事設計工作時，假使能夠採用某些邏輯或統計術語將設計加以標示，則對你個人與讀者都有很大的幫助。因為這種標示可以把你真正的意願告訴讀者，而且可以幫助你找出誤差的來源。譬如，當你說你將應用 E. F. Lindquist (註 1) 所說的組內處理 (group-within-treatment) 時，你可以要言不繁地達到與讀者溝通的目的。

五、工　　具

1. 在本段中，你要簡潔地描述所要使用的工具。其中，如果工具已有現成的，則必須加以說明。假使沒有現成的，則製作或選用工具的過程，須詳細描述。
2. 由於工具的選用和變項之操作性的定義有莫大關係，故選用工具甚為重要。首先我們必須將文義性的概念，如「智力與學業成就有關」，轉換為操作式的陳述，如「比西量表上的智商與學業分數有關」。其實嚴格說來，你的研究發現只是與工具上的或操作性的陳述有關罷了。當然，操作性的定義是可以任意下的，但你下定義時，必須注意到適宜性、有用性、及簡潔性。
3. 除了第二項中所談的有效性 (效度) 的問題以外，你也須注意可靠性 (信度) 與客觀性的問題，並加以處理。

由於工具的選用是構成變項之操作性定義的基礎，故這個步

註 1：E. F. Lindquist (1953). *Design and Analysis of Experiments in Psychology and Education.* Boston: Houghton Mifflin.

驟甚為重要。一旦忽略了，可能整個設計都完全「破產」。往往，許多研究者剛開始都有非常合理的主意，但是卻不能有重大的發現，其癥結主要乃是工具的使用不當。雖然你可能是對智力與成就的相關有興趣，但實際上所得到的相關都涉及到測量工具的問題。如果所研究的是比西智商與學業成績的相關，則除非比西智商與學業成績為界定智力和成就的良好尺度，否則計算其間的相關實在是在浪費自己的時間。在整個的研究中，操作性定義是很重要的一方面。

因此，一個研究計畫的評閱者，對實驗工具的性質是相當注意的。但計畫的撰寫者常無法描述工具的性質。也許是因為工具僅在發展階段，所以研究者不能確定工具的形式為何。但儘管如此，研究者至少可以肯定他要如何發展或設計工具。如此則讀者可從描述中，判斷工具的效度。

至於對可靠性或客觀性等問題的評價，現在與二、三十年前不太一樣。現在，在報告中即使沒有工具信度的描述也是無所謂的；而且，關於你所提的信度，別人也不會很嚴格地去批評。雖然如此，假使你自己肯花些時間去做信度研究，則不但可以增加你個人或讀者的信心，而且也有其他的好處。

六、抽　　樣

1. 討論抽樣的原因之一，乃是為了外在效度 (external validity)。亦即，我們必須知道研究結果究竟可以應用到何種群體。既然要從樣本發現的結果，推廣到已經界定的群體，則樣本必須從群體抽出。當然，抽出的方法必得依照某種機率抽樣計畫，而此項計畫有兩個步驟：

(1) 隨機選擇：即樣本內的所有受試者，必須均從同一群體隨機選擇而得。而且你必須界定群體，並詳細說明抽樣計畫。

(2) 隨機分派：即樣本內的受試者，必須依照純機率的原則分派到每一種實驗處理。

2. 討論抽樣的第二個原因，是為了內在效度 (internal validity)。假使沒有機率樣本，則無法建立誤差估計 (error estimate)，於是我們便不知道究竟所得研究結果是毫無用處，還是有所顯示。假使有所顯示，則其可信賴的程度究有多大。

在任何研究裡，討論抽樣的原因有二，其中之一為外在效度的問題，即結果可應用到那個群體。為了合理地說明這一推廣過程，樣本必須依照機率的法則從事先的群體 (priori population) 中抽出。而且，「機率樣本」意涵著：事先要知道群體的每一單元 (element) 被取在樣本中之機率的大小。

除了從群體中隨機抽出樣本外，在此樣本內的受試者也必須隨機分派到各實驗組中。但必須注意：假使分派是以已經存在的特徵為基礎的，例如分派的標準為童子軍或非童子軍，則這種分派便不是隨機的。如果研究中包括有這種非隨機分派的受試者，則往往稱之為事後回溯實驗 (ex post-facto experiment)，而這種實驗方式往往導致種種難下結論的問題。

論及抽樣的第二個原因是內在效度。也許我們可以將統計學界定為：比較訊息變項 (information variable) 之變異和隨機變項 (randomized variable) 之變異的一種數學方式。由此，假使將隨機變項的變異予以量化，則為統計學家所謂的誤差估計。

但如沒有機率樣本時，則不可能建立誤差估計。因此，也將無法判斷我們的的實驗是否有效；或如有效，則可信賴的程度有多大。

七、資料的蒐集

1. 為了蒐集必要的資料，你必須擬出一套大略的計畫，包括清楚地描述你所要控制的種種因素。此處主要是強調：實驗時，你必須使所有的組別都處於同等的情境。
2. 你也必須有時制 (time schedule) 的概念，包括採取對抗平衡法 (counter-balancing) 的設計，來處理順序效果 (order effect)。

擬出一套大略計畫的目的是很明顯的。一般說來，讀者會很想知道，你究竟採取那一種控制方法，以使各組均在同等的情境之下。因此，你在「討論」時，要特別強調這種計畫，包括所使用的工具為何；如何抵銷或平衡順序效果；在實驗過程中，失去受試者時如何補救；以及採用何種時制等。

八、資料分析

1. 指出你將採用的統計程序或其他分析方法 (註 2)。但如工具還停留在發展階段，則由於對尺度的性質、尺度的

註 2：近年來，統計學有一個重要的發展，即所謂非母數統計學 (non-parametric statistics) 的興起。這種統計學更能適當的分析社會科學中，尤其是教育研究中的資料。故一位學有專精的研究工作者，必須能夠透徹地瞭解這類新穎而重要的方法。

連續性、及分配 (distribution) 的形式等所知甚少，而可能無法做深入的陳述。
2. 製作假想表式 (bogus table)，以說明分析的性質。
3. 簡潔地描述所採用的特殊分析工具，譬如電算機 (computer) 的設備。

資料分析往往可有許多種的統計處理方法。為了選取最適當的方法，對你所要分析之數字的性質加以瞭解，是甚為必要的。至少，你必須知道：(1) 測量尺度的性質為何？亦即，數字究竟是表示次數、等第、或是分數呢？(2) 尺度的連續性：即數字是表示連續性尺度上的一個點，或僅是事項的分類而已。(3) 分配的形式：為常態分配、偏態分配、或是峯態分配呢？然後儘可能從你獲得的資料中，去做合理的推測，以採取最合適的統計方法。當然，在有的情況下，你在書寫計畫時，可能無法估計由工具所獲得的數字究竟是屬於那一類；譬如，在工具尚未建構完成時，便是如此。

至於資料分析過程的描述，究竟要多詳細，則端看支持研究計畫的單位為「資助機構」(granting agency)，還是「簽約機構」(contracting agency)。假如是後者的話，則你的計畫必須合乎契約所規定者，並詳細說明。亦即，訂約機構可能會依約查考你的資料分析過程，看分析是否完善和詳盡。此時，利用假想圖表來分析，是個相當可行的方法。

此外，簡潔地描述你所使用的分析工具，也是很重要的。譬如，電算機設備的使用。當你的研究設計是要對 70 個變項做因素分析時，則除非你運用大型的電算機，否則你可能得不到結果。因為假如缺乏此種機器，則將不可能在適當時間內，算出結

果。因此，讓讀者瞭解你所用的工具，也是很重要的。

九、重要性

1. 指出你的研究將如何改善、修正或擴充現有的知識。
2. 幾乎所有的研究均有兩類潛在的讀者，一爲應用者，一爲同行者。故研究的陳述，須以此兩者爲前提。
3. 指出研究對你個人服務機構的意義。
4. 指出研究的重要性：究竟對你個人的研究發展有幫助呢？還是對其他研究人員有貢獻？

有關此段的書寫，許多計畫的提出者，往往有難以下筆的感覺，故我將做幾點較爲具體的建議，以簡化此一問題。

- 第一，指出你的研究將如何改善、修正或擴充現有的知識。且這種修正、改善和擴充，可能具有實質或方法上的貢獻。換句話說，所謂知識並不僅限於理論內容的突破，方法亦包含在內。故將內容或方法都銘記在心是很重要的。
- 第二，幾乎所有的研究均有兩類潛在的讀者，一爲應用者，一爲同行者。故陳述時，須與此兩組人有關。亦即我們要問：究竟此研究對其他心理學家有何意義？對在教室授課的老師有何幫助？等等。
- 第三，指出研究對你個人服務機構的意義。譬如，指出你的研究有助於某些單位的研究計畫，或對某些同事有所貢獻，或可激發其他的研究興趣等。此外，也有許多計畫往往以能夠培養機構的研究精神爲鵠的，來說明研究的意

義。假如你不想在研究計畫裏做上述的陳述，則可置於封皮上的說明書內。

- 最後，指出研究的重要性：究竟對你個人的研究發展有幫助呢？還是對其他研究人員有裨益？亦即，研究給了你何種啟示？對你個人的未來研究有什麼重要性？

十、預　　算

1. 調查你個人所屬機構對預算支付的辦法。
2. 調查資助機構對預算支付的辦法。
3. 不要忽略經常費或間接費 (overhead)。

對一位新手而言，預算的編製可說是整個計畫裏最感困難的部分。因為必須要慮及許多地方性的及機構性的規章。通常，對於預算，每個大學或機構都有自己的一套規則。你的學校或機構對下列預算項目，可能有自己的政策，須加注意。

1. 薪資項目及其他人事費用。
2. 圖書期刊費用。
3. 儀器設備費用。
4. 訪問調查費用。
5. 餐旅費、交通費及每日津貼。
6. 出版費用。
7. 經常費或間接費。

同樣地，你申請經費補助的機構，可能也有特定的預算支付辦法。但也只有當你的研究計畫通過，機構的負責人要求你提出整個研究的預算時，才會碰上這個問題。(研究計畫通過，並不

表示預算也一定通過。）通常，假使你的要求合乎學校的標準政策時，則將亦能滿足補助機構的條件。當然，像儀器設備的購置費、經常費、旅費，及出版費等的運用是有限制的。如果能配合其他特別計畫的款項，計畫提出者必須列出可能的補助機構及地方捐款等，然後配合學校經費即可。通常，學校經費的數額必須在請求補助金額的某個比例之上或相等。

此外，我們要注意經常費的問題。有關經常費的問題，往往引起爭論。有的會計主管認為，研究所需要的經常費是很龐大的，應該由資助機構支付。但另外的人則認為：為了證明自己的機構對研究是很有興趣的，故經常費應由自己的機構支付。故有關經常費的問題，需加以斟酌。

最後，有關撰寫研究計畫須具備的其他知識，我也將予以指明：

- 第一，計畫的提出者要能夠表明自己具有長久而成功的工作經驗或指出個人服務的機構設備良好，可以處理問題，而且能夠超越競爭者。這表示一個新手必須經過嚴格的訓練，而且必須面對這種事才能脫穎而出。就像一位作家投稿一樣，在他的文章獲得採用之前，一定需有一番努力。
- 第二，在草擬研究計畫時，最好請求一位對資助機構有相當瞭解的人幫忙，由他提供資料，瞭解該機構目前最熱門的論題。通常，每個機構都有各自考究的事情，由此可能影響對研究計畫的判斷。所謂考究之事，有的是較為世俗的，如限於某種資格的人申請；而有的則是較為奇怪的，如認為研究計畫須合乎基金資助人的哲學觀點等。此外，也許有的資助機構對某些問題較有興趣，則你個人可以指

出你的研究方向正好與該機構的興趣符合。還有，務必注意：最佳的顧問乃是服務於該機構的人員。因此，直接與機構內的人員接觸，並提供非正式的意見，可能是有用的。

有時，校區內可能有些機構，可以幫助你解決某些問題。此外，有的人可能對你有所幫助，如那些擁有研究經驗的人，以及申請某機構補助而獲得成功的人。記住，要儘可能妥善地運用這種「人力資源」。

推薦讀物

第一編　緒　論

第二編　研究的基本類型

第三編　測量程序與工具

第四編　蒐集資料的方法

第五編　資料分析與報告

第一編 緒 論

Agnew, N. M. and Pyke, S. W. (1969). *The Science Game: An Introduction to Research in the Behavioral Sciences.* Englewood Cliffs, N. J.: Prentice-Hall.

Blalock, H. M. Jr. (1969). *Theory Construction: From Verbal to Mathematical Formulations.* Englewood Cliffs, N. J.: Prentice-Hall.

Blalock, H. M. Jr. and Blalcok, A. B. (1968). *Methodology in Social Research.* New York: McGraw-Hill.

Braithwaite, R. B. (1953). *Scientific Explanation.* London: Cambridge University Press.

Brodbeck, M. (1968). *Readings in the Philosophy of Social Sciences.* New York: Macmillan.

Campbell, D. T. and Stanley, J. C. (1967). *Experimental and Quasi-experimental Designs for Research.* Chicago: Rand McNally.

Cohen, M. and Nagel, F. (1934). *An Introduction to Logic and Scientific Method.* New York: Harcourt.

Feigl, H. and Brodbeck, M. (eds.) (1953). *Readings in the Philosophy of Science.* New York: Apleton.

Kirk, R. E. (1968). *Experimental Design: Procedures for the Behavioral Sciences.* Belmont, Calif.: Brooks/Cole.

Kish, L. (1965). *Survey Sampling.* New York: Wiley.

Kuhn, T. (1962). *The Structure of Scientific Revolutions.* Chicago: The University of Chicago Press.

Lin, N. (1976). *Foundations of Social Research.* New York: McGraw-Hill.

Mandler, G. and Kessen, W. *The Language of Psychology.* New York: Wiley.

Popper, K. R. (1959). *The Logic of Scientific Discovery.* New York: Basic Books.

Rudner, R. (1966). *Philosophy of Social Science.* Englewood Cliffs, N. J.: Prentice-Hall.

Stinchcombe, A. L. (1968). *Constructing Social Theories.* New York: Wiley.

Underwood, B. J. (1957). *Psychological Research.* New York: Appleton-Century-Crofts.

Wallace. W. L. (1971). *The Logic of Science in Sociology.* Chicago: Aldine.

第二編　研究的基本類型

Brandt, R. (1972). *Studying Behavior in Natural Setting.* New York: Holt, Rinehart and Winston.

Crano, W. D. and Brewer, M. B. (1973). *Principles of Research in Social Psychology.* New York: McGraw-Hill.

Festinger, L. and Katz, D. (eds.) (1953). *Research Methods in the Behavioral Sciences.* New York: Holt, Rinehart and Winston.

Junker, B. H. (1960). *Field Work: An Introduction to the Social Sciences.* Chicago: The University of Chicago Press.

Kerlinger, F. N. (1973). *Foundations of Behavioral Sciences.* New York: Holt, Rinehart and Winston.

Lindzey, G. and Aronson, E. (eds.) (1968). *The Handbook of Social Psychology.* (2nd ed.) Vol. 2. *Research Methods.* Reading, Mass.: Addison-Wesley.

McCall, G. J. and Simmons, J. L. (eds.) (1969). *Issues in Participant Observation: A Text and Reader.* Reading, Mass.: Addison-Wesley.

McGuigan, F. J. (1961). *Experimental Psychology.* (2nd ed.) Englewood Cliffs, N. J.: Prentice-Hall.

Murdock, G. *et al.* (1950). *Outlines of Cultural Materials.* (3rd ed.) New Haven: Human Relations Area Files.

Naroll, R. and Cohen, R. (eds.) (1970). *A Handbook of Methods in Cultural Anthropology.* Garden City, N. Y.: Natural History Press.

Parten, M. (1950). *Surveys, Polls, and Samples.* New York: Harper and Row.

Pelto, P. J. (1970). *Anthropological Research: The Structure of Inquiry.* Evanston: Harper and Row.

Selltiz, C. *et al.* (1964). *Methods in Social Relations.* (Revised ed.) New York: Holt, Rinehart and Winston.

Webb, S. C. *et al.* (1966). *Unobstrusive Measures: Nonreactive Research in the Social Sciences.* Chicago: Rand McNally.

Willems, E. and Raush, H. (eds.) (1969). *Naturalistic Viewpoints in Psychological Research.* New York: Holt, Rinehart and Winston.

第三編 測量程序與工具

Anastasi, A. (1976). *Psychological Testing.* (4th ed.) New York: Macmillan.

Cicourel, A. V. (1964). *Method and Measurement in Sociology.* New York: Fress Press.

Coombs, C. H. *et al.* (1970). *Mathematical Psychology.* New Jersey: Prentice-Hall.

Dick, W. and Hazerty, N. (1971). *Topics in Measurement: Reliability and Validity.* New York: McGraw-Hill.

Edwards, A. L. (1959). *Techniques of Attitude Scale Constructions.* New Jersey: Prentice-Hall.

Edwards, A. L. (1970). *The Measurement of Personality Traits by Scales and Inventories.* New York: Holt, Rinehart and Winston.

Guilford, J. (1954). *Psychometric Methods.* New York: McGraw-Hill.

Harris, C. W. (ed.) (1963). *Problems in Measuring Change.* Madison, Wis.: The University of Wisconsin Press.

Miller, D. C. (1970). *Handbook of Research Design and Social Measurememt.* (2nd ed.) New York: David McKay.

Nunnally, J. C. (1967). *Psychometric Theory.* New York: McGraw-Hill.

Oppenheim, A. N. (1966). *Questionnaire Design and Attitude Measurement.* New York: Basic Books.

Robinson. J. and Shaver, P. (1969). *Measures of Social Psychological Attitudes.* Ann Arbor: Institute for Social Research, University of Michigan.

Shaw, M. E. and Wright, J. M. (1967). *Scales for the Measurement of Attitudes.* New York: McGraw-Hill.

Stevens. S. (1951). Mathematics, measurement, and psychophysics. In S. Stevens (ed.), *Handbook of Experimental Psychology.* New York: Wiley.

Summers, G. F. (ed.) (1970). *Attitude Measurement.* Chicago: Rand McNally.

Thorndike, R. A. (ed.) (1971). *Educational Measurement.* (2nd ed.) Washington, D. C.: American Council on Education.

Torgerson, W. (1958). *Theory and Method of Scaling.* New York: Wiley.

Wood, D. A. (1960). *Test Construction: Development and Interpretation of Achievement Tests.* Columbus, Ohio: Charles E. Merrill Books, Inc.

Whitla, D. (ed.) (1968). *Handbook of Measurement and Assessment in Behavioral Sciences.* Reading, Mass.: Addison-Wesley.

第四編 蒐集資料的方法

Cannell, C. and Kahn, R. (1969). *Interviewer's Manual, Survey Research Center.* Ann Arbor: Institute for Social Research, University of Michigan.

Hymen, H. H. et al. (1967). *Interviewing in Social Research.* Chicago: The University of Chicago Press.

Lanyon, R. I. and Goldstein, L. D. (eds.) (1971). *Personality Assessment.* New York: Wiley.

Lindzey, G. (1951). *Projective Techniques and Cross-cultural Research.* New York: Appleton-Century-Crofts.

Moreno, J. L. (1953). *Who Shall Survive? A New Approach to the Problem of Human Relationships.* (2nd ed.) New York: Beacon House.

Moser, C. A. and Kalton, G. (1972). *Survey Methods in Social Investigation.* (2nd ed.) New York: Basic Books.

Murstein, B. I. (ed.) (1965). *Handbook of Projective Techniques.* New York: Basic Books.

Northway, M. L. (1967). *A Primer of Sociometry*. (2nd ed.) Toronto, Canada: The University of Toronto Press.

Rabin, A. I. (ed.) (1968). *Projective Techniques in Personality Assessment*. New York: Springer.

Sidowski, J. B. (ed.) (1966). *Experimental Methods and Instrumentation in Psychology*. New York: McGraw-Hill.

Snides, J. G. and Osgood, C. E. (eds.) (1969). *Semantic Differential Technique*. Chicago: Aldine.

Stephenson, W. (1953). *The Study of Behavior*. Chicago: The University of Chicago Press.

第五編　資料分析與報告

林清山 (民 65)，心理與教育統計學 (修正版)。臺北市：東華書局。

楊國樞等譯 (J. J. Roscoe 原著) (民 61)，行為統計學。臺北市：環球書社。

Blalock, H. M. Jr. (1972). *Social Statistics*. (2nd ed.) New York: McGraw-Hill.

Blalock, H. M. Jr. (1971). *Causal Models in the Social Sciences*. Chicago: Aldine.

Blalcok, H. M. Jr. (1964). *Causal Influences in Nonexperimental Research*. New York: W. W. Norton.

Borko, H. (ed.), (1962). *Computer Applications in the Behavioral Sciences*. Englewood Cliffs, N. J.: Prentice-Hall.

Cooley, W. and Lohnes, P. (1971). *Multivariate Data Analysis*. New York: Wiley.

Duncan, O. D. (1966). Path analysis: Sociological examples. *American Journal of Sociology*, 72, 1〜16.

Emment, P. and Brooks, W. (eds.) (1971). *Methods of Research in*

Communication. Boston: Hougton Miffin Co..

Glass, G. V. and Stanley, J. C. (1970). *Statistical Methods in Education and Psychology.* Englewood Cliffs, N. J.: Prentice-Hall.

Gorsuch, R. L. (1974). *Factor Analysis.* Philadelphia: W. B. Saunders Co..

Guertin, W. H. and Bailey, J. P. Jr. (1970). *Introduction to Modern Factor Analysis.* Ann Arbor, Mich.: Edwards Brothers, Inc.

Harman, H. H. (1967). *Modern Factor Analysis.* (2nd ed.) Chicago: The University of Chicago Press.

Hollander, M. and D. A. Wolfe (1973). *Nonparametric Statistical Methods.* New York: Wiley.

Holsti, O. R. (1969). *Content Analysis for the Social Sciences and Humanities.* Reading, Mass: Addison-Wesley.

Pool, I. de S. (ed.) (1959). *Trends in Content Analysis.* Urbana: The University of Illinois Press.

Stone, P. J. et al. (1966). *The General Inquirer: A Computer Approach to Content Analysis.* Cambridge, Mass.: The M. I. T. Press.

Tatsuoka, M. (1971). *Multivariate Analysis: Techniques for Educational and Psychological Research.* New York: Wiley.

Werts, C. E. and Linn, R. N. (1970). Path analysis: Psychological examples. *Psychological Bulletin,* 74, 192~212.

Van de Geer, J. P. (1971). *Introduction to Multivariate Analysis for the Social Sciences,* W. H. Freedman and Co..

Veldman, D. (1967). *Fortran Programming for the Behavioral Sciences.* New York: Holt, Rinehart and Winston.

一、中文索引

一 畫

一步一步 587
一致性 366, 421, 524, 543, 762
一般性 29
一與一的對應 969

二 畫

二人關係 758
二分 (的) 變項 506
二分法 360
二分變項 18
二次的 132
二段最小平方 995
二等分系統 400
二階段二變項 1001
二極體 552
人口遺傳學 965
人物關係測驗 741
人類關係區域檔案 322
力量 808

三 畫

三次的 132
下視丘 604
上限效果 996
土著人類學家 164
大小估計量表 404
子宮環 225
子集合 350
小世界法 794
小組 135, 237

小黑圖片測驗 726
小團體 779
小樣本連續研究法 890
工作分析 62
工作假設 30, 301
工作輪換 210
工作變項 303
干涉變項 884

四 畫

不一致 421
不同集合內的份子 406
不同觀察者的相關係數 180
不足認定 990
不需測量單位 436
不變的 409
中介變項 20, 188, 519, 986, 965
中央處理單位 608
中性 823
中點 438
互斥 852
互斥事件 79
互拒 779
互為因果 71
互涉性的影響 896
互動記錄器 176
互動過程分數 172
互動論 758
互動歷程分析 171
互補論 758

五個層面的模式　375	反應心向　682, 685
內在效度　110, 194, 553, 561, 1052	反應方式　682, 684
內在(部)一致性　434, 506	反應時間　557, 703
內在效度指標　387	反應時間儀　589
內衍變項　971	反應變項　187
內容　705	反覆訪問　272
內容分析　904	反饋　1001
內容效度　379, 515, 689	太空梭車計畫　559
內涵　977	太空實驗室任務　559
內部一致性係數　373	巴克雷班級氣氛測驗　800
內群親近率　783	幻燈機　556
內電阻　589	心物之間　410
內隱型　519	心物學　582
內隱變項　519	心物學　583
內驅力　10	心理人類學　13, 320
公理　401	心理上的零點　362
公設演繹理論　961	心理生理學　13
公開的　160	心理向度　409
分貝錄　583	心理物理量度法　409
分析式旋轉法　956	心理測驗　492, 658
分派的法則　348	心理距離　412
分時系統　608	心理量度法　409
分配　1054	心理電流計　561
分割法　412	心理團體　767
分割區重複量數設計　134, 137	心理學摘要　1044
分割線　417	心理轉變　676
分割點　417, 418	心跳速度量尺　600
分層　85	心電圖　559, 594
分層取樣法　90	手指電極　595
分數　976	手指靈巧度　561
分辨歷程　425	支配性　355
分類　829	文化人類學　14
分類法　613	文化不利兒童　122
分類架構　856	文化比較研究　314
分類量表　404	文化主位研究　169
反身性　401	文化交錯　316

索引

文化單位　331
文化與人格　319
文化擴散　23
文義性定義　22
文義性的虛無假設　1045
文義性的對立假設　1045
文獻調查　57
方向性　523
方法論　4, 828, 829
比西智力量表　1047
比值估計法　361
比率　983
比率估計　404
比率取樣法　90
比率法　412
比較水準　764
比較判斷　424
比較判斷法　425
水平偏向板　593
水準　134
尺度　907

五　畫

主要因素解　951
主要成分分析　938
主動變項　19, 138
主軸因素分析法　786
主題統覺測驗　698
主觀報告　668
主觀機率定義　78
代表性　115
代價　764
充分條件　6, 69, 385, 994
出發箱　563, 601
加州人格量表　310
加色混合　576

加權權數　280, 932
功能性的理論　33
卡方檢定　785
卡氏16種人格因素測驗　309
可加性質　878
可信賴性　367
可測的　398
可預測性　367
可靠性　366, 543
可變刺激　582
可驗證性　28
古典制約　588
句子完成測驗　667
四分相關　879
外在效度　114, 194, 506, 563, 1051
外在效標　507
外延　976
外衍變項　970
外群親近率　783
外顯行為　668
外顯變項　519
外擾變項　188
巨觀的　410
平均值　196, 974
平衡論　759
必要條件　69, 385, 994
打孔機　864
本性變項　19
未可解釋變異度　961
正向項目　530
正式訪問　271
母體　455
母群體　81
母數　874, 965
母數統計學　363, 878
民族誌品質控制　332

民族誌圖表　323
犯罪性次文化　34
生物科學　13
生物醫學遙感勘察術　559
生理回饋　599
生理遙感勘測器　553
皮氏積差相關係數　872
目的箱　563
目測計　582
立意取樣　92

六　畫

交互作用　70
交互作用效果　100
交換論　758
交感校準　760
任選的　335
光度表　583
光電管　556, 588
光電管裝置　588
光標的　592
光譜表　583
先決事項　19
先決條件　25, 898
先決變項　283
先驗假設　977
先驗機率定義　77
全因素實驗設計　241
共同因素　934
共同性　933, 942
共同接點　572
共同變異量　386
共通感覺　806
共變　519
共變量　988
共變量分析　105, 122, 133, 193,

1049
共變項　122
共變關係　71
再測　665
再測法　515, 543, 743
再測信度　370
列　243
列表　575
列聯相關係數　362
印出時間　586
印字式計數儀　586
同一集合內的份子　406
同化　676
同時效度　380, 515
同質　103
同質性　375
向度　852, 934
向量　935, 984
合成效度　381
合併計算估計　236
因　981
因果路徑　965
因果關係　68, 302
因徑分析　879
因徑係數　965
因徑迴歸係數　975
因徑圖　967
因徑模型　969
因素　519
因素分析　378, 879
因素分析模式　678
因素分數　932
因素係數　932
因素負荷量　932, 984
因素矩陣　940
因素軸　938

索引

因素變異量　941
回溯模型　962
地域社區　331
在原地　171
多元直線性相關　973
多元特質　382
多元變項　18
多向度　408
多因子實驗設計　134
多次研究　967
多段取樣　92
多面性　523
多筆記錄器　559, 594
多項控制　222
多變項　554
存在　399
存錄器　609
守門人　914
式量表　336
式量表法　527
成分變項　871
成長研究　66
成員領袖分析　172
成就測驗　515
成績　1028
有序配對　350
有限群體　82
有效的估計　995
有結構的訪問　271
有結構的觀察　155
有意的　325
有機的　414
次方　994
次序性交互作用　136
次第排列法　879
次團體　779

次數分析　852
次數的統計　362
老鼠梭箱　600
肌電圖　594
自比性研究　828－829
自主需要　309
自由回憶　576
自由度　750
自由聯想階段　703
自我　698
自我刺激裝置　604
自我評估　792
自我選擇　207, 305, 309
自動化　612
自動重新回轉的次序　573
自族中心主義　22
自然狀態　152
自然原點　877
自然觀察研究　152
自變相關　960, 1002
自變項　18, 187, 218, 307
色盤　576
色輪　576
行　994
行為樣本　377
行為論　15
行動　808
行動取向研究　758
行動傾向　521

七　畫

串連　779
位元　609
估計標準誤　390
估計模型　964
似動現象　577

低估　988
低度結構的訪問　272
免責反應　739
判斷取樣法　93
判斷的　325
刪修　988
即時系統　608, 612
吸引率　782
均誤法　411
完全參與者　160
完全量表　417, 419
完全隨機化多因子實驗設計　134
完全隨機化設計　121
完備科學　6
局外觀察者　160
形式分析　668
形式對稱性　352, 969
形容詞　809
快速眼動　561
抗平衡法　1053
技術　5, 829
折半法　515, 543
折半信度　372
折半相關法　743
折疊　437
投射測驗　658, 666, 680
束臂布　595
決定因素　307, 704, 705, 719
決定係數　370, 983
決定值　994
決定條件　68
私人　160
系列位置　576
系統分析　613
系統取樣法　86
系統性變異量　105

系統的變異　368
良好關係　687
身分標準　35
身體印象　733

八　畫

並存變項　307
並進反饋　1001
事件　16
事件記錄器　587
事先的群體　1052
事前比較　138, 139
事後比較　139
事後回溯性　962
事後回溯研究　218
事後回溯設計　117
事後回溯實驗　1052
事後編碼　851
事後歸因的謬誤　306
事實資料　268
依變項　18, 187, 218
兒童統覺測驗　726
兩段取樣　91
兩段溝通　51
典型相關　875
典型相關分析　611
刺激用幻燈片　555
刺激因素　226
刺激的理想點　447
刺激量　411
刺激間時距　570
協調　676
取材時間　609
取樣　83
取樣距離　86
取樣誤差　94
受拒地位指數　782

索引

受試者內在的變異 369	物理向度 409
受試者內設計 130	物理科學 13
受試者的亡失 112	物理量度法 409
受試者的群體 952	盲目分析 744
受試者的樣本 952	直角旋轉法 955
受試者相互間的變異 369	直接作用力 967
受試者理想點 436	直接指派數值 404
受試者間設計 130	直線因果模型 966
受選地位指數 782	直線性迴歸方程式 969
固有值 941	直線性組合 971
固定的 972	直線的 132
固定效果模式 138	直覺法 7
固態電晶體 552	知道 676
始基 676	社區調查 62
孤立 777	社會及行為科學 13
定型印象 818	社會地位指數 781
定律 9, 31	社會計量性測驗 766
定理 33	社會計量法 758
定點 609	社會矩陣 770
延宕變項 1001	社會強度 781
性向 192	社會期許性 665
性質 808, 824, 881	社會期望 685
所羅門 126	社會期許量表 309
拉丁方格 142, 243	社會階層 880
拉氏跳台 602	社會經濟地位 23, 473
拒斥率 783	社會團體 767
拒絕反應 703	社會圖 770
抽樣名冊 278	社會調查 261
抽樣誤差 279	社會讚許動機 309
抱負水準 683	空間操作機械的因素 674
放大記錄裝置 593	肯氏W 363
放大器 595	表面效度 379, 686
明尼蘇達多相人格測驗 678	表現 399
東西 16	表徵型 519
法則 348	附註 1029
泛文化語義分析工具 809	附錄 1015

非引導性訪問　272
非正式訪問　272
非母數統計學　363, 877
非次序性交互作用　136
非系統的變異　368
非取樣誤差　94
非參與　156
非參與的　155
非單向回溯模型　968
非結構型 Q 分類材料　831
非實驗　967
非數值關係系統來測量　415
非機率取樣　92
非機率誤差　997
非隨機取樣　92

九　畫

信念　519
信度　180, 237, 366, 515, 542, 661, 933
信度係數　180, 370
信度指數　370
信度指數　387
信賴程度　71
前列資料　1013
前提　36
前置放大器　592
前實驗設計　117
前機器板　571
垂直知覺　580
垂直偏向板　593
客觀性　514
封閉的體系　963
屋、樹、人測驗　735
帝國主義　544
建構效度　379, 515, 689

後果　307
後果事項　19
後果條件　25
後驗機率定義　77
恰好認定　972, 990
恆常刺激法　358, 411
指令　609
指數　777
指標　519, 964, 1000
既定的　970
既知團體法　545
映管式示波器　592
流程計畫　274
流程圖　275
派定變項　55
界定項　21
界限　350
相同與差異法則　65
相似論　758
相等 Δ 解法　449
相等間隔　878
相對名望指數　784
相對次數　425, 429
相關　933
相關比　874, 879
相關因素　307
相關係數　369, 968
相關係數矩陣　940
相關研究　65
研究法　4
研究設計　8, 55
科學理論　31
約定性定義　21
美國教育測驗服務社　505
范氏公式　372
范氏項目分析表　508

索引

計時儀　586
計量關係　441
計數儀　586
負向項目　530
負載　573
迫選式題目　686
重心法　951
重折　437
重複量數　105, 129, 131
重調　586
重點訪問　272
限制式問卷　457
韋氏成人智力測驗　669
風箱　595
食物丸輸送器　584－585
食物槽　585
柵棒　585, 603

十　畫

乘冪　413
乘積相關係數　935
值　537
個人方程式　557
個人現代性量表　307
個人資料表　658
個人預測　395
個例　973
個案研究　64, 118
個體　82
剖析圖　821
原因比較研究　64
原始變項　870
套含分類　138
峰度　874
差異分數　123
差異的標準誤　389

差異閾限　412
庫李二十一號公式　373
庫李二十號公式　373
庫李氏信度　374, 691
庫李法　515
挫折攻擊假設　30
效度　366, 377, 378, 515, 545, 661
效度指標　507
效度標準　380
效標　221, 354
效標組　507
效標關聯效度　379, 515
時制　1053
時距控制器　571
時間估計　793
時間系列設計　144
時間順序　889
時間樣本　140
時機　141
書目　1015, 1029
格調　339
泰、羅二氏預期表　392
浮點　609
特殊因素　673
特殊性　29, 933
特殊變異量　386
特質　347, 519
班達圖（完）形測驗　664
真正分數　369
真正實驗設計　120
真零　877
真實性定義　21
真實量數　367
矩陣代數　930, 990
納入法　191
缺失資料　866

脈衝　586, 603
記號法　176
記憶鼓　562, 575
記憶廣度　191
記錄裝置　585
訊息　608, 910
訊息檢覆　613
訊息變項　1052
訊號察覺理論　414
訓練箱　584
貢獻條件　70
迴歸分析　611, 879, 964
迴歸線　935
追轉儀　592
追轉輪　591
配電板　585
配對　240, 241
配對比較法　358, 425
配對法　103, 191, 328
配額取樣法　93
閃光視野　578
閃光融合器　578
閃光融合頻率　578
陡階檢驗　946

十一　畫

假設　8, 25, 52
假說　30
假設性命題　33
假設演繹式理論　33
假想表式　1054
偵察器　613
偏度　874
偏差反應方式　684
偏誤　368
副程式　610

動力　809
動力分析　668
動作器　613
動機　192, 547, 680
區　327
區分效度　381
區別分析　611
區段估計法　360
區段篩取法　328
區域分層抽樣　327
區組　128
參考文獻　1029
參考團體　22
參與　155, 156, 220, 616
參與的　155
參與者的觀察　160, 164
參與觀察　161
啄序　406
問卷　454
唯一性　399
國際主義　544
堅韌性　887
基、晉二氏氣質測驗　310
基本心智能力　493
基本假定　33
基本單位　263
基本模式　98
密西根圖片測驗　725
專家鑑別法　545
常用最小平方　972
常態分配　196
常態性　886
常誤　368
常模　514, 661, 688, 690
強度　400
強弱度　523, 524

從眾反應 705, 708	理論 9, 29, 31
從屬事件 80	理論共同性 948
情勢 912	理論架構 301
情境為中心 727	理論預期數 395
情緒擴張性 781	現象 577
控制 11, 189	異性需要 309
控制用幻燈片 555	異質 85
控制區 608	異質性 375
控制條件 70	眾數 867
探索性的研究 155	眼視野 578
接收者 905	眼睛攝影機 559
接受者 910	第五型比較判斷法 425
接近 763	統計上互相獨立的 970
接近關係 405	統計效度 380
接觸群 331	統計迴歸現象 111, 196
推理 7	統計控制 133, 193
推理法 7	統計檢定 873
推理理論模式 679	統覺測驗法 723
採用行為 54	累進誤差 105
排除法 190	累積法 526
教育索引 1044	累積記錄器 587
啟發性技巧 612	終點 936
斜角旋轉法 955	習慣 1028
族群 327	處方效果 692
桿框調整器 579	處理 221
混合效果模式 138	被拒 777
混梁 250	被界定項 21
混淆 102, 553	被解釋項 36, 898
深度知覺儀 582	規定的 335
深度訪問 272, 616	規劃的問題 985
淨因徑係數 968	規劃誤差 986
淨相關 879	訪問 268
淨迴歸係數 968	訪問法 616
淨值 764	責人反應 739
猜是誰技術 792	責己反應 739
理想的或標準的 Q 分類資料 835	軟體 608

通則性的研究　828
通過的百分比　504
連續(的)變項　18, 506
連續性　401
連續性類別法　358
部分因素實驗設計　243
部分相關　960
部分迴歸係數　975
部位　705
閉路電視　607
陰極射線示波器　592
陰極射線管　553, 592
麥比卡　158
速示器　558, 569

單變項分析　146
場地社會計量法　793
報酬　764
尋找事實　261
幾何均數　363
惠斯登電橋　595
描述　887－888
斯布公式　372
斯肯納箱　559, 1022
普化智能因素　674
普遍因素　673
智力　398, 1028
智商　398
替代性行為　611
替用條件　70
期望　281
殘餘　953, 968
殘餘相關係數矩陣　948
減縮現象　998
測量　94, 875
測量尺度　876
測量的操作性定義　24
測量理論　398, 401
測量單位　978
測量誤差　368, 963, 996
測量標準誤　369
測謊量表　686
測驗的反作用效果　115
測驗組　694
測驗焦慮　682
無限群體　82
無偏差估計　995
無結構的訪問　272
無結構非參與的觀察　156
無結構型問卷　456
無結構觀察　155

十二　畫

最小　190
最小差別感　31
最小殘餘因素分析　953
最佳值　102
勞氏預期表　395
博士論文　1012
喜好選擇　436
單一　992
單一變項　554
單元　1052
單向度　408
單向度非計量法　447
單向度重折法　435
單向度量表　534, 542
單因素設計　239
單因素變異量分析　872
單位　128, 905
單面透光玻璃　607
單調性　401, 424
單選舉區制　37

索引

無意義音節 575	評判者 536
無關變異量 101	評分員 922
無關變項 98, 553, 1048	評判員間的一致性 789
畫人測驗 733	評定量表 404, 752, 766, 859
發展性研究 61, 66	評定量表法 879
發展計分 665	診斷 492
發散思考 674	超向度 975
硬體 608	超我 698
程式 930	超限空間 940
窗口 575	量化研究 963
等比尺度 361, 877, 973	量的分析 504
等值係數 371	量表 336, 660
等級尺度 356, 505, 876	量尺 809, 810
等第相關 880, 885	量表值 402, 427, 430, 434
等第順序法 357	量表圖分析法 416
等距尺度 359, 505, 877, 969, 973	量度化方法 398, 413
等距法 360, 526	量表法 793
筆描式示波器 592, 597	量標 661
結果 405	量變項 878
結構方程式 969	開放式問卷 458
結構性 Q 資料分類 831	間接作用力 981
結構型問卷 456, 457	間接最小平方 995
結構模型 964	間隔 359
絕對的證實 73	間隔取樣法 86
絕對閾限 411	階步式傳動馬達 575
虛假不實 890	階層設計 138
虛假相關 963	集中趨勢 886
虛無假設 54	集合 348
虛構處理 225	集合論 415
視野依賴性 580	集區 240
視野獨立性 580	集區多因素設計 243
視覺心物學 570	集區單因素設計 240
註腳 1028	集區變項 222
評分者信度 375	集體取樣法 90
評分者間的一致性 692	項目 221, 734
評估 492	類別 355

項目間的一致性　373
項目難度　504
項目鑑別度　504
順序效果　1053
順序關係　418
順服需要　309
黑人量表　544

十三　畫

亂倫禁忌　334
亂數表　87
傳播內容　904
傳播來源　910
傳播者　905
傳播通道　910
傾向　881
傾向層面　522
圓形片匣　570
圓板　585
圓筒　575
塑造　559
微小電極針　604
意見　465, 519, 547
意見調查　62
意義性　399
意圖　281
感覺　521
感覺形式　674
感覺動作技能　580
感覺量　411
感覺運動　676
感覺層面　522
愛德華氏個人愛好量表　309
極大可能解　954
極限法　411
極微小化　552

極端值　102
概化命題　265
概判，概化　9, 31, 892
概念　16
概念性的　331
概念架構　871
概率性的　961
準實驗　294, 302
準實驗　302
準實驗設計　134, 139
準確度　94
準確性　542
當面分發問卷法　273
盟兄弟組織　320
經常閉路接點　572
經常費或間接費　1056
經常開路接點　572
經驗預期數　395
經驗調查　57
群體　77, 81, 301, 325, 455, 916, 977
腳踏板　606
腦波　559
腦波圖　594
腦波儀　596
蜂鳴器　581
解釋　11, 36, 898
解釋項　36, 898
試測　48
詢問　704, 718
資助機構　1054
資料　405
資料處理　608
跨越文化的定義　334
運作程序　301
過度認定　990
過程的控制　612

雷射　553
電流計記錄器　595
電傳處理　608
電極　603
電腦協助教學　613
電腦終端站　613
電算科學　845
電算機　553, 608, 1054
電算機模擬　415
電腦模擬　611
電擊產生器　603
電擊裝置　603
預期　760
預測　11, 38, 492
預測法　545
預測效度　380, 515

十四畫

厭惡刺激　603
嘗試研究　94
團體人格投射測驗　740
團體的自我偏愛　785
團體的凝結性　785
團體偏好記錄　793
團體凝聚力　23
圖形理論　415
圖型認知　612
圖畫故事測驗　726
符號法則　961
符碼還原　910
硫化鎘　589
實地實驗　185
實地實驗研究　218
實作測驗　666
實得分數　369
實徵性　6

實徵性(的)檢驗　49, 352
實徵性概念　20, 24
實徵性變項　20
實徵效度　380, 689
實徵意義　32
實徵數量　978
實徵模式　678
實徵關係系統　399
實驗小組內　237
實驗法　184
實驗的操作性定義　24
實驗室研究　184, 185
實驗觀察研究　218
實驗效度　193
實驗控制　132, 193
實驗設計　98
實驗變項　187
對抗平衡法　129
對抗平衡設計　142
對象變項　303
對偶　778
對稱的　402
對聯學習　448
態度　192, 465
態度量表　524
慣常法　7
構念　17
演繹法　9
碩士論文　1012
算術邏輯單位　608
精神醫學　14
精確性　367
聚合思考　674
製碼　613
語文教育因素　674
語義分析法　806

語義空間　808
認定　989
認知　521
認知目標　270
認知意義　21
認知層面　521
誤差估計　1052
誤差項　138
誤差變異量　240, 386
說明　888
遞移假定　354
需要　547
需要-壓力原則　721

十五畫

儀器　552
價值　221, 519, 547
價值類目　919
增強作用　24, 585
增強理論　11
層　90
層次　855, 875, 886
層面理論　674
廣東話泛文化量尺　824
影像　952
影像分析　952
數字　348, 350
數值　348
數值關係系統　399
數量式電算機　608
數碼化　276, 850
數學演繹式理論　33
數學模型　963
樣本　77, 82
樣本民族　325
樣本文化　331

樣本的大小　94, 835
樣本異質性　384
樣本調查　261
標的　577
標的社會圖　774
標記　355
標準分數　506
標準化　480, 514
標準化因徑係數　975
標準化訪問　272
標準化的會談　753
標準文化比較樣本　327
標準刺激　582
標準差　94, 974
標準常態分配　430
標準誤　94
模式　611
樂普　225
潛源特質　678
編序的　559
編序計時儀　570
編序時距控制器　574
編碼架構　851
編碼員　851, 922
編碼資料　609
編碼薄　868
線上印出器　612
膚電反應　558, 594
複本　683
複本法　515
複式法　543
複本信度　371
複印式社會圖　773
複合變項　870
複相關　875, 878
複相關係數　983

複相關係數平方　950
複述編碼　861
複核　513
複製係數　417, 418, 534
複變項分析　146, 930, 969
複變項因素分析　984
複變項的線型模式　932
複變項變異量分析　611
複驗　247
課程效度　379
調和指數　783
調查性研究　61
質的分析　504
質的變項　876, 879
輪換實驗設計　142
適切性　514
儘量的　190
凝結指數　783
學習階序　675
操作制約　559, 584
操作性定義　20, 22, 265, 276, 331
操作性的虛無假設　1045
操作性的對立假設　1045
操縱　98
操縱變項　55
橫剖性資料　967
橫斷方法　66
機密　160
機率　76
機率抽樣　973
機遇反應趨勢　181
機遇比率　785
機遇模式　785
機構預測　393
機構調查　62

十六畫

歷程　696
激發頓悟之個案的分析　58
獨立事件　80
獨特反應　709
獨特性　933
盧氏公式　373
窺視箱　570
興趣　1028
親和動機　722
輻合效度　382
輸入　972
輸入裝置　608
輸出　930
輸出裝置　608
辨別力　528, 530
辨別功能　524
辨別尖銳性　525
辨別效度　382
選出率　393
選-拒地位指數　781
選項　498
選擇反應時間儀　565
選擇與成熟的交互作用　113
隨機化　103, 220, 1048
隨機（化）變項　222, 1052
隨機分派　103, 192, 200
隨機法　192
隨機原則　305
隨機化區組（多因子實驗）設計
　　105, 128, 134, 136
隨機取材　612
隨機取樣　84, 200, 916
隨機效果模式　138
隨機誤差　367
霍桑效應　116, 563

霍滋曼墨漬測驗　717
靜態組比較　119
頻率分析錄　583
頻率分配　906
頻道數　586
默認反應方式　684

謙遜性　822
趨向分析法　109, 132
趨勢研究　66
隱秘的　160
隱密的隨機化　224
餵食台　602
點值雙列相關　506

十七　畫

優勢關係　405, 418
儲存單位　608
壓抑作用　24
壓桿裝置　584
擬似變項　18, 1003
擬情作用　707
檔案資料分析　62
檢定　237, 879
驗證　9
環境變項　303
瞳孔大小　554
瞳孔反應儀　555
瞬間現露器　308
縮減形式　991
繆氏錯覺機　582
整體反應　704
總加法　526
總因果作用力　981
總變異量　386
縱貫方法　66
縱貫研究　144
聲音延宕回饋裝置　581
聲鑰　557
聯合順序　418
聯想行為　668
聯對法　328
臨界分數　390
臨界比　533

十八　畫

叢聯法　328
歸納法　9
簡約　28
簡單結構規則　954
簡單隨機取樣　85
轉後因素解　951
轉動輪　586
轉換　363
轉換器　588
離異係數　390
雜聲產生器　606
雙列相關　506, 879
雙向交談　268
雙向細目表　494
雙衆數篩取法　328
雙對稱性　401
雙變項常態分配　886
題材　13
題庫　835
題項　831
題幹　498
句根　730

十九　畫

穩定性　366, 543
穩定係數　180
穩定係數　371

穩定與等值係數　371
簽約機構　1054
鏡描器　580
關係　350
關係分析　791
關係性研究　61, 63
關聯的樣本　837
類比式電算機　608
類名　16
類別化　852
類別尺度　355, 876
類別變項　18
類聚（群）分析　678, 829
類聚取樣法　91

二十畫

繼電器　571
繼電器電擊產生器　603
蘊涵　674
觸引　171
觸發器　575
觸覺器　581
譯成符碼　910
饑餓驅力　23

二十一畫

屬性　226
屬性變項　138, 222
續譜　835
鐵栅　585
鐵質遮板　575
鐵錘定律　562

響度　400

二十二畫

權力動機　722, 882
權威法　7
鑑別指數　506
韁繩固定裝置　606

二十三畫

變化係數　363
變異性　235
變異量　930, 932
變異量分析　126, 239, 374
變異量相等性　973
變項　17, 20, 187
變項的群體　952
變項的樣本　952
變項變異量　942
邏輯的單純性　28
邏輯效度　379
邏輯意涵　11
邏輯模式　264
顯性焦慮　23
顯性焦慮量表　23, 899
驗證量表　686
體質人類學　14

二十五畫

觀察　616
觀察法　152
觀察者的參與　160, 164
觀察變項　20

二、英漢索引

A

a posteriori comparison (事後比較) 139
a posteriori probability definition (後驗機率定義) 77
a priori assumption (先驗假設) 977
a priori comparison (事前比較) 138-139
a priori probability definition (先驗機率定義) 77
abasement (謙遜性) 822
absolute limen, AL (絕對閾限) 411
absolute proof (絕對的證實) 73
access time (取材時間) 609
accommodation (協調) 676
accuracy or precision (精確性，準確性) 367, 542
achievement (成績) 1028
achievement test (成就測驗) 515
acquiescent response style (默認反應方式) 684
action tendency (行動傾向) 521
action tendency component (行動傾向層面) 522
action-oriented research (行動取向研究) 758
active variable (主動變項) 19, 138
activity (行動) 808
additive color mixture (加色混合) 576
additive property (可加性質) 878

adoption behavior (採用行為) 54
aesthesiometer (觸覺器) 581
affiliation motive (親和動機) 722
alpha factor analysis (α 因素分析) 954
alternate-form reliability (複本信度) 371
alternative condition (替用條件) 70
amplifier (放大器) 595
amplifying-recording system (放大記錄裝置) 593
analysis of covariance (共變量分析) 105, 122, 193
analysis of insight-stimulating examples (激發頓悟之個案的分析) 58
analysis of variance (變異量分析) 126, 239, 374
analytic rotation method (分析式旋轉法) 956
anolog computer (類比式電算機) 608
antecedent (先決事項) 19
antecedent condition (先決條件) 25, 898
antecedent variable (先決變項) 283
anticipation (預期) 760
aperture (窗口) 575

apparent motion (似動現象) 577
aptitude (性向) 192
appendix (附錄) 1015
area stratified sampling (區域分層抽樣) 327
arithmetic/logical unit (算術邏輯單位) 608
assessment (評估) 492
assigned variable (派定變項) 55
assimilation (同化) 676
associative behavior (聯想行為) 668
attenuation (減縮現象) 998
attitude (態度) 192, 465
attitude scale (態度量表) 524
attribute variable (本性變項，屬性變項) 19, 138
autocorrelation (自變相關) 960, 1002
automation (自動化) 612
aversive stimulus (厭惡刺激) 603
axiom (公理) 401
axiomatic deductive theory (公設演繹理論) 961

B

balance theory (平衡論) 759
Barclay Classroom Climate Inventory (巴克雷班級氣氛測驗) 800
behavior sample (行為樣本) 377
behaviorism (行為論) 15
belief (信念) 519
bellow (風箱) 595
Bender-Gestalt Test (班達圖(完)形測驗) 664
between-individual variability (受試者相互間的變異) 369
between-Ss design (受試者間設計) 130
bibliography (書目) 1015, 1029
bimodal sift method (雙眾數篩取法) 328
Binet-Simon Intelligence Scale (比西智力量表) 1047
biofeedback (生理回饋) 599
biological sciences (生物科學) 13
biomedical telemetry (生物醫學遙感勘察術) 559
biotelemetry (生理遙感勘測器) 553
bisection system (二等分系統) 400
biserial correlation (雙列相關) 506, 879
bisymmetry (雙對稱性) 401
bivariate normal distribution (雙變項常態分配) 886
Blacky Pictures (「小黑」圖片測驗) 726
blind analysis (盲目分析) 744
block (區組，集區) 128, 240
block variable (集區變項) 222
body image (身體印象) 733
bogus table (假想表式) 1054
building-it-into method (納入法) 191
buzzer (蜂鳴器) 581
byte (位元) 609

C

California Psychological Inventory (加州人格量表) 310
canonical correlation (典型相關) 875

canonical correlation analysis（典型相關分析） 611
Cantonese Pan-cultural Scale（廣東話泛文化量尺） 824
case (個例) 973
case study (個案研究) 64, 118
Case V comparative judgment（第五型比較判斷法） 425
categorical variable (類別變項) 18
categorization (類別化) 852
category (項目，類別) 221, 355
category scale (分類量表) 404
cathode-ray oscilloscope (陰極射線示波器) 592
cathode-ray tube (陰極射線管) 553, 592
Cattell Sixteen Personality Factor Questionnaire（卡氏 16 種人格因素測驗） 309
causal-comparative study (原因比較研究) 64
causal model (因徑模型) 969
causal path (因果路徑) 965
causality (因果關係) 68
cause (因) 981
cause and effect relationship (因果關係) 302
CdS (硫化鎘) 589
ceiling effect (上限效果) 996
cell (小組) 135, 237
central processing unit (中央處理單位) 608
central tendency (集中趨勢) 886
centroid method (重心法) 951
chance model (機遇模式) 785
chance ratio (機遇比率) 785

chance response tendency（機遇反應趨勢） 181
chani (串連) 779
channel (頻道數；傳播通道) 586, 910
Children's Apperception Test（兒童統覺測驗） 726
chi-square test (卡方檢定) 785
choice-rejection status index（選-拒地位指數） 781
choice-status index (受選地位指數) 782
Chung-teh Fan Item Analysis Table (范氏項目分析表) 508
class name (類名) 16
classical conditioning (古典制約) 588
classification scheme (分類架構) 856
clique (小團體) 779
close-circuit TV (閉路電視) 607
closed questionnaire (限制式問卷) 457
closed system (封閉的體系) 963
cloth cuff (束臂布) 595
cluster analysis（類聚(群)分析） 678, 829
cluster (族群) 327
cluster method (叢聯法) 328
cluster sampling (類聚取樣法) 91
code book (編碼薄) 868
coded data (編碼資料) 609
coder (編碼員) 851, 922
coding (數碼化) 276, 850
coding frame (編碼架構) 851
coefficient of alienation (離異係數)

390
coefficient of determination (決定係數) 370, 983
coefficient of equivalence (等值係數) 371
coefficient of internal consistency (內部一致性係數) 373
coefficient of observer agreement (不同觀察者的相關係數) 180
coefficient of reproducibility (複製係數) 417, 418, 534
coefficient of stability (穩定係數) 371
coefficient of stability and equivalence (穩定與等值係數) 371
coefficient of variation (變化係數) 363
cognition (認知) 521
cognitive component (認知層面) 521
cognitive meaning (認知意義) 21
cognitive objects (認知目標) 270
cohesion index (凝結指數) 783
color disc (色盤) 576
color wheel (色輪) 576
colum (行) 994
common contacts (共同接點) 572
common factor (共同因素) 934
common variance (共同變異量) 386
communality (共同性) 933, 942
communication content (傳播內容) 904
communication source (傳播來源) 910
communicator (傳播者) 905

community survey (社區調查) 62
comparative judgment (比較判斷) 424
comparison level (比較水準) 764
compatibility index (調和指數) 783
complementary theory (互補論) 758
complete observer (局外觀察者) 160
complete participant (完全參與者) 160
complete randomized design (完全隨機化設計) 121
complete randomized factorial design (完全隨機化多因子實驗設計) 134
component variable (成分變項) 871
composite variable (複合變項) 870
computer (電算機) 553, 608, 1054
computer assisted instruction, CAI (電腦協助教學) 613
computer science (電算科學) 845
computer simulation (電算機模擬，電腦模擬) 415, 611
concept (概念) 16
conceptual definition (概念性的) 331
conceptual scheme (概念架構) 871
concomitant (相關因素) 307
concomitant variation (共變關係) 71
concurrent validity (同時效度) 380, 515

concurrent variable (並存變項) 307
confidential (機密) 160
confound (混淆) 102, 553
congruency (一致性) 762
connotative (內涵) 977
consensual validation (交感校準) 760
consequence (後果) 307
consequent (後果事項) 19
consequent condition (後果條件) 25
consistency (一致性) 366, 421, 543
constant error (常誤) 368
construct (構念) 17
construct validity (建構效度) 379, 515, 689
contact group (接觸群) 331
contamination (混梁) 250
content (內容) 705
content analysis (內容分析) 904
content validity (內容效度) 379, 515, 689
contingency coefficient (列聯相關係數) 362
contingent condition (控制條件) 70
continuity (連續性) 401
continuous variable (連續(的)變項) 18, 506
continuum (續譜) 835
contracting agency (簽約機構) 1054
contributory condition (貢獻條件) 70
control (控制) 11, 189

control section (控制區) 608
control slide (控制用幻燈片) 555
convergent thinking (聚合思考) 674
convergent validity (輻合效度) 382
correlate (相關因素) 307
correlation (相關) 933
correlation coefficient (相關係數) 369, 968
correlation ratio (相關比) 874, 879
correlation study (相關研究) 65
correlational matrix (相關係數矩陣) 940
cost (代價) 764
counter (計數儀) 586
counter-balance (對抗平衡法) 129
counter-balancing (抗平衡法) 1053
counter-balancing design (對抗平衡設計) 142
covariance (共變量) 988
covariance analysis (共變量分析) 133, 1049
covariate (共變項) 122
covariation (共變) 519
covert randomization (隱密的隨機化) 224
criteria of status (身分標準) 35
criterion (效標) 221, 354
criterion groups (效標組) 507
criterion-related validity (效標關聯效度) 379, 515
critical fusion frequency (閃光融合頻率) 578
critical ratio (臨界比) 533

cross-cultural (文化交錯) 316
cross-cultural comparison (文化比較研究) 314
cross-cultural study (文化比較研究) 314
cross-sectional approach (橫斷方法) 66
cross-sectional data (橫剖性資料) 967
cross validation (複核) 513
cubic (三次的) 132
cultunit (文化單位) 331
cultural anthropology (文化人類學) 14
culture and personality (文化與人格) 319-320
cultural diffusion (文化擴散) 23
culturally disadvantaged children (文化不利兒童) 122
cumulative recorder (累積記錄器) 587
curricular validity (課程效度) 379
cutting curve (分割線) 417
cutting point (分割點) 417, 418
cut-off score (臨界分數) 390
cylinder (圓筒) 575

D

data (資料) 405
data processing (資料處理) 608
decibel meter (分貝錶) 583
decoding (符碼還原) 910
deductive method (演繹法) 9
definiendum (被界定項) 21
definiens (界定項) 21
degree of confidence (信賴程度) 71
degree of freedom (自由度) 750
delayed auditory feedback device (聲音延宕回饋裝置) 581
delinquent subculture (犯罪性次文化) 34
denotative (外延) 976
dependability (可信賴性，可靠性) 367, 543
dependent event (從屬事件) 80
dependent variable (依變項) 18, 187, 218
depth interview (深度訪問) 272, 616
depth-perception box (深度知覺儀) 582
determinant (決定因素) 307, 704, 705, 719
determination (決定值) 994
determining condition (決定條件) 68
developmental scoring (發展計分) 665
developmental study (發展性研究) 61, 66
deviant response style (偏差反應方式) 684
diagnosis (診斷) 492
diamagazine (圓形片匣) 570
dichotomus variable (二分(的)變項) 506
dichotomy(dichotomized) variable (二分變項) 18
difference limen (差異閾限) 412
difference score (差異分數) 123
differential validity (區分效度)

381
digital computer (數量式電算機) 608
dimension (向度) 852, 934
dimensionless (超向度) 975
diode (二極體) 552
direct assignment (直接指派數值) 404
direct effect (直接作用力) 967
direction (方向性) 523
discriminal process (分辨歷程) 425
disc (圓板) 585
discriminant analysis (區別分析) 611
discriminant validity (辨別效度) 382
discriminating function (辨別功能) 524
discriminatory power (辨別力) 530
discription (描述) 887-888
disordinal interaction (非次序性交互作用) 136
disposition (傾向) 881
dissertation (博士論文) 1012
distribution (分配) 1054
divergent thinking (發散思考) 674
documentary analysis (檔案資料分析) 62
dominance (支配性) 355
dominance relation (優勢關係) 405, 418
Draw-a-Person Test, DAP (畫人測驗) 733
drive (內驅力) 10

dummy variable (擬似變項) 18, 1003
dyadic relation (二人關係) 758
dynamic analysis (動力分析) 668
dynamism (動力) 809

E
Education Index (教育索引) 1044
Educational Testing Service, ETS (美國教育測驗服務社) 505
Edwards Personal Preference Schedule, EPPS (愛德華氏個人愛好量表) 309
effector (動作器) 613
efficient estimator (有效的估計) 995
ego (自我) 698
eigenvalue (固有值) 941
EKG (心電圖) 559, 594
electric shock source (電擊裝置) 603
electrode (電極) 603
electroencephalograph, EEG (腦波，腦波圖，腦波儀) 559, 594, 596
element (單元) 1052
elementary unit (基本單位) 263
elimination method (排除法) 190
EMG (肌電圖) 594
emic approach (文化主位研究) 169
emotional expansiveness (情緒擴張性) 781
empathy (擬情作用) 707
empirical (實徵性) 6
empirical concept (實徵性概念)

20, 24
empirical expectancies (經驗預期數) 395
empirical meaning (實徵意義) 32
empirical model (實徵模式) 678
empirical quantity (實徵數量) 978
empirical relational system (實徵關係系統) 399
empirical test (實徵性(的)檢驗) 49, 352
empirical validity (實徵效度) 380, 689
empirical variable (實徵性變項) 20
encode (製碼) 613
encoding (譯成符碼) 910
end point (終點) 936
endnote (附註) 1029
endogenous variable (內衍變項) 971
environmental variable (環境變項) 303
equal interval (相等間隔) 878
equal delta solution (相等Δ解法) 449
equivalent-form method (複本法，複式法) 515, 543
ergo proper hoc fallacy (事後歸因的謬誤) 306
error estimate (誤差估計) 1052
error of bias (偏誤) 368
error of measurement (測量誤差) 368
error term (誤差項) 138
error variance (誤差變異量) 240, 386

estimation model (估計模型) 964
estimate of time (時間估計) 793
ethnocentrism (自族中心主義) 22
Ethnographic Atlas (民族誌圖表) 323
ethnographic data quality control (民族誌品質控制) 332
evaluation (性質) 808, 824
event (事件) 16
event marker (事件記錄器) 587
ex post facto (事後回溯性) 962
ex post facto designs (事後回溯設計) 117
ex post facto experiment (事後回溯實驗) 1052
ex post facto research (事後回溯研究) 218
exact-identification (恰好認定) 990
exactly identified (恰好認定) 972
exchange theory (交換論) 758
existence (存在) 399
exogenous variable (外衍變項) 970
expectation (期望) 281
experience survey (經驗調查) 57
experimental control (實驗控制) 132, 193
experimental design (實驗設計) 98
experimental mortality (受試者的亡失) 112
experimental operational definition (實驗的操作性定義) 24
experimental validity (實驗效度) 193

experimental variable (實驗變項) 187
experimentation (實驗法) 184
explanandum (被解釋項) 36, 898
explanans (解釋項) 36, 898
explanation (解釋) 11, 36, 898
exploratory research (探索性的研究) 155
external validation criterion (外在效標) 507
external validity (外在效度) 114, 194, 506, 563, 1051
extraneous variable (無關變項，外擾變項) 98, 188, 553, 1048
extraneous variance (無關變異量) 101
extrapunitive response (責人反應) 739
extreme values (極端值) 102
eye camera (眼睛攝影機) 559
eye field, EF (眼視野) 578

F

F test (F 檢定) 237, 879
fabricated treatment (虛構處理) 225
face validity (表面效度) 379, 686
facet theory (層面理論) 674
fact-finding (尋找事實) 261
factor (因素) 519
factor analysis (因素分析) 378, 879
factor-analysis model (因素分析模式) 678
factor coefficient (因素係數) 932
factor loading (因素負荷量) 932, 984
factor matrix (因素矩陣) 940
factor score (因素分數) 932
factor variance (因素變異量) 941
factoral axis (因素軸) 938
factorial design (多因子實驗設計) 134
factual information (事實資料) 268
feedback (反饋) 1001
feeding platform (餵食台) 602
feeling (感覺) 521
feeling component (感覺層面) 522
field dependence (視野依賴性) 580
field experiment (實地實驗) 185
field experimentation (實地實驗研究) 218
field independence (視野獨立性) 580
field sociometry (場地社會計量法) 793
finger dexterity (手指靈巧度) 561
finger electrode (手指電極) 595
finished science (完備科學) 6
finite population (有限群體) 82
five-dimensional model (五個層面的模式) 375
fixed (固定的) 972
fixed-effect model (固定效果模式) 138
fixed-point (定點) 609
Flanagan formula (范氏公式) 372
flicker field, EF (閃光視野) 578
flicker-fusion apparatus (閃光融合器) 578
floating-point (浮點) 609

flow chart (流程圖) 274－275
flow plan (流程計畫) 274
focused interview (重點訪問) 272
folding (折疊) 437
food tray (食物槽) 585
footnote (註腳) 1028
forced-choice item (迫選式題目) 686
formal analysis (形式分析) 668
formal interview (正式訪問) 271
fraction (分數) 976
fraternal interest group (盟兄弟組織) 320
free association period (自由聯想階段) 703
free recall (自由回憶) 576
frequency analysis (次數分析) 852
frequency analyzer (頻率分析錶) 583
frequency distribution (頻率分配) 906
frequency statistics (次數的統計) 362
frontal panel (前機器板,鐵質遮板) 571, 575
frustration-aggression hypothesis (挫折攻擊假設) 30
full factorial experimental design (全因素實驗設計) 241
functional theory (功能性的理論) 33

G

Galton bar (目測計) 582
galvanometer recorder (電流計記錄器) 595
gate keeper (守門人) 914
general factor, G factor (普遍因素) 673
general intellectual factor (普化智能因素) 674
generality (一般性) 29
generalization (概判,概化) 9, 31, 892
generalized proposition (概化命題) 265
genotype (內隱型) 519
geometric mean (幾何均數) 363
goal box (目的箱) 563
granting agency (資助機構) 1054
graph theory (圖形理論) 415
grid bar (鐵柵,柵棒) 585, 603
group coherence (團體的凝結性) 785
group cohesiveness (團體凝聚力) 23
Group Personality Projective Test (團體人格投射測驗) 740
group preference record (團體偏好記錄) 793
group sampling (集體取樣法) 90
group self-preference (團體的自我偏愛) 785
growth study (成長研究) 66
GSR (膚電反應) 558, 594
guess-who technique (「猜是誰」技術) 792
Guilford-Zimmerman Temperament Survey (基、晉二氏氣質測驗) 310
Guttman's scale (Guttman 式量表) 336

1095

索引

H

habit (習慣) 1028
heart-rate scale (心跳速度量尺) 600
hardware (硬體) 608
harmony and consistency (一致性) 524
harness restrainer (韁繩固定裝置) 606
Hawthorne effect (霍桑效應) 116, 563
heterogeneity (異質性) 375
heterogeneous (異質) 85
heuristics (啓發性技巧) 612
hierarchal experiment (階層設計) 138
Holtzman Inkblot Text (霍滋曼墨漬測驗) 717
homogeneous (同質) 103
homogeneity (同質性) 375
homoscedasticity (變異量相等性) 973
horizontal deflection plate (水平偏向板) 593
House-Tree-Person, H-T-P (屋、樹、人測驗) 735
Human Relations Area Files, HRAF (人類關係區域檔案) 322
hunger drive (饑餓驅力) 23
hyperspace (超限空間) 940
hypothesis (假設, 假說) 8, 25, 30, 52
hypothetical proposition (假設性命題) 33
hypothetico-deductive theory (假設演繹式理論) 33
hypotholamus (下視丘) 604

I

ideal or criterion Q sort (理想的或標準的 Q 分類資料) 835
identification (認定) 989
image (影像) 952
image analysis (影像分析) 952
imperialism (帝國主義) 544
implication (蘊涵, 意涵) 674
impunitive response (免責反應) 739
incest taboo (亂倫禁忌) 334
inconsistency (不一致) 421
independent event (獨立事件) 80
independent variable (自變項) 18, 187, 218, 307
index (指數) 777
index of discrimination (鑑別指數) 506
index of reliability (信度指數) 370
index of validity (效度指標) 507
indicator (指標) 519, 964, 1000
indirect effect (間接作用力) 981
indirect least square, ILS (間接最小平方) 995
individual (個體) 82
individual ideal point (受試者理想點) 436
individual prediction (個人預測) 395
Individual Traditionality-Modernity Scale, ITM Scale (個人現代性量表) 307
inductive method (歸納法) 9
infinite population (無限群體) 82

索引

information (訊息) 608
informal interview (非正式訪問) 272
information retrieval (訊息檢覆) 613
information variable (訊息變項) 1052
ink writing oscillograph (筆描式示波器) 597
input (輸入) 972
input devices (輸入裝置) 608
inquiry (詢問) 704, 718
insitu (在原地) 171
instantaneous feedback (並進反饋) 1001
institution survey (機構調查) 62
institutional prediction (機構預測) 393
instruction (指令) 609
instrument (儀器) 552
intelligence (智力) 398, 1028
intelligence quotient, IQ (智商) 398
intensity (強度) 400
intention (意圖) 281
interaction (交互作用，互涉，互動) 70
interaction chronograph (互動記錄器) 176
interaction effect (交互作用效果，互涉性的影響) 100, 896
interaction process analysis, IPA (互動歷程分析) 171
interaction process score, IPS (互動過程分數) 172
interaction theory (互動論) 758

interest (興趣) 1028
interindividual variability (受試者相互間的變異) 369
interitem consistency (項目間的一致性) 373
interjudge consistency (評判員間的一致性) 789
internal consistency (內在 (部) 一致性) 434, 506
internal impedance (內電阻) 589
internal validity (內在效度) 110, 194, 553, 561, 1052
internationalism (國際主義) 544
interpretation (說明) 888
inter-rater consistency (評分者間的一致性) 692
interrelationship study (關係性研究) 61, 63
interstimulus interval (刺激間時距) 570
interval (間隔) 359
interval sampling (間隔取樣法) 86
interval scale (等距尺度) 359, 505, 877, 969, 973
interval sift method (區段篩取法) 328
interval timer (時距控制器) 571
intervening variable (中介變項) 20, 188, 519, 965
interview (訪問) 268
interviewing (訪問法) 616
intra-individual variability (受試者內在的變異) 369
intrinsic validity index (信度指數內在效度指標) 387
intropunitive response (責己反應)

739
invariant (不變的)　409
ipsative approach (自比性研究)
　828-829
isolate (孤立)　777
isomorphism (形式對稱性)　352,
　969
item (題項)　831
item difficulty (項目難度)　504
item discrimination (項目鑑別度)
　504
item pool (題庫)　835

J
job analysis (工作分析)　62
joint order (聯合順序)　418
judge (評判者，評分員)　536, 922
judgmental (判斷的)　325
judgment sampling (判斷取樣法)
　93
jury opinion (專家鑑別法)　545
just noticeable difference (最小差
　別感)　31

K
Kendall's W (肯氏 W)　363
keypunch machine (打孔機)　864
Knowing (知道)　676
known groups (既知團體法)　545
Kuder-Richardson formula 20 (庫
　李二十號公式)　373
Kuder-Richardson formula 21 (庫
　李二十一號公式)　373
Kuder-Richardson method (庫李法)
　515
Kuder-Richardson reliability (庫李

氏信度)　374, 691
kurtosis (峰度)　874

L
label (標記)　355
laboratory experimentation (實驗
　室研究，實驗觀察研究)　184, 185,
　218
lagged variable (延宕變項)　1001
laser (雷射)　553
Lashley jumping stand (拉氏跳台)
　602
latent variable (內隱變項)　519
Latin square (拉丁方格)　142, 243
law (定律)　9, 31
law of comparative judgment (比
　較判斷法)　424－425
law of the hammer (鐵錘定律)　562
Lawshe expectancy tables (勞氏預
　期表)　395
learning hierarchy (學習階序)　675
less structured interview (低度結構
　的訪問)　272
level (水準，層次)　134, 855, 875,
　886
level of aspiration (抱負水準)　683
lever unit (壓桿裝置)　584
lie scale (測謊量表)　686
light meter (光度表)　583
light target (光標的)　592
Likert scale (Likert 式量表法)
　527
linear (直線的)　132
linear causal model (直線因果模型)
　966
linear combination (直線性組合)

971
linear regression equation (直線性迴歸方程式)　969
linked pair method (聯對法)　328
list (列表)　575
literary altenative hypothesis (文義性的對立假設)　1045
literary definition (文義性定義)　22
literary null hypothesis (文義性的虛無假設)　1045
literature survey (文獻調查)　57
load (負載)　573
local community (地域社區)　331
location (部位)　705
logical implication (邏輯意涵)　11
logical model (邏輯模式)　264
logical simplicity (邏輯的單純性)　28
logical validity (邏輯效度)　379
longitudinal approach (縱貫方法)　66
longitudinal study (縱貫研究)　144
loop (樂普)　225
loudness (響度)　400

M
MMPI (明尼蘇達多相人格測驗)　678
macroscopic (巨觀的)　410
magnitude estimation (大小估計量表)　404
manifest anxiety (顯性焦慮)　23
Manifest Anxiety Scale (顯性焦慮量表)　23, 899
manifest behavior (外顯行為)　668

manifest variable (外顯變項)　519
manipulate (操縱)　98
manipulated variable (操縱變項)　55
matched-pair method (配對法)　328
matching (配對)　241
matching method (配對法)　103, 191
mathematical model (數學模型)　963
mathematico-deductive theory (數學演繹式理論)　33
matrix algebra (矩陣代數)　930, 990
maximized (儘量的)　190
maximum likelihood solution (極大可能解)　954
McBee card (麥比卡)　158
mean (平均值)　196, 974
meaningfulness (意義性)　399
measurable (可測的)　398
measure (量標)　661
measured operational definition (測量的操作性定義)　24
measurement (測量)　94, 875
measurement error (測量誤差)　963, 996
measurement scale (測量尺度)　876
measurement theory (測量理論)　398, 401
members of different sets (不同集合內的份子)　406
members of the same set (同一集合內的份子)　406

member-leader analysis (成員領袖分析) 172
memory drum (記憶鼓) 562, 575
memory span (記憶廣度) 191
mental transformation (心理轉變) 676
message (訊息) 910
method of agreementand difference (相同與差異法則) 65
method of authority (權威法) 7
method of average error (均誤法) 411
method of bisection (二分法) 360
method of constant stimuli (恆常刺激法) 358, 411
method of cumulative scale (累積法) 526
method of equal-appearing intervals (等距法) 360, 526
method of interval estimation (區段估計法) 360
method of intuition (直覺法) 7
method of limit (極限法) 411
method of paired comparisons (配對比較法) 358, 425
method of rank order (等第順序法，次第排列法) 357, 879
method of rating scale (評定量表法) 879
method of ratio estimation (比值估計法) 361
method of semantic differential (語義分析法) 806
method of successive category (連續性類別法) 358
method of summated ratings (總加法) 526
method of tenacity (慣常法) 7
methodology (方法論) 4
metric relation (計量關係) 441
Michigan Picture Test (密西根圖片測驗) 725
micro-electrode (微小電極針) 604
microminiaturiation (極微小化) 552
midpoint, M (中點) 438
mimeographed sociogram (複印式社會圖) 773
mind-body (心物之間) 410
minimized (最小) 190
Minimum residual factor analysis, minres (最小殘餘因素分析) 953
mirror drawing apparatus (鏡描器) 580
missing data (缺失資料) 866
mixed-effect model (混合效果模式) 138
mode (衆數) 867
model (模式) 611
moderator variable (干涉變項) 884
monotonicity (單調性) 401, 424
motivation (動機) 192, 547, 680
Müller-Lyer illusion board (繆氏錯覺機) 582
multicategory control (多項控制) 222
multicollinearity (多元直線性相關) 973
multidimensional (多向度) 408
multiple correlation (複相關) 875, 878-879

multiple correlation coefficient (複相關係數)　983
multiple-mention code (複述編碼)　861
multiple-factor design with blocks (集區多因素設計)　243
multiple-stage sampling (多段取樣)　92
multiplexity (多面性)　523
multitrait-multimethod matrix (多元特質、多重方法矩陣)　382
multivariate (多變項)　554
multivariate analysis (複變項分析)　146, 930, 969
multivariate analysis-of-variance (複變項變異量分析)　611
multivariate factor analysis (複變項因素分析)　984
multivariate linear model (複變項的線型模式)　932
mutual reject (互拒)　779
mutually exclusive (互斥)　852
mutually exclusive events (互斥事件)　79

N

native anthropologist (土著人類學家)　164
natural observation (自然觀察研究)　152
natural origin (自然原點)　877-878
naturalistic situation (自然狀態)　152
necessary condition (必要條件)　69, 385, 994
need (需要)　547

need for autonomy (自主需要)　309
need for deference (順服需要)　309
need for heterosexuality (異性需要)　309
need for power (權力動機)　882
need-press method (需要-壓力原則)　721
negative item (負向項目)　530
Negro Scale (黑人量表)　544
nested classification (套含分類)　138
neutral (中性)　823
nominal scale (類別尺度)　355, 876
nominal variable (類別變項)　18
nomothetic approach (通則性的研究)　828
nondirective interview (非引導性訪問)　272
non-numerical measurement (非數值關係系統來測量)　415
non-parametric statistics (非母數統計學)　363, 877
non-participant (非參與的)　155
non-participation (非參與)　156
non-experimental (非實驗)　967
non-probability sampling (非機率取樣)　92
nonrandom error (非機率誤差)　997
non-random sampling (非隨機取樣)　92
non-recursive model (非單向回溯模型)　968
non-sampling errors (非取樣誤差)　94
nonsense syllable (無意義音節)　575

norm (常模)　514, 661, 688, 690
normal distribution (常態分配)　196
normally closed contacts (經常閉路接點)　572
normality (常態性)　886
normally open contacts (經常開路接點)　572
norminal scale (類別尺度)　335
note (附註)　1029
null hypothesis (虛無假設)　54
number (數值)　348
numeral (數字)　348, 350
numerical relational system (數值關係系統)　399

O

objectivity (客觀性)　514
Objects Relations Technique (人物關係測驗)　741
oblique rotation (斜角旋轉法)　955
observation (觀察)　616
observational method (觀察法)　152
observed variable (觀察變項)　20
observer-as-participant (觀察者的參與)　160, 164
obtained score (實得分數)　369
occasin (時機)　141
one-to-one correspondence (一與一的對應)　969
one-way analysis of variance (單因素變異量分析)　872
one-way glass (單面透光玻璃)　607
on-line printer (線上印出器)　612
open-ended questionnaire (開放式問卷)　458
operant conditioning (操作制約)　559, 584
operational alternative hypothesis (操作性的對立假設)　1045
operational definition (操作性定義)　20, 22, 265, 276, 331
operational null hypothesis (操作性的虛無假設)　1045
operational procedure (運作程序)　301
opinion (意見)　465, 519, 547
option (選項)　498
optimal value (最佳值)　102
order (次方)　994
order effect (順序效果)　1053
order relation (順序關係)　418
ordered pairs (有序配對)　350
ordinal interaction (次序性交互作用)　136
ordinal scale (等級尺度)　356, 505, 876
ordinary least square (常用最小平方)　972
organic (有機的)　414
original response, O (獨特反應)　709
original variable (原始變項)　870
orthogonal rotation (直角旋轉法)　955
oscillograph (筆描式示波器)　592
oscilloscope (映管式示波器)　592
Ota ring (子宮環)　225
outcome (結果，淨值)　405, 764
output (輸出)　930
output devices (輸出裝置)　608
overhead (經常費或間接費)　1056

over-identification (過度認定) 990

P

pair (配對，對偶) 240, 778
paired-associate learing (對聯學習) 448
pan-cultural scale (泛文化語義分析工具) 809
panel board (配電板) 585
panel method (小樣本連續研究法) 890
panel study (多次研究) 967
paradigm (基本模式) 98
parallel form (複本) 683
parameter (母數) 874, 965
parametric statistics (母數統計學) 363, 878
parent population (母群體) 81
parent universe (母群體) 81
parsimonious (簡約) 28
partial correlation (淨相關，部分相關) 879, 960
partial-factorial experimental design (部份因素實驗設計) 243
partial-path coefficient (淨因徑係數) 968
partial-regression coefficient (淨迴歸係數，部分迴歸係數) 968, 975
participant (參與的) 155
participant observation (參與觀察) 161
participant-as-observer (參與者的觀察) 160, 164
participation (參與) 155-156, 220, 616
partition method (分割法) 412

path analysis (因徑分析) 879
path coefficient (因徑係數) 965
path diagram (因徑圖) 967
path regression coefficient (因徑迴歸係數) 975
pattern recognition (圖型認知) 612
Pearson's product-moment correlation (皮氏積差相關係數) 872
pecking order (啄序) 406
pellet dispenser (食物丸輸送器) 584-585
percentage passing (通過的百分比) 504
perception of verticality (垂直知覺) 580
perfect scale (完全量表) 417, 419
performance test (實作測驗) 666
Personal Data Sheet (個人資料表) 658
personal equation (個人方程式) 557
phenotype (表徵型) 519
phi phenomenon (phi 現象) 577
phenomenal zero (心理上的零點) 362
photocell tube (光電管) 556, 588
photoelectric device (光電管裝置) 588
physical anthropology (體質人類學) 14
physical dimension (物理向度) 409
physical scaling (物理量度法) 409
physical sciences (物理科學) 13
Picture Story Test (圖畫故事測驗)

726
pilot study (嘗試研究) 94
point-biserial correlation (點值雙列相關) 506
polygraph (多筆記錄器) 559, 594
polytomy variable (polytomized variable) (多元變項) 18
pooled estimate (合併計算估計) 236
popular response, P (從眾反應) 705, 708
population (群體，母體) 77, 81, 455, 916, 977
population genetics (人口遺傳學) 965
population of subjects (受試者的群體) 952
population of variables (變項的群體) 952
positive item (正向項目) 530
post hoc fallacy (事後歸因的謬誤) 306
post-coding (事後編碼) 851
postulate (基本假定) 33
potency (力量) 808
power (乘冪) 413
power of discrimination (辨別力) 528
power motive (權力動機) 722
preamplifier (前置放大器) 592
precision (準確度) 94
predetermined (既定的) 970
predictability (可預測性) 367
prediction (預測) 11, 38, 492
prediction of action (預測法) 545
predictive validity (預測效度) 380, 515
pre-experimental design (前實驗設計) 117
preferential choice (喜好選擇) 436
preferred (任選的) 335
preliminary materials (前列資料) 1013
premise (前提) 36
prescriptive (規定的) 335
pretest (試測) 48
primary mental ability, PMA (基本心智能力) 493
principal-component analysis (主要成分分析) 938
principal factor solution (主要因素解) 951
principal-component factor analysis (主軸因素分析法) 786
printout counter (印字式計數儀) 586
printout time (印出時間) 586
priori population (事先的群體) 1052
private (私人) 160
probabilistic sampling (機率抽樣) 973
probability (機率) 76
probabilistic (概率性的) 961
problem of specification (規劃的問題) 985
process (歷程) 696
processcontrol (過程的控制) 612
product-moment coefficient (乘積相關係數) 935
profile (剖析圖) 821

program (程式) 930
programmed (編序的) 559
programmed event timer (編序時距控制器) 574
programing timer (編序計時儀) 570
progressive error (累進誤差) 105
projector (幻燈機) 556
projective test (投射測驗) 658, 666, 680
property (屬性,性質) 226, 881
property variable (屬性變項) 222
propinquity (接近) 763
proportion (比率) 983
proportional sampling (比率取樣法) 90
proportionality method (比率法) 412
province (區) 327
provocation (觸引) 171
proximity relation (接近關係) 405
psychiatry (精神醫學) 14
psychogroup (心理團體) 767
Psychological Abstracts (心理學摘要) 1044
psychological anthropology (心理人類學) 13, 320
psychological dimension (心理向度) 409
psychological distance (心理距離) 412
psychological or phenomenal zero (心理上的零點) 362
psychological scaling (心理量度法) 409
psychological test (心理測驗) 492, 658
psychological vonometer (心理電流計) 561
psychophysics (心物學) 582
psychophysiology (心理生理學) 13
public (公開的) 160
public opinion survey (意見調查) 62
pulse (脈衝) 586, 603
pupil-response apparatus (瞳孔反應儀) 555
pupil size (瞳孔大小) 554
purposive (有意的) 325
purposive sampling (立意取樣) 92
pursuit rotor (追轉輪) 591
pursuit tracker (追轉儀) 592
pychophysics (心物學) 583
pyshcophysical scaling (心理物理量度法) 409

Q

Q methodology (Q 方法論) 828
Q sort (Q 分類) 829
Q technique (Q 技術) 829
Q value (Q 值) 537
quadratic (二次的) 132
quai-experiment (準實驗) 302
qualifier (形容詞) 809
qualitative analysis (質的分析) 504
qualitative variable (質的變項) 876, 879
quantitative analysis (量的分析) 504
quantitative variable (量變項) 878
quantitative study (量化研究) 963

quasi-experiment (準實驗) 294, 302
quasi-experimental design (準實驗設計) 134, 139
questionnaire (問卷) 454
quota sampling (配額取樣法) 93

R
R methodology (R 方法論) 829
R technique (R 技術) 829
random access (隨機取材) 612
random assignment (隨機分派) 103, 192, 200
random error (隨機誤差) 367
random number table (亂數表，隨機號碼表) 87
random sampling (隨機取樣) 84, 200, 916
random-effect model (隨機效果模式) 138
randomization (隨機化，隨機法，隨機原則) 103, 192, 220, 305, 1048
randomized block (factorial) design, RBF (隨機化區組 (多因子實驗) 設計) 105, 128, 134, 136
randomized variable (隨機 (化) 變項) 222, 1052
range (界限) 350
rank correlation (等第相關) 880, 885
rapport (良好關係) 687
rat chamber (訓練箱) 584
rating scale (評定量表) 404, 752, 766, 859
ratio estimation (比率估計) 404
ratio of attraction (吸引率) 782

ratio of interest for home groups (內群親近率) 783
ratio of interest for outside groups (外群親近率) 783
ratio of repulsions (拒斥率) 783
ratio scale (等比尺度) 361, 877, 973
rationalistic method (推理法) 7
rational-theoretical model (推理理論模式) 679
reaction timer (反應時間儀) 589
reaction time (反應時間) 557, 703
reactive effect of testing (測驗的反作用效果) 115
real definition (真實性定義) 21
real-time system (即時系統) 608, 612
reasearch design (研究設計) 8
reasoning (推理) 7
receiver (接收者，接受者) 905, 910
recorder unit (記錄裝置) 585
recursive model (回溯模型) 962
reduced form (縮減形式) 991
reference (參考文獻) 1029
reference group (參考團體) 22
reflexivity (反身性) 401
register (存錄器) 609
regression analysis (迴歸分析) 611, 879, 964
regression line (迴歸線) 935
reinforcement (增強作用) 24, 585
reinforcement theory (增強理論) 11
reject (被拒) 777
rejection (拒絕反應) 703

rejection-status index (受拒地位指數)　782
related samples (關聯的樣本)　837
relation (關係)　350
relational analysis (關係分析)　791
relative frequency (相對次數)　425, 429
relative popularity index (相對名望指數)　784
relay (繼電器)　571
relay pulse former (繼電器電擊產生器)　603
relevance (適切性)　514
reliability (信度)　180, 237, 366, 515, 542, 661, 933
reliability coefficient (信度係數)　180, 370
REM (快速眼動)　561
repeated interview (反覆訪問)　272
repeated measure (重複量數)　105, 129, 131
repetitive self-recycling sequence (自動重新回轉的次序)　573
replication (複驗)　247
representation (表現)　399
representativeness (代表性)　115
repression (壓抑作用)　24
research design (研究設計)　8, 55
research method (研究法)　4
reset (重調)　586
residual (殘餘)　953, 968
residual correlation matrix (殘餘相關係數矩陣)　948
response set (反應心向)　682, 685
response style (反應方式)　682, 684
response variable (反應變項)　187

reward (報酬)　764
robustness (堅韌性)　887
rod-frame apparatus (桿框調整器)　579
rotated factor solution (轉後因素解)　951
rotation experiment (輪換實驗設計)　142
row (列)　243
rule (法則)　348
rule of assignment (分派的法則)　348
rules of simple structure (簡單結構規則)　954
Rulon formula (盧氏公式)　373
running wheel (轉動輪)　586

S

sample (樣本)　77, 82
sample cultures (樣本民族，樣本文化)　325, 331
sample ethuic groups (樣本民族)　325
sample heterogeneity (樣本異質性)　384
sample of subjects (受試者的樣本)　952
sample of variables (變項的樣本)　952
sample size (樣本的大小)　94, 835
sample survey (樣本調查)　261
sampling (取樣，抽樣)　83
sampling error (取樣誤差，抽樣誤差)　94, 279
sampling frame (抽樣名冊)　278
sampling interval (取樣距離)　86

scale (量表,量尺,尺度) 336, 660, 809, 810, 907
scale value (量表值) 402, 427, 430, 434
scaling method (量度化方法,量表法) 398, 413, 793
scalogram analysis (量表圖分析法) 416
scheme (始基) 676
scientific theory (科學理論) 31
scorer reliability (評分者信度) 375
scree test (陡階檢驗) 946
secret (隱秘的) 160
selection ratio (選出率) 393
selection-maturation interaction (選擇與成熟的交互作用) 113
selective reaction timer (選擇反應時間儀) 565
self-administered questionnaire method (當面分發問卷法) 273
self-rating (自我評估) 792
self-selection (自我選擇) 207, 305, 309
self-stimulation device (自我刺激裝置) 604
set (集合) 348
set theory (集合論) 415
semantic space (語義空間) 808
sensation magnitude (感覺量) 411
sensor (偵察器) 613
sensorimotor skill (感覺動作技能) 580
sensory-motor (感覺運動) 676
sensory modality (感覺形式) 674
sentence-completion test (句子完成測驗) 667
serial position (系列位置) 576
set theory (集合論) 415
shaping (塑造) 559
sharpness of discrimination (辨別尖銳性) 525
shock generator (電擊產生器) 603
shuttle box (老鼠梭箱) 600
sign rule (符號法則) 961
signal detection theory (訊號察覺理論) 414
signs (項目) 734
similarity theory (相似論) 758
simple random sampling (簡單隨機取樣) 85
single-factor design (單因素設計) 239
single-factor design with blocks (集區單因素設計) 240
single-member district (單選舉區制) 37
situation (情勢) 912
situation centered (情境為中心) 727
skewedness (偏度) 874
Skinner box (斯肯納箱) 559, 1022
skylab mission (太空實驗室任務) 559
Small-World Technique (小世界法) 794
social and behavioral sciences (社會及行為科學) 13
social approval motive (社會讚許動機) 309
social class (社會階層) 880
social desirability (社會期許性,社

會期望) 665, 685
Social Desirability Scale (社會期許量表) 309
social intensity (社會強度) 781
social survey (社會調查) 261
social-status index (社會地位指數) 781
socio-economic status, SES (社會經濟地位) 23, 473
sociogram (社會圖) 770
sociogroup (社會團體) 767
sociomatric test (社會計量性測驗) 766
sociomatrix (社會矩陣) 770
sociometry (社會計量法) 758
software (軟體) 608
solid-state transistor (固態電晶體) 552
Solomon (所羅門) 126
source trait (潛源特質) 678
space shuttle program (太空梭車計畫) 559
spatical-practical-mechanical factor (空間操作機械的因素) 674
Spearman-Brown formula (斯布公式) 372
specific factor, S factor (特殊因素) 673
specific variance (特殊變異量) 386
specification error (規劃誤差) 986
specificity (特殊性) 29, 933
spectrophotometer (光譜表) 583
split-half correlation (折半相關法) 743
split-half method (折半法) 515, 543
split-half reliability (折半信度) 372
split-plot repeated measure design, SPF (分割區重複量數設計) 134, 137
spuriou (虛假不實) 890
spurious correlation (虛假相關) 963
squared multiple correlation, SMC (複相關係數平方) 950
stability (穩定性) 366, 543
stability coefficient (穩定係數) 180
Standard Cross-culture Sample (標準文化比較樣本) 327
standard deviation (標準差) 94, 974
standard error (標準誤) 94
standard error of estimate (估計標準誤) 390
standard error of measurement (測量標準誤) 369
standard error of the difference (差異的標準誤) 389
standard normal distribution (標準常態分配) 430
standard score (標準分數) 506
standard stimulus (標準刺激) 582
standardization (標準化) 480, 514
standardized interview (標準化訪問，標準化的會談) 272, 753
standardized path coefficient (標準化因徑係數) 975
start box (出發箱) 563, 601
statement (題項) 831

static group comparision (靜態組比較) 119
statistical control (統計控制) 133, 193
statistical regression (統計迴歸(現象)) 111, 196
statistically independent (統計上互相獨立的) 970
statistical test (統計檢定) 873
statistical validity (統計效度) 380
stem (題幹，句根) 498, 730
step (一步一步) 587
stepping motor (階步式傳動馬達) 575
stereotype (定型印象，刻板印象) 818
stimulus (刺激因素) 226
stimulus magnitude (刺激量) 411
stimulus slide (刺激用幻燈片) 555
stimulus ideal point (刺激的理想點) 447
stipulated definition (約定性定義) 21
storage (儲存單位) 608
stratification (分層) 85
stratified sampling (分層取樣法) 90
stratum (層) 90
structional model (結構模型) 964
structural equation (結構方程式) 969
structured interview (有結構的訪問) 271
structured observation (有結構的觀察) 155
structured Q sort (結構性 Q 資料分類) 831
structured questionnaire (結構型問卷) 456, 457
style (格調) 339
subgroup (次團體) 779
subject matter (題材) 13
subject variable (對象變項) 303
subjective probability definition (主觀機率定義) 78
subjective report (主觀報告) 668
subroutine (副程式) 610
subset (子集合) 350
sufficient condition (充分條件) 6, 69, 385, 994
superego (超我) 698
survey study (調查性研究) 61
symmetric (對稱的) 402
symmetric causal relationship (互為因果) 71
synesthesia (共通感覺) 806
synthetic validity (合成效度) 381
system analysis (系統分析) 613
systematic sampling (系統取樣法) 86
systematic variance (系統性變異量) 105
systematic variation (系統的變異) 368

T

t test (t 檢定) 237, 879
T-maze (T 形迷津) 601
tachistoscope (瞬間現露器，速示器) 308, 558, 569
target (標的) 577
target sociogram (標的社會圖)

774
task rotation (工作輪換)　210
task variable (工作變項)　303
taxonomy (分類法)　613
Taylor-Russell expectancy tables (泰、羅二氏預期表)　392
technology (技術)　5
teleprocessing (電傳處理)　608
terminal (電腦終端站)　613
test anxiety (測驗焦慮)　682
test battery (測驗組)　694
testability (可驗證性)　28
test-retest (再測)　665
test-retestmethod (再測法)　515, 543, 743
test-retest reliability (再測信度)　370
tetrachoric correlation (四分相關)　879
Thematic Apperception Test, TAT (主題統覺測驗)　698
thematic method (統覺測驗法)　723
theorem (定理)　33
theoretical communality (理論共同性)　948
theoretical expectancies (理論預期數)　395
theoretical framework (理論架構)　301
theory (理論)　9, 29, 31
thesis (碩士論文)　1012
thing (東西)　16
time samples (時間樣本)　140
time schedule (時制)　1053
time sequence (時間順序)　889

time series design (時間系列設計)　144
time-sharing system (分時系統)　608
timer (計時儀)　586
total effect (總因果作用力)　981
total variance (總變異量)　386
trait (特質)　347, 519
transcultural definition (跨越文化的定義)　334
transducer (轉換器)　588
transformation (轉換)　363
transitivity postulate (遞移假定)　354
treade (腳踏板)　606
treatment (處理)　221
treatment effect (處方效果，處理效果)　692
trend analysis (趨向分析法)　109, 132
trend study (趨勢研究)　66
trigger (觸發器)　575
trimming (刪修)　988
true measure (眞實量數)　367
true experimental design (眞正實驗設計)　120
true score (眞正分數)　369
true zero (眞零，眞正的零點)　877
trustworthiness (可靠性)　366
two-stage least squares, TSLS (二段最小平方)　995
two-stage sampling (兩段取樣)　91
two-step flow of information (兩段溝通)　51
two-way conversation (雙向交談)　268

two-way specification table（雙向細目表） 494
two-wave two-variable（二階段二變項） 1001
type of notation（記號法） 176

U

unbiased estimation（無偏差估計） 995
under-estoimate（低估） 988
under-identification（不足認定） 990
unexplained variation（未可解釋變異度） 961
unfolding（重折） 437
unidimensional（單向度） 408
unidimensional scale（單向度量表） 534, 542
unidimensional nommetric method（單向度非計量法） 447
unidimensional unfolding technique（單向度重折法） 435
unique（單一） 992
uniqueness（唯一性，獨特性） 399, 933
unit（單位） 128, 905
unit of measurement（測量單位） 978
univariate（單一變項） 554
univariate analysis（單變項分析） 146
universe（群體） 81, 301, 325
unstructured and non-participant observation（無結構非參與的觀察） 156
unstructured interview（無結構的訪問） 272
unstructured observation（無結構觀察） 155
unstructured Q sort（非結構型 Q 分類材料） 831
unstructured questionnaire（無結構型問卷） 456
unsystematic variation（非系統的變異） 368

V

valence（強弱度） 523, 524
validation（效度） 377, 378
validity（效度） 366, 515, 545, 661
validity criterion（效度標準） 380
value（價值） 221, 519, 547
value categories（價值類目） 919
variability（變異性） 235
variable（變項） 17, 20, 187
variable stimulus（可變刺激） 582
variable variance（變項變異量） 942
variance（變異量） 930, 932
vector（向量） 935, 984
verbal-education factor（語文教育因素） 674
verification（檢證，驗證） 9
verification scale（驗證量表） 686
vertical deflection plate（垂直偏向板） 593
vicarious behavior（替代性行為） 611
viewing chamber（窺視箱） 570
visual psychophysics（視覺心物學） 570
voice key（聲鑰） 557

W

WAIS (韋氏成人智力測驗) 669
Weber's law (weber 定律) 31
weighting (加權權數) 280, 932
Wheastone bridge (惠斯登電橋) 595
white noise generator (雜聲產生器) 606
whole response, W (總反應，整體反應) 704
within-cell (實驗小組內) 237
within-individual variability (受試者內在的變異) 369
without a unit of measurement (不需測量單位) 436
within-Ss design (受試者內設計) 130
working hypothesis (工作假設) 30, 301